国家高端智库武汉大学国际法研究所

国 际 法 文 库

INTERNATIONAL LAW LIBRARY

黄 进 总主编

肖永平 执行主编

专著系列

黄志雄 主编

投资者—国家仲裁与国内法院相互关系研究

Research on the Interrelationship between Investor–State Arbitration and National Courts

宁红玲 著

法律出版社
LAW PRESS·CHINA

总序一

当今之世界，随着全球投资贸易不断增长，科学技术特别是信息技术飞速进步，通信和交通日益便捷，人文交流蓬勃发展，经济全球化、政治多极化、文化多元化、社会网络化、法律趋同化已成为天下大势。在这种背景下，作为国际社会最为重要的行为规范，国际法在全球治理中发挥着不可替代的作用。

今日之中国，秉持“创新、协调、绿色、开放、共享”五大发展理念，正在全面建设小康社会、全面深化改革、全面推进依法治国、全面从严治党、全面参与全球治理。在这个过程中，国家始终坚持统筹国内、国际两个大局，于内，追求实现“两个一百年”奋斗目标，追求实现中华民族伟大复兴的中国梦。于外，坚定不移对外开放，参与全球治理；坚持和平发展、合作共赢；积极构建中国特色大国外交，完善对外战略布局，既“请进来”，又“走出去”，加快推进“一带一路”建设；坚决维护国家主权、安全、发展利益，争取良好国际环境，维护世界和平稳定，促进各国共同发展，打造“人类命运共同体”。毫无疑问，坚持统筹国内、国际两个大局，不仅要全面推进依法治国，加强国内法治，而且要在全球治理中高度重视和善于发挥国际法的作用，加强国际法治，推进国内法治与国际法治良性互动，特别是要完善中国自己的涉外法律法规体系，积极参与国际规则的制定，增强中国在国际法律事务中的话语权和影响力，运用法治思维和法治方式依法处理涉外事务，强化涉外法律服务，加强国际法治合作。

当下之中国国际法学界，经过改革开放30多年的建设和发展，可以肯定地说，国际法学科体系不断健全，学术队伍不断壮大，国际学术交流与合作不断拓展，学术水平和创新能力不断提高，培养了一大批国际法专门人才。而且，广大国际法专家学者解放思想、实事求是、求真务实、与时俱进，深入研究和回答中国改革开放面临的国际法理论和实践问题，产出了一大批有分量的学术成果，为国际法学的繁荣发展和国家改革开放及现代化建设做出了重要贡献。但应该指出的是，中国国际法学领域还存在一些亟待解决的问题。比如，国家缺乏整体的国际法学科发展战略规划，国际法学科建设放任自流，各国际法机构各自为阵；国际法人才队伍学术原创能力和解决实际问题的能力不强，活跃在世界国际法舞台的人才不多，总体素质亟待提高；国际法人才培养体系不健全，德行教育与知识传授相分离、理论培养与实践训练相脱离、国内培训与国际培训相隔离；国际法学术研究缺少精品力作，还没有产出具有广泛国际影响的创造性思想成果和理论成果，在国际规则制定和国际法律事务中的话语权和影响力不大。可以这样说，中国国际法学界目前在学术命题、学术思想、学术观点、学术标准、学术评价、学术话语上的能力和水平同中国综合国力和国际地位还不太相称。

综上所述，国际法在国际社会中的重要地位日益凸显，中国全面推进依法治国、对外开放、参与全球治理，亟须掌握和运用国际法，中国国际法学界仍处于有数量缺质量、有专家缺大师以及作用没有充分发挥出来的状态。我们所处的时代表明，这是一个需要国际法的时代，这是一个需要国际法理论创新而且一定能够产生国际法新理论的时代，这是一个需要国际法思想而且一定能够产生国际法新思想的时代。所有这些，正是我们编辑出版"国际法文库"以推动国际法学繁荣发展的初衷。

"国际法文库"将坚持兼容并包、思想自由。主张立足中国、借鉴国外，挖掘历史、把握当代，关怀人类、面向未来，着力推进构建既具有中国特色、中国风格、中国气派，又能进入世界学术话语体系的国际法学。

"国际法文库"将坚持问题导向。面对中国改革开放的新常态、国际局势的新变化，世界范围内各种思想文化交流交融交锋的新形势，只有聆听时代的声音，回应时代的呼唤，认真研究国家深化对外开放、全面参与全球治理的重大而紧迫的问题，才能真正把握历史脉络，找到发展规律，推进国际法理论创新和全球治理实现良法善治。

“国际法文库”将坚持跨学科研究。国际法律问题涉及国际社会生活的方方面面，具有跨学科性，需要从多学科视角，运用学科交叉融合的方法，进行跨学科研究。也就是说，对于国际法律问题，不仅要从国际公法、国际私法、国际经济法等国际法学视角进行研究，而且还要从宪法、行政法、民商法、刑法、诉讼法等国内法学视角进行研究；不仅要从法学视角进行研究，而且还要从国际政治、世界历史、全球经济、人类社会变迁、多元文化交融、地球生态文明等视角进行研究。跨学科研究在于坚持用联系的发展的眼光看待问题，增强研究的整体性、系统性、协调性、战略性，促进问题合情、合理、合法的解决。

“国际法文库”将坚持创造创新。创新是一个民族进步的灵魂，也是引领理论发展的动力。创新，就是有所发现、有所发明、有所创造。国际法理论的生命力在于创新，只有不断进行探索，才能推进国际法思想创新、知识创新、理论创新、制度创新、方法创新。国际法理论创新要从问题开始，发现问题、筛选问题、分析问题、研究问题、解决问题的过程就是创新的过程。国际法理论创新不必贪大求全，发现新事实、新材料、新现象是创新，阐明一个新原理、提出一种新学说、揭示一条新规律是创新，发明一项新技能、找到一条新路径、创造一种新方法也是创新。

“国际法文库”设专著系列、译著系列、实务系列、文集系列，是法律出版社与武汉大学国际法研究所共同打造的学术品牌。法律出版社在中国出版界特别是法学、法律出版领域的龙头地位自不待言。这里有必要对武大国际法所多说几句。武大国际法所是我国著名法学家、教育家、国际私法一代宗师韩德培先生于1980年创办的，是我国高校设立的第一个国际法研究所。该所自创立以来，自强不息，追求卓越，先后培养了一大批已在学术和实务方面崭露头角的国际法专门人才，先后产出了一大批具有较高水平的国际法学术成果，先后两次被评为国家级重点学科，2000年被确定为教育部人文社会科学重点研究基地，2015年入选首批国家高端智库。可以肯定地说，武大国际法所是当今中国国际法领域的学术重镇，不断推进中国国际法人才培养、科学研究和新型智库建设，不仅是它义不容辞的责任，更是它崇高而神圣的使命。正是基于这种情怀，武大国际法所与法律出版社携手合作，设立了这个“国际法文库”。这是为中国国际法学界开辟一块新的学术园地，建造一个新的学术舞台。“国际法文库”是自由、开放、包容、多元的，海内外的国际法同仁都可以在这块园地里辛勤耕耘，春播夏种、秋收冬藏；也都可以在这座舞台上翩翩起舞，崭露头角、一展锋芒。我真诚希望，所有以国际法为志业、立志为中国国际法事业做出贡献的海内外同仁,都能把“国际法文库”视为我们共同的国际法事业的一部分,关心之、支持之、帮助之、鞭策之,勿忘初心、久久为功,去迎接我们共同期待的中国国际法学界百花齐放、百鸟争鸣的春天。

是为序。

 *

2016 年 12 月 1 日于北京

* 黄进,中国政法大学校长,法学教授,中国法学会副会长,中国国际私法研究会会长。

总序二

随着中国日益接近世界舞台的中央，我国迫切需要加强国际法律共同体建设，利用国际法维护世界和平和人类命运共同体以及可持续发展，保障中国的正当利益。因此，不管是国际法制度构建，还是国际法理论创新，抑或是国际法实践引领，中国都需要从“被动适应者”向“主动引领者”转变。

由我国著名法学家、教育家、社会活动家、国际私法一代宗师韩德培先生创办的武汉大学国际法研究所是1980年由原国家教委批准成立的中国高校第一个国际法研究机构；1981年设立博士点；1995年建立博士后流动站；1996年列为“211”工程重点建设单位；2000年被教育部批准为普通高等学校人文社会科学重点研究基地；2004年被批准为“985”工程哲学社会科学创新基地；2015年被中宣部确定为首批国家高端智库试点建设单位。她一贯秉持国际公法、国际私法、国际经济法的全面和综合研究，积极拓展联合国法、欧洲联盟法、国际能源法、电子商务法、国际发展法、国际网络法、国际投资法、国际金融法、国际体育法、世贸组织法、海洋法和海商法等前沿学术领域，形成了学科研究方向齐全、学科发展水平一流、咨政服务能力突出、教学科研成果领先的鲜明特色。

但是，不管是作为教育部的人文社会科学重点研究基地，还是作为国家高端智库，仅仅依靠一个研究所的力量难以实现中国国际法理论的创新，难以实现中国从国际法的“被动适应者”向“主动引领者”的转变。当下，中国面临的问题在全球化进程中愈发凸显其复杂性，许多问题往往需要从不同学科、不同视角、不同谱系进行合理的理论解释、作出正确的政策选择；而不同学者、学术机构、智库在不同领域具有相对优势，或者因所在区域不同而存在区域政策问题的竞争优势。因此，团结、组织中国国际法学者共同攻关、协同创新是获得国际竞争优势、创新中国国际法理论，进而实现中国从国际法的“被动适应者”向“主动引领者”转变的必由之路。正是出于这种考虑，我们与法律出版社合作出版“国际法文库”，希望集中展示中国学者的国际法著述和学术见解，及时传播国外国际法学界的最新研究成果，协同研究中国面临的重大国际法实践问题，不断增强中国国际法理论的国际话语权，不断提升中国国际法制度的国际吸引力，不断提高中国国际法实践的国际影响力。

因此，“国际法文库”将面向中国国际法理论界和实务界广泛征集选题，通过自荐与他荐相结合的方式，由丛书编辑委员会根据其学术性、思想性和创新性决定出版选题。本文库分为专著系列、译著系列、实务系列和文集系列。

专著系列旨在集中呈现中国学者在国际法领域的理论研究成果，引导中国国际法学界关注国际学术动态、设置前沿学术议题、营造良好学术风气，推动中国国际法理论创新。以学术性和创新性为选题标准，主要出版中国学者关于国际法领域具体问题的创新性研究成果。

译著系列旨在全面推介国际社会国际法理论的经典著作和最新成果，促进中外国际法理论的交流与交锋，促使中外国际法实践的互动与创新。以思想性与新颖性为选题标准，主要出版国际社会在20世纪90年代以后创作或再版的国际法著作的译作。

实务系列旨在在中国国际法理论研究和实践运用之间架起桥梁，促使中国国际法研究更加贴近国家和社会的现实需要，在国际法理论的支撑下运用国际法规则分析和解决实践中出现的问题。以对策性与实用性为选题标准，主要出版针对实践中的国际法问题，特别是与中国密切相关的国际法问题的著作，强调贴合国家对外交往实际需要，关注操作层面的问题选择、分析和解决方案。

文集系列旨在及时反映中国国际法学界举办的学术会议成果，提高学术交流的质量，加强学术交流的深度，扩大学术交流的影响。以新颖性与可行性为选题标准，主要出版能够设置学术议题、引领理论前沿的论文集。

我们相信,在中国国际法学界同仁的关心、支持与积极参与下,“国际法文库”一定能够实现上述目的,为中国国际法的理论创新、制度变革和实践引领贡献她应有的智慧、发挥她应有的作用。

*

2017 年元旦于武汉

---

* 肖永平,武汉大学国际法研究所所长,长江学者,法学教授,中国国际私法研究会常务副会长。

前 言

一、研究背景

投资争端解决通常有多种途径和争端解决机制，既包括以当事人自愿为基础的协商、调解等机制，也包括具有强制力的国内法院诉讼和外交保护等机制；既包括由主权国家完成的公共执法机制即国家间磋商和国家间仲裁程序，也包括私人执法机制如国内法院诉讼①和投资者—国家仲裁机制。不同的争端解决方式具有不同的优势和功能，可以满足可持续发展范式下国家多元化的需求与发展目标。其中，作为私人执法机制的投资者—国家争端解决机制赋予了投资者相对于其母国的独立地位，允许其在投资争端发生后依据双边投资条约主张自身权利而无须重新获得东道国同意，因此引发了国际投资法范式的革新。②

自20世纪末21世纪初开始，随着世界范围内国际投资条约的年均缔结量达到历史高点，投资条约私人执法机制的威力逐渐显现，投资者—国家仲裁案件开始呈爆发性增长，于2015年达到年度历史最高值77件，案件总量不断增长。其影响范围之广为世界所未预料，目

① 由于国家行为原则和国家豁免原则，投资者不适宜在其母国或者第三国国内法院提起投资争端的诉讼，只能在东道国法院寻求救济。

② See Stephan W. Schill, *The Multilateralization of International Investment Law*, Cambridge University Press, 2009, p. 87.

前已经有 100 多个国家和地区成为被诉方,其中既包括发展中国家,也包括发达国家。

随着投资者—国家仲裁案件的增多,投资者—国家仲裁机制暴露出诸多问题,引发了世界范围内对投资者—国家仲裁机制的批判与反思,[①]投资者—国家仲裁机制正在经历着一场"合法性危机"。[②] 在此背景下,国际社会积极寻求改革投资者—国家争端解决机制的方式和路径。与此同时,出现了废除投资者—国家仲裁机制,完全回归东道国当地救济的呼声。[③] 并且此种呼声已在部分国家之间成为事实。

二、问题的提出

由于不同的争端解决机制具有不同的功能,彼此之间可能相互补充或者相互替代,所以,投资者—国家争端解决机制的改革思路不应仅仅局限在投资者—国家仲裁机制内,还应放眼其他投资争端解决机制。

例如,国家间仲裁有利于建立面向未来的投资体制。近年来,加强缔约国在投资争端解决中的作用成为新的发展趋势。根据 2015 年《世界投资报告》,国家间仲裁的作用不可忽视。通过过滤滥诉和避免与挑战公共政策相关的争议性法律问题以及避免投资者—国家争端解决机制改革中的其他问题,可以重塑国家对国际投资条约体制的信心,解决投资者—国家仲裁机制所引发的合法性关切。[④] 在更为广泛的意义上,此种方式可以取消投资者—国家仲裁赋予外国投资者的特权。[⑤] 2015 年巴西双边投资条约范本就试图通过国家间仲裁方式解决对特定受损投资或者投资者的赔偿问题,使其同时具有投资者—国家仲裁机制的损害赔偿功能。

不过,国家间仲裁机制可能使投资争端解决重回政治化轨道,投资者不具

---

① See Michael Waibel et al. (eds.), *The Backlash Against Investment Arbitration: Perceptions and Reality*, Kluwer Law International, 2010.

② See Susan D. Frank, "The Legitimacy Crisis in Investment Treaty Arbitration: Privatizing Public International Law through Inconsistent Decisions", 73 *Fordham Law Review* (2005), pp. 1521 – 1626.

③ See Marco Bronckers, "Is Investor-State Dispute Settlement (ISDS) Superior to Litigation Before Domestic Courts? An EU View on Bilateral Trade Agreements", 18 *Journal of International Economic Law* (2015), pp. 655 – 677.

④ See UNCTAD, "World Investment Report 2015: Reforming International Investment Governance", *Geneva: United Nations*, 2015, p. 153.

⑤ Ibid.

有争端解决的自主权和控制权,在一方或者双方国家存在官僚主义的情况下,国家间争端解决可能更为曲折和漫长。[①] 更为重要的是,败诉方可能需要调整国内措施以符合条约义务,而不仅仅是补偿,这可能意味着对国家规制权更大程度的侵入。[②]

所以,私人执法机制对于国际投资法治的发展仍然具有重要作用。那么,投资争端解决机制改革的方向是应当重新回归当地救济还是继续在国际投资仲裁体制内完善?特别是,有没有第三种路径,即通过投资者—国家仲裁机制和国内法院的相互补充、配合乃至制约来破解投资者—国家仲裁的"合法性危机"?于是,重新审视投资者—国家仲裁与国内法院的相互关系显得非常必要。

三、研究意义

研究投资者—国家仲裁与国内法院的相互关系的意义主要体现在以下两个方面:

首先,全面认识投资条约和投资仲裁实践中国际仲裁与国内法院的相互关系是改革投资者—国家争端解决机制的必要前提,也是投资者—国家仲裁机制得以良性、长期发展所必需。在投资条约中,往往是多元纠纷解决机制并存,投资者—国家仲裁并不当然具有优越于其他争端解决机制如国内法院的地位;并且,理论上,投资仲裁程序仅构成投资者—国家争端解决程序的一部分,完整的争端解决程序还包括国内法院阶段,如投资仲裁裁决的承认与执行。因此,投资者—国家争端解决机制的改革不仅需要关注投资仲裁体制内的问题,还需要关注体制外问题——投资者—国家争端解决中国内法院程序环节或者投资仲裁庭与国内法院的互动环节。

其次,全面认识投资条约和仲裁实践中投资者—国家仲裁与东道国国内法院的相互关系有助于深刻、全面地认识投资者—国家仲裁"合法性危机"的本质。理论界和实务界对投资者—国家仲裁对政府规制权的影响关注较多,但对投资者—国家仲裁对东道国司法主权的影响关注较少。实际上,投资仲裁庭通过对条约的任意解释,突破条约界限,侵犯东道国司法主权是引发"合法性危机"的重要方面,不可忽视。

---

① See UNCTAD, "World Investment Report 2015: Reforming International Investment Governance", *Geneva: United Nations*, 2015, p. 153.

② Ibid.

四、研究现状

(一)国内研究现状

当前,国内尚无关于投资者—国家仲裁与国内法院关系的整体性、系统性研究,有关投资者—国家仲裁机制的研究主要集中于该体制自身的某些局部性问题,与投资者—国家争端解决中国内法院相关的研究主要涉及以下几个方面:

1. 当地救济规则的应用

李沣桦对东道国当地救济规则在ICSID仲裁领域的运用进行了研究。① 其文章对《华盛顿公约》第26条以及仲裁实践、用尽当地救济规则的附期限问题以及通过洛文诉美国案对用尽当地救济规则与司法终局性问题进行了分析,提出在投资仲裁程序中的当地救济已经在诸多方面突破了习惯国际法规则,最后认为用尽当地救济规则对中国总体是有利的,但要注意平衡相关利益。

2. 国际投资仲裁平行程序

朱明新提出将国内法中的"已决原则"和"未决原则"灵活地运用于国际投资争端,来预防和解决国际投资争端的平行程序。② 其提出,就"已决原则"和"未决原则"适用的同一法律秩序要件而言,在国际投资争端解决的特殊背景下,可以将相同法律秩序做扩大化解释。并认为"国际法律秩序和国内法律秩序是相通的,从而可以将国内法院的救济程序与国际仲裁程序视为同一法律秩序中的诉讼行为。这种扩大化解释将会给'已决原则'和'未决原则'创造更大的适用空间"。

肖军在其著作《规制冲突裁决的国际投资仲裁改革研究——以管辖权问题为核心》中论及国际投资仲裁中平行程序的规制问题,③提出对于平行程序的规制应当重视条约中的岔路口条款、弃权条款与平行程序条款以及合并仲裁制度,此外,未决诉讼与既判力、行使礼让与先例的适用也不可忽视。

---

① 参见李沣桦:《东道国当地救济在ICSID仲裁领域的运用研究》,载《法律科学》2015年第3期。

② 参见朱明新:《"已决原则"和"未决原则"与国际投资平行诉讼预防》,载《东方法学》2013年第1期。

③ 参见肖军:《规制冲突裁决的国际投资仲裁改革研究——以管辖权问题为核心》,中国社会科学出版社2017年版,第23~46页。

3.禁令

郭玉军、陈文璨从国际民商事争议解决角度对禁止执行令制度进行了全面研究，[①]对禁止执行令制度的性质与特征、禁止执行令制度的签发以及禁止执行令制度的执行与救济进行了全面总结与归纳，最后对禁止执行令在处理与其他法院或者仲裁庭之间管辖权冲突的功能进行了评价，认为“它在管辖权问题上的协调作用大于其可能造成的侵犯”，并且该制度与国际礼让原则并不存在实质性冲突。

4.投资仲裁裁决的承认与执行

肖芳对投资仲裁裁决在中国的执行进行了全面研究，[②]分析了国内法院在执行中的权限，提出仅以国家豁免为由拒绝承认与执行有关国际投资仲裁裁决是国际社会所能接受的，我国应争取尽快完成有关国家豁免的国内立法。除此以外，其他学者也对承认与执行进行了探讨，但均侧重于具体制度层面，并未从投资者—国家仲裁与国内法院的关系角度进行深入探讨。

（二）国外研究现状

与国内研究尚未在宏观上关注投资者—国家仲裁与国内法院的关系不同，国外学者已经开始重视投资者—国家仲裁与国内法院的互动关系，但系统地研究投资者—国家仲裁与国内法院关系的文献仍然少见。

克里斯托弗·朔伊尔（Christoph Schreuer）对国际仲裁庭与国内法院在投资法中的互动进行了全面归纳。[③] 其文章分为5个部分：第一部分对在投资仲裁程序中首先进行（或者用尽）当地救济的仲裁实践进行了描述，认为将首先进行当地救济作为实体要求的实践是值得怀疑的，最好保持在投资仲裁中无须用尽当地救济的规则，唯一例外是拒绝司法。第二部分对投资仲裁庭与国内法院在管辖权上的竞争关系进行了总结。从实际中存在的竞争关系、岔路口条款的运用、法院选择和诉求分割以及保护伞条款的运用几个方面对仲裁实践进行了总结。第三部分对国内法院在投资仲裁中的支持作用进行了总结。从临时措施、仲裁裁决的执行两个方面对国内法院的权力进行了归纳。第四部分描述了

---

① 参见郭玉军、陈文璨：《国际民商事争议解决中的禁止执行令制度研究》，载《国际法研究》2017年第6期。

② 参见肖芳：《投资仲裁裁决在中国的承认与执行》，载《法学家》2011年第6期。

③ See Christoph Schreuer, "Interaction of International Tribunals and Domestic Courts in Investment Law", *Contemporary Issues in International Arbitration and Mediation*(2011), pp. 71 – 94.

国内法院对投资仲裁的干预。此部分其提及了通用公证行诉巴基斯坦(SGS v. Pakistan)一案中的反仲裁禁令以及涉及投资合法性要求的茵赛色诉萨尔瓦多(Inceysa v. El Salvador)一案,认为国内法院应当尊重投资仲裁庭对自身管辖权的决定,而非相反。第五部分对投资仲裁庭与国内法院的相互审查关系进行了总结。从国内法院作为国家机关之一从而作为投资仲裁案件的实质审查对象如拒绝司法等以及国内法院对投资仲裁裁决的审查两个方面对仲裁实践进行了总结。其文章是迄今为止归纳总结投资仲裁庭与国内法院相互关系最为全面的一篇文章。不过该文章限于对现有投资仲裁案件的总结,未进行深入的理论探讨。

迈克尔·高德哈伯(Michael D. Goldhaber)对投资仲裁庭相对于国内法院增长的权力进行了深入探讨。[①] 从投资仲裁中的中止法院程序的反诉禁令(程序性)和拒绝司法及演变的形式对国内法院司法行为进行审查(实体性)两个方面,借助对典型案例的剖析,展示了投资仲裁庭加强其相对于国内法院权力的发展趋势。反对投资仲裁庭凌驾于国内法院之上的权力,其理由包括这将赋予投资者特权,影响一国的司法独立,超越国家同意仲裁的范畴,破坏国际法的权威。最后提出,从长期来看,若投资仲裁庭想要发挥维护司法正义的功能,其必须尊重禁止拒绝司法原则的界限,投资者—国家仲裁必须进行机构化改革——设立拥有上诉机制的常设法庭。该文章从投资仲裁庭相对于国内法院的权力这一单向维度进行了深入探讨,为全面探讨投资仲裁庭与国内法院的相互关系提供了重要参考。不过,该文章带有一定的倾向性,未能全面反映投资仲裁庭如何行使其相对于国内法院权力的现实。

范哈尔滕(Gus Van Harten)从司法克制角度对以条约为基础的投资仲裁庭如何定位其相对于其他审判法庭(包括但不限于国内法院)的角色进行了总结和探索。[②] 其从投资合同和法院选择条款,以及投资仲裁庭对司法行为进行审查角度分析投资仲裁庭对待国内法院的态度和立场。发现除了少数例外,从整体上看,仲裁员极少参考国内法院的决定并对自身的角色进行克制。而且提出,如果投资仲裁庭尊重其他审判机关的角色,特别是合同选择的法院,投资者

---

① See Michael D. Goldhaber, "The Rise of Arbitral Power over Domestic Courts", 1 *Stanford Journal of Complex Litigition*(2013), pp. 373 – 416.

② See Gus Van Harten, "Judicial Restraint in Investment Treaty Arbitration: Restraint Based on Relative Suitability", 5 *Journal of International Dispute Settlement*(2014), pp. 5 – 39.

可能会中止其大部分案件以等待另一法庭的判决,从而节约资源。

尤瓦尔·沙尼(Yuval Shany)对规范国内法院与国际法院之间的管辖权关系进行了系统研究。[①] 其反对法律适用的二元主义和国际法院与国内法院的等级制的做法,认为国内法院与国际法院之间的管辖权冲突与国际法上不同国际法院之间的管辖权冲突没有实质性差别。提出发展规范管辖权冲突的规则,如岔路口规则等,同时,应当重视礼让(comity)和权力滥用(*abus de droit*)原则的灵活应用,主张礼让和防止权力滥用是规范国际法院和国内法院管辖权关系的最佳机制。

坎贝尔·麦克拉克兰(Campbell McLachlan)从如何解决平行程序问题的角度对国内法院和国际仲裁庭的相互关系进行了探讨。[②] 其提出:第一,国内法院和仲裁庭之间并不存在固有的矛盾,二者之间的矛盾是由于争端当事方选择多个法庭进行救济造成的;第二,在缺少国内法律体系那样的纵向一体化结构的背景下,国际争端解决缺少合并诉求的工具,起诉方别无选择;第三,尽管如此,国内法院和国际仲裁庭均有责任确保其程序不被滥用而使诉讼当事人获得非法的程序上或者实体上的优势;第四,投资仲裁庭的权力来自缔约国的授权,其裁决依赖缔约国国内法院的承认与执行;第五,投资仲裁庭的着眼点不应在于维护投资仲裁的至高无上,而是应当关注国际争端解决符合更高层次的正义概念。

丹妮尔·凯德密斯(Daniel Kalderimis)对投资仲裁庭做出的限制国内法院程序进行的临时措施(反诉讼禁令)进行了比较系统的研究。[③] 首先,对雪佛龙诉厄瓜多尔(Chevron v. Ecuador)一案的反诉讼禁令进行了介绍和分析;其次,考察了国际公法中的反诉讼禁令制度,联合国国际贸易法委员会(United Nations Commission on International Trade Law,UNCITRAL)和国际投资争端解决中心(International Center for Settlement of Investment Disputes,ICSID)体制中的反诉讼禁令制度,跨国诉讼中的反诉讼禁令制度。经过分析,其认为,反诉讼禁令不同于一般的临时措施。并且,以非侵犯原则为基础的限制国内法院诉讼

---

① See Yuval Shany, *Regulating Jurisdictional Relations Between National and International Courts*, Oxford University Press, 2007.

② See Campbell McLachlan, "Are National Courts and International Arbitral Tribunals in Two Worlds or One?", 7 *Journal of International Dispute Settlement* (2016), pp. 577 – 595.

③ See Daniel Kalderimis, "The Authority of Investment Treaty Tribunals to Issue Orders Restraining Domestic Court Proceedings", 31 (3) *ICSID Review* (2016), pp. 549 – 575.

程序或者执行程序的禁令,与以维护投资仲裁程序的排他性和完整性为目的的禁令不同,它需要进行礼让方面的考虑。最后得出结论,管辖权与权力之间存在显著的不同:投资者—国家仲裁只是众多法律体系之一,其不能丝毫不顾国内法律秩序,即便是存在严重违反国际法的情形也同样如此。

五、研究方法

(一)实证研究方法

主要采用实证研究方法,以期发现投资条约以及仲裁实践中投资者—国家仲裁与国内法院之间真实、完整的相互关系,从而为分析、评论二者的关系以及为投资者—国家争端解决机制的改革与完善奠定客观的认知基础。

(二)案例分析方法

广泛采用案例分析方法,以确保研究的实际价值,避免流于空谈。特别是对典型案例进行详细分析,发现投资仲裁庭的裁判逻辑,分析其对于国内法院的立场,总结其是否突破了国际仲裁与国内法院的界限;从具体案例中分析国内法院对于投资仲裁裁决的立场,总结国内司法机关对于投资者—国家仲裁的态度。

(三)比较研究方法

广泛采用比较研究方法,从投资条约的规定到仲裁实践。通过广泛的比较研究,发现通行的做法,同时发现各个国家乃至各个国内法院、投资仲裁庭之间的差异性,从而确保研究的全面性和客观性。

六、研究思路

根据投资者—国家仲裁与国内法院互动模式的不同,将投资者—国家仲裁大致分为两种,即 ICSID 仲裁和国际商事仲裁。①

国际商事仲裁采用国际商事仲裁规则,其运行离不开国内法以及国内法院系统。根据国际商事仲裁的司法化理论,虽然国际商事仲裁源于当事方之间的仲裁协议,但是仲裁协议和仲裁程序的有效性需要受到国内法的规制,仲裁裁

---

① 据联合国贸发会的统计,截至 2017 年 7 月底,已知的投资仲裁案件总量为 817 件,其中 55% 的案件根据《华盛顿公约》提起(称为 ICSID 仲裁),31% 的案件根据 UNCITRAL 仲裁规则提起,6% 的案件根据 ICSID 附加便利规则提起,5% 的案件根据 SCC 仲裁规则提起,2% 的案件根据 ICC 仲裁规则提起,1% 的案件根据其他规则提起(统称为国际商事仲裁)。

决的有效性由仲裁地和承认与执行地法律决定。[①] 该论点的前提是,每一个主权国家都有权批准或者不批准在其领土内进行的活动。[②] 关于仲裁与仲裁地国内法院和仲裁裁决的承认与执行地国内法院之间的关系,司法化理论为国内法院对仲裁行使监督权提供了强有力的基础。此种监督权为1958年《纽约公约》所确认。另外,由于国际仲裁庭缺乏强制性权力,在临时措施的做出和执行上还需要得到国内法院的支持。

《华盛顿公约》采取的似乎是仲裁的自治理论。该理论的主张者吕贝林-德维希(Rubellin-Devichi)提出,为了创造仲裁友好的氛围,应当承认国际商事仲裁的自治特征——在仲裁的每一个细节承认当事方充分的自治权,仲裁地法院没有控制和监督的权力,国际仲裁是去地方化的和超国家的,仲裁协议和仲裁裁决应当在任何国家得到执行。[③] 值得注意的是,"所谓的'去地方化裁决'并非独立于任何法律体系。'去地方化'指的是一份裁决可以被执行地法律体系接受的可能性,而不论其起源国的法律体系是否也接受它。'多元地方化'或许是更准确的术语"。[④] 事实证明,ICSID裁决在具体执行中仍然离不开国内法和国内法院系统。

因此,理论上,在投资者选择国际仲裁作为争端解决机制的情况下,国内法院体系并非变得完全不相关。由东道国法院、仲裁地法院、承认与执行地法院组成的多元国内法院体系和投资者—国家仲裁共同组成了完整的投资者—国家争端解决机制。特别是,在相应的投资条约中规定了先行当地救济和/或弃权条款的情况下,投资争端在审判阶段也是(可能)由国内法院和国际仲裁庭共同来完成的。因此,投资者—国家争端解决机制的改革需要秉持系统化视角,不仅需要关注仲裁自身的问题,还要关注投资者—国家仲裁与国内法院的互动环节。在全球治理和可持续发展模式下,国际投资体制及其包含的投资争端解决机制可能面临着深度调整,加之投资者—国家仲裁机制已经暴露出的各种问题,单纯改良或者改革仲裁体制已经不能满足国际社会各方面的需求。此时,重新审视国内法院在投资者—国家争端解决中的地位与作用,显得更加必要。

---

① See Hong-lin Yu, "A Theoretical Overview of the Foundations of International Commercial Arbitration", 1 *Contemporary Asia Arbitration Journal* (2008), p. 258.

② Ibid.

③ Ibid., pp. 278 – 280.

④ Jan Paulsson, *The Idea of Arbitration*, Oxford: Oxford University Press, 2013, p. 36.

七、研究框架

研究分为两编,第一编中投资者—国家仲裁与国内法院分别作为相对独立的投资争端解决机制而存在,从两种争端解决机制的历史演变与未来趋势(第一章)、条约文本的规定(第二章)和投资仲裁实践(第三章)三个角度揭示投资者—国家仲裁与国内法院在投资争端管辖上的关系。第二编基本根据投资争端解决的时间顺序,对投资者—国家仲裁与国内法院的互动关系进行研究,包括国内法院判决对投资仲裁庭的既判力(第四章)、投资仲裁庭对国内法院司法行为的审查(第五章)以及国内法院对投资者—国家仲裁的支持与监督(第六章)。最后,总结投资者—国家仲裁与国内法院的关系,并对投资者—国家仲裁机制的改革提出建议(第七章)。

Contents

目录

第一编　作为独立争端解决机制的东道国当地救济与投资者—国家仲裁

第二编　投资仲裁庭与国内法院的互动

第一编　作为独立争端解决机制的东道国当地救济与投资者—国家仲裁

第一章　历史演进中的东道国当地救济与投资者—国家仲裁

第一节　投资者—国家仲裁的起源与发展

一、外交保护与用尽当地救济

17 世纪开始,由于商业的跨国发展,商人需要在外国获得相应的法律保护。为了确保其国民和海外企业的利益,在当地法律保护不存在或者无效的情况下,美国和欧洲国家经常动用乃至滥用外交保护,包括武力方式。[①] 此外,欧洲投资者在亚洲和远东地区如中国、日本、泰国、伊朗、埃及、摩洛哥、土耳其的权利保护,则主要是通过殖民主义政治和治外法权(extraterritorial jurisdiction)体制——欧洲帝国法律体系下的法院和行政裁决,当地的欧洲领事也有权力监督甚至决定争端。[②] 在此背景下,殖民主义者无须诉诸国际法,因为殖民主义政治和军事力量便可以保护其国民和财产不受当地干预和控制。但治外法权并未适用于拉丁美洲国家,这也导致了早期的外交保护实践主要是在拉丁美洲国家。

---

① See A. Newcompe and L. Paradell, *Law and Practice of Investment Treaties*, New York: Kluwer Law International, 2009, pp. 8 – 10.

② Ibid., p. 11.

瓦特尔(Emmerich de Vattel)在1758年《万国公法》(Law of Nations)中主张,国家有权力控制外国人的进入并为其设定条件,一旦被允许,外国人必须遵守当地法律,国家有义务以对待其国民的相同方式保护外国人。[①] 同时,外国人仍然属于其母国的成员,该成员地位延及其财产,所以,东道国对外国人及其财产的伤害构成对该外国人母国的伤害。[②] 该理论最终导致了外交保护国际法律原则的诞生,即外国人母国可以向任何负有责任的国家主张赔偿,前提是用尽当地救济。

外交保护存在几种形式,除了政治手段和武力方式外,国家还通过设立临时委员会和仲裁庭的方式来审理特定(类型)的涉及东道国对外国国民及其财产待遇的诉求。设立委员会的实践起源于1794年《大不列颠和美国友好通商海航条约》(Jay Treaty,杰伊条约)。1840年至1940年,国家之间共设立了超过60个仲裁委员会来处理伤害外国人的争端,此外,还设立了各种临时法庭处理特定争端。[③] 不过,值得注意的是:第一,在一般意义上,此时的仲裁庭仍然属于外交保护的模式——只有国家而非个人才是仲裁程序的当事方,[④]尽管此时也出现了几例直接的投资者—国家仲裁案件,如1864年第一起投资者—国家仲裁案件埃及诉苏伊士运河公司(Eypt v. Suez Canal Company);[⑤]第二,仲裁通常在投资者母国现实的军事力量或者潜在的军事威胁压力下进行,特别是在拉丁美洲国家。[⑥]

19世纪和20世纪初贸易和投资的扩张,直接导致了欧美国家更加关注对海外外国国民法律地位和经济利益的保护。欧洲主要国家开始给予外国人及其财产独立于国内法律体系的最低待遇标准,此等做法随后被美国接受。最低待遇标准随后被纳入《友好通商航海条约》(Friendship, Commerce and Navigation treaties,FCN treaties)中,如美国和法国缔结的《友好通商航海条约》

---

① See E. Vattel, Law of Nations, Joseph Chitty, translator(Philadelphia: T. & J. W. Johnson & Co. 1858), Book Ⅱ, Chapter Ⅷ, § 100, p. 104.

② Ibid., § 108, p. 109.

③ See A. Newcompe and L. Paradell, *Law and Practice of Investment Treaties*, New York: Kluwer Law International, 2009, p. 7.

④ Rudolf Dolzer, "Mixed Claims Commission", in R. Bernhardt(ed.), *Encyclopedia of Public International Law*, Vol. Ⅲ, p. 438.

⑤ See A. Newcompe and L. Paradell, *Law and Practice of Investment Treaties*, New York: Kluwer Law International, 2009, p. 8.

⑥ Ibid.

中提到给予外国投资者最低标准待遇。后来,美国缔结的《友好通商航海条约》中关于投资的条款进一步扩充,如规定了"充分和完美保护"、"平等和非歧视待遇"、财产的征收补偿、对外国投资者的国民待遇和最惠国待遇,有的还特别规定了资金转移条款。①

为应对最低待遇标准以及出于对贸易和投资争端经常引发外国干预的不满,19 世纪中期拉丁美洲国家开始提出公平的国际经济秩序的理念。1868 年著名的阿根廷法律学者卡洛斯·卡尔沃(Carlos Calvo)提出了卡尔沃主义:国家主权的概念意味着国外权力通过外交或者其他更具强制力的方式干预其他主权国家的事务是非法的,外国人所享有的权利与东道国本国国民相同,并不具有独立的标准,投资争端应当由东道国法院解决而不是通过国际仲裁。② 卡尔沃主义的核心内容被写入很多拉美国家的法律甚至宪法、条约以及投资合同之中。对此,欧美国家强烈反对,坚持主张国际最低待遇标准和外交保护原则。资本输入国和资本输出国始终未能就外国投资者待遇标准达成一致。

第二次世界大战之后,殖民体系瓦解,武力外交不仅在世界大部分地区已经行不通,而且违背当时盛行的自由主义理念。在此背景下,美国提出了国际贸易组织(International Trade Organization,ITO)的提案,体现了对外国投资者的国际最低待遇标准以及赫尔补偿标准(Hull standard of compensation)。③ 此提议遭到了诸多发展中国家的强烈反对,主要是拉美国家和印度,其将强制补偿和国际投资仲裁理解为外国统治和控制本国自然资源的继续。④ 并且,美国参议院也未予批准,因此国际贸易组织未能建立,而不涉及投资事项的《关税与贸易总协定》(General Agreement on Tariffs and Trade,GATT)则临时适用,直至世界贸易组织(World Trade Organization,WTO)成立。尽管如此,第二次世界大战后外国直接投资(Foreign Direct Investment,FDI)大幅增长。此时大部分发展中国家对待外国投资者的政治环境比以往更加敌视,僵化的工业政策和对外国

---

① See Kenneth J. Vandevelde, "The Bilateral Investment Program of the United States", 21 (2) *Cornell International Law Journal* (1988), pp. 201 – 276.

② 参见[尼泊尔]苏贝迪:《国际投资法:政策与原则的协调》(第 2 版),张磊译,法律出版社 2012 年版,第 8 页。

③ 同上书,第 10 ~ 12 页。

④ See Gus Van Harten, *Investment Treaty Arbitration and Public Law*, Oxford: Oxford University Press, 2007, pp. 16 – 17.

投资者的歧视待遇成为流行趋势,[①]与外国投资待遇有关的争端比殖民时期更加突出。为应对此种局势,经济合作与发展组织(Organization for Economic Co-operation and Development,OECD)在1962年发起国际投资公约的谈判。草案包括了国际最低待遇标准(含赫尔补偿标准),特别是允许投资者将其与东道国之间的争端直接提交国际仲裁。由于发展中国家的反对,该公约谈判以失败而告终。

与发达国家对国际最低待遇标准的理解不同,发展中国家越来越倾向于依赖曲解版本的卡尔沃主义来使其国有化经济政策合法化——在20世纪60年代到70年代大规模地征收外国投资者财产而给予极少或者不予补偿。1974年联合国大会通过《国家经济权利与义务宪章》(Charter of Economic Rights and Duties of States),[②]该宪章第2(c)条规定原则上应当由东道国国内法院依据国内法解决征收补偿争端:

> 为实施国有化、征收或转移外国财产的所有权,在考虑相关法律和规则以及国家认为相关的所有情况之基础上,采取该行为的国家应当支付适当的补偿。由于补偿问题导致争端的任何情况下,该争端应当根据实施国有化国家的国内法并通过该国法院解决,除非所有相关国家自愿达成一致,在国家主权平等的基础上,根据自由选择争端解决方式的原则,将该争端诉诸其他和平方式解决。[③]

尽管如此,第二次世界大战后投资者开始和东道国缔结投资合同,并使用各种合同机制如稳定条款、法律选择条款和国际仲裁条款等以减少政治风险。相应地,第二次世界大战后源自违反投资合同的国际投资仲裁案件明显增长,许多投资仲裁案件都是因石油特许的撤销或者国有化所引起的。在存在特许投资合同或者其他类型合同的情况下,国际投资仲裁程序在事实上的确经常导

---

① Lauge N. Skovgaard Poulsen, Sacrificing Sovereignty by Chance: Investment Treaties, Developing Countries, and Bounded Rationality, doctoral dissertation, p. 35.

② UN, General Assembly, 29th sess, Charter of Economic Rights and Duties of States, Res 3281 (XXIX) (12 December 1974), Off Doc GA UN A/9631, suppl. No. 31 (1975).

③ 该部分翻译参照[尼泊尔]苏贝迪:《国际投资法:政策与原则的协调》(第2版),张磊译,法律出版社2012年版,第20页。

致有意义的补偿。[①] 不过,越来越多的利用国际仲裁来解决国际投资和商事争端面临着执行国际仲裁裁决的现实困难。在此背景下,1958 年在世界范围内达成了《纽约公约》。[②]

二、双边投资条约与投资者—国家仲裁的发展

多边谈判的失败导致资本输出国转向双边谈判。第二次世界大战后美国、英国、日本等国继续缔结双边友好通商海航条约,不过此时的条约侧重点已经与从前的友好通商海航条约有所不同,更加注重投资保护功能,虽然在名称上不同于后来的双边投资条约,但其在实质上具有相同的功能。[③] 1959 年德国与巴基斯坦缔结了世界上第一个双边投资条约(Bilateral Investment Treaty, BIT)。[④] 此双边投资条约在实体条款上基本承袭了经合组织国际投资公约草案,并为后来的诸多双边投资条约所效仿。不过,在争端解决条款上仅规定了国家间仲裁,未赋予投资者诉诸国际仲裁的直接诉权。这意味着在东道国当地救济不能或者无效的情况下,投资者仍然需要依赖其母国善意行使外交保护来维护其海外投资利益。在国际法之下,海外投资者并无权利要求外交保护,而是取决于其母国的政治裁量权。对于投资者母国来说,外交保护具有明显的政治色彩,安全、外交或者其他与投资者争端无关的理由都可以使其拒绝行使外交保护。因此,缺少国际条约的直接诉权,外国投资者对国际诉求的提起过程并无控制权。[⑤] 1968 年缔结的《荷兰与印度尼西亚经济合作协定》第一个规定了投资者—国家争端解决机制(Investor-State Dispute Settlement, ISDS),但仲裁

① Lauge N. Skovgaard Poulsen, Sacrificing Sovereignty by Chance: Investment Treaties, Developing Countries, and Bounded Rationality, doctoral dissertation, p. 36, footnote 36.

② United Nations Convention on the Recognition and Enforcement of Foreign Arbitral Awards, done at New York, June 10, 1958, 21 U. S. T. 2517, T. I. A. S. No. 6997, 330 U. N. T. S. 38 [“New York Convention”].

③ See A. Newcompe and L. Paradell, *Law and Practice of Investment Treaties*, New York: Kluwer Law International, 2009, p. 41.

④ Treaty between the Federal Republic of Germany and Pakistan for the Promotion and Protection of Investments, 25 November 1959.

⑤ See A. Newcompe and L. Paradell, *Law and Practice of Investment Treaties*, New York: Kluwer Law International, 2009, p. 6.

条款未规定缔约国对仲裁的事先同意。[①] 随后,1969 年意大利与乍得双边投资条约允许条约涉及的投资者将其与东道国之间的争端直接提交国际仲裁,标志着当代双边投资条约实践的开端。[②] 这与 1965 年《关于解决国家与他国国民之间投资争端公约》(Convention on the Settlement of Investment Disputes between States and Nationals of Other States ,"ICSID Convention",又称《华盛顿公约》)的缔结直接相关。[③]

在世界银行(全称"国际复兴开发银行")的推动下,《华盛顿公约》于 1965 年 3 月开放签署,于 1966 年 10 月生效,目前该公约已有 153 个缔约国。[④]《华盛顿公约》不包含对外国投资者待遇和保护的实体规则——因为这可能会遭到发展中国家的抵制,而仅仅旨在为投资争端解决提供一个公正的平台和去政治化的争端解决机制。根据《华盛顿公约》第 27 条的规定,在东道国和投资者同意或者已经将争端提交国际投资争端解决中心仲裁的情况下,投资者母国不得行使外交保护,除非东道国未能遵守仲裁裁决。在此意义上,根据《华盛顿公约》进行仲裁对于投资者和东道国都有好处,事实上,不能行使外交保护的承诺可能构成东道国同意仲裁的强有力的激励。[⑤]

《华盛顿公约》最为突出的特征是赋予了投资者将其与东道国之间的争端直接诉诸国际仲裁的私人诉权,而在原则上无须用尽当地救济。[⑥] 这与以往的国际仲裁程序——传统上外国投资者在提起国际程序之前需要首先诉诸东道

---

① Netherlands and Indonesia Agreement on economic cooperation, signed at Dja karta on 7 July 1968, No. 11386. Article 11 is as follows: The Contracting Party in the territory of which a national of the other Contracting Party makes or intends to make an investment, shall assent to any demand on the part of such national and any such national shall comply with any request of the former Contracting Party, to submit, for conciliation or arbitration, to the Centre established by the Convention of Washington of March 18, 1965, any dispute that may arise in connection with the investment.

② See A. Newcompe and L. Paradell, *Law and Practice of Investment Treaties*, New York: Kluwer Law International, 2009, p. 45.

③ Convention on the Settlement of Investment Disputes between States and Nationals of other States, 18March 1965, 575 U. N. T. S. 515; 4 I. L. M. 532(1965). ["ICSID Convention"]

④ See ICSID website: https://icsid. worldbank. org/en/Pages/icsiddocs/ICSID-Convention. aspx (visited 5 February 2018).

⑤ See Christoph H. Schreuer, *The ICSID Convention: A Commentary*, Cambridge: Cambridge University Press, 2009, Article 27, p. 416, paras. 4, 5.

⑥ See Rudolf Dolzer and Christoph Schreuer, *Principles of International Investment Law*, Oxford: Oxford University Press, 2008, p. 20.

国国内法院截然不同。

> 尽管将争端提交该中心解决的协议可以被视为对相关国家国内司法制度缺乏信心，但是该公约背后体现的理念是在外国投资者中间建立一种信心，并为他们提供可以信赖的争端解决机制……批准《华盛顿公约》可以被视为给予潜在投资者一种额外的保险或者保证，即当政府对外国投资者的财产权进行损害时，他们始终可以依赖该独立的争端解决机制救济。①

不仅如此，《华盛顿公约》旨在建立一个最大限度排除国内法院干预的去地方化的争端解决机制。《华盛顿公约》第26条、第41条、第46条、第47条、第50～52条、第53～54条均旨在建立一个自给自足、排除东道国国内法院和缔约国国内法院审查、干预的系统，唯有第55条赋予了缔约国国内法院独立裁判的空间。② 此外，《华盛顿公约》的管辖权延及"直接源自于投资的任何法律争端"，③从而将投资者—国家仲裁的范围扩展至范围宽泛的与公共规制相关的争端。事实证明，这对于投资者—国家仲裁机制的发展具有深远的影响。

1978年国际投资争端解决中心创设了附加便利规则（Additional Facility），使国际投资争端解决中心可以受理仅争端一方缔约国为《华盛顿公约》缔约国的投资争端。根据附加便利规则进行的仲裁与依据《华盛顿公约》进行的仲裁不同，仲裁程序仅能在《纽约公约》缔约国进行，裁决的承认与执行适用《纽约公约》。

1965～1979年，在发展中国家中，主要是非洲国家加入了《华盛顿公约》。缔结双边投资条约的情况基本相同，主要存在于欧洲和非洲国家之间。在发达国家当中，主要是由德国和瑞士发起双边投资条约的谈判，双边投资条约的数量有限。自20世纪80年代开始，为应对发展中国家在联合国的联合行动，诸多发达国家如英国、美国等开始积极发起双边投资条约谈判。与此同时，在发展中国家，有关外国投资者的政治环境也发生了变化，诸多新兴的发展中国家如伊朗、斯里兰卡、中国等开始缔结双边投资条约，双边投资条约的数量开始增

---

① 参见［尼泊尔］苏贝迪：《国际投资法：政策与原则的协调》（第2版），张磊译，法律出版社2012年版，第26页。

② 详见第六章第三节。

③ 参见《华盛顿公约》第25条。

加。在20世纪80年代,出现了第一起以条约为基础的投资者—国家仲裁案件。[①] 在该案中,仲裁庭支持了投资者,要求斯里兰卡赔偿46万美元。不过由于赔偿金额小,该案并未引起强烈反响。整体来说,此时期投资者—国家仲裁案件非常罕见,作为低概率事件,其并未引起决策者的充分注意。[②]

20世纪90年代,冷战结束后,发展中国家对外国投资者的态度发生了转变,由怀疑转变为完全接受,外国资本不再被视为对发展中国家主权的威胁,而被视为经济增长和发展的机遇。[③] 世界范围内开始接受新自由主义的"华盛顿共识"(Washington Consensus),双边投资条约的数量爆发性增长,发展中国家之间、发达国家之间也开始缔结双边投资条约或者包含投资章节的自由贸易协定(以下简称投资条约),如《北美自由贸易协定》(North American Free Trade Agreement,NAFTA),《能源宪章条约》(Energy Charter Treaty,ECT)。在此环境下,外国投资的现代体制得以建立,此时期也是投资条约开始将投资者—国家仲裁作为一般原则的时期,从而在对保护外国投资者的范围和潜力上将投资争端的审判机制推向一个自殖民时期以来从未有过的高度。[④] 在此期间,又陆续出现了几起投资者—国家仲裁案件(某些案件由于保密不为公众所知悉),但仍未引起广泛关注。[⑤] 联合国贸发会(United Nations Conference on Trade and Development,UNCTAD)如此描述:"国家和投资者利用投资条约的情况很少见。在少数几个国际仲裁中投资条约被引用,估计是由于外交通信和投资者要求。其最重要的功能看起来是提供一个对外国直接投资友好的信号。"[⑥]在此背景下,自20世纪90年代至2001年,投资条约进入"激增时期"(投资条约变化

---

① Asian Agricultural Products Limited (AAPL) v. Democratic Socialist Republic of Sri Lanka, ICSID Case No. ARB/87/3, Award, 27 June 1990.

② See Lauge N. Skovgaard Poulsen, Sacrificing Sovereignty by Chance: Investment Treaties, Developing Countries, and Bounded Rationality, doctoral dissertation, pp. 69 – 70.

③ See UNCTAD, "World Investment Report 1992: Towards a New Generation of Investment Policies", *Geneva: United Nations*, 1992, p. iii.

④ Lauge N. Skovgaard Poulsen, Sacrificing Sovereignty by Chance: Investment Treaties, Developing Countries, and Bounded Rationality, doctoral dissertation, p. 43.

⑤ 根据《北美自由贸易协定》提起的几起投资仲裁案件获得了高度关注,但其实际影响范围有限。

⑥ UNCTAD, "Trends in International Investment Agreements: An Overview", *Geneva: United Nations*, 1999, p. 47.

趋势见图 1-1)。①

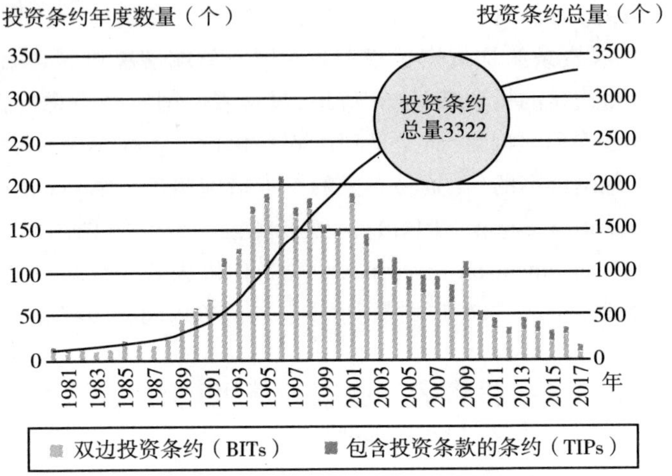

图 1-1　已签署投资条约的变化趋势(1987~2017 年)②

可见,当代投资者—国家仲裁机制与投资条约相伴而生,二者的繁荣和发展均与发展中国家吸引外资发展经济的政策转向密不可分,并且此时处于实际发生的投资者—国家仲裁案件数量较少,尚未引起国际社会广泛关注的时期。此外,缔约方同意投资者—国家仲裁意味着投资者母国不得再行使外交保护,从而可以避免投资争端的政治化,避免使用武力,这也在客观上促成了投资者—国家仲裁机制在投资条约谈判中被广为接受。

尽管如此,在世界范围内,投资者—国家仲裁并未完全替代东道国当地救济,而是形成了二元并存的格局。这主要体现在以下三个方面:第一,投资者—国家仲裁建立在投资条约的基础上,许多国家之间例如中国和美国之间迄今为止仍然没有投资条约。非洲的西撒哈拉未签署任何投资条约。③ 巴西签署了

① See UNCTAD, "World Investment Report 2015: Reforming International Investment Governance", *Geneva: United Nations*, 2015, p. 121.

② See UNCTAD, "World Investment Report 2018: Investment and New Industrial Policies", *New York and Geneva: United Nations*, 2018, p. 89.

③ See UNCTAD, "International Investment Agreements Navigator", available at: http://investmentpolicyhub.unctad.org/IIA (visited 10 February 2018).

20 个双边投资条约,但均未生效。[①] 截至 2017 年年底,世界范围内总计缔结了 3322 个投资条约。[②] 但既存的全球投资条约网络仅覆盖约 1/5 的国家。[③] 第二,并非所有的投资条约均规定了投资者—国家争端解决机制。第三,发展中国家继续抵制多边化的投资条约,相应地,投资者—国家仲裁未能借助多边投资条约扩大其范围和影响力,而是呈现出碎片化特征。在 WTO 乌拉圭回合谈判中仅诞生了范围狭窄的《与贸易有关的投资措施协议》(Agreement on Trade-Related Investment Measures,TRIMS)。1998 年经合组织试图缔结多边投资协定(Multilateral Agreement on Investment,MAI)但以失败告终。21 世纪初 WTO 坎昆会议综合性投资条约谈判因投资事项以外的争议而被迫终止。[④]

第二节 投资者—国家仲裁机制的"合法性危机"与回归当地救济

一、投资者—国家仲裁机制的"合法性危机"

自 2000 年左右开始,投资者—国家仲裁案件数量呈爆发式增长,2015 年已知案件达到年度历史高点 80 件,2016 年为 75 件,2017 年为 65 件。截至 2018 年 1 月 1 日,已知的投资仲裁案件总量为 855 件,113 个国家和地区成为被诉方,既包括发展中国家,也包括发达国家(已知的以条约为基础的投资仲裁案件变化趋势见图 1 - 2)。[⑤] 而这是发达国家和发展中国家在 20 世纪签署投资条约时均未预料到的。于是,国际社会开始重新认识和审视投资者—国家仲裁机

---

① See UNCTAD, "International Investment Agreements Navigator, Brazil Bilateral Investment Treaties", available at: http://investmentpolicyhub. unctad. org/IIA/CountryBits/27 # iiaInnerMenu (visited 23 February 2018).

② See UNCTAD, "World Investment Report 2018: Investment and New Industrial Policies", *New York and Geneva: United Nations*, 2018, p. 89.

③ See UNCTAD, "World Investment Report 2017: Investment and the Digital Economy", *Geneva: United Nations*, 2017, p. 129.

④ See Stephan W. Schill, *The Multilateralization of International Investment Law*, Cambridge University Press, 2014, pp. 59 - 60.

⑤ See UNCTAD, "World Investment Report 2018: Investment and New Industrial Policies", *New York and Geneva: United Nations*, 2018, pp. 91 - 92.

制,投资者—国家仲裁机制正面临着前所未有的“合法性危机”。①

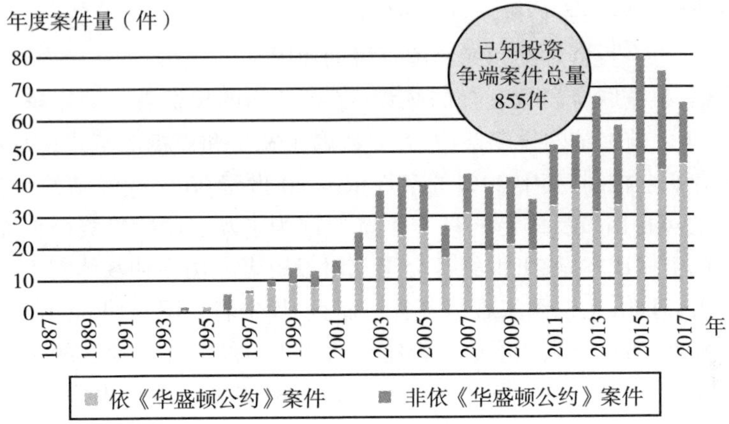

图1-2　已知的以条约为基础的投资仲裁案件变化趋势(1987~2017年)

(一)“合法性危机”的内涵与实质

联合国贸发会如此总结投资者—国家仲裁机制的弊端:它授予外国投资者相较于国内投资者更大的权利,创造了不平等的竞争条件;将东道国暴露于法律和金融风险当中,可能导致规制“寒蝉效应”;缺少足够的合法性(模仿解决私人争议之商事仲裁机制;缺乏透明度;对仲裁员的独立性与公正性不乏质疑);不同仲裁庭对相同或者相似问题的裁决不能确保一致性;无法更正错误的决定;费用昂贵;无助于形成良好的国内法律体系等。② 特别是时而发生的仲裁庭对投资条约条款扩张性的、不可预期的和不一致的解释,引发了世界范围内对投资者—国家仲裁机制优劣和存废的讨论。③

大体而言,对投资者—国家仲裁机制的批评可以分为程序和实体两个方面:程序方面的批评,可以分为对局部程序问题的关注如透明度、平行程序等和对整个投资仲裁体制即利用解决私人之间国际商事争端的国际商事仲裁体制解决具有公法性质的投资争端的质疑;实体方面的批评,主要在于临时仲裁庭不一致和(或)错误的裁决(条约解释),以及由此引发的对国家规制空间和公

---

① See Susan D. Frank,“The Legitimacy Crisis in Investment Treaty Arbitration: Privatizing Public International Law Through Inconsistent Decisions”,73 *Fordham Law Review*(2005),pp. 1521-1625.

② See UNCTAD, “World Investment Report 2015: Reforming International Investment Governance”, *Geneva: United Nations*,2015,p. 147.

③ Ibid.,p. 145.

共政策受到限制的忧虑。①

对于投资者—国家仲裁所暴露出的问题,要一分为二地看待,其既有仲裁体制的原因,也有投资条约和缔约国自身的原因。

一方面,根据联合国贸发会的统计,所有已知的投资者—国家争端案件均基于2010年之前缔结的投资条约,大多数属于宽泛和模糊的范式,很少包括例外条款或者安全机制,其中20%的案件依据20世纪90年代缔结的《能源宪章条约》或《北美自由贸易协定》。② 早期缔约国为了吸引国际投资而在缔结投资条约时忽视主权成本是21世纪部分国家对投资者—国家仲裁体制不满和抵制的重要原因,对此,主权国家难辞其咎。而且,投资者—国家仲裁体制建立在投资条约基础上,历史上未能形成一个统一适用于全球大部分地区的多边投资公约和常设投资仲裁庭,使投资者—国家仲裁具有明显的碎片化特征,这决定了基于不同投资条约作出的投资仲裁裁决不一致的现象难以避免。

另一方面,仲裁庭的表现是国家退出国际仲裁机制的重要动因之一。③ 对于投资者—国家仲裁机制而言,其所面临的"合法性危机"的核心原因在于部分仲裁庭在条约解释过程中严重超越了主权国家同意的范围,侵犯了主权国家尚未让渡的主权,引发了缔约国对投资者—国家仲裁这一"中立的、去政治化的"争端解决机制的信任危机。"在20世纪末21世纪初,国际仲裁界充满乐观主义,很容易忘记国际法仍然是一个以国家同意为基础的体系。"④如果失去缔约国的信任与支持,投资者—国家仲裁机制便不可能持久,因为"法律化并不是一个直接的法律替代政治的过程,法律化只有在获得政治主体参与的情况下才能够持续"。"除了特殊历史时刻,国际法只能推动国家超越其舒适区。如果不能恰当地注意到这个事实,仲裁庭以及在仲裁庭任职的国际律师可能会超越国家同意的范畴,尽管其可以在法律上为其裁决抗辩,却可能会使其在政治上不能

① See Susan. D. Frank, "The Legitimacy Crisis in Investment Treaty Arbitration: Privatizing Public International Law Through Inconsistent Decisions", 73 *Fordham Law Review* (2005), pp. 1521 – 1625.

② See UNCTAD, "World Investment Report 2017: Investment and the Digital Economy", *Geneva: United Nations*, 2017, p. 128.

③ 关于国家退出国际仲裁机制动因的全面分析,参见 Joost Pauwelyn & Rebecca J. Hamilton, "Exit from International Tribunals", 9 *Journal of International Dispute Settlement* (2018), pp. 679 – 690。

④ Joost Pauwelyn & Rebecca J. Hamilton, "Exit from International Tribunals", 9 *Journal of International Dispute Settlement* (2018), p. 690.

站稳脚跟。"①

不过,对于投资者—国家仲裁所面临的危机也不应过分夸大。有些学者认为,尽管一定数量的投资仲裁裁决引发了国际社会对投资争端解决体系质量和可预测性的质疑,但国际投资仲裁尚不存在系统性危机。② 当前国际社会正在积极努力完善投资者—国家仲裁机制。

以国际投资争端解决中心为例,截至目前,国际投资争端解决中心已经分别于 1984 年、2003 年、2006 年三次修改其仲裁规则。③ 2016 年 10 月国际投资争端解决中心再次启动升级仲裁规则的工作,④2018 年 8 月国际投资争端解决中心正式提出升级投资争端解决规则的建议。⑤ 联合国国际贸易法委员会亦对投资者—国家争端解决机制的改革予以关注并做出了突出贡献。2014 年 4 月《联合国投资者与国家间基于条约仲裁的透明度公约》(United Nations Convention on Transparency in Treaty-based Investor-State Arbitration, 又称"Mauritius Convention on Transparency",《毛里求斯透明度公约》)生效。⑥《联合国投资者与国家间基于条约仲裁的透明度公约》获得了国际社会的一致好评,预计它将促进投资者—国家仲裁机制的透明度和程序公平。除此以外,联合国国际贸易法委员会还特设第三工作组,积极推进投资者—国家争端解决机制的改革。⑦

自《跨大西洋贸易与投资伙伴协定》(Transatlantic Trade and Investment

---

① Joost Pauwelyn & Rebecca J. Hamilton, "Exit from International Tribunals", 9 *Journal of International Dispute Settlement*(2018), p. 690.

② August Reinisch, "The Future of Investment Arbitration", in Christina Binder et al. (eds.), *International Investment Law for the 21st Century*(Oxford University Press, 2009), p. 904.

③ See ICSID Convention Arbitration Rules. Available at: https://icsid. worldbank. org/en/Pages/icsiddocs/ICSID-Convention-Arbitration-Rules. aspx(visited 27 February 2018).

④ See 50th Annual Meeting of ICSID's Administrative Council, October 07, 2016. Available at: https://icsid. worldbank. org/en/Pages/News. aspx? CID = 196(visited 27 February 2018).

⑤ See ICSID Proposes Updates to Investment Dispute Settlement Rules, available at: https://icsid. worldbank. org/en/Pages/News. aspx? CID = 286(visited 2 January 2019).

⑥ United Nations Convention on Transparency in Treaty-based Investor-State Arbitration, Resolution adopted by the General Assembly on 10 December 2014, A/RES/69/116, available at: http://www. uncitral. org/pdf/english/texts/arbitration/transparency-convention/Transparency-Convention-e. pdf(visited 2 January 2019).

⑦ See Working Group Ⅲ: Investor-State Dispute Settlement Reform, available at: https://uncitral. un. org/en/working_groups/3/investor-state(visited 2 January 2019).

Partnership, TTIP)谈判开始,欧盟开始推进一种不同于传统投资者—国家争端解决机制并具有上诉程序的常设投资法院系统。投资法院系统对于现有的投资者—国家仲裁是一种根本性变革,但仍属于投资者—国家争端解决机制的范畴。① 2015年欧盟在《跨大西洋贸易与投资伙伴协议》投资章节草案中首次提出投资法院系统,但该提议并未得到美国的响应。在2016年签署的《欧盟与越南自由贸易协定》以及2016年修订的《加拿大与欧盟全面经济与贸易协定》均正式纳入了投资法院系统。除了机构化的改革外,欧盟还旨在加强国内法院在投资者—国家争端解决中国内法解释方面的地位——在上述文本中,均提及"有权解释相关国内法的法院或者机构对国内法的解释对仲裁庭有约束力",并且仲裁庭没有根据争端缔约方的国内法决定某些措施合法性的管辖权。② 由于欧盟主张投资法院系统、拒绝传统的投资者—国家仲裁,2017年谈判完成的《欧盟与日本经济伙伴关系协定》投资章节暂时未纳入投资者—国家争端解决机制。2017年12月,欧盟宣布将与加拿大联手共同发起多边投资法院谈判。③

理论分析认为,常设投资法院可以加强投资者—国家争端解决机制的合法性;有助于加强投资条约解释的一致性和预测性;通过法官职位的稳定性和功能的排他性,在事实和感知上加强审判人员的独立性和公正性。④ 不过,在当前的国际投资体制下,由于不存在统一的实体性投资公约,常设投资法院系统的功能不易被过分夸大;同时,常设投资法院系统还可能会引发一系列新的问题,面临着诸多系统性挑战。

另外,对国际投资仲裁机制也不可过分苛责,特别是在当前反全球化浪潮兴起之时。

---

① 参见漆彤、宁红玲:《论欧盟投资法院系统与中国的选择》,载中国国际法学会主办:《中国国际法年刊》(2017),法律出版社2018年版,第156~180页;张庆麟:《欧盟投资者—国家争端解决机制改革实践评析》,载《法商研究》2016年第3期;叶斌:《欧盟TTIP投资争端解决机制草案:挑战与前景》,载《国际法研究》2016年第6期;黄世席:《欧盟国际投资仲裁法庭制度的缘起与因应》,载《法商研究》2016年第4期。

② Article 16.2 of Chapter 8 Ⅱ Section 3 of the EU-Vietnam FTA; Article 8.31 of revised CETA.

③ See European Commission-Fact Sheet: A future multilateral investment court, Brussels, 13 December 2016. Available at: http://europa.eu/rapid/press-release_MEMO-16-4350_en.htm (visited 26 November 2017).

④ See UNCTAD, "World Investment Report 2015: Reforming International Investment Governance", *Geneva: United Nations*, 2015, p. 152.

对国际仲裁庭的批评，诸如它们应当以更加高效、透明、一致和公平的方式运行，是完全合法的。但人类的机关没有完美的。与国际仲裁庭的存在一直相伴的是对其裁决不满意者的抱怨。对于仅为拒绝接受国际规则为目的的批评，应当持谨慎态度，并且也应当谨慎实施只有损害国际法有效实施效果的虚假改革。①

作为投资条约的私人执行机制，投资者—国家仲裁机制对于投资条约的实现具有重要意义。虽然大部分投资条约都规定了国家间磋商或者国家间仲裁程序，但是只允许政府挑战违反投资条约的行为会极大地限制投资条约的效果，因为外交关系只能容纳数量有限的政府间争端，而许多其他的问题，特别是行政措施，尤其是与中小企业和非政府组织有关的行政措施，或许将永远不会列入政治化的国家间争端之列。② 以欧盟为例，欧盟国家签订了数百个双边投资条约，至今仍无一例根据国家间争端解决机制裁决的案件。③ 扬·鲍尔森（Jan Paulsson）认为，国际仲裁庭适用国际法规则并不意味着其裁决取代国内法院的判决，而是给予国家自身缔结的国际条约以效力；相反，反对国际仲裁意味着拒绝国家可能会在国际法下承担责任这一基本原则。④

（二）"合法性危机"的表现与后果

投资者—国家仲裁机制"合法性危机"的表现与后果主要体现在两方面：第一，投资条约在不同程度上限缩投资者—国家仲裁机制的适用范围；第二，主权国家对投资条约、示范文本以及《华盛顿公约》态度的变化。

在各国缔结的投资条约中，投资者—国家仲裁机制的权威地位开始动摇。晚近缔结的某些投资条约开始不再纳入投资者—国家仲裁机制。据联合国贸发会的统计，在 2012 ~ 2015 年缔结的 70 个双边投资条约中，6 个（或者接近

---

① Jan Paulsson, *Denial of Justice in International Law*, Cambridge: Cambridge University Press, 2005, p. 264.

② See Marco Bronckers, "Is Investor-State Dispute Settlement (ISDS) Superior to Litigation Before Domestic Courts? An EU View on Bilateral Trade Agreements", 18 *Journal of International Economic Law* (2015), p. 659.

③ Ibid., p. 660.

④ See Jan Paulsson, *Denial of Justice in International Law*, Cambridge: Cambridge University Press, 2005, pp. 229, 237.

12%)完全没有规定投资者—国家仲裁机制。① 根据联合国贸发会 2018 年《世界投资报告》,2017 年缔结的 18 个投资条约(9 个双边投资条约,9 个包含投资章节的自由贸易协定)中,4 个投资条约没有规定传统的投资者—国家仲裁机制。② 在仍然包含投资者—国家仲裁机制的投资条约中,私人诉权和投资者—国家仲裁的范围也不同程度地受到限制。③

同时,投资者—国家仲裁机制所赖以存在的投资条约网络也为国家所重新考虑。越来越多的国家开始重新审查其投资条约示范文本、升级投资条约,某些国家甚至开始废除或者终止其签署的双边投资条约或者退出加入的包含投资章节的区域性自由贸易协定。自 2008 年起,投资条约进入"重新定位时期"。④

南非目前已经终止了和比利时—卢森堡经济联盟,以及与西班牙、德国、奥地利、丹麦、法国、荷兰、瑞士和英国的双边条约协定,其与他国签署的多项双边投资条约也未生效。⑤ 2015 年 1 月意大利正式通知《能源宪章条约》其退出条约的意图(退出已于 2016 年 1 月生效)。⑥ 据统计,在 2016 年 1 月 1 日至 2017 年 4 月 1 日,至少有 19 个投资条约的终止已经生效,今后将会有更多的投资条约终止生效,积极终止投资条约的国家有印度尼西亚(11 个)和印度(7 个)。⑦ 在终止的 19 个投资条约中,16 个为单方宣布,1 个为双方同意(1995 年阿根廷与印度尼西亚双边投资条约),2 个为新条约所替代(日本与孟加拉双边投资条

---

① UNCTAD, Improving Investment Dispute Settlement: UNCTAD Policy Tools, IIA Issues Note, Issue 4, November 2017, p. 11, available at: http://unctad.org/en/PublicationsLibrary/diaepcb2017d8_en.pdf.

② See UNCTAD, "World Investment Report 2018: Investment and New Industrial Policies", *Geneva and New York: United Nations*, 2018, p. 96.

③ 参见第二章第五节。

④ See UNCTAD, "World Investment Report 2015: Reforming International Investment Governance", *Geneva: United Nations*, 2015, p. 121.

⑤ See South Africa Bilateral Investment Treaties, available at: http://investmentpolicyhub.unctad.org/IIA/CountryBits/195#iiaInnerMenu (visited 24 February 2018).

⑥ See UNCTAD, "World Investment Report 2015: Reforming International Investment Governance", *Geneva: United Nations*, 2015, p. 107.

⑦ See UNCTAD, "World Investment Report 2017: Investment and the Digital Economy", *Geneva: United Nations*, 2017, p. 112.

约和欧洲委员会与乌克兰合作协议)。① 2017 年至少有 22 个投资条约终止生效,有效终止的投资条约首次超过新缔结的投资条约和新生效的投资条约。②

主权国家对于投资者—国家仲裁的立场变化还体现在投资条约示范文本的变化上。至少 50 个国家或地区以及至少 4 个区域性组织正在修改或者已经修改其投资条约示范文本。③

巴西从未加入《华盛顿公约》,2015 年巴西双边投资条约范本仅规定了国家间争端解决条款,不过值得注意的是,该范本第 24. 13 条规定,缔约方可以通过具体的仲裁协议,要求仲裁员就违背条约义务的措施所引起的损害以及赔偿在裁决中做出决定,接受金钱赔偿的一方应当将其转移给投资权利的所有者或者要求仲裁庭责令将赔偿直接支付给受该措施影响的投资权利所有者。如果投资者已经将该措施相关的争端提交东道国当地法院或者当地仲裁庭,只有在投资者撤回此等诉求后缔约国才可以启动上述国家间仲裁程序。④ 可见,该范本试图扩展国家间争端解决机制的功能,使其能够涵盖投资者—国家争端解决的需求。

印度对投资者—国家仲裁向来持谨慎态度。⑤ 2015 年印度双边投资条约范本在世界范围内引起强烈反响。⑥ 该范本第 14 条投资者—国家争端解决条款内容如下:(1)明确规定了用尽所有的司法和行政救济作为提起投资者—国家仲裁的必要条件,除非不存在合理的能够为投资争端提供任何救济的国内法律救济或者获得法律救济的程序不存在合理时间内获得救济的合理可能性,则投资者只需尽力利用国内救济。(2)对投资仲裁庭的权限进行了特殊限制:仲

---

① See UNCTAD, "World Investment Report 2017: Investment and the Digital Economy", *Geneva: United Nations*, 2017, p. 112.

② See UNCTAD, "World Investment Report 2018: Investment and New Industrial Policies", *Geneva and New York: United Nations*, 2018, p. 88.

③ See UNCTAD, "World Investment Report 2015: Reforming International Investment Governance", *Geneva: United Nations*, 2015, p. 108.

④ Brazil Model BIT 2015, Article 24. 13, available at: http://investmentpolicyhub. unctad. org/Download/TreatyFile/4786.

⑤ 参见韩秀丽:《再论卡尔沃主义的复活——投资者—国家争端解决视角》,载《现代法学》2014 年第 1 期;王彦志:《投资者与国家间投资争端解决仲裁机制的废除:国际实践与中国立场》,载中国国际法学会主办:《中国国际法年刊》(2012),法律出版社 2013 年版,第 465 页。

⑥ See Grant Hanessian and Kabir Duggal, "The 2015 Indian Model BIT: Is This Change the World Wishes to See?" 30(3) *ICSID Review*(2015), pp. 729 - 740.

裁庭不得审查已经为东道国任何司法机关终审裁决的争端投资者与被诉国或者争端投资者、投资或者任何其他与投资有共同权利/利益的自然人/法人与被诉国或者第三方之间的任何法律问题;不得对东道国司法机关作出的裁决的实体问题进行审查;不得对条约规定的一般例外和安全例外的适用性进行审查。①此外,该范本还对适用投资者—国家仲裁的条件、投资定义等施以多种限制。

南部非洲发展共同体(Southern African Development Community,SADC)于2012年7月发布了《南部非洲发展共同体双边投资条约范本样板及评注》。②该样板第29条规定了投资者—国家争端解决条款,不过该条的"特别注意"提示,起草委员会的观点为最好不包括投资者—国家争端解决机制,但如果一国决定纳入此等条款,该范本文本为此提供了指南。该样板第29.4条规定了提起投资者—国家仲裁的条件,包括"就条约下的措施相关的请求,在用尽任何行政救济后,为利用当地救济目的首先在东道国国内法院起诉,东道国国内法院不能在合理时间内解决争端,或者投资者根据本条约向仲裁庭证明,对与潜在措施有关的投资争端,不存在有效的、合理的法律救济或者该法律救济不可能在合理时间内提供救济"。此外,第29.9条还特别规定,如果投资授权或者投资合同中包括了争端解决法院选择条款,投资者不能就该法院选择条款所涵盖的措施依据本条约提起仲裁。另外,2016年8月修订的《南部非洲发展共同体金融和投资议定书》附件1未包含投资者—国家争端解决条款。③

美国2012年双边投资条约范本规定了投资者—国家仲裁机制,其范围限制在违反该范本第3~10条规定的义务,以及违反投资授权或者投资合同,税收措施、金融服务、安全、投资与环境、投资与劳工等均被排除在投资者—国家仲裁的范围之外。④ 此外,2012年双边投资条约范本无论是实体权利义务条款还是国家同意仲裁的程序性条款以及涉及条约适用范围的投资定义等条款均

---

① Model Text for the Indian Bilateral Investment Treaty, Article 14, available at: https://mygov.in/group-issue/draft-indian-model-bilateral-investment-treaty-text/ (visited 24 February 2018).

② SADC Model Bilateral Investment Treaty Template with Commentary, available at: https://www.iisd.org/itn/wp-content/uploads/2012/10/SADC-Model-BIT-Template-Final.pdf (visited 24 February 2018).

③ See UNCTAD, "World Investment Report 2017: Investment and the Digital Economy", *Geneva: United Nations*, 2017, p. 113.

④ 2012 U. S. Model Bilateral Investment Treaty, Article 24, available at: https://www.state.gov/documents/organization/188371.pdf.

更加精细化。不过,鉴于2018年签署的《美墨加协定》的巨大变化,2012年双边投资条约范本是否还能继续执行存在不确定性。

除了修改双边投资条约范本外,国家还可以通过政策文件和其他方式表达其对投资者—国家仲裁机制的立场。其中重要的一方面,是主权国家对待投资者—国家仲裁机制中最具代表性的多边公约——《华盛顿公约》的立场。2007～2012年,拉丁美洲国家玻利维亚、厄瓜多尔和委内瑞拉相继退出《华盛顿公约》,①给投资者—国家仲裁机制带来不小的震撼。而阿根廷拒绝履行针对其作出的40多份仲裁裁决也代表着对投资者—国家仲裁机制的冲击。

在发达国家中,澳大利亚的态度较为激进。2011年4月12日澳大利亚吉拉德政府发布《贸易政策声明》,其中提到,"过去,澳大利亚政府应澳大利亚商界要求曾经寻求在与发展中国家缔结的贸易协定中纳入投资者—国家争端解决程序。吉拉德政府不再延续此种做法。如果澳大利亚商界担心澳大利亚贸易伙伴国的主权风险,他们自己需要评估他们是否想在这些国家投资"。② 在此背景下,澳大利亚签署的多个自由贸易协定均未规定投资者—国家仲裁机制。不过艾伯特政府的态度有所改变,其秉持的似乎是逐案决定的实用主义态度。例如,在韩国的强烈要求下,2014年缔结的《澳大利亚与韩国自由贸易协定》投资章节中的投资者—国家仲裁机制基本采纳了美国2012年双边投资条约范本的模式。③

2018年3月,在阿什米诉斯洛伐克(Achmea v. Slovak Republic)一案中,欧盟法院裁定1991年荷兰与斯洛伐克双边投资条约第8条规定的投资者—国家

---

① Denunciation of ICSID Convention, 16 May 2007, available at: https://icsid.worldbank.org/en/Pages/News.aspx? CID = 103; Denunciation of the ICSID Convention by Ecuador, 09 July 2009, available at: https://icsid.worldbank.org/en/Pages/News.aspx? CID = 87; Venezuela Submits a Notice under Article 71 of the ICSID Convention, 26 January 2012, available at: https://icsid.worldbank.org/en/Pages/News.aspx? CID = 47 (visited 22 February 2018).

② Department of Foreign Affairs and Trade (DFAT), "Gillard Government Trade Policy Statement: Trading our way to more jobs and prosperity" (2011), available at: http://www.dfat.gov.au/publications/trade/trading-our-way-to-more-jobs-and-prosperity.html#investor-state (2018年2月23日访问提示该网页已经不存在).

③ See Australia-Korea Free Trade Agreement, Chapter 11 Investment, Article 11.16.

仲裁条款对欧盟法律自治具有负面影响,因而与欧盟法冲突。① 于是,2019 年 1 月欧盟 22 个成员国共同签署政治宣言,承诺将采取措施终止此类双边投资条约,并利用其作为投资者母国或者东道国的影响力通知仲裁庭欧盟内部双边投资条约和《能源宪章条约》下投资争端的不可仲裁性,以及寻求此类案件的撤销或者终止执行。② 由于欧盟成员国之间的投资仲裁案件占全部投资仲裁案件的比重较高,③欧盟此举将对投资者—国家仲裁机制产生重要影响。

不过,另一种趋势也不容忽视。2012 年 4 月 18 日,南苏丹签署并随后批准《华盛顿公约》;④2012 年 7 月 19 日,黑山签署《华盛顿公约》;⑤2013 年 11 月 1 日加拿大批准《华盛顿公约》;⑥2014 年 4 月 11 日,圣马力诺签署《华盛顿公约》;⑦2015 年 11 月 17 日,伊拉克签署并批准《华盛顿公约》;⑧2018 年 1 月 11 日,墨西哥签署《华盛顿公约》,等待批准。⑨ 同时,各国继续缔结包含投资者—国家仲裁机制的投资条约的趋势也不可忽视。例如,2016 年共有 7 个谈判完毕的区域贸易协定,其中 3 个包含投资保护实体条款和投资者—国家争端解决机

① Slovak Republic v. Achmea B. V. (Case C – 284/16), Judgment, 6 March 2018, available at: http://curia. europa. eu/juris/document/document. jsf? text = &docid = 199968&pageIndex = 0&doclang = EN&mode = req&dir = &occ = first&part = 1&cid = 404057 (visited 12 April 2019).

② Declaration of the Member States of 15 January 2019 on the legal consequences of the Achmea judgment and on investment protection, 17 January 2019, available at: https://ec. europa. eu/info/publications/190117-bilateral-investment-treaties_en (visited 12 April 2019).

③ 根据 2018 年《世界投资报告》,2017 年欧盟成员国之间的投资仲裁案件占全部投资仲裁案件的 1/5。

④ South Sudan Signs and Ratifies the ICSID Convention, 18 April 2012, available at: https://icsid. worldbank. org/en/Pages/News. aspx? CID = 41 (visited 22 February 2018).

⑤ Montenegro Signs the ICSID Convention, 20 July 2012, available at: https://icsid. worldbank. org/en/Pages/News. aspx? CID = 38 (visited 22 February 2018).

⑥ Canada Ratifies the ICSID Convention, 01 November 2013, available at: https://icsid. worldbank. org/en/Pages/News. aspx? CID = 16.

⑦ San Marino Signs the ICSID Convention, 11 April 2014, available at: https://icsid. worldbank. org/en/Pages/News. aspx? CID = 8 (visited 22 February 2018).

⑧ Iraq Signs and Ratifies the ICSID Convention, 17 November 2015, available at: https://icsid. worldbank. org/en/Pages/News. aspx? CID = 158 (visited 22 February 2018).

⑨ Mexico Signs the ICSID Convention, 11 January 2018, available at: https://icsid. worldbank. org/en/Pages/News. aspx? CID = 267 (visited 22 February 2018).

制。[①] 2018 年 3 月签署的《全面与渐进的跨太平洋伙伴关系协定》(Comprehensive and Progressive Agreement for Trans-Pacific Partnership,CPTPP)继续保留了传统的投资者—国家仲裁机制。

综上可见,由于当前国际投资体制的碎片化特征,不同国家和地区对待投资者—国家仲裁机制的立场呈现出多样化特征。对于相同国家,亦可能根据贸易投资伙伴国的不同采取不同的策略。总体来看,除拉美等少数国家和地区持激进态度,全盘否定投资者—国家仲裁机制甚至投资条约的必要性以外,大部分国家和地区均在积极采取措施,限缩投资者—国家仲裁的适用范围,改革投资者—国家仲裁机制。与 20 世纪八九十年代相比,21 世纪主权国家对于投资者—国家仲裁机制的立场普遍发生了不同程度的转折。

二、国内法院角色的再讨论

与对投资者—国家仲裁机制的质疑相伴随的是对国内法院角色的再讨论。[②] 与投资者—国家仲裁相比,国内法院具有以下优势:国内法院具有公共性和透明性;它代表着当地对公共政策的关切,它在有组织的国家机构下运行,这足以使它具有可预测性和合法性。[③] 从东道国及其主权的视角,国内法院更适合评价一国政策是否违背某双边投资条约。[④] 然而,从投资者及其母国视角,国内法院若要发挥更大的作用,应当验证当初国内法院并非投资者解决其与东道国之间争端可信赖的法庭这一假设是否仍然有效。

(一)国内法院的独立性与公正性

如上所述,投资者—国家仲裁机制产生于南北双边合作的背景下,作为东道国的发展中国家,其国内法院独立公正的解决投资争端的能力受到普遍怀疑,而投资者—国家仲裁旨在为主要来自于发达国家的投资者额外提供一个去

---

① 分别为《加拿大与欧盟综合贸易协定》(Comprehensive Economic and Trade Agreement, CETA)、《巴西与秘鲁经济贸易扩展协定》(Economic and Trade Expansion Agreement, ETEA)和《跨太平洋伙伴关系协定》(Trans-Pacific Partnership Agreement, TPP)。

② See Marco Bronckers, "Is Investor-State Dispute Settlement (ISDS) Superior to Litigation Before Domestic Courts? An EU View on Bilateral Trade Agreements", 18 *Journal of International Economic Law* (2015), pp. 655 – 677.

③ See Bahakal Yimer, Nicolas Cisneros, Laura Bisian & Rahul Donde, "Application of International Investment Agreements by Domestic Courts", *Trade Law Clinic* (*E*780), *Geneva*, 10 June 2011.

④ Ibid.

地方化的、中立的投资争端解决机制。如今的投资条约已经不同于20世纪中后期主要缔结于发达国家和发展中国家之间的投资条约,发达国家之间、发展中国家之间的投资条约已经成为新常态。

在法治比较成熟的国家,在对外事务上,国内法院可以对政府的行为进行有效的制约,而非过分顺从政府的决策,因此具有相当的独立性与公正性。这或许是如今部分发达国家之间,如澳大利亚和新西兰、美国和加拿大等在缔结投资条约时不再纳入投资者—国家争端解决机制的原因之一。在《跨大西洋贸易与投资伙伴协议》谈判过程中,欧盟内部曾发生过激励的争论,大部分贸易联盟、非政府组织、政府机构和其他组织认为,鉴于欧美双方司法体系的实力,没有必要再纳入投资者—国家仲裁机制。①

对于发展中国家而言,随着时代的发展,当今世界主要法域的司法环境已经大大不同于十七八世纪国际投资刚刚兴起时的状况,绝对意义上的拒绝司法已经非常罕见。部分发展中国家积极进行司法改革,改进投资争端解决机制。例如,2016年巴林为商事和投资争端新设两个特别法院,以期确保争端能够得到迅速和公平的解决;②2017年斐济和卡塔尔均以联合国国际贸易法委员会发布的国际商事仲裁示范法为基础颁布了新的仲裁法;沙特阿拉伯颁布了仲裁法实施规则,以改善其商业环境。③

尽管如此,有学者认为,国内法院仍存在自身的缺陷,毕竟国内法院作为一国的司法机构,更多的反映该国的政策取向,特别是在对外事务上,传统上国内法院对行政机构的顺从并不会一夜之间消失,即便是今天在某些全球规制领域如贸易领域它仍然存在。④ 特别是在金融危机时期,保护主义抬头,逆全球化趋势时而复苏,民众的排外情绪可能高涨,国内法院有时候也可能成为所称侵犯

---

① European Commission, Report-Online public consultation on investment protection and investor-to-state dispute settlement (ISDS) in the Transatlantic Trade and Investment Partnership Agreement (TTIP), Brussels, 13January 2015, p. 14, available at: http://trade. ec. europa. eu/doclib/docs/2015/january/tradoc_153044. pdf.

② See UNCTAD, "World Investment Report 2017: Investment and the Digital Economy", *Geneva: United Nations*, 2017, p. 101.

③ See UNCTAD, "World Investment Report 2018: Investment and New Industrial Policies", *Geneva and New York: United Nations*, 2018, p. 83.

④ See Eyal Benvenisti & George W. Downs, "National Courts, Domestic Democracy, and the Evolution of International Law", 20(1) *The European Journal of International Law* (2009), pp. 65, 70.

投资者权利的“帮凶”。[①] 在司法征收等特殊情形下，排他性的东道国法院当地救济更是无力解决东道国国内法院自身侵犯投资者权利的争端。[②] 根据世界经济论坛全球竞争力报告，超过1/3的欧盟成员国国内法院在独立性和效率方面被认为表现较差，所以目前欧盟的国内法院还不能马上替代投资者—国家争端解决机制，欧盟很难抵制其条约伙伴国如美国、加拿大和中国建立类似投资者—国家争端解决机制的要求。[③]

此外，就裁决的质量而言，国内法院未必比国际投资争端解决中心和其他争端解决机构的仲裁员能够更好地界定、应用和执行法治。[④] “糟糕的判决和滥用权力并非仲裁所独有的问题；只要决策者有自由裁量权，它就会发生，包括法院。”[⑤]

2015年联合国贸发会在《可持续发展投资政策框架》(Investment Policy Framework for Sustainable Development，IPFSD)中建议，缔约国可以对投资者—国家争端解决机制的范围进行限制，引入当地救济要求，甚至用当地救济或者国家间程序代替投资者—国家仲裁机制。不过，“排他性地依赖国内法院对于拥有良好的法律体系、善治和有效当地法院的国家有独特的好处。此种选择有利有弊，包括在大多数法域当地法院不能直接适用投资条约解决争端”。[⑥]

(二)投资条约在国内法院的适用性

在《跨大西洋贸易与投资伙伴协议》谈判过程中，有观点认为，没有必要为国际投资设立国际规则，国内法足以为投资者提供应有的保护。[⑦] 然而，此种反

---

① 参见[德]鲁道夫·多尔查、[奥]克里斯托弗·朔伊尔：《国际投资法原则》(原书第2版)，祁欢、施进译，中国政法大学出版社2014年版，第247页。

② 详见第五章。

③ See Marco Bronckers, “Is Investor-State Dispute Settlement (ISDS) Superior to Litigation Before Domestic Courts? An EU View on Bilateral Trade Agreements”, 18 *Journal of International Economic Law* (2015), pp. 671, 675.

④ See Leon E. Trakman, “Investor-State Arbitration or Local Courts: Will Australia Set a New Trend?” 46(1) *Journal of World Trade* (2012), 83 – 120, p. 116.

⑤ Leon E. Trakman, “Investor-State Arbitration or Local Courts: Will Australia Set a New Trend?” 46(1) *Journal of World Trade* (2012), 83 – 120, p. 116.

⑥ UNCTAD, Investment Policy Framework for Sustainable Development, p. 106, available at: http://unctad.org/en/PublicationsLibrary/diaepcb2015d5_en.pdf.

⑦ EP Doc. 2014/2228(INI) (4 May 2015), available at: http://www.europarl.europa.eu/sides/getDoc.do?pubRef=-//EP//NONSGML+COMPARL+PE-549.425+03+DOC+PDF+V0//EN&language=EN. (visited 12 April 2019).

对任何投资保护国际规则的观点并不具有普遍性。有学者认为,即便是在法治程度比较发达的欧盟和美国,投资条约对于促进和保护国际投资仍然具有必要性。① 在欧盟某些国家,外国投资者并不总能和国内投资者享有相同的法律保护;而美国法律也并不包含确保外国投资者获得非歧视待遇的原则,某些情形下,外国投资者的状况相当糟糕。所以,即便在发达国家之间,仍然需要投资保护国际规则作为最后一道屏障,在其他国家之间则更加需要此等国际规则。②

在此背景下,国内法院能否在国际投资争端解决中发挥更大的作用,乃至于作为投资者—国家仲裁机制的可行替代,不仅取决于国内法院的独立性与公正性,还取决于投资条约能否在国内法院直接适用。一方面,投资条约的适用与执行对于其实体条款具有至关重要的意义;另一方面,诸多情况下,投资者挑战的恰恰是可能与投资条约相悖的东道国国内法,如若投资条约不能在国内法院直接适用,则投资者的权利保护将成为无源之水、无本之木。

近期的某些自由贸易协定规定了其对于个人的效力,例如,《欧盟与日本经济伙伴关系协定》第23.5条("对个人无直接效力")规定:"本条约不对个人授予权利或施加义务,但不影响个人根据其他国际公法所拥有的权利和义务。"③ 尽管如此,条约中明确规定其国内法效果的条款非常罕见。所以,条约在国内法中的适用性主要取决于各缔约国的法律体系和宪治结构。

根据一项实证分析,截至目前,国内法院应用和解释投资条约的实践还非常少。④ 总体而言,"很少有国家面临着解释和(或)适用投资条约的问题,其国内法院或者回避这一问题,或者采取消极的方式"。⑤ 不过,具体到每个国家,则存在较大的差异:投资条约可以在阿根廷国内法院直接适用;而在澳大利亚、加拿大、法国、印度、英国,投资者不能直接援引投资条约的条款;在厄瓜多尔,尽管理论上投资条约可以在国内法院适用,但实际上由于存在投资条约只利于跨

---

① See Marco Bronckers, "Is Investor-State Dispute Settlement (ISDS) Superior to Litigation Before Domestic Courts? An EU View on Bilateral Trade Agreements", 18 *Journal of International Economic Law* (2015), p. 4.

② Ibid.

③ See Article 23. 5 of Agreement Between the European Union and Japan for an Economic Partnership.

④ See Bahakal Yimer, Nicolas Cisneros, Laura Bisian & Rahul Donde, "Application of International Investment Agreements by Domestic Courts", *Trade Law Clinic* (*E780*), *Geneva*, 10 June 2011.

⑤ Ibid.

国公司而不利于国家利益的印象，使投资者没有可能在国内法院援引投资条约，《厄瓜多尔宪法》第422条规定，地区仲裁是唯一允许的仲裁类型；南非是二元制国家，但也存在例外，目前国内法院还没有适用投资条约的案例，鉴于南非不是一个国际法友好的法域以及其他限制，其国内法院似乎不太可能适用投资条约；对于美国，早期的《友好通商航海条约》可以自动适用，对于投资条约则不太确定，除有明确禁止性规定的如《北美自由贸易协定》等之外，有可能可以直接适用，但美国法院在条约解释中有可能采取有利于维护美国国家利益而非私人利益的解释方法。①

美国和加拿大在《北美自由贸易协定》实施立法中均禁止私人主体在国内法院提起违反《北美自由贸易协定》之诉。美国规定："只有美国可以就美国、任何国家的任何部门、机构或其他组织或任何国家政治分支机构之作为或不作为违反《北美自由贸易协定》在根据任何法律规定提起的任何诉讼中进行挑战。"②加拿大规定："根据《北美自由贸易协定》第11章B部分，没有加拿大总检察长的同意，任何个人不具备执行或决定只源自《北美自由贸易协定》的权利或义务的诉由，不得提起任何种类的诉讼。"③

可见，当前由东道国国内法院适用投资条约解决投资争端尚不具有普遍可行性。某欧盟学者认为，从长期看赋予欧盟国内法院适用投资条约的权力非常必要，但鉴于当前欧盟内部司法体系的声誉，赋予投资条约在国内以直接效力的时机尚未成熟。④

另外，投资争端更不适合依据投资条约在投资者母国国内法院解决。这不仅涉及投资条约在国内的效力，还涉及国家豁免问题。实际上，诸多自由贸易协定都明确禁止缔约国在其国内法体系中赋予私人针对另一缔约方违反条约的诉权。例如，《北美自由贸易协定》第2021条规定，任何缔约方不得在其国内

---

① See Bahakal Yimer, Nicolas Cisneros, Laura Bisian & Rahul Donde, "Application of International Investment Agreements by Domestic Courts", *Trade Law Clinic*(*E*780), *Geneva*, 10 June 2011.

② 19 U. S. C. A. 3312(c)(2)(1993).

③ North American Free Trade Agreement Implmentation Act 6(2), 1993 Consolidated Status of Canada, c. 44.

④ See Marco Bronckers, "Is Investor-State Dispute Settlement(ISDS) Superior to Litigation Before Domestic Courts? An EU View on Bilateral Trade Agreements", 18 *Journal of International Economic Law*(2015), pp. 675 – 676.

法中规定针对另一缔约方以其措施与协定不符为由的诉权。

所以,尽管国际社会出现了不同程度和范围的回归当地救济的趋势,在投资条约体制下,当前由国内法院完全替代投资者—国家仲裁机制尚不具备普遍性。在国内法院适用投资条约解决投资争端还存在普遍性制度障碍的情况下,回归当地救济意味着投资条约的实施效果将大打折扣。某些国家和地区对投资者—国家仲裁机制的抵制是否会带来多米诺效应有待继续观察。

第三节 投资者—国家仲裁与当地救济此消彼长的深层原因

除了国际仲裁庭的表现,投资条约在不同程度和范围上限制投资者—国家仲裁的适用还存在深层次的社会原因。从投资者—国家仲裁形成的历史可以看出,资本输出国保护海外投资的需求,以及发展中国家为吸引国际投资促进本国经济发展的需要等因素是投资者—国家仲裁机制得以成为投资争端解决主流机制的重要原因。如今,诸多因素都在悄然发生着变化,在不同程度上动摇了投资者—国家仲裁机制的社会根基。

一、投资条约的效果

总体而言,在20世纪80～90年代国际投资体制产生之初,发展中国家签署投资条约的主要动机为通过投资条约承诺给予外国投资者特殊保护,是政府释放公平对待所有投资者的信号,它可以吸引外国投资,并最终促进本国经济的发展。[①] 换言之,大部分发展中国家相信,通过签署投资条约,可以增加投资者的信心,从而促进国际资本流动。相应地,作为投资条约的重要组成部分,投资者—国家仲裁也被认为具有促进国际投资的作用,至少可以作为东道国对投资者友好的信号。正如巴基斯坦一位重要官员所述:“双边投资条约的确可以为外国投资带来激励。它们是国家对投资者做出的承诺,即一旦国家违反这些

① See E. Neumayer and L. Spess, "Do Bilateral Investment Treaties Increase Foreign Direct Investment to Developing Countries?" 33 (10) *World Development* (2005), pp. 1567 - 1585; A. Guzman, "Why LDCs Sign Treaties that Hurt Them: Explaining the Popularity of Bilateral Investment Treaties", 38 *Virginia Journal of International Law* (1998), pp. 639 - 688.

承诺，投资者可以提起仲裁，所以此等承诺是我们可以立即提供的投资激励。”[①]

尽管国际投资仍然具有重要性，关键问题在于通过缔结投资条约给予外国投资者特殊保护是否能够达到促进国际投资的效果或者是否为促进国际投资所必须。实证研究尚无定论，有的发现其对投资有重要影响，特别是对于治理能力比较弱的国家；[②]有的发现几乎没有影响，如尚未发现美国缔结的双边投资条约对国际直接投资流入拉美和加勒比海国家有任何效果；[③]有的发现双边投资条约的确有一定的效果。[④] 对于一向认为对投资者最有吸引力的国际仲裁条款，一项研究结果发现即便是纳入了“强”仲裁条款的投资条约似乎也并不影响国际投资。[⑤] 还有学者提出，对于大部分投资者，相比双边投资条约，合同是保护其资产的更好的法律工具；对于小投资者，尽管其在合同谈判中要价的实力不及大型跨国企业，由于国际仲裁机制既昂贵又费时，双边投资条约对他们的价值是有限的。[⑥] 联合国贸发会如此总结：

投资条约规则制定需要进行恰当的成本—收益分析。然而，投资条约对于国际投资流动的影响并非显而易见。通过减少外国投资者的风险、自由化投资流（取决于条约条款），以及在更为一般的意义上，对国际投资者发出更好的投资氛围的信号，投资条约可以鼓励跨境投资流动，特别是在国际投资框架和执行薄弱的国家。但是，投资条约只是进行国际直接投资诸多决定因素之一，其

---

① Lauge N. Skovgaard Poulsen, Sacrificing Sovereignty by Chance: Investment Treaties, Developing Countries, and Bounded Rationality, doctoral dissertation, The London School of Economics and Political Science, 2011, p. 146.

② See E. Neumayer and L. Spess, “Do Bilateral Investment Treaties Increase Foreign Direct Investmentto Developing Countries?” 33(10) *World Development*(2005), pp. 1567 – 1585.

③ See Kevin P. Gallagher and Melissa B. L. Birch, “Do investment agreements attract investment? Evidence from Lation America”, in Karl P. Sauvant and Lisa E. Sachs(eds.), *The Effect of Treaties on Foreign Direct Investment: Bilateral Investment Treaties, Double Taxation Treaties, and Investment Flows* Oxford: Oxford University Press, 2009, p. 295.

④ A. Berger, M. Busse, P. Nunnenkamp & M. Roy, More Stringent BITs, Less Ambigious Effects on FDI? Not a bit! Economics Letters(2010).

⑤ See J. Yackee, Sacrificing Sovereignty: Bilateral Investment Treaties, International Arbitration, and the Quest for capital, PhD-dissertation, University of North Carolina at Chapel Hill, 2007, chapter 4.

⑥ Lauge N. Skovgaard Poulsen, Sacrificing Sovereignty by Chance: Investment Treaties, Developing Countries, and Bounded Rationality, doctoral dissertation, The London School of Economics and Political Science, 2011, p. 179.

重要性还取决于其他变量。投资条约不能替代良好的国内政策和规制与机构框架。投资条约自身不能将国内薄弱的投资环境变得强壮，与其他条约相似，它不能保证外资流动的市场结果。①

可见，在投资条约激增时期，发展中国家对投资条约持过分乐观的态度，高估了投资条约的收益。由于国家缔结投资条约是为了获得经济利益，一旦这些期待的利益未能形成，就存在强力反冲的危险。② 而且，无论是发展中国家还是发达国家均低估乃至完全忽略了投资条约和投资者—国家仲裁机制的风险和成本，这些主权国家未曾真正预料到，通过签署投资条约，他们正在放弃一些重要的东西，为此付出代价。③ 直至发展中国家（当发达国家也逐渐具备了资本输入国和资本输出国的双重身份后，也包括发达国家）真正在国际仲裁庭被诉，政府官员才会仔细分析投资条约和投资者—国家仲裁机制蕴藏的风险。如今，国际社会均已经认识到，投资条约会“咬人”。以美国为例，根据 2015 年世界投资报告，截至 2014 年年底，有 15 个以美国为被申请方的国际投资仲裁案件，名列 2014 年最频繁被诉国名单并列第十位。④ 这应当是 2018 年美国重新谈判《北美自由贸易协定》并在《美墨加协定》中大幅缩减投资者—国家仲裁机制适用范围的重要原因。⑤

不过，投资条约仍然有其存在的价值，特别是包括准入前承诺和“市场准入条款”的投资条约可以促进国际投资的流动。发达国家中的美国、欧盟、日本等，以及亚洲和拉美的部分发展中国家都在积极缔结包含准入前承诺的投资条

---

① UNCTAD, World Investment Report 2015: Reforming International Investment Governance Geneva: United Nations, 2015, p. 126.

② Lauge N. Skovgaard Poulsen, Sacrificing Sovereignty by Chance: Investment Treaties, Developing Countries, and Bounded Rationality, doctoral dissertation, The London School of Economics and Political Science, 2011, p. 151.

③ See O. Thomas Johnson, "The Deal with BITs: What the Parties Thought They Would Get, What They Thought They Were Giving up to Get It, and What They Got", in Christina Binder et al. (eds.), *International Investment Law for the 21st Century*, Oxford: Oxford University Press, 2009, p. 546.

④ See UNCTAD, " World Investment Report 2015: Reforming International Investment Governance", *Geneva*: *United Nations*, 2015, p. 115.

⑤ 当然，美国重新谈判《北美自由贸易协定》的原因是多方面的，其中美国现任总统特朗普个人执政理念的影响也是重要因素。参见 Joost Pauwelyn & Rebecca J. Hamilton, " Exit from International Tribunals", 9 *Journal of International Dispute Settlement*(2018), pp. 679 - 690。

约,此类条约呈上升趋势。“从东道国角度,准入前承诺可以增加一国作为投资目的地的吸引力,同时从母国角度,其有助于锁定既有的开放程度,使规制环境更加透明,以及在某些情形下开放新的投资机会。”①

二、可持续发展导向的外资政策

投资者—国家仲裁是建立在发展中国家以吸引外资促进经济增长为目标的发展模式之上。如今,可持续发展导向的投资条约改革已经成为国际投资政策制定的主流,②这对国际投资治理模式以及投资者—国家仲裁机制可能具有深远的影响。可持续发展范式下,经济增长不再是国家考量的唯一因素,甚至也不是主导因素,国家安全、竞争和审慎、环境保护等国家综合利益成为衡量是否允许外资进入并予以保护的重要标准。近期缔结的大多数投资条约包括可持续发展导向改革因素,即维护规制权,同时保护投资者,培育负责任投资,改善投资争端解决。③ 2016 年全球范围内出台的 124 项投资政策中,21% 为投资限制或者规制措施,特别是在外资并购领域,对中国收购者的影响最为突出。④某些国家开始重视国内投资者的竞争优势,例如,罗马尼亚颁布法令要求年度净利润或者自有资产价值超过 200 万欧元的大型零售商销售的某些食品至少51% 从国内生产商采购。⑤ 可见,国家对于国际投资的态度更加理性和平衡——在确保国家规制权的前提下有选择地吸引国际投资。而投资者—国家仲裁机制的功能具有单一性,不能满足国家的多元利益需求,特别是对规制权的保障;其对国内投资者的保护更是无能为力。

尽管如此,投资条约服务于可持续发展目标的功能远未被充分利用,国家可以通过投资条约,挑选有利于可持续发展的投资,培养负责任投资。⑥ “引入对规制权的保障并不必然转换为减少投资保护,2016 年签署的大多数投资条约

---

① UNCTAD,“World Investment Report 2015:Reforming International Investment Governance”, *Geneva*:*United Nations*,2015,pp. 111 – 112.

② See UNCTAD, “World Investment Report 2017: Investment and the Digital Economy”, *Geneva*:*United Nations*,2017,p. 119.

③ Ibid.

④ Ibid. ,pp. 103 – 105.

⑤ Ibid. ,p. 103.

⑥ UNCTAD,“World Investment Report 2015:Reforming International Investment Governance”, *Geneva*:*United Nations*,2015,p. 126.

维持了实体投资保护标准。"[①]事实上,投资条约制定中越来越重视投资促进。促进投资对于达到可持续发展目标具有关键性作用。据估计,发展中国家每年需要的投资金额约为3.9万亿美元,而当前的投资水平尚有约2.5万亿美元的缺口。[②] 在关键可持续发展领域,全球范围内每年的投资需求估计在5万亿~7万亿美元。[③] 因此,在投资政策中,投资便利化和投资促进仍然占主导地位。2016年58个国家和地区采取了至少124项投资政策措施,其中79%为投资自由化和促进措施。[④] 2016年6月联合国贸发会发起《投资促进全球行动方案》以调动投资促进可持续发展,获得所有投资与发展人士、组织包括几个高级别政府间会议的强烈支持。[⑤]

2016年7月在上海举行的G20部长会议以及9月举行的杭州峰会上,G20贸易部长达成了《全球投资指导原则》,它"承认投资作为全球经济增长引擎的关键作用,政府对于跨境投资应当避免行使保护主义","投资政策应当为投资建立开放、非歧视、透明和可预期的投资条件",对于投资争端解决,"投资政策应当为投资者和投资,有形的和无形的,提供法律确定性和强有力保护,包括争端预防和解决的有效机制和执行机制。争端解决程序应当公平、开放、透明,并具有恰当的防止滥用的防卫机制"。[⑥]《全球投资指导原则》旨在促进可持续发展目标和包容性增长,虽然不具有法律约束力,但其首次代表在投资事项上超过全球对外直接投资2/3的发达国家、发展中国家和转型经济体达成多边共识,因而具有重要意义。

三、国际投资环境的变化

由于国际投资环境和国际投资自身的变化,通过投资条约给予外国投资者特殊保护的必要性似乎正在呈弱化趋势。一方面,投资条约诞生之初,外国投

---

① UNCTAD,"World Investment Report 2017: Investment and the Digital Economy", *Geneva: United Nations*, 2017, p. 119.

② See UNCTAD,"World Investment Report 2014: Investing in the SDGs: An Action Plan", *New York and Geneva: United Nations*, 2014, p. 140.

③ Ibid.

④ See UNCTAD, "World Investment Report 2017: Investment and the Digital Economy", *Geneva: United Nations*, 2017, pp. 99 – 103.

⑤ Ibid., p. 124.

⑥ G20 Guiding Principles for Global Investment Policymaking, Article Ⅰ, Ⅱ and Ⅲ, available athttps://www.wto.org/english/news_e/news16_e/dgra_09jul16_e.pdf.

资者在东道国面临的最主要风险为国有化和不予补偿的征收,如今直接征收和物理征收的情况已经明显下降。根据一项研究,直接征收或者国有化行为的数量在 20 世纪 60 年代为 136 例,70 年代为 423 例,80 年代为 17 例,90 年代为 22 例,2000～2006 年为 27 例。[①] 据联合国贸发会统计,在已知的投资者—国家仲裁案件中,占比最高的诉求为违反公平公正待遇诉求的案件,为 80%;其次是间接征收,为 75%。[②] 在 2016 年提起的 69 个投资者—国家仲裁案件中,7 个案件诉称直接征收,其余为可再生能源领域的立法改革、税收相关措施,合同或者特许合同争议、许可或者特许证书争议;此外,挑战的措施还包括指定国家遗产地、环境保护区、土著保护区和国家公园,洗钱和反腐败调查。[③] 可见,直接征收已经不再是当今投资者所面临的主要问题,投资者的诉求更多的指向东道国的规制措施。有学者甚至提出,事实上,当今世界外国投资面临的最大问题不再是待遇不好,而是待遇太好:补贴。[④] 在此意义上,西蒙・莱斯特(Simon Lester)提出,东道国对于国际投资的义务应当限于非歧视待遇,更为宽泛的义务诸如"公平公正待遇"并不恰当。[⑤] 这一理念已经体现在晚近缔结的少数投资条约中,如 2015 年《澳大利亚与中国自由贸易协定》规定,投资者仅可以就东道国违反国民待遇条款提起国际仲裁。

四、其他

此外,还有一些其他因素,也在客观上动摇着以碎片化为特征的投资者—国家仲裁机制所赖以存在的社会环境。其中,投资条约及投资者—国家仲裁机制所旨在保护的"外国"投资者正在变得模糊。缔结投资条约旨在给予具有另一缔约国国籍的外国投资者特殊保护,然而,随着全球化的发展以及大型跨国公司的国际化,"外国"公司和"本国"公司的概念正在逐步变得过时。

---

① See Christopher Hajzler, "Expropriation of Foreign Direct Investment: Sectoral Patterns from 1993 to 2006", 148(1) *Review of World Economics*(2012), pp. 119 - 149.

② UNCTAD, Special Update on Investor-State Dispute Settlement: Facts and Figures, IIA Issues Note, Issue 3, November 2017, p. 1, available at: http://unctad.org/en/PublicationsLibrary/diaepcb2017d7_en.pdf.

③ See UNCTAD, "World Investment Report 2017: Investment and the Digital Economy", *Geneva: United Nations*, 2017, p. 116.

④ See Simon Lester, "Rethinking the International Investment Law System", 49(2) *Journal of World Trade*(2015), 211 - 222, p. 214.

⑤ Ibid., p. 216.

跨国公司总部、技术研发、生产部门、销售部门可能遍布全球,公司的组织架构越来越复杂,本国公司与外国公司交叉持股、通过中介公司持股等复杂情形使得企业投资者的国籍变得越来越模糊。据联合国贸发会统计,世界范围内超过40%的外国分支机构拥有多重"护照",这些分支机构平均在三个管辖领域拥有复杂的多重跨境关系产权链,外国分支机构投资者和所有者的国籍正在变得越来越模糊。[①] 并且,大概30%的外国分支机构通过国内实体由外国投资者间接持有,超过10%的通过第三国的中介实体所有,大概1%最终由国内实体所有。[②] 投资者国籍的模糊化给外国所有权相关规则的适用带来了挑战——间接持股架构和没有进行实质性商业活动的"邮箱公司"(mailbox company)具有明显扩展投资条约的潜在可能性。大概1/3的投资者—国家争端解决诉求是由最终母公司为第三国的申请方实体提起的,于是投资条约和谈判的最终受益人是谁的质疑在所难免。[③] 实际上,随着全球化的纵深发展,碎片化的投资条约网络对于国际投资的引导与规制可能会越来越力不从心,建立多边投资治理体系似乎是未来的大势所趋。[④]

值得注意的是,尽管投资者—国家仲裁机制得以产生和发展的社会基础与社会环境已经发生了某些变化,但尚未发生根本性、全局性改变。相应地,投资者—国家仲裁机制应有继续存在的价值,尽管其需要进行调整以满足国际社会的需求。

本章小结

投资者—国家仲裁机制产生于发达国家保护国际投资的需求以及和平解决国际争端的大背景下,其繁荣得益于广大发展中国家吸引国际投资的经济需求。在可持续发展政策导向下,投资者—国家仲裁机制赖以存在的社会经济、政治环境发生了某些变化,但未发生根本性、全局性转变。21世纪,各国吸引和保护国际投资的动力,以及构建去政治化的争端解决机制的大势仍然是投资

① See UNCTAD, "World Investment Report 2016: Investor Nationality: Policy Challenges", *Geneva: United Nations*, 2016, p. xii.

② Ibid.

③ Ibid., p. xiii.

④ 参见漆彤:《走向多边投资协议之路——中国视角》,载中国国际法学会主办:《中国国际法年刊》(2016),法律出版社2017年版,第348~372页。

者—国家仲裁机制赖以存在和不断调整、改革的根本原因。

然而,无论是发达国家还是发展中国家,在签署投资条约时均未预料到其可能付出的主权成本。随着资本输出国和资本输入国身份的混同,以及投资者—国家仲裁案件的爆发性增长,主权国家方真正认识到投资者—国家仲裁机制是一把“双刃剑”。21 世纪不同国家和地区出现了不同程度的向东道国当地救济的回归,少数发展中国家甚至包括个别发达国家开始终止、退出投资条约体系。投资者—国家仲裁机制正处于变革的岔路口上,其必须进行调整以满足主权国家的需要。归根结底,投资争端解决机制的改革应当注重在投资保护和维护国家的规制权与主权之间实现平衡。

在此背景下,正确认识投资者—国家仲裁机制所面临的“合法性危机”具有重要意义。“合法性危机”既有主权国家自身的原因,也有投资者—国家仲裁体制的原因。投资条约过于宽泛和模糊,是造成投资仲裁庭任意解释条约的重要原因;投资条约和争端解决机制的碎片化特征——缺乏多边投资公约是造成仲裁裁决缺乏一致性的重要机制性因素。当然,仲裁员超越主权国家同意仲裁的范围,任意解释条约的内因更不可回避。所以,主权国家和投资者—国家仲裁机制均须进行调整。

同时,投资者—国家仲裁机制的“合法性危机”并非系统性危机,世界范围内投资者—国家仲裁机制仍将与当地救济长期共存。从争端解决的效果来看,东道国国内法院的客观性与公正性未必优于仲裁员,而且并非所有的国内法院均能直接适用投资条约解决争端。所以,在当前的司法环境和投资条约体制下,完全回归当地救济尚不具有普适性,投资争端解决机制的改革应积极探索投资者—国家仲裁机制与当地救济共存的模式与方式。

第二章　投资条约中的当地救济与投资者—国家仲裁

第一节　无投资者—国家仲裁机制

虽然投资者—国家仲裁机制是建立在投资条约产生与发展的基础上，但并非所有的投资条约均规定了投资者—国家仲裁机制，特别是在早期和晚近缔结的某些投资条约中。另外，在某些国家缔结的投资条约中尽管规定了投资者—国家仲裁机制，但缔约国并未事先一般性地表达“同意”诉诸国际仲裁。投资争端发生后，如果投资者不能获得东道国的书面同意，亦只能诉诸东道国当地救济。

一、早期投资条约

如上所述，世界上第一个双边投资条约——1959年《德国与巴基斯坦促进和保护投资条约》，并未规定投资者—国家仲裁机制。即便是在1965年《华盛顿公约》缔结之后，20世纪七八十年代诸多投资条约仍然没有包含投资者—国家仲裁机制。以德国为例，1973年《德国与新加坡关于促进和相互保护投资协定》、1978年《德国与贝宁有关保护和相互促进资本投资条约》、1981年《德国与孟加拉有关促进和相互保护投资协定》、1984年《德国与布隆迪鼓励和相互保护投资协定》、1984年《德国与多米尼克有关鼓励与相互保护投资协定》、1986年《德国与保加利亚有关相互鼓励和保护投资条约》等双边投资条约，均只规定了国家间争端解决机制，直至1986年《德国与尼泊尔关于鼓励与相互保护投资协定》、1989年《德国与波兰关于鼓励与相互保护投资协定》等才规定了投资者—国家仲裁机制。①

中国早期的投资条约也未规定投资者—国家仲裁机制。例如，1982年《瑞典与中国相互保护投资协定》、1983年《德国与中国相互促进与保护投资总协定》（已终止）、1984年《挪威与中国相互保护投资协定》、1984年《芬兰与中国保护投资协定》（已终止）等仅规定了国家间争端解决机制，直至1984年《中国与比利时—卢森堡经济联盟相互促进与保护投资协定》（已终止）、1985年《中国与丹麦鼓励相互保护投资协定》等才就征收补偿额争端规定了投资者—国家仲裁机制。②

在这些没有包含投资者—国家仲裁机制的投资条约中，通常规定了国家间争端解决机制。但相对于作为私人执行机制的投资者—国家仲裁而言，国家间争端解决对于缔约国国家主权的影响与挑战弱得多。私人投资者权利的直接保护只能通过在东道国寻求当地救济。东道国当地救济可以最大限度地维护一国的司法主权和规制权。一般而言，东道国倾向于在其司法或行政机构中依照其国内程序法和实体法——通过当地救济解决投资争端。早期的投资条约通常缔结于资本输出国（发达国家）和资本输入国（发展中国家）之间，在发展中国家对来自发达国家的国际投资存在疑虑乃至抵制时期，不包含投资者—国家仲裁机制的双边投资条约对发展中国家经济主权的束缚相对较小，因而当地救济有利于减少双边投资条约缔结的阻力。不过，这并不意味着投资者可以在东道国国内法院寻求投资条约的保护，国内法院能否直接适用投资条约，取决于各国的宪治结构。③

以发展的眼光来看，排他性的当地救济可以消除对国内投资者的歧视，有助于在外国投资者之间形成公平的竞争环境，还可以通过国内改革培养东道国

---

① See International Investment Agreements Navigator, Germany Bilateral Investment Treaties (BITs), available at: https://investmentpolicyhub.unctad.org/IIA/CountryBits/78#iiaInnerMenu (visited 27 December 2018).

② See International Investment Agreements Navigator, China Bilateral Investment Treaties (BITs), available a https://investmentpolicyhub.unctad.org/IIA/CountryBits/42#iiaInnerMenu (visited 27 December 2018).

③ 参见第一章第二节。

良好的法律和司法机构,进而有助于解决投资条约和投资者—国家争端解决机制旨在解决的东道国的某些制度性缺陷。① 然而,发展中国家法治程度参差不齐,甚至普遍较差仍是一个不争的事实。在治理能力较弱的国家,东道国当地法院的中立性、效率和判决的可执行性受到质疑。正因如此,自 20 世纪 90 年代前后世界政治经济形势发生重大变化,发展中国家开始主动吸引国际投资时起,完全的当地救济已经极为罕见,投资条约中普遍规定了投资者—国家仲裁机制。

二、晚近投资条约

自 20 世纪末开始国际投资仲裁案件呈爆发性增长态势,21 世纪缔结的某些投资条约没有再包含投资者—国家仲裁机制,如 2006 年《日本与菲律宾经济伙伴关系协定》、2011 年《澳大利亚与新西兰更紧密经济关系贸易协定投资议定书》、2012 年《马来西亚与澳大利亚自由贸易协定》、2014 年《日本与澳大利亚经济伙伴关系协定》、2015 年《巴西与安哥拉合作与促进投资协定》等。

此外,某些投资条约尽管规定了投资者—国家仲裁机制但缔约国并未给予诉诸仲裁的事先同意,如 1999 年《阿根廷与新西兰投资促进与相互保护协定》(未生效)、2004 年《美国与澳大利亚自由贸易协定》、2005 年《泰国与新西兰更紧密经济伙伴关系协定》等。② 这意味着,投资者不再拥有或者不再当然拥有诉诸国际投资仲裁的诉权,而只能诉诸东道国当地救济或者在投资争端发生后取得东道国特别同意的情况下方能诉诸国际仲裁。

特朗普政府奉行“美国优先”的外交政策。2017 年 1 月美国通知《跨太平

---

① See UNCTAD, “World Investment Report 2015: Reforming International Investment Governance”, *Geneva: United Nations*, 2015, p. 154.

② 2005 年《泰国与新西兰更紧密经济伙伴关系协定》投资章节第 9.16.2 条原文如下:If these consultations do not result in a solution within three months from the date of request for settlement, the parties concerned may agree to submit the dispute, for settlement to: (a) the competent courts of the Party in the territory of which the investment has been made; or (b) an arbitrator or international ad hoc arbitral tribunal established under the Arbitration Rules of the United Nations Commission on International Trade Law (UNCITRAL), provided that the other Party does not withhold its consent; or (c) the International Centre for Settlement of Investment Disputes in case both Contracting Parties are Contracting States to the Convention on the Settlement of Investment Disputes between States and Nationals of other States, opened for signature at Washington DC on March 18, 1965, provided that the other Party does not withhold its consent。

洋伙伴关系协定》(Trans-Pacific Partnership Agreement,TPP)缔约方,其正式退出协定并且表达了审查《北美自由贸易协定》的想法。2017 年 4 月美国总统令要求商务部秘书长和美国贸易代表处对所有美国参加的双边、诸边与多边投资条约进行审查。2018 年 11 月 30 日,美国、加拿大、墨西哥正式签署《美墨加协定》(Agreement between the United States of America,the United Mexican States, and Canada,USMCA)。[①] 在《美墨加协定》第 14 章投资部分,仅美国/美国投资者与墨西哥投资者/墨西哥之间以条约为基础的投资争端和以国家合同为基础的投资争端可以提起国际仲裁。[②] 换言之,美国/美国投资者与加拿大投资者/加拿大之间,加拿大投资者/加拿大与墨西哥/墨西哥投资者之间的投资争端均只能诉诸东道国当地救济。

2018 年 7 月缔结的《欧盟与日本经济伙伴关系协定》仅就投资自由化和市场准入进行了规定,与传统的投资条约的条款和机构大不相同;而且,该部分条款的实施和执行由条约设立的委员会负责,未规定投资者—国家仲裁机制。[③] 不过,需要说明的是,《欧盟与日本经济伙伴关系协定》未规定投资者—国家仲裁机制并非表明日本或者欧盟旨在回归当地救济,而是因为欧盟提出了新的投资者—国家争端解决机制——多边投资法院,而目前多边投资法院尚不成熟,双方还需要进一步协商。

目前,完全排除投资者—国家仲裁机制的投资条约并非主流,《美墨加协定》中区分国家主体有选择地适用投资者—国家争端解决机制是否代表未来投资条约的发展方向还有待观察。总而言之,在大部分投资条约中,对投资者—国家仲裁机制的限制主要体现为先行东道国当地救济的要求,或者以限制投资者—国家仲裁的适用范围为主。

---

① Agreement between the United States of America, the United Mexican States, and Canada, available at: https://ustr.gov/trade-agreements/free-trade-agreements/united-states-mexico-canada-agreement/agreement-between(visited 26 December 2018).

② See Article 14.2.4 of Agreement between the United States of America, the United Mexican States, and Canada.

③ Agreement Between the European Union and Japan for an Economic Partnership, available at: https://investmentpolicyhub.unctad.org/Download/TreatyFile/5693(visited 30 December 2018).

第二节　先行当地救济

在诸多投资条约中,投资者并不具备将投资争端直接诉诸国际仲裁的权利,而是需要先利用东道国当地救济后方能行使诉诸国际仲裁的诉权,体现了东道国当地救济优先的理念。①

一、用尽当地救济

根据利用当地救济的程度不同,可以分为用尽当地救济要求与先行利用当地救济要求。

用尽当地救济早在公元 9 世纪便应用于报复实践中,随后被纳入外交保护规则之中。正如国际法院在国际工商业投资公司案中所述,“在提起国际程序之前必须用尽当地救济的规则是公认的习惯国际法规则”。② 该规则的主要假设是“东道国或者被诉国必须给予修复伤害的机会”,它“体现了对东道国或者被诉国主权的尊重”。③ 客观上,当地救济比国际审判在争端解决上花费的费用更少,公开性更低。④

尽管用尽当地救济并不必然导致投资者丧失诉诸国际仲裁的机会,但有一点毋庸置疑,它会延迟投资者诉权的行使,这至少和投资条约规定国际仲裁的初衷存在某种紧张关系。⑤ 在3000 多个投资条约中,明确要求用尽当地救济的条约非常少见,仅存在于第一代双边投资条约和晚近以来由阿根廷、罗马尼亚、

---

① 某些投资条约中所指的东道国当地救济仅指行政救济程序,例如,中国早期缔结的某些双边投资条约要求在一定期限内先行利用当地行政审查程序;哥伦比亚缔结的诸多投资条约要求用尽国内法规定的行政救济,但国内程序最多不超过6 个月。但大部分投资条约规定的是东道国国内法院或者行政法庭的司法救济。除另有明确规定外,本书中所使用的“当地救济”均指东道国国内法院或者行政法庭的司法救济。

② Interhandel Case(Switz. v. U. S.),1959 I. C. J. 5,27(Mar. 21).

③ Chittharanjan Felix Amerasinghe, *Local Remedies in International Law*, Cambridge:Cambridge University Press,1990,pp. 97,98.

④ See Chittharanjan Felix Amerasinghe, *Local Remedies in International Law*, Cambridge: Cambridge University Press ,1990,pp. 71 –72.

⑤ See William S. Dodge,“National Courts and International Arbitration:Exhaustion of Remedies and Res Judicata Under Chapter Eleven of NAFTA”,23 *Hastings International and Company Law Review* (2000),p. 375.

土耳其、阿拉伯联合酋长国和乌拉圭等与其他国家缔结的投资条约中。

荷兰在20世纪70年代早期和马来西亚(1971年)、新加坡(1972年)和韩国(1974年,已终止)缔结的双边投资条约,将用尽所有的当地行政和司法救济作为启动ICSID仲裁或者调解的必要条件。[①] 1976年《德国与以色列鼓励和相互保护投资条约》规定:"在任何争端提交仲裁庭之前必须用尽当地司法救济。"[②]1978年《瑞典与埃及相互保护投资协定》明确包括了用尽当地救济规则,不过当"此等救济的应用被不合理地延长"时排除适用此规则。[③] 1981年《罗马尼亚与斯里兰卡相互促进和保障投资协定》规定:"缔约方要求将用尽当地行政或者司法救济作为其同意ICSID调解或者仲裁的条件"。[④] 1989年《加纳罗马尼亚相互促进和保障投资协定》(未生效)和1994年《丹麦罗马尼亚相互和保障投资协定》(已终止)均规定用尽当地救济后仍然存在与征收补偿数额有关的争端可以提交ICSID仲裁。[⑤]

2006年《南部非洲发展共同体金融与投资议定书》规定投资者在用尽当地救济并且提前6个月书面通知后可以将其与东道国的投资争端提交国际仲裁。[⑥] 2007年《阿尔巴尼亚与立陶宛促进和保护投资协定》要求用尽行政和司法救济。[⑦] 此外,南非在其国内法2015年《投资保护法》中规定:"对于本法案

---

① Agreement on Economic Co-operation between the Kingdom of the Netherlands and Malaysia, Article 12; Agreement on Economic Cooperation between the Government of the Kingdom of the Netherlands and the Government of the Republic of Singapore, Article. XI; Agreement on Encouragement and Reciprocal Protection of Investments between the Kingdom of the Netherlands and the Republic of Korea, Article 6.

② Treaty between the Federal Republic of Germany and the State of Israel concerning the Encouragement and Reciprocal Protection of Investments, Article 10(5).

③ Agreement between the Government of Sweden and the Government of the Arab Republic of Egypt on the Mutual Protection of Investments, Article 8.

④ Romania and Sri Lanka Agreement on the Mutual Promotion and Guarantee of Investments, Article 7(2).

⑤ Agreement between the Government of the Republic of Ghana and the Socialist Republic of Romania on the Mutual Promotion and Guarantee of Investments, Article 4(3); Denmark and Romania Agreement on the Mutual Promotion and Guarantee of Investments, Article 4(2).

⑥ Southern African Development Community Protocol on Finance and Investment, Southern African Development Community Annex 1, Article 28.1.

⑦ Agreement between the Council of Ministers of the Republic of Albania and the Government of the Republic of Lithuania on the Promotion and Protection of Investments, Article 8(2).

所覆盖的投资,政府可以同意国际仲裁,前提条件是用尽当地救济。”①

二、先行利用当地救济

鉴于用尽当地救济可能会在很大程度上削弱乃至架空投资者—国家仲裁机制的功能,特别是在东道国司法体系存在过分延迟和拒绝司法的情况下,更多的投资条约只规定投资者在诉诸国际仲裁之前(一定期限内)先行利用当地救济,而无须用尽。先行利用当地救济条款代表着在习惯国际法规则用尽当地救济存在过分延迟的情形下,在启动国际争端之前东道国保留在其国内纠正违约机会权力的妥协与折中。②

(一)一定期限内利用当地救济

某些投资条约要求投资者在诉诸投资者—国家仲裁之前首先应当寻求东道国当地救济达到一定期限,一般从 3 个月至 5 年不等;或者在特定期限内要求投资者用尽当地救济作为提起国际仲裁的条件,期限届满后该条件消失。③

1975 年《法国与摩洛哥相互保护、鼓励和保障投资条约》(已终止)将用尽当地救济作为提起 ICSID 仲裁的条件,但是该条件自首次进入国内法院程序时起两年后消失。④ 1983 年《比利时—卢森堡经济联盟和卢旺达相互保护和鼓励投资条约》明确要求用尽行政和司法救济,但同时规定自投资者书面通知争端时起 18 个月后不得再援引此要求。⑤ 1992 年《约旦与罗马尼亚相互促进和保护投资协定》规定,自首次进入国内法院程序之日起 6 个月后被诉国不得再要求用尽当地救济的条件。⑥

---

① Protection of Investment Act 22 of 2015, 15 December 2015, § 12 para. 5 (S. Afr.), available at: http://www.gov.za/sites/www.gov.za/files/39514_Act22of2015ProtectionOfInvestmentAct.pdf.

② See Campbell McLachlan, Laurence Shore, Matthew Weiniger, *International Investment Arbitration: Substantive Princiles*, Oxford: Oxford University Press, 2017, para. 4.121.

③ IISD, Exhaustion of Local Remedies in International Investment Law, January 2017, p. 9.

④ Accord entre le Gouvernement de la République Française et le Gouvernement du Royaume du Maroc sur la Protection, l'encouragement et la Garantie Reciproques des Investissements, Article 10.

⑤ Convention concerning the Reciprocal Encouragement and Protection of Investments, Bel.-Lux.-Rwanda, Article 10(3)(4).

⑥ Agreement between the Government of the Hashemite Kingdom of Jordan and the Government of Romania on the Mutual Promotion and Protection of Investments, Article 8.3 – 8.4.

韩国、[①]土耳其[②]和阿拉伯联合酋长国[③]分别缔结的几个投资条约规定，只有在争端被提交到东道国国内法院一段时间后仍然存在才可以提交国际仲裁。

阿根廷缔结的若干双边投资条约中要求投资者先行利用当地救济，一定期限之后东道国国内法院仍未做出最终裁决，或者做出最终裁决之后争议仍然存在，投资者才可以提交国际仲裁。例如，1990 年《英国与阿根廷投资促进和保护协定》规定：

> (1)源自本协定条款的一缔约方的投资者与另一缔约国之间与投资有关尚未友好解决的争端，应争端一方请求，可以被提交至投资所在地缔约国有管辖权的法庭解决。
>
> (2)在下列情况下，前述争端应当提交至国际仲裁：
>
> (a)应争端一方要求，在下列任何情形下：
>
> (i)当争端被提交至投资所在地缔约国有管辖权的法庭已满 18 个月，该法庭还未做出最终裁决；
>
> (ii)上述法庭已经做出了最终裁决但当事方仍然存在争议；
>
> ……

美国则很少采用此种条款，历史上仅有一个投资条约即 1985 年《美国与摩

① Agreement between the Government of the Republic of Korea and the Government of the Republic of Indonesia Concerning the Promotion and Protection of Investments(1991), Article 9.2; Agreement between the Government of the Republic of Korea and the Government of the Republic of the Philippines for the Promotion and Protection of Investments(1994), Article 9.2.

② Agreement between the Government of Romania and the Government of the Republic of Turkey on the Reciprocal Promotion and Protection of Investments(1991), Article 6.4; Agreement between the Republic of Turkey and the Republic of Cuba Concerning the Reciprocal Promotion and Protection of Investments(1997), Article Ⅵ, para. 2; Agreement for the Reciprocal Promotion an Protection of Investments, S. Kor. -Turk. (1991), Article 10.2.

③ Agreement between the United Arab Emirates and the Belgian-Luxemburg Economic Union on the Reciprocal Promotion and Protection of Investments(2004), Article 12.2; Agreement between the Government of the United Arab Emirates and the Government of the Republic of Azerbaijan on the Promotion and Reciprocal Protection of Investments(2006), Article 11.2; Agreement between the Government of the United Arab Emirates and the Government of the Republic of Uzbekistan for the Promotion and Reciprocal Protection of Investments(2007), Article 9(2) - (3).

洛哥相互保护投资协定》中包含此类条款,[①]但该条约已经被新的条约即2004年《美国与摩洛哥自由贸易协定》所取代。[②] 2018年签署的《美墨加协定》则一反常态,附件14-D"墨西哥—美国投资争端"部分将先行利用当地救济作为缔约方同意国际仲裁的限制性条件:

(a)就声称违反第14.D.3条所指的措施,申请方和/或企业首先在被诉方有管辖权的法院或者行政法庭提起诉讼;

(b)申请方或者企业从被申请方的最后审级的法院获得了终审判决或者自提起(a)程序之日起已过30个月;

……

(二)其他利用当地救济要求

此外,也有个别投资条约要求先行利用当地救济,但未明确规定期限。2010年《塞尔维亚与马耳他相互促进和保护投资协定草案》规定,"在当地救济已经被利用的条件下(local remedies have been pursued),各缔约国事先和不可撤销地同意将争端提交仲裁"。[③] 2013年《荷兰与阿拉伯联合酋长国鼓励和相互保护投资协定》(未生效)要求利用当地救济,没有规定时间期限,对于在阿拉伯联合酋长国的投资"只有在争端一方的国民已经首先将争端提交阿拉伯联合酋长国有管辖权的法院并且该国民仍未获得满意的解决时,可以将该争端提交国际投资争端解决中心"。[④]

此外,还有一些投资条约采取了混合模式。1991年《澳大利亚与匈牙利相互促进和保护投资协定》和《澳大利亚与波兰相互促进和保护投资协定》既包括

---

① Treaty Concerning the Reciprocal Protection of Investments, United States-Kingdom of Morocco, Article Ⅵ, 22 July 1985, IC-BT 624.

② United States-Morocco Free Trade Agreement, Article1.2(3)&(4), 15 June 2004, 44 I. L. M. 544.

③ Draft Agreement between the Government of the Republic of Serbia and the Government of the Republic of Malta for the Reciprocal Promotion and Protection of Investments, Article 9.2.

④ Agreement on Encouragement and Reciprocal Protection of Investments between the Kingdom of the Netherlands and the United Arab Emirates, Article 9.2, 9.3.

明确的当地救济要求,也包括明确的放弃当地救济要求。[①] 投资者可以将征收和国有化条款下的争端提交国际仲裁,而无须先行国内救济;而对于违反其他条款的争端,则明确要求用尽当地救济。1993 年《阿拉伯联合酋长国与波兰促进和保护投资协定》也包含类似的规定。[②] 1991 年《罗马尼亚与科威特相互促进和保护投资协定》要求投资者在征收或者转移情况下就补偿数额在提交 ICSID 仲裁之前,在特定时间内用尽当地救济,对于其他类型的争端,只有存在具体协议的情况下才可以提交仲裁,并且需要用尽当地救济,无时间期限。[③]

无论是用尽当地救济,还是作为其变种的先行利用当地救济,均体现了东道国当地救济优先的理念。它给予投资者就相同争端两次寻求救济的机会(two bites at the apple),并且首先寻求国内救济。[④] 不过,作为折中的先行利用当地救济条款的目的和性质并不清晰,即不恰当遵守该条款是否会影响仲裁庭的管辖权,还是影响仲裁请求的可受理性,抑或,它只是一个程序性先决条件?有学者认为,先行利用当地救济条款并非只是昂贵的仪式,它们表达了双边投资条约缔约国对国内法院可以最终解决投资争端的理解,[⑤]可视为用尽当地救济条款的准复活。[⑥] 所以,同用尽当地救济条款一样,在先行利用当地救济条款下,投资仲裁只是作为一种备用机制,即国内法院不能在既定时间限度内解决纠纷的情况下投资者方可提起国际仲裁。[⑦] 然而在投资仲裁实践中,不同的仲裁庭理解不尽一致,先行利用当地救济条款通常不能充分发挥其应有的

① Agreement between Australia and the Republic of Hungary on the Reciprocal Promotion and Protection of Investments(1991),Article 12; Agreement between Australia and the Republic of Poland on the Reciprocal Promotion and Protection of Investments(1991),Article 13.

② Agreement between the Government of the United Arab Emirates and the Government of the Republic of Poland for the Promotion and Protection of Investments(1993),Article 9.2.

③ Agreement between Romania and the State of Kuwait for the Reciprocal Promotion and Protection of Investments(1991),Article 10,paras. 3(b)and(4).

④ See William S. Dodge,"National Courts and International Arbitration: Exhaustion of Remedies and Res Judicata Under Chapter Eleven of NAFTA",23 *Hastings International and Company Law Review* (2000),p. 370.

⑤ See Christoph Schreuer,"Calvo's Grandchilren: The Return of Local Remedies in Investment Arbitration",4 *Law and Practice of International Courts and Tribunals*(2004),p. 5.

⑥ Ibid.,p. 4.

⑦ See Michal Swarabowicz,"Identity of Claims in Investment Arbitration: A Plea for Unity of the Legal System",8 *Journal of International Dispute Settlement*(2017),p. 297.

效应。[①]

另外,从实体上,东道国国内法院先行做出的判决与之后国际仲裁庭的裁决是什么关系,绝大多数投资条约并未明确涉及。通说认为,国内法院判决对国际仲裁庭无既判力,否则投资者再提起国际仲裁便没有任何意义。[②] 这至少意味着在效力上国际投资仲裁庭的裁决优先。

少数投资条约规定,仅在国内法院拒绝司法等特殊情形下,投资者方可诉诸国际仲裁。1991 年《英国与乌拉圭促进和保护投资协定》和 1992 年《乌拉圭与西班牙相互促进和保护投资协定》规定了当地诉讼要求,但在法院裁定明显不公正或者与本协定条款或者任何其他国际法规则相冲突时,可以提交国际仲裁。[③] 1991 年《波兰与乌拉圭保护和促进投资协定》和 1991 年《比利时—卢森堡经济联盟和乌拉圭相互促进和保护投资协定》规定了当地诉讼要求,同时规定在法院最终裁决违反国际法包括在拒绝司法情况下投资者可以提交国际仲裁。[④] 此类投资条约在一般情形下排除了国际仲裁庭对投资争端的管辖权,投资者只有在拒绝司法等当地救济无效的特殊情况下,方具有提起国际仲裁的诉权。

---

① 详见第三章第一节。

② 少数学者认为,在用尽当地救济条件下,国际仲裁庭和国内法院属于主次关系,国际仲裁承担着上诉法院的职能,国内法院行为自身以及国家最初的不法行为,共同构成国际仲裁庭审判的客体,参见 Thiago Braz Jardim Oliveira,"The Authority of Domestic Courts in Adjudicating International Investment Disputes: Beyond the Distinction Between Treaty and Contract Claims", 4 (1) *Journal of International Dispute Settlement*(2013), p. 180;还有学者认为,在用尽当地救济和先行当地救济条款下,由国内法院最终处理的争端不能再提交国际仲裁,申请方只能以东道国司法机关的不法行为为诉由提起国际仲裁,参见 Michal Swarabowicz,"Identity of Claims in Investment Arbitration: A Plea for Unity of the Legal System", 8 *Journal of International Dispute Settlement*(2017), p. 297。

③ Agreement between the Government of the United Kingdom of Great Britain and Northern Ireland and the Government of the Oriental Republic of Uruguay for the Promotion and Protection of Investments, Article 8.2; Agreement on the Reciprocal Promotion and Protection of Investments, Spain-Uru., Article XI, para. 3(a).

④ Acuerdo de Protección y Promoción de las Inversiones, Pol. -Uru. (1991), Article X, paras. 2 – 3; Acuerdo entre la República Oriental del Uruguay y la Unión Económica Belgo-Luxemburguesa en materia de Promoción y Protección recíprocas de Inversiones, Bel. -Lux. -Uru.

第三节　投资者—国家仲裁作为当地救济的直接替代机制

在20世纪90年代和21世纪初缔结的诸多投资条约未明确要求投资者用尽当地救济,甚至个别投资条约还明确放弃了当地救济要求;同时投资条约普遍包括岔路口条款或者弃权条款,投资者可以自由选择将投资争端提交至东道国国内法院或者国际仲裁解决,这意味着国际投资仲裁作为东道国当地救济的直接替代机制而存在。

一、放弃(用尽)当地救济要求

根据传统国际法,投资者在将一项国际诉讼提交国际程序之前,需要用尽东道国法律体系内的所有救济手段。[①] 不过,在国际投资体制下,这一规则的习惯国际法地位被翻转。

(一)投资条约

某些投资条约明确规定缔约国放弃用尽当地救济要求,这主要存在于由奥地利、比利时、卢森堡、比利时—卢森堡经济联盟和沙特阿拉伯缔结的条约中。最早的为1970年《比利时与印度尼西亚鼓励和相互保护投资协定》(已终止)。[②] 此等规定继续体现在近期比利时—卢森堡经济联盟缔结的条约中。[③] 其他国家缔结的双边投资条约也存在此种规定,特别是中欧和东欧国家,如亚

---

① 参见[德]鲁道夫·多尔查、[奥]克里斯托弗·朔伊尔编:《国际投资法原则》,祁欢、施进译,中国政法大学出版社2014年版,第275页。

② Agreement on the Encouragement and Reciprocal Protection of Investments, Belg. -Indon., Article 10.

③ Convention entre l' Union Economique Belgo-Luxembourgeoise et la République du Burundi concernant l' encouragement et la protection reciproques des investissements (1989), Article 8. 3; Acuerdo entre la Unión Económica Belgo-luxemburguesa y el Gobierno de la República de Cuba para la Promoción y Protección Recíproca de Inversiones(1998), Article 9. 2; Agreement between the Belgium-Luxembourg Economic Union, on the one hand, and Montenegro, on the other hand, on the Reciprocal Promotion and Protection of Investments(2010), Article 12. 2.

美尼亚、保加利亚、捷克、克罗地亚、摩尔多瓦和塞尔维亚。[①] 奥地利在其早期和近期的诸多投资条约中都包含此类规定,[②]例外的是1999年《奥地利与印度促进和保护投资协定》规定:"对于仲裁……缔约国不应要求用尽国内行政或者司法救济,除非已经提起国内程序。"[③]沙特阿拉伯缔结的几个投资条约规定,一旦投资者提起国际仲裁程序,东道国将放弃用尽当地救济的权利。[④]

不过,明确放弃用尽当地救济规则的条约非常少见,绝大多数投资条约对用尽当地救济规则保持沉默——既未要求在提起国际程序之前用尽当地行政或者司法救济,也未明确放弃此等要求。[⑤] 还有个别双边投资条约只是简单地复制了《华盛顿公约》第26条的规定,意图并不清晰。[⑥]

(二)《华盛顿公约》

除了投资条约,根据《华盛顿公约》进行的投资仲裁还将受到《华盛顿公约》第26条所体现的一般原则的约束,其条文如下:

---

① See e. g. , Agreement between the Government of the Hashemite Kingdom of Jordan and the Government of the Republic of Croatia on the Reciprocal Promotion and Protection of Investments (1999), Article 10. 2(b); Agreement on Encouragement and Reciprocal Protection of Investments between the Republic of Armenia and the Kingdom of the Netherlands(2005), Article 9. 2; Agreement on Promotion and Reciprocal Protection of Investments Between the Government of the Republic of Serbia and the Government of the Republic of Indonesia (2011) (not in force), Article 11. 4; Agreement between the Government of Montenegro and the Government of the Republic of Moldova on Promotion and Reciprocal Protection of Investments, (2014) (not in force), Article 8. 2(b); Agreement between the Czech Republic and the Republic of Bulgaria for the Promotion and Reciprocal Protection of Investments (1997), Article 9. 4.

② Agreement between the Republic of Austria and Malaysia for the Promotion of Protection of Investments(1985), Article 9. 2; Agreement for the Promotion and Protection of Investment between the Republic of Austria and the Republic of Tajikistan(2010), Article 15. 2.

③ Agreement between the Government of the Republic of Austria and the Government of the Republic of India for the Promotion and Protection of Investments, Austria-India(1999), Article 9. 4.

④ See e. g. , Agreement between the Czech Republic and the Kingdom of Saudi Arabia Concerning the Encouragement and Reciprocal Protection of Investments, Czech-Saudi Arabia(2009), Article 11. 4.

⑤ IISD, Exhaustion of Local Remedies in International Investment Law, January 2017, p. 7.

⑥ Agreement between the Government of Jamaica and the Government of the Swiss Confederation for the Reciprocal Promotion and Protection of Investments, 11 December 1990, Article 9. 4; Agreement between the Government of the United Arab Emirates and the Government of the Socialist Republic of Viet Nam for the Protection and Promotion of Investments, 16 February 2009 (not in force), Article 10. 2; Agreement between the Government of the People's Republic of China and the Government of the Republic of Uzbekistan on the Promotion and Protection of Investments, 19 April 2011, Article 12. 2.

除非另有规定,双方同意根据本公约交付仲裁,应视为同意排除任何其他救济方法而交付上述仲裁。缔约国可以要求以用尽该国行政或者司法救济作为其同意根据本公约交付仲裁的条件。

实践中,无论是通过加入《华盛顿公约》时做出宣布或者通过具体文件的方式要求用尽当地救济的实践均非常罕见。① 由此,在投资者—国家仲裁领域内,《华盛顿公约》第26条翻转了用尽当地救济的习惯国际法地位——在投资条约没有明确相反规定的情况下,投资者可以直接诉诸国际仲裁,这成为国际投资争端解决的常态。换言之,投资者由此具有了在国内和国际不同争端解决机构之间自由选择的权利,除非缔约国明确施以(用尽)当地救济的条件。

第26条在《华盛顿公约》中占有核心重要的地位。在《华盛顿公约》报告中,世界银行的执行董事将该条款的目的解释为"仲裁作为排他性救济方式"。

可以推断当一个国家和投资者同意诉诸仲裁,并且没有保留诉诸其他救济或者首先用尽其他救济的权利,当事方的意图是将仲裁作为排他性救济方式。此解释规则体现在公约第26条第一句。需要澄清的是,此款并非旨在修改用尽当地救济的国际法规则,第二句明确认可一国要求首先用尽当地救济的权利。

实践中,《华盛顿公约》第26条所规定的排他性经常被过度解读,诸多仲裁庭将其作为ICSID仲裁优越于其他争端解决机制的依据。② 某些学者认为:

只有当投资者真正开始仲裁程序后对ICSID仲裁的选择才能作为排他性救济方式。在此之前,投资者在国内法院或者其他替代救济解决机制提起的程序,只是作为仲裁庭必须考虑的基础事实的一部分,以便决定国家是否遵守了其在投资条约之下的实体义务。这可能包括东道国国内法院是否存在拒绝司

---

① 仅危地马拉在加入《华盛顿公约》时做了宣布。

② See e. g. Helnan International Hotels A/S v. The Arab Republic of Egypt, ICSID Case No. 05/19, Decision of the ad hoc Committee(Annulment Proceeeding), 19 May 2010, para. 45.

法,是否因此导致国家违反了公平公正待遇的义务。①

此种观点值得商榷,其解释方法偏离了投资条约——在绝大多数投资条约中,ICSID 仲裁只是作为投资者可以选择的多种争端解决之一,而非唯一方式。《华盛顿公约》第 26 条只能作为投资条约未明确要求也未明确放弃用尽当地救济规则的解释条款,其效果不应被过分地夸大,投资者提起仲裁时仍应受到投资条约中岔路口条款或者弃权条款的约束。

(三)仲裁实践:"放弃除非要求"规则

实践当中,ICSID 仲裁庭和国际商事仲裁庭一般均认为在国际投资体制中,缔约国放弃了用尽当地救济要求,除非明确要求。② 例如,马菲齐尼诉西班牙(Maffezini v. Spain)一案仲裁庭提出"除非缔约国事先将用尽当地救济作为同意 ICSID 仲裁的条件,否则此要求不适用"。③ 在国际商事仲裁中,《华盛顿公约》并不适用,尽管如此,仲裁庭通常也认为"放弃除非要求"规则同样延至非 ICSID 仲裁。④ 废物管理公司诉墨西哥(Waste Management v. Mexican Ⅱ)一案仲裁庭将《北美自由贸易协定》第 11 章中的弃权条款解释为放弃任何其他救济,包括东道国行政和司法救济。⑤ 米蒂利尼诉塞尔维亚和黑山(Mytilineos v. Serbia and Montenegro)一案仲裁庭将希腊—塞尔维亚和黑山双边投资条约中的岔路口条款解释为委婉地放弃用尽当地救济要求,认为用尽当地救济要求与岔路口条款的宗旨是相冲突的,把用尽当地救济要求作为投资者—国家仲裁的普遍性前提条件将严重破坏此种争端解决形式的有效性。⑥ 在尼康诉拉丁维亚(Nykomb v. Latvia)一案中,仲裁庭走得更远。拉丁维亚提出本案属于违反合同所产生的争议,在根据《能源宪章条约》提起国际仲裁之前必须首先由拉丁维亚法院解决,仲裁庭认为"并不能从条约或者一般国际法中得出用尽当地救济

---

① Campbell McLachlan, Laurence Shore & Matthew Weiniger, International Investment Arbitration: Substantive Principles, Oxford: Oxford Univeristy Press, 2017, para. 4.84.

② IISD, Exhaustion of Local Remedies in International Investment Law, January 2017, p. 14.

③ Emilio Agustin Maffezini v. The Kingdom of Spain, ICSID Case No. ARB/97/7, Decision on Objections to Jurisdiction, 25 January 2000, para. 22.

④ IISD, Exhaustion of Local Remedies in International Investment Law, January 2017, p. 17.

⑤ Waste Management, Inc. v. United Mexican States, ICSID Case No. ARB(AF)/00/3, Decision on Mexico's Preliminary Objection concerning the Previous Proceedings, 26 June 2002, para. 30.

⑥ Mytilineos Holdings SA v. the State Union of Serbia & Montenegro and the Republic of Serbia, UNCITRAL, Partial Award on Jurisdiction, 8 September 2006, paras. 220 – 222.

的一般性义务。相反,根据《能源宪章条约》第26(4)条投资者具有条约仲裁的选择权,即便是其已经同意由当地法院管辖——不过本案中投资者并未这样做。"①

总之,放弃用尽当地救济要求意味着根据投资条约中的岔路口条款或者弃权条款,投资者有选择东道国当地救济或者国际仲裁的权利,即二者在投资争端解决中是一种平行或者相互替代的关系。

二、岔路口条款

岔路口条款(Fork-in-the-road Clause)要求投资者在争端解决伊始便做出决定,是将争端提交东道国国内法院审判还是提交国际仲裁。一旦选择其一,投资者便无权再诉诸另一种争端解决方式。换言之,岔路口条款的实质是禁止投资者在争端解决机制选择上反言。岔路口条款在双边投资条约中非常普遍。以1999年签署的《智利与印度尼西亚相互促进与保护投资协定》(未生效)为例,其中第13.3条规定:

> 一旦投资者已经将争端提交投资所属地缔约方有管辖权的法院,或者已经提交国际仲裁,该选择是终局的。

另外,"三选一"条款(在国内法院、其他之前同意的争端解决机制和国际仲裁中选择其一)与岔路口条款具有相同的实际效果。② 在美国早期的双边投资条约范本1984年、1994年双边投资条约范本中均规定此类"三选一"条款。③ 1991年签署的《美国与阿根廷关于相互鼓励和保护投资协定》第7条规定:

---

① Nykomb Synergetics Technology Holding AB v. The Republic of Latvia, S. C. C., Award, 16 December 2003, p. 10.

② Bahakal Yimer, Nicolas Cisneros, Laura Bisian & Rahul Donde, Application of International Investment Agreements by Domestic Courts, Trade Law Clinic(E780), Geneva, 10 June 2011.

③ See 1994 U. S. Model Bilateral Investment Treaty, Art. IX(2), reprinted in Paul E. Comeaux, N. Stephan Kinsella, Protecting foreign investment under international law: legal aspects of political risk (Dobbs Ferry, N. Y.: Oceana Publications, 1997), p. 261; 1984 U. S. Model Bilateral Investment Treaty, Art. VI(3)(a)(ii), available at: http://www.law.nyu.edu/sites/default/files/ECM_PRO_066871.pdf.

……

2. ……如果争端不能友好解决，国民或公司可以将争端诉诸：

(a)争端缔约方的法院或者行政法庭；或者

(b)根据任何适用的、先前同意的争端解决程序；或者

(c)根据第3段的条款。

3. (a)如果有关国民或公司还未将争端提交2(a)或2(b)规定的争端解决程序……有关国民或公司可以选择将争端提交有约束力的仲裁解决……

1998年签署的《美国与玻利维亚关于鼓励和相互保护投资条约》(已终止)第9条规定：

……

2. 作为投资争端一方的国民或者公司可以将争端提交到下列替代方式之一：

(a)争端缔约方的法院或者行政法庭；或者

(b)根据任何适用的、先前同意的争端解决程序；或者

(c)根据第3段的条款。

3. 如果有关国民或者公司还未将争端提交至2(a)或2(b)规定的争端解决程序，并且自争端产生之日起已过3个月，有关国民或者公司可以将争端提交至有约束力的仲裁……

《能源宪章条约》规定的方式较为独特，其将投资者尚未将争端提交其他争端解决机构作为缔约方无条件同意国际仲裁的条件，第26(3)(b)条如此规定：

在投资者先前已经根据(2)(a)或(2)(b)条款将争端提交争端缔约方国内法院或行政法庭，或者双方之前同意的争端解决程序的情况下，附件ID中列出的缔约方不给予将争端提交国际仲裁或者调解的无条件同意。

客观上，岔路口条款有利于作为资本输出国的缔约方。岔路口条款之下，投资者拥有选择东道国司法体系之外的争端解决方式——国际投资仲裁的自由，这可能更有利于投资者权利的保护。岔路口条款还意味着在缔约国看来，国内法院和国际仲裁在投资争端解决上是一种并行的、相互替代的关系。例

如,在谢叶琛案中,仲裁庭认为,国际投资仲裁庭与国内法院之间的管辖权关系为平行结构。①

岔路口条款的宗旨在于禁止投资者获得东道国国内法院和国际仲裁的双重救济。也有学者认为,岔路口条款背后的原理是"一事不再理原则"。② 实践中,岔路口条款很少能够阻止投资者在两个法庭获得救济——通过对"相同争端"进行严格的形式化解释,国际仲裁庭极少禁止先前已经诉诸东道国国内法院程序的投资者提起国际仲裁,即便东道国国内法院审理的争端和国际仲裁庭受理的争端在实质上基本相同。③ 因此,近期以来,某些投资条约开始改进立法技术,修正传统的岔路口条款。2007 年《东南非共同市场投资协定》第 28(3)条规定:

如果东南非共同市场投资者选择将争端提交本条第 1 款列举的法庭之一,该选择是确定的,该投资者随后不能再将与相同客体或者相同潜在措施有关的诉求提交其他法庭。

该条款指向相同"客体"(subject matter)和"潜在措施"(underlying measure)的所有诉求,这意味着诉由不同——无论该诉由是违反合同、国内法还是国际法,不能再成为投资者和仲裁庭规避岔路口条款适用的理由。

然而,值得注意的是,并非所有缔约国均意图严格限制投资者以及投资者所投资的当地企业就相同客体或者措施分别在东道国国内法律体系和国际法体系寻求救济。以墨西哥为例,由于国际条约在墨西哥国内法院可以直接适用,《北美自由贸易协定》第 11 章(投资)附件第 1120.1 条"提起仲裁请求"如此规定:

就一项仲裁请求,如果另一缔约方所有或者直接或者间接控制的具有法人身份的墨西哥企业在墨西哥法院或者行政法庭提起诉讼,声称墨西哥违反了(i)A 部分或者第 1503(2)条(国有企业),或者(ii)第 1503(3)条(垄断和国有

---

① 参见沈伟:《论中国双边投资协定中限制性投资争端解决条款的解释和适用》,载《中外法学》2012 年第 5 期。

② 同上。

③ 详见本书第三章。

企业)即垄断企业的行为不符合A部分下该缔约方的义务,则另一缔约方的投资者不得再在根据本部分进行的仲裁中或者在墨西哥法院或者行政法庭进行的诉讼中起诉墨西哥违反(i)A部分或者第1503(2)条(国有企业),或者(ii)第1503(3)条(垄断和国有企业)即垄断企业的行为不符合A部分下该缔约方的义务。

《美墨加协定》第14章(投资)附件14－D－3部分对于美国投资者诉墨西哥设定的岔路口条款也作了类似规定:

如果美国投资者或者企业各自已经在墨西哥法院或者行政法庭主张墨西哥违反本章下的义务——与违反墨西哥国内法下的义务不同,则投资者不得再(a)根据第14. D. 3. 1(a)条以自身名义,或者(b)根据14. D. 3. 1(b)条代表其所有或者直接或间接控制的墨西哥企业法人以墨西哥违反本章下的义务为由提起仲裁。①

言外之意,如果美国投资者或者企业就相同客体或者潜在措施已经在墨西哥法院或者行政法庭主张墨西哥政府违反其国内法,则并不触犯本附件为美国投资者设定的岔路口条款而丧失诉诸国际仲裁的权利。不过,投资者仍应遵循第14. D. 5. 1(e)条规定的弃权条款。

三、弃权条款

《北美自由贸易协定》第1121条,将投资者放弃在国内法院或行政法庭以及其他争端解决程序提起或继续法律程序作为其提起国际仲裁的先决条件:

……就争端缔约方被诉称违反的措施,放弃根据任何缔约方的国内法在任何行政法庭或法院,或者任何其他争端解决程序提起或者继续任何程序的权利……但根据争端缔约方法律在行政法庭或者法院寻求禁令、宣誓性或者其他不涉及损害赔偿的非常规救济的程序除外。②

---

① Appendix 14－D－3 of Agreement between the United States of America, the United Mexican States, and Canada.

② See NAFTA, Article 1121 subsections(1)(b)and(2)(b).

《北美自由贸易协定》的谈判历史表明，弃权条款模式是条约三方相互妥协的结果。[①] 美国在《北美自由贸易协定》初稿中主张纳入岔路口条款以保障其国民可以获得东道国国内法院管辖权之外的机制保障。[②] 加拿大和墨西哥则基于不同的理由反对此种模式。墨西哥在其 1992 年 1 月和 3 月的草案中，分别建议在第 11 章之下增加一个“有关第 11 章的解释和适用的争议不得诉诸《北美自由贸易协定》争端解决机制”或者“国内司法机构执行投资者权利”的条款。[③] 加拿大则在其 1992 年的草案中提出纳入与之后弃权条款相似的一个条款以避免投资者就实质相同的事项在国际仲裁和国内法院、行政法庭以及其他争端解决程序中获得双重救济。[④] 三方谈判的结果便是产生了第 1121 条的弃权条款（no-U-turn clause）。

弃权条款与岔路口条款相同之处主要包括两点：一是二者均意味着投资者无须用尽当地救济，确立了国际仲裁作为东道国当地救济的直接替代机制的地位；[⑤]二是投资者一旦选择国际仲裁，便不能再寻求东道国当地救济，二者的宗旨均在于避免投资者获得双重救济，确保东道国国内法院或者投资仲裁庭的排他性管辖权。

不过，弃权条款与岔路口条款仍然存在某些微妙的差异。对于投资者来说，岔路口条款过于严格，其可能会在某些情形下丧失提起国际仲裁的权利。而弃权条款既给予了投资者诉诸东道国法院或者其他争端解决机制后一定时期内反悔的权利，也能避免投资者获得双重救济，因而更加灵活务实。弃权条

---

① See Sergio Puig, "Investor-State Tribunals and Constitutional Courts: The Mexican Sweeteners SAGA", 5(2) *Mexican Law Review* (2013), p. 215.

② NAFTA, travaux preparatoires of Dec. 1991, available at: https://www.international.gc.ca/trade-agreements-accords-commerciaux/assets/pdfs/chap11-neg-01.pdf.

③ NAFTA, travaux preparatoires, January 16, 1992, available at: https://www.international.gc.ca/trade-agreements-accords-commerciaux/assets/pdfs/chap11-neg-02.pdf; NAFTA, travaux preparatoires, March 6, 1992, available at: https://www.international.gc.ca/trade-agreements-accords-commerciaux/assets/pdfs/chap11-neg-05.pdf.

④ NAFTA, travaux preparatoires, June 4, 1992, available at: https://www.international.gc.ca/trade-agreements-accords-commerciaux/assets/pdfs/chap11-neg-11.pdf.

⑤ See William S. Dodge, "National Courts and International Arbitration: Exhaustion of Remedies and Res Judicata Under Chapter Eleven of NAFTA", 23 *Hastings International and Company Law Review* (2000), p. 374.

款对于投资者和东道国有可能达到双赢:一方面,相较于岔路口条款,弃权条款在一定程度上体现了支持国际仲裁的理念,放宽了投资者提起国际仲裁的条件;另一方面,客观上,弃权条款为投资者首先尝试利用国内救济创造了条件,这将增加投资争端在东道国国内解决的机会——如果投资者对于东道国国内法院的诉讼程序比较满意,便有可能不再提起国际仲裁。

弃权条款比(早期)岔路口条款的立法技术更为成熟。

第一,根据弃权条款,投资者可以在提起国际仲裁的同时在东道国国内法院寻求非金钱救济。大部分投资条约,特别是21世纪签署的投资条约,均对投资仲裁庭的权限范围有所限制。以《北美自由贸易协定》为例,第1135条规定投资仲裁庭仅能做出金钱赔偿类和返还财产类裁决;第1134条允许仲裁庭裁定临时保护措施,如保全证据,但仲裁庭无扣押财产或者禁止适用被声称违反第1116条和第1117条措施的强制性权力。可见,缔约国为国际仲裁庭设定的权限范围小于国内法院,只有在特定范围内,国际仲裁庭才能够作为国内法院的替代。[①] 弃权条款正视了此种差异,更加务实。

第二,弃权条款的关键词是"(潜在)措施",即就相同措施,投资者不得在根据投资条约提起国际仲裁后再在包括国内法院在内的其他争端解决机制提起任何程序,无论是根据何种法律基础。[②] 反之,"如果国内法院诉讼中所涉及的措施与国际仲裁中所涉及的违反《北美自由贸易协定》的措施并不相关,则国内法院程序和《北美自由贸易协定》之下的仲裁程序可以并存"。[③] 此外,投资者在东道国投资的企业也不得以不同主体的名义对相同措施提起平行程序,这有利于减少实质相同的多重诉讼。

《北美自由贸易协定》开创的弃权条款模式为后来诸多投资条约所效仿,如2009年《加拿大与约旦促进与保护投资协定》。

21世纪缔结的某些投资条约,如《澳大利亚与中国自由贸易协定》《加拿大与哥伦比亚自由贸易协定》等还关注到了位于非缔约方的投资的控制人,若申请人的投资被非缔约方的实际控制人所有或间接控制,且该实际控制人已经就相同措施或事件根据非缔约方与被诉国之间的任何协议提起了诉讼,则该申请

---

① 关于投资仲裁庭裁定临时措施的"权力",详见第六章。

② Waste Management Inc. v. United Mexican States, ICSID Case No. ARB(AF)/98/2, Award of 2 June 2000, paras. 17 – 21.

③ Ibid., para. 27.

人不能再提起(或者继续)仲裁。[①]

尽管如此,弃权条款也并非毫无争议。特别是,该弃权条款仅提及投资者放弃在东道国国内法院提起新的诉讼或者继续已有的程序,却未明确提及在东道国国内法院程序已经结束或者东道国国内法院已经做出生效判决的情形下,投资者是否还可以通过弃权声明来满足提起国际仲裁的条件。似乎,权利已经行使完毕,弃权也就无从谈起。但事实上对该问题仍然存在不同理解。例如,威廉·道奇(William S. Dodge)认为,“第1121条似乎并未禁止外国投资者翻转顺序,换言之,它似乎允许外国投资者在国内法院提起诉讼以及在结果不成功时随后再提起《北美自由贸易协定》之诉”。[②] 坎贝尔·麦克拉克兰(Campbell McLachlan)等认为,弃权条款并不要求投资者在早期便做出选择,相反,在提起国际投资仲裁之前,投资者可以在东道国法院寻求任何或者所有的可利用的国内救济。[③]

实践中,仲裁庭的做法也存在差异。在雷鸟诉墨西哥(Thunderbird v. Mexico)一案中,仲裁庭认为,弃权条款的目的是“为了阻止一方寻求国内国际两种救济,因为这会产生相互冲突的结果并导致法律上的不确定性,或者导致对相同行为或措施的双重救济”。[④] 在大美国管理投资诉墨西哥(GAMI v. Mexico)一案中,美国投资者所持股的墨西哥当地企业已经在墨西哥法院提起征收诉讼并获得了支持,之后美国投资者因其所持有墨西哥当地企业股份的价值受损依据《北美自由贸易协定》提起国际仲裁。仲裁庭认为:“每一法庭只为它权力来源的法律适用负责。应当由墨西哥法院根据墨西哥法律来判断征收是否合法。应当由现在的仲裁庭来判断墨西哥政府机构是否违反了国际法。适用《北美自由贸易协定》的根本出发点在于根据《维也纳条约法》第27条,‘一国不得援引其国内法作为未能遵守条约的正当理由’。在此方面,国内法是

---

① Free Trade Agreement between the Government of Australia and the Government of the People's Republic of China, Art. 9.12.3; Canada-Colombia Free Trade Agreement, Art. 821.3.

② William S. Dodge, "National Courts and International Arbitration: Exhaustion of Remedies and Res Judicata Under Chapter Eleven of NAFTA", 23 *Hastings International and Company Law Review* (2000), p. 371.

③ Campbell McLachlan, Laurence Shore & Matthew Weiniger, International Investment Arbitration: Substantive Principles, Oxford: Oxford University Press, 2017, p. 112.

④ International Thunderbird Gaming Corporation v. The United Mexican States, UNCITRAL (NAFTA), Arbitral Award, 26 January 2006, para. 118.

否在国内法院获得了支持则根本不具有相关性。”①

第四节 仅规定投资者—国家仲裁

在个别投资条约的争端解决条款中，仅规定了国际仲裁，特别是ICSID仲裁，未提及国内法院。

例如，1991年签署的《荷兰与委内瑞拉鼓励与相互保护投资协定》（已终止）第9条规定：

1）缔约方与另一缔约方国民之间与后者投资有关的前者履行本协定义务相关的争端，应有关国民要求应当（shall）提交至投资争端解决中心，根据1965年《华盛顿公约》仲裁或者调解解决；

2）在委内瑞拉还未成为《华盛顿公约》缔约国之前，前述争端应当（shall）提交至投资争端解决中心，依据附加便利规则解决。

与此类似，1995年签署的《瑞士与巴基斯坦促进与相互保护投资协定》第9条仅规定了ICSID仲裁，没有岔路口条款。

由于条约文本中丝毫未提及国内法院等其他争端解决机制，东道国国内法院能否参与投资争端解决过程似乎存有疑问。不过，根据当地救济的习惯国际法规则，以及文本中“应有关国民要求”这一字眼，可以推定投资者应当可以将投资争端诉诸东道国当地救济。

第五节 投资者—国家仲裁适用范围的有限性

投资条约往往为国际仲裁机制设定了若干范围和条件限制，只有在投资条约设定的范围内，且在符合相关条件情形下，投资者才具有选择东道国当地救济或者国际仲裁的权利。换言之，并非所有的投资争端均可以诉诸投资仲裁，

---

① GAMI Investments Incorporated v. The United Mexican States, Final Award, 15 November 2004, Ad Hoc Tribunal pursuant to NAFTA Chapter 11 and the UNCITRAL Arbitration Rules, para. 41.

但一般来讲所有的争端均可依据国内法诉诸东道国国内法院,[①]因为“国家法律体系在其国家空间内拥有至高无上性”。[②] 所以,东道国当地救济和国际投资仲裁共同组成了完整的投资争端解决机制,二者构成相互补充的关系。这也意味着,岔路口条款和弃权条款并不能排除东道国国内法院受理更为广泛的投资争端。

不同时期、不同国家缔结的投资条约规定的投资仲裁庭的管辖权范围不尽相同;因缔约相对方的不同,同一时期同一国家缔结的不同投资条约也存在差异。总体来看,晚近缔结的投资条约对投资者—国家仲裁范围的限制因素越来越多。[③] 投资条约对投资者—国家仲裁的限制主要体现在如下几个方面。

一、对可仲裁事由或援引条款的限制

对于投资者—国家仲裁庭的管辖权,最为广泛的表述为“与投资有关的任何争议”或者“与投资有关的所有争议”。例如,2009 年《中国与秘鲁自由贸易协定》第 139 条规定,投资仲裁庭可以审理“一缔约方投资者与另一缔约方之间在另一缔约方领土内的与投资有关的任何争端”。此种定义方式非常普遍,尽管其在措辞上存在细节上的差异。[④] 此种范式给予投资仲裁庭的权力非常广泛,可能涵盖不涉及违反条约的争端,例如违反习惯国际法,违反投资合同,甚至违反国内法。[⑤]

另一种模式规定投资仲裁庭的管辖权仅限于条约违反,并且不包括保护伞条款,这意味着只有条约诉求可以提交投资仲裁庭。典型的如《北美自由贸易协定》第 1116 条和第 1117 条。相较于任何争端或者所有争端范式,此种范式

---

① 当然,依据东道国的国内法,特别是行政法,并非所有的行政争议均具有可诉性。以中国为例,对国内权力机关颁布的法律法规的争议不具有可诉性,而投资者通常可以以东道国的国内法违反投资条约为由提起国际仲裁。

② Jan Paulsson, *The Idea of Arbitration*, Oxford: Oxford University Press, 2013, p. 37.

③ See August Reinisch, “The Scope of Investor-State Dispute Settlement in International Investment Agreements”, 21(1) *Asia Pacific Law Review* (2013), pp. 3 – 26; UNCTAD, “Investor-State Dispute Settlement: UNCTAD Series on International Investment Agreements Ⅱ”, New York and Geneva: United Nations, 2014, pp. 37 – 54.

④ 经常使用的措辞包括: disputes “arising out” of an investment, “with respect to” an investment, “concerning” an investment or “related to” an investment。

⑤ See UNCTAD, “Investor-State Dispute Settlement: UNCTAD Series on International Investment Agreements Ⅱ”, *New York and Geneva: United Nations*, 2014, pp. 38 – 39.

下投资仲裁庭的管辖权范围较为狭窄，不能受理仅仅基于违反投资合同的诉求。晚近缔结的大部分投资条约均采纳了此种范式。1995 年《巴基斯坦与马来西亚更紧密经济伙伴关系协定》（已终止）还明确将投资者和国家签订的协议一般性地排除在投资者—国家仲裁之外。① 不过实践中投资者通常以违反条约为由提起由合同违约引发的争端请求，试图规避此种范式下对投资仲裁庭管辖权的限制，大部分仲裁庭对此予以支持。②

另外一些条约，特别是美国等缔结的投资条约则采取了介于上述两种模式之间的折中方法：除了违反投资条约，还明确将东道国违反投资合同或者投资授权纳入投资仲裁庭的管辖权范围。③

一些投资条约通过列举正面清单的方式，将特定条约义务的违反作为投资者提起请求的诉由。此种清单范围宽窄不一，取决于具体的投资条约。例如 2009 年《加拿大与约旦促进与保护投资协定》正面列举了投资者可以提起仲裁的违反条约的条款，该清单未包括第 6(3)条（另一缔约国国民在特定雇佣领域的临时进入）、第 11 条（健康、安全和环境措施）和第 19 条（透明度）。④ 晚近缔结的诸多自由贸易协定均采取了此种模式。2015 年《澳大利亚与中国自由贸易协定》规定，投资者仅可以以东道国违反第 9.3 条（国民待遇）提起国际仲裁。⑤

一些投资条约对投资者—国家仲裁的事项范围进行了限制，其中较为普遍的是将投资者—国家仲裁的范围限定在与征收、国有化相关的争端。1990 年《意大利与孟加拉投资促进与保护协议》第 9 条规定，仅与征收、国有化、征用或类似措施补偿有关的争议可以提交仲裁；1991 年《挪威与匈牙利政府促进和相互保护投资协议》第 11 条、1991 年《大不列颠及北爱尔兰王国与苏联促进和相互保护投资协议》第 8 条均将投资者—国家仲裁的范围限定为补偿数额和其他与征收有关的问题。更为狭窄的表述为“涉及补偿数额的争端”。例如，2000 年《毛里求斯与斯威士兰促进与相互保护投资协定》第 8.3 条规定：“如果第 6

① Agreement between the Government of the Islamic Republic of Pakistan and the Government of Malaysia for a Closer Economic Partnership, Article 98.1.

② 详见第三章第三节。

③ See Singapore-United States Free Trade Agreement(2003), Article 15.15.

④ Agreement between Canada and the Hashemite Kingdom of Jordan for the Promotion and Protection of Investments(2009), Article 23.1.

⑤ Free Trade Agreement Between the Government of Australia and The Government of the People's Republic of China(2015), Article 9.12.2.

条提及的涉及征收、国有化或者其他具有等同于征收、国有化效果的措施的补偿数额的争端不能在6个月内协商解决,可以提交双方设立的国际仲裁庭。"[①] 中国早期(1998年之前)签署的双边投资条约普遍将可仲裁的争端限于征收补偿数额。[②] 此外,其他国家如苏联以及许多东欧的前社会主义国家采用此种争端解决条款。[③]

仲裁实践中,某些仲裁庭将"征收行为是否实际发生相关的争端"排除在仲裁庭管辖范围之外,如贝舍德诉俄罗斯(Berschader v. Russia)、[④]澳大利亚航空诉斯洛文尼亚(Austrian Airlines AG v. Slovakia)[⑤]以及罗斯投资诉俄罗斯(RosInvest v. Russia)案等。[⑥] 其他仲裁庭则将"征收补偿数额"解释为包括征收补偿数额以及是否存在征收和征收的合法性问题,如世能诉老挝(Sanum v. Laos)、[⑦]谢业深诉秘鲁(Tza Yap Shum v. Peru)[⑧]等案。其中,罗斯投资诉俄罗斯案仲裁庭通过投资条约中的最惠国待遇条款引入其他投资条约中的争端解决条款确立自身的管辖权。[⑨]

许多投资条约通过排除方式限制投资者—国家仲裁的范围。第一,将特定部门或产业的争端排除在外。在某些特殊和敏感行业如金融服务,相关措施通常被一般性地排除在投资章节的涵盖范围之外,例外事项通常为征收与补偿、

---

① Agreement between the Government of the Republic of Mauritius and the Government of the Kingdom of Swaziland for the Promotion and Reciprocal Protection of Investments(2000), Article 8(3).

② See e. g., Agreement between the Government of the Republic of Peru and the Government of the People's Republic of China Concerning the Encouragement and Reciprocal Protection of Investments (1994), Article 8.

③ See August Reinisch, "The Scope of Investor-State Dispute Settlement in International Investment Agreements", 21(1) *Asia Pacific Law Review*(2013), p. 13.

④ Vladimir and Moise Berschader v. The Russian Federation, SCC Case No 080/2004, Award, 21 April 2006.

⑤ Austrian Airlines AG v. The Slovak Republic, UNCITRAL Final Award, 9 October 2009.

⑥ RosInvest Co UK Ltd. v. The Russian Federation, Award on Jurisdiction 2007, SCC Case No. Arb V079/2005.

⑦ Sanum Investments Limited v. Laos People's Democratic Republic, UNCITRAL, PCA Case No. 2013-13, Award on Jurisdiction, 13 December 2013.

⑧ Señor Tza Yap Shum v. The Republic of Peru, ICSID Case No. ARB/07/6, Decision on Jurisdiction and Competence, 19 June 2009.

⑨ RosInvest Co UK Ltd. v. The Russian Federation, SCC Case No. V079/2005, Award on Jurisdiction, 1 October 2007.

转移和利益拒绝。[①] 第二，将特定规制领域或者与特定义务有关的争端排除在外。1982 年《美国与巴拿马贸易促进协议》规定，投资者不得就巴拿马运河管理机构根据其职责采取或维持的措施提起条约违反之诉；[②]2003 年《美国与新加坡自由贸易协定》规定不得针对土地征收起诉；[③]2015 年《澳大利亚与中国自由贸易协定》规定公共福利措施不得被起诉；[④]《跨太平洋伙伴关系协定》（未生效）规定，缔约方可以对挑战烟草控制措施的请求拒绝授予第 9 章（投资）B 部分（投资者—国家争端解决）的利益。[⑤] 第三，将特定条约条款排除在外。投资与环境条款或者健康、安全与环境措施、特殊手续与信息要求条款、公司社会责任条款通常会被排除在外。但不同的投资条约规定不尽相同，甚至差异很大。例如，2007 年《巴基斯坦与马来西亚更紧密经济伙伴关系协定》将国民待遇和履行要求相关的争端排除在外。[⑥] 第四，将投资的设立、并购等投资准入阶段排除在外。传统投资条约属于"设立后"类型，只适用于已经在东道国设立的投资。晚近缔结的投资条约开始涉及"设立前"市场准入义务。不过某些"设立前"投资条约仍然将设立前事由——特别是并购排除在投资者—国家仲裁之外。例如，2004 年《澳大利亚与泰国自由贸易协定》[⑦]和 2007 年《日本与文莱经济伙伴关系协定》[⑧]明确规定不得对投资的设立、并购或扩张提起投资仲裁。

---

① Canada-Korea Free Trade Agreement, Article 8. 2. 3; U. S. -Korea Free Trade Agreement, Article 11. 2. 3; United States-Colombia Trade Promotion Agreement, Article 10. 2. 3; The Agreement between Singapore and the Separate Customs Territory of Taiwan, Penghu, Kinmen and Matsu on Economic Partnership, Article 9. 3. 2; Canada-Colombia Free Trade Agreement, Article 1101. 2; Agreement between Canada and the Hashemite Kingdom of Jordan for the Promotion and Protection of Investments(2009), Article 21.

② United States-Panama Trade Promotion Agreement(1982), Annex 10 – F.

③ United States-Singapore Free Trade Agreement(2003), Article 15. 15. 3.

④ Free Trade Agreement Between the Government of Australia and The Government of the People's Republic of China(2015), Article 9. 11. 4.

⑤ Trans-Pacific Partnership Agreement(TPP), Article 29. 5.

⑥ Agreement between the Government of the Islamic Republic of Pakistan and the Government of Malaysia for a Closer Economic Partnership(2007), Article 98. 13.

⑦ Australia-Thailand Free Trade Agreement(2004), Article 917. 9.

⑧ Agreement between Japan and Brunei Darussalam for an Economic Partnership(2007), Article 67. 6.

2009年《东盟—澳大利亚—新西兰自由贸易协定》,[①]2009年《东盟综合投资协定》[②]和2009年《东盟与韩国投资协定》[③]中投资者—国家仲裁的范围都未涵盖投资的设立、并购、扩张环节。加拿大缔结的多个自由贸易协定规定,对是否批准并购的决定和根据国家安全例外做出的禁止或限制一项投资或者投资并购的决定,投资者不得提起投资者—国家仲裁程序。[④]

二、其他限制

除了直接规定投资者—国家仲裁范围的核心条款,投资条约中还包括许多其他类型的条款对投资仲裁庭的管辖权具有直接或者间接的影响。其中,投资条约适用范围相关条款在更广泛的范围上直接影响着投资仲裁庭管辖权的范围,投资者—国家仲裁适用的条件条款则可能关系着投资仲裁庭的管辖权能否最终成立。

(一)投资条约适用范围条款

投资条约适用的范围主要由投资条约涵盖的客体范围、可受益于投资条约的主体范围、投资条约应用的地理范围和投资条约应用的时际范围组成。[⑤] 涉及投资条约客体范围的条款主要包括:(1)将特定政策领域排除在投资条约范围之外的条款;(2)投资定义条款;(3)设立前或者设立后模式;(4)投资条约实体义务条款。[⑥]

投资条约通常是用于范围极为广泛的国家行为,特别是政府机构的作为或者不作为。某些投资条约,特别是晚近缔结的投资条约,将某些政策领域的措

---

① Agreement Establishing the ASEAN-Australia-New Zealand Free Trade Area, Chapter 11 Investment, Article 20.

② ASEAN Comprehensive Investment Agreement(2009), Article 32.

③ Agreement on Investment under the Framework Agreement on Comprehensive Economic Cooperation among the Governments of the Member Countries of the Association of Southeast Asian Nations and the Republic of Korea(2009), Article 18.1.

④ NAFTA(1992), Annex 1138.2; Canada-Honduras Free Trade Agreement (2013), Annex 10.44; Canada-Panama Free Trade Agreement (2010), Annex 9.37; Canada-Colombia Free Trade Agreement(2008), Annex 837; EU-Canada Comprehensive Economic and Trade Agreement(2016), Annex 8 – C.

⑤ See UNCTAD, "Investor-State Dispute Settlement: UNCTAD Series on International Investment Agreements Ⅱ", *New York and Geneva*: *United Nations*, 2014, pp. 50 – 54.

⑥ Ibid., pp. 50 – 52.

施排除在条约适用范围外。最为常见的是税收措施,其几乎被所有晚近缔结的投资条约一般性地排除在外,只有在税收措施构成征收的情况下方可例外。①此外,诸如教育等核心社会服务或者诸如文化产业等敏感行业也可能被排除在外。

投资定义条款是确定投资条约范围的重要方面。大多数投资条约文本,特别是早期的双边投资条约,往往采取范围宽泛的开放式投资定义模式,导致了投资仲裁庭过于宽泛的、几乎不受限制的管辖权。仲裁实践中,不同的仲裁庭采取了不同的解释方法。② 不过,大多数投资仲裁庭倾向于对投资进行扩张性解释。在此背景下,晚近的投资条约纷纷对投资进行更加精细化的定义,如将萨里尼(Salini)标准的前三项标准引入投资定义,并明确排除特定类型的资产如源于纯商业合同的诉求、短期贷款、证券投资等。

并且,许多投资条约要求投资须根据东道国法律在东道国领土内进行。③个别投资条约还明确提出投资是否依法、善意进行决定着投资者是否具有提起国际仲裁的诉权。例如,2016 年修订的《加拿大与欧盟全面经济与贸易协定》第 8.18.3 条规定,通过欺诈性误导、隐瞒、腐败或者其他构成滥用程序行为进行投资,投资者不能提起仲裁请求;1995 年《巴基斯坦与马来西亚更紧密经济伙伴关系协定》(已终止)第 98.14 条规定,不遵守东道国的法律、法规和国家政策的投资者无权将投资争端诉诸国际仲裁或者调解,其母国也不得诉诸国家间争端解决机制。

2016 年《斯洛伐克共和国与伊朗促进和相互保护投资协议》提出投资须有助于东道国经济发展。④ 2016 年《摩洛哥与尼日利亚相互促进和保护投资协

---

① See e. g. ,Treaty between the United States of America and the Republic of Ecuador concerning the Encouragement and Reciprocal Protection of Investment(1993),Article X.

② 一些仲裁庭仅依据所适用的投资条约的文本进行解释;以 Salini 案为代表的仲裁庭根据《华盛顿公约》第 25(1)条的规定——只有直接源于投资的争议才属于管辖范围——发展出独立于投资条约的“客观性要求”:资本的实际投入,持续一定时间,承担风险,有益于东道国经济发展,这四项标准被称为“Salini 标准”。Salini 标准被某些仲裁庭所效仿,也有些仲裁庭只采纳了 Salini 标准的前三项,而未采纳“有益于东道国发展”的标准。值得注意的是,即便是在采纳了 Salini 标准的案件中,不同的仲裁庭的推理和得出的结论也不尽相同。

③ See UNCTAD,“Scope and Definition:UNCTAD Series on Issues in International Investment Agreements Ⅱ”,*New York and Geneva:United Nations*,2011.

④ Agreement Between the Slovak Republic and the Islamic Republic of Iran For the Promotion and Reciprocal Protection of Investments(2016),Article 1.2.

定》还提出投资须有助于东道国可持续发展。① 尽管如此，投资的定义仍然较为宽泛和模糊，因投资者的投资是否符合条约规定而导致的管辖权争议几乎成为每个投资仲裁案件的前提性问题甚至主要问题，根据投资定义来界定的国际投资仲裁庭的管辖权界限并不清晰，并且时常被突破。②

此外，投资条约是否涉及准入前阶段以及投资条约的实体义务条款也影响着投资条约适用的客体范围。除了条约适用的客体范围，可受益于条约的主体范围、条约适用的地域范围以及时际范围也都影响着投资仲裁庭的管辖权。实践中，这些条约范围条款的具体解释和应用均曾成为管辖权争议的焦点。③

（二）提起仲裁的条件条款

投资条约除了对投资者—国家仲裁的范围进行限制外，还为投资者行使诉权设定了诸多条件。例如，等待期、先行磋商、先行当地救济，只在一个法院寻求救济（通常用岔路口条款）或者在特定时间内只在一个法院寻求救济（通常用弃权条款），遵守时效条款等。2004 年加拿大双边投资条约示范文本第 26（5）条明确规定："未能遵守第 1 段至第 3 段规定的任何前提条件应当使第 28 条（同意仲裁）东道国给予的同意无效。"然而，绝大多数投资条约并未明确，如果投资者不能满足这些条件，是否会导致投资仲裁庭不具有管辖权。不同类型条件条款对于投资者诉权和投资仲裁庭管辖权的影响程度可能有所不同。实践中，对于相同类型的条件条款，不同仲裁庭的解释和赋予该类条款的效力也不尽相同，但总体来看，大多数仲裁庭倾向于采纳支持自身管辖权的解释。④

传统上，投资条约规定争端当事方之间友好解决争端的努力是提起正式程

---

① Reciprocal Investment Promotion and Protection Agreement between the Government of the Kingdom of Morocco and the Government of the Federal Republic of Nigeria(2016), Article 1.

② 参见第五章第三节。不过对于投资须依据东道国法律进行这一条件，实践中投资仲裁庭几乎形成了一致性做法，即对于严重违反东道国法律进行的投资，仲裁庭不具有管辖权，详见第四章第二节。

③ 关于条约适用的地域范围争议，参见涉及中国特别行政区的"谢业深"案（Señor Tza Yap Shum v. The Republic of Peru, ICSID Case No. ARB/07/6, Decision on Jurisdiction and Competence, 19 June 2009）和"世能"案（Sanum Investments Limited v. Laos People's Democratic Republic, UNCITRAL, PCA Case No. 2013 - 13, Award on Jurisdiction, 13 December 2013）；关于条约适用的时际范围条款，参见中国平安案［Ping An Life Insurance Company of China, Limited and Ping An Insurance(Group) Company of China, Limited v. Kingdom of Belgium, ICSID Case No ARB/12/29, Award, 30 April 2015］。

④ See Christoph Schreuer, "Travelling the BIT Route of Waiting Periods, Umbrella Clauses and Forks in the Road", 2 *The Journal of World Investment & Trade*(2004), pp. 231 - 256.

序的初步步骤。一些投资条约规定了“等待期”(又称为“冷静期”),通常为6个月,期限过后才可以提起仲裁程序,但并未要求争端当事方进行协商。[①] 另外一些投资条约则强调争端当事方须进行真正的磋商和谈判的努力以便在实际上友好解决争端。[②] 还有一些投资条约要求投资者在提起仲裁之前的一段时间给予东道国书面通知,晚近缔结的某些投资条约还特别要求了书面通知的具体内容。[③]

实践中,不同仲裁庭的裁决不尽相同。在西部尼什企业基金诉乌克兰(Western NIS Enterprise Fund v. Ukraine)一案中,仲裁庭在一个命令中提到:“恰当通知是国家同意仲裁的重要因素,因为它允许国家通过其有权限的机构检查并可能通过谈判解决争端。”[④]所以,仲裁庭中止了仲裁程序,要求投资者遵守给予东道国恰当的事先通知的要求。在伯灵顿诉厄瓜多尔(Burlington v. Ecuador)一案中,仲裁庭认为等待期条款的目的在于投资者提起仲裁之前给予东道国解决争端的机会,投资者未能遵守6个月等待期要求足以使仲裁庭不具有管辖权。[⑤] 墨菲诉厄瓜多尔(Murphy v. Ecuador)一案[⑥]以及格茨诉布隆迪(Goetz v. Burundi)一案[⑦]仲裁庭均采取了相似立场,认为投资者不遵守等待期条款导致仲裁庭不具有管辖权。在温特霍尔诉阿根廷(Wintershall v. Argentina)一案中,投资者未能遵守1991年《德国与阿根廷促进和相互保护投资协定》中的6个月谈判期和18个月当地救济要求,仲裁庭据此认定其不具有管辖权。[⑧] 不过,大多数仲裁庭认为,等待期“只是一个形式”,“只是程序性规

---

① See e. g. , Agreement between the People's Republic of China and the Federal Republic of Germany on the Encouragement and Reciprocal Protection of Investments(2003), Article 9(2).

② See e. g. , Agreement between the Federal Democratic Republic of Ethiopia and the Kingdom of Spain on the Promotion and Reciprocal Protection of Investments(2009)(not in force), Article 10(1).

③ See e. g. , Mexico-Singapore BIT(2009), Article 10(2).

④ Western NIS Enterprise Fund v. Ukraine, ICSID Case No. ARB/04/2, Order of 16 March 2006, para. 5.

⑤ Burlington v. Ecuador, ICSID Case No. ARB/08/5, Decision on Jurisdiction, 2 June 2010, paras. 312, 315.

⑥ Murphy Exploration and Production Co. Int'l v. Ecuador, ICSID Case No. ARB/08/4, Award on Jurisdiction, 15 December 2010, para. 149.

⑦ Antoine Goetz and others v. Burundi, Award, 10 February 1999, paras. 90 – 93.

⑧ Wintershall v. Argentina, ICSID Case No. ARB/04/14, Award, 8 December 2008, paras. 114 – 156. See also Enron v. Argentina, ICSID Case No. ARB/01/3, Decision on Jurisdiction, 14 January 2006, para. 88.

则”,“在本质上具有程序性和指导性,而非强制性和管辖权条件”,因此可以被忽略,特别是在案件事实证明任何磋商或者谈判的努力都是无用的情况下。[①]

可见,由于投资者—国家仲裁机制适用范围的有限性,岔路口条款并不能阻止投资者以相对独立的诉由在不同的法庭提起程序。

> 实际上,在某些情形下,很明显,投资者必须这样做,因为其倾向的法庭并非对所有事由都有管辖权。宽泛地讲,可预见的诉由包括:
>
> (a)违反与条约不相冲突的国内法;
>
> (b)违反与条约权利不相冲突的合同,或者合同中规定了排他性的法院选择条款;
>
> (c)违反条约权利。
>
> 投资者在(a)情形下诉诸国内法院,或者在(b)情形下诉诸合同约定的法庭,并不能阻止投资者在(c)情形下诉诸国际法庭。[②]

此点在某些投资条约中也有所体现。《美国—新加坡自由贸易协定》第15.25.2条规定,当投资者代表其所有或控制的根据东道国法律成立的法人企业提起仲裁时,“仲裁裁决应当规定本裁决不影响任何人根据适用的国内法可以获得救济的权利”。《北美自由贸易协定》中也有类似规定。[③] 所以,“支持仲裁并不意味着对潜在的仲裁、潜在的仲裁员或者潜在的仲裁机构的本能支持。也不意味着对法院或者国家机构的敌视。支持仲裁是为了使其为同意仲裁的当事方工作;不惜一切代价强加仲裁将会从根本上瓦解其合法性”。[④]

---

① See Ethyl Corporation v. Canada, UNCITRAL, Decision on Jurisdiction, 24 June 1998, para. 85; SGS v. Pakistan, Case No. ARB/01/13, Decision on Jurisdiction, 6 August 2003, para. 184; Biwater Gauff v. Tanzania, Award, 24 July 2008, paras. 343 – 344; Occidental v. Ecuador, ICSID Case No. ARB/06/11, Decision on Jurisdiction, 9 September 2008, para. 94.

② Jan Paulsson, Denial of Justice in International Law, Cambridge: Cambridge University Press, 2005, p. 127.

③ NAFTA, Art. 1135. 2(c).

④ Jan Paulsson, *The Idea of Arbitration*, Oxford: Oxford University Press, 2013, p. 52.

本章小结

根据投资条约文本,国内法院仅作为投资争端解决机制而存在。对于国内法院和投资者—国家仲裁在解决投资争端中的地位与作用,不同投资条约的规定有所不同。

早期缔结的诸多投资条约和晚近缔结的某些投资条约没有规定投资者—国家仲裁机制,条约的执行主要依赖国家间争端解决程序。而投资者权利的直接保护只能通过寻求当地救济,至于投资者能否在东道国国内法院提起条约违反之诉,则取决于各国的宪政结构。不过当前,此种情况并非主流。

在(先行)当地救济条款下,投资者需要首先用尽当地救济或者利用当地救济,之后方能提起投资者—国家仲裁,体现了缔约国更倾向于利用国内法院解决投资争端的理念。一方面,此种模式赋予当地救济在程序上的优先性;另一方面,在裁决的效力上认可投资者—国家仲裁的权威性。

在岔路口条款或者弃权条款之下,投资者—国家仲裁作为东道国国内法院的直接替代机制而存在。投资者只能寻求或者最终寻求一种争端解决机制,而不能获得或者寻求双重救济。国内法院与投资者—国家仲裁机制系平行或者平等的投资争端解决机制。

还有极少数投资条约仅规定了投资者—国家仲裁机制,似乎排除了投资者在国内法院执行投资条约的可能性。

值得注意的是,投资条约,特别是晚近以来缔结的投资条约,都在不同程度上限缩了投资者—国家仲裁机制的适用范围,并为投资者行使诉权设定了一系列的条件。这意味着,投资者—国家仲裁和国内法院可以对相同投资者提起的不同投资争端同时行使管辖权。即投资者—国家仲裁和国内法院的管辖权并非只是非此即彼的竞争关系,亦是相互补充与共存的关系。不过,仲裁实践中,投资条约为投资者—国家仲裁机制所设定的范围和条件经常被突破。

第三章　当地救济与投资仲裁庭的管辖权

在投资争端解决实践中，管辖权争议已经成为投资者—国家仲裁中的普遍性问题，几乎每一个案件都会涉及管辖权争议。根据国际投资争端解决中心发布的统计报告，截至2017年年底，78%的案件做出了裁决，其中29%的案件因仲裁庭裁定其不具有管辖权而被驳回。[①] 管辖权争议主要出于两方面的原因：一是由于投资者未曾（恰当地）利用条约要求或者合同约定的当地救济程序，或者在岔路口条款之下曾经诉诸东道国当地救济之后又提起国际仲裁，或者存在其他滥用程序的行为；二是由于大多数仲裁庭对自身管辖权所持的扩张能动主义，缔约国在条约中所同意的投资者—国家仲裁的范围经常被非系统地扭曲，投资仲裁庭自身所确立的管辖权不同于缔约国原先接受和认同的仲裁范围。[②] 需要补充说明的是，由于国际投资仲裁的碎片化特征，并非在所有的案件中仲裁庭的观点均相同；同时，由于案件事实的差异，亦不能一概而论。

---

① ICSID Caseload-Statistics (Issue 2018－1), p. 14, available at: https://icsid.worldbank.org/en/Documents/resources/ICSID%20Web%20Stats%202018－1(English).pdf.

② 参见沈伟：《论中国双边投资协定中限制性投资争端解决条款的解释和适用》，载《中外法学》2012年第5期。

第一节　当地救济要求的(不)适用

在国际投资仲裁实践中,投资条约中的当地救济条款通常不能发挥应有的效用。另外,在投资条约并未明确要求先行当地救济的情况下,在特定类别的案件中,某些仲裁庭进行了创造性解释,要求投资者必须先行利用当地救济。

一、条约当地救济要求的(不)适用

对于投资条约所规定的用尽当地救济或者先行利用当地救济条款的效力,仲裁庭的解释存在差异。几个仲裁庭将其作为仲裁请求的可采性条件(admissibility of a claim)或者程序性条件,其他的仲裁庭将其作为缔约国同意仲裁的条件,因而视为管辖权条件(jurisdictional requirement)。前者如阿巴拉特诉阿根廷(Abaclat v. Argentina),[①]豪赫蒂夫诉阿根廷(Hochtief v. Argentina)[②]和特因弗诉阿根廷(Teinver v. Argentina);[③]后者如马菲齐尼诉西班牙(Maffezini v. Spain),[④]西门子诉阿根廷(Siemens v. Argentina),[⑤]温特霍尔诉阿根廷(Wintershall v. Argentina),[⑥]波基洛诉阿根廷(Impregilo v.

---

① Abaclat and Others(Case formerly known as Giovanna a Beccara and Others) v. the Argentine Republic, ICSID Case No. ARB/07/5, Decision on Jurisdiction and Admissibility, 4 August 2011, para. 247.

② Hochtief AG v. The Argentine Republic, ICSID Case No. ARB/07/31, Decision on Jurisdiction, 24 October 2011, para. 48.

③ Teinver S. A., Transportes de Cercanías S. A. and Autobuses Urbanos del Sur S. A. v. the Argentine Republic, ICSID Case No ARB/09/1, 21 December 2012, Decision on Jurisdiction, paras. 135 - 136.

④ Emilio Agustin Maffezini v. the Kingdom of Spain, ICSID Case No. ARB/97/7, Decision on Objections to Jurisdiction, 25 January 2000, paras. 27 - 36.

⑤ Siemens A. G. v. the Argentine Republic, ICSID Case No. ARB/02/8, Decision on Jurisdiction, 3 August 2004, para. 104.

⑥ Wintershall Aktiengesellschaft v. the Argentine Republic, ICSID Case No. ARB/04/14, Award, 8 December 2008, para. 124.

Argentina),[①]戴姆勒诉阿根廷(Daimler v. Argentina),[②]ICS 诉阿根廷(ICS v. Argentina),[③]奥默德德与塞尔胡塞尼诉罗马尼亚(Ömer Dede and Serdar Elhüseyni v. Romania)[④]和基利奇诉土库曼斯坦(Kilic̦ v. Turkmenistan)。[⑤] 不过,两种解释的结果并不存在重大差异,实践中仲裁庭对当地救济规则及其例外的应用非常相似——大部分仲裁庭认为,当地救济条款有效应用的前提是东道国的司法机构能够胜任解决特定投资者和东道国之间的投资争端,而非仅仅是东道国存在国内法院体系便可以满足;如果东道国国内司法系统并不能够为投资者提供合理的、有效的救济,则该条款并不能成为仲裁庭行使条约管辖权的障碍,即便是投资者未曾启动国内救济程序。[⑥] 换言之,大多数仲裁庭认为,传统外交保护中的用尽当地救济规则存在"无效性"例外,此等"无效性"例外同样适用于投资条约中的当地救济规则。该理论应用的结果便是在大部分案件中,仲裁庭以东道国不存在有效的当地救济为由排除(用尽)当地救济的适用,尽管相应投资条约并没有明确规定此等例外。

在阿巴拉特诉阿根廷一案中,仲裁庭就 18 个月的当地诉讼要求对争端双方的利益得失——阿根廷根据其国内法律体系处理争端的机会和争端申请方获得有效率的争端解决机制——进行了衡量,认为阿根廷通过国内法律体系公平处理争端的机会只是理论上的,本案中的投资争端并不能在 18 个月有效解决;而对于投资者来说,仅仅因为未能满足 18 个月诉讼要求便剥夺其诉诸国际仲裁的机会是不公平的,因为这并未给东道国带来实际伤害,所以阿巴拉特不

---

① Impregilo S. p. A v. the Argentine Republic, ICSID Case No. 07/17, Award, 21 June 2011, paras. 90, 94.

② Daimler Financial Services AG v. the Argentine Republic, ICSID Case No ARB/05/1, Award, 22 August 2012, para. 193.

③ ICS Inspection and Control Services Limited v. the Argentine Republic, P. C. A. Case No. 2010 - 9, Award on Jurisdiction, 10 February 2012, paras. 262, 326 - 327.

④ Ömer Dede and Serdar ElhüSeyni v. Romania, ICSID Case No. ARB/10/22, Award, 5 September 2013, paras. 186, 262.

⑤ Kilic̦ I˘nșaat I˘thalat I˘hracat Sanayi Ve Ticaret Anonim Șirketi v. Turkmenistan, ICSID Case No. ARB/10/1, Award, 2 July 2013, para. 6. 2. 9.

⑥ See Ambiente Ufficio S. p. A. and others v. the Argentine Republic, ICSID Case No. ARB/08/9, Decision on Jurisdiction and Admissibility, paras. 597 - 611.

遵守此等要求并不能阻止其诉诸仲裁。[①] 在乌尔巴瑟诉阿根廷(Urbaser v. Argentina)一案中,仲裁庭得出的结论相似,认为各种可能的国内诉讼路径均不能在既定时间内达到做出实体裁决的目的,"不能合理期待其达到此等目标的程序对于投资者是无用的和不公平的"。[②] ICS 诉阿根廷一案仲裁庭同样依赖用尽当地救济的"无效性"例外理论,不过将门槛提高为"明显无用,寻求的救济明显不存在",最后仲裁庭不能得出当地救济完全无效,因而不存在赦免 ICS 遵从此等要求的理由。[③] 乌菲齐奥诉阿根廷(Ambiente Ufficio v. Argentina)一案仲裁庭确认了先行利用当地救济和用尽当地救济的例外,并且提出有时间期限的先行利用当地救济要求的门槛低于充分的用尽当地救济要求,仲裁庭在本案中支持了此等例外,认为申请方没有从当地法院获得有效救济的合理可能性。[④] 乔凡尼·阿莱曼尼诉阿根廷(Giovanni Alemanni v. Argentina)一案仲裁庭也支持了此等例外。[⑤]

BG 集团诉阿根廷(BG Group v. Argentina)一案仲裁庭则持相对平衡的观点,一方面,根据条约法投资者在依据 1990 年《英国与阿根廷投资促进和保护协定》提起仲裁之前必须在东道国国内法院提起诉讼满 18 个月;另一方面,当地诉讼条款不能被解释为仲裁的绝对障碍,否则,"在东道国单方面阻止或设置了阻碍诉诸国内司法机关的情况下便会允许国家单方面逃避仲裁,此种解释将导致《维也纳条约法公约》第 32 条所述的荒唐的、不合理的结果,仲裁是从外交保护的政治体系转向直接的投资者—国家审判的发动机"。[⑥] 据此,仲裁庭认为,本案符合例外情形,因而自身具有管辖权。

---

① Abaclat and Others(Case formerly known as Giovanna a Beccara and Others) v. the Argentine Republic, ICSID Case No. ARB/07/5, Decision on Jurisdiction and Admissibility, 4 August 2011, paras. 582 – 590.

② Urbaser S. A. and Consorcio de Aguas Bilbao Bizkaia, Bilbao Biskaia Ur Partzuergoa v. The Argentine Republic, ICSID Case No. ARB/07/26, Decision on Jurisdiction, 19 December 2012, paras. 194, 202 – 203.

③ ICS Inspection and Control Services Limited v. the Argentine Republic, P. C. A. Case No. 2010 – 9, Award on Jurisdiction, 10 February 2012, paras. 265, 269, 273.

④ Ambiente Ufficio S. P. A. v. the Argentine Republic, ICSID Case No. ARB/08/9, Decision on Jurisdiction and Admissibility, 8 February 2013, paras. 597, 601 – 611, 615 – 621.

⑤ Giovanni Alemanni and Others v. the Argentine Republic, ICSID Case No. ARB/07/8, Decision on Jurisdiction and Admissibility, 17 November 2014, paras. 306, 317.

⑥ BG Group Plc. v. the Argentine Republic, Final Award, 24 December 2007, paras. 146, 147.

此外,某些仲裁庭以程序经济为理由灵活应用(包含一定期限要求的)当地救济要求。在汤姆森光谱诉阿根廷(TSA v. Argentina)[①]和特因弗诉阿根廷案[②]中,投资者在提起仲裁时已经利用当地救济但未达到条约规定的期限要求,仲裁庭灵活适用了当地救济要求,均予以受理。在伊斯卡莱诉土库曼斯坦(I·c¸kale v. Turkmenistan)一案中,仲裁庭考虑到东道国和母国已经就争端的实质部分在东道国国内法院提起诉讼,认为投资者无须再用尽当地救济。[③]

不过,实践中不同仲裁庭的做法并不一致。伊斯卡莱诉土库曼斯坦一案中,仲裁庭多数意见认为,1992 年《土耳其与土库曼斯坦关于相互促进与保护投资协定》中并未规定此等无用性例外,因而不能适用。[④] 马菲齐尼诉西班牙一案中,仲裁庭认为,投资者未能满足投资条约规定的最低 18 个月的当地诉讼要求会导致仲裁庭不具有管辖权,原因主要有两点:

> 第一,虽然 18 个月届满后争端当事方具有寻求国际仲裁的自由,而不管国内法院程序的结果如何,但是只有当他们对国内法院判决不满意的情况下才有可能这样做。而且,如果他们确信国际仲裁会做出同样的裁决他们当然不会这样做。在此意义上缔约国国内法院被给予维护双边投资条约所保障的国际义务的机会。考虑到条约的语言,这就是缔约国欲为其国内法院保留的角色,虽然规定了时间限制。第二,申请方对第 X(2)条的解释将剥夺该条款的任何意义,这显然不符合条约解释的一般原则,特别是《维也纳条约法公约》的规定。[⑤]

然而,仲裁庭通过最惠国待遇条款引入 1991 年《智利与西班牙关于促进与相互保护投资协定》中未规定当地诉讼要求的争端解决条款予以适用并确认其

---

① TSA Spectrum de Argentina S. A. v. the Argentine Republic, ICSID Case No. ARB/05/5, Award, 19 December 2008, paras. 108 – 112.

② Teinver S. A., Transportes de Cercanías S. A. and Autobuses Urbanos del Sur S. A. v. The Argentine Republic, ICSID Case No ARB/09/1, Decision on Jurisdiction, 21 December 2012, paras. 135 – 136.

③ I·c¸kale I·ns¸aat Limited S¸irketi v. Turkmenistan, ICSID Case No. ARB/10/24, Award, 8 March 2016, paras. 262 – 263.

④ Ibid., para. 260.

⑤ Emilio Agustin Maffezini v. the Kingdom of Spain, ICSID Case No. ARB/97/7, Decision on Objections to Jurisdiction, 25 January 2000, para. 36.

具有管辖权。[①] 马菲齐尼诉西班牙一案仲裁庭的做法被某些仲裁庭所追随以规避投资条约中的当地诉讼要求；[②]其他仲裁庭则拒绝如此——在某些案件中，援引当地诉讼要求挑战仲裁庭的管辖权获得了成功。[③]

无论以何种理由，仲裁庭规避适用当地救济要求均会使缔约国所设定的当地救济优先的制度落空，并不恰当地扩大仲裁庭的管辖权。

二、当地救济作为实体要求

（一）拒绝司法

在以拒绝司法为诉求的投资者—国家仲裁中，仲裁庭几乎一致地认为投资者需要用尽当地救济，即便相应的投资条约没有明确要求，此时用尽当地救济要求作为拒绝司法诉求胜诉的实体标准。[④] 作为《北美自由贸易协定》之下讨论用尽当地救济规则与拒绝司法关系的第一案，蒙德夫诉美国（Mondev v. United States）一案仲裁庭认为，《北美自由贸易协定》第1105(1)条包括不得拒绝司法因素的公平公正待遇条款的适用与投资者是否寻求当地救济无关，将拒绝司法规则与用尽当地救济视为相互绑定和不可分割的观点是错误的。[⑤] 不过，此观点受到学界的批评，在实践中也并未受到广泛追随。

洛文诉美国（Loewen v. United States）一案仲裁庭认为，法院判决构成国际层面拒绝司法的前提条件是该判决必须是终局的，当判决由低层级的法院做

---

① Emilio Agustin Maffezini v. the Kingdom of Spain, ICSID Case No. ARB/97/7, Decision on Objections to Jurisdiction, 25 January 2000, paras. 38 – 64.

② Siemens A. G. v. The Argentine Republic, Decision on Jurisdiction, 3 August 2004, paras. 32 – 110; Camuzzi v. The Argentine Republic I, Decision on Jurisdiction, 17 May 2005, paras. 117 – 121; Gas Natural v. The Argentine Republic, Decision on Jurisdiction, 17 June 2005, paras. 24 – 31, 41 – 49; Suez et al. v. The Argentine Republic, Decision on Jurisdiction, 16 May 2006, paras. 53 – 94; Suez and AWG v. The Argentine Republic, Decision on Jurisdiction, 3 August 2006, paras. 52 – 68.

③ Wintershall Aktiengesellschaft v. the Argentine Republic, ICSID Case No. ARB/04/14, Award, 8 December 2008, para. 197; ICS Inspection and Control Services Limited v. The Argentine Republic, P. C. A. Case No. 2010 – 9, Award on Jurisdiction, 10 February 2012, paras. 262, 326 – 327; Kilic¸ I˘ns¸aat I˘thalat I˘hracat Sanayi Ve Ticaret Anonim S¸irketi v. Turkmenistan, ICSID Case No. ARB/10/1, Award, 2 July 2013, para. 6. 2. 9.

④ IISD, Exhaustion of Local Remedies in International Investment Law, January 2017, p. 23.

⑤ Mondev International Ltd. v. United States of America, ICSID Case No. ARB(AF)/99/2, Award, 11 October 2002, para. 96.

出,并且合理存在有效和充分的上诉机会时,不产生国家的国际责任。[①] 此外,扬德努尔与疏浚国际诉埃及(Jan de Nul and Dredging International v. Egypt)一案[②]和泛技术诉阿尔巴尼亚(Pantechniki v. Albania)[③]一案中投资者提出的拒绝司法的诉求均因未上诉至合理存在的最高级别的国内法院而被驳回。

在拒绝司法诉求中,用尽当地救济要求的理论基础在于"国际法并未给国家施以在每一步法律程序中公正对待外国人的义务。该义务是指创设和维系一个公正的体系以确保不发生或者可以更正对外国人的不公正;需要检验的是国内法提供的法律保护的整个体系。违反该义务才构成拒绝司法。所以,拒绝司法语境下的用尽当地救济并非指向程序性或者可受理性,而是不法行为的内在的实质性要素"。[④]

不过,关于用尽当地救济这一拒绝司法之下所必须满足的条件,洛文诉美国一案确立了一种弹性的标准,即用尽"有效的"或"合理存在的"当地救济,而当地救济是否有效或是否合理存在则由仲裁庭根据个案进行评判。这意味着,投资仲裁庭可以以一国法制不健全或司法体系不完备为由规避用尽当地救济规则的适用。[⑤]

(二)合同征收

在某些征收案件中,特别是因合同履行引发的征收诉求中,某些仲裁庭将用尽当地救济作为征收成立的一项实体标准,而非行使管辖权的前提条件。废物管理公司诉墨西哥(Ⅱ)一案仲裁庭认为,"在一般意义上,用尽当地救济作为提起国际诉求的程序性先决条件,但是,《北美自由贸易协定》第11章放弃了此种要求。尽管如此,对于声称合同违约的投资者而言,是否利用过当地救济与国家是否遵守第1105(1)条的标准密切相关。否则,在所有公共(包括市级)合

---

① The Loewen Group, Inc. and Raymond L. Loewen v. United States of America, ICSID Case No. ARB(AF)98/3, Award, 26 June 2003, para. 169.

② Jan de Nul N. V. and Dredging International N. V. v. Arab Republic of Egypt, ICSID Case No. ARB/04/13, 6 November 2008, Award, paras. 258 – 260.

③ Pantechniki S. A. Contractors and Engineers v. the Republic of Albania, ICSID Case No. ARB/07/21, Award, 30 July 2009, para. 96.

④ Jan Paulsson, *Denial of Justice in International Law*, Cambridge: Cambridge University Press, 2005, p. 7.

⑤ 参见李沣桦:《东道国当地救济规则在ICSID仲裁领域的运用研究——兼论中国双边投资条约的应对策略》,载《法律科学》2015年第3期。

同领域,第11章将会变成类似于债务清收的机制,这并不符合第11章的目的”。①

在乌克兰一代诉乌克兰(Generation Ukraine v. Ukraine)一案中,仲裁庭驳回了所有以国内法上的合同为基础的请求,但认为其对条约违反之诉具有管辖权。在实体审理阶段,仲裁庭提出,征收成立的条件之一是投资者至少已经在东道国国内法院寻求救济:

> 在此情形中,国际仲裁庭可以认为未能在国内机构寻求救济导致其国际诉求不能成立,这并非因为用尽当地救济要求而是因为投资者缺少合理的努力——并非必然是用尽——来纠正相关行为,所以此等行为是否构成征收是值得怀疑的。②
>
> 当然根据双边投资条约申请方并没有正式的义务在诉诸ICSID仲裁之前用尽当地救济。尽管如此,在基辅市行政部门的相关行为自身不存在任何违反双边投资条约的情况下,本案中与乌克兰计划法这一高度技术性问题有关的系列诉求转化为条约违反之诉的唯一可能性,就是申请方在乌克兰法院曾善意地努力解决这些技术性问题但被拒绝司法。③

在派克林斯诉立陶宛(Parkerings v. Lithuania)一案中,仲裁庭认为,在提起合同违约构成间接征收的国际诉求之前,投资者必须首先在合同选择的法院寻求东道国存在合同违约行为的初步裁决。只有在投资者证明其在法律上或者实际上被拒绝了寻求当地救济的可能性时,仲裁庭才可以决定是否违反国际义务。而本案中投资者本可以将合同违反诉诸立陶宛法院但其却没有,也没有提供客观的理由质疑立陶宛法院有能力在合理期限内公平、公正地处理该案,因而仲裁庭认为间接征收请求不成立。④

上述仲裁庭的观点也得到了某些学者的响应。有学者提出,条约诉求是衍

---

① Waste Management, Inc. v. United Mexican States, ICSID Case No. ARB(AF)/00/3, Award, 30 April 2004, para. 116.

② Generation Ukraine, Inc. v. Ukraine, ICSID Case No. ARB/00/9, Award, 16 September 2003, para. 20.30.

③ Ibid., para. 20.33.

④ Parkerings-Compagniet AS v. Republic of Lithuania, ICSID Case No. ARB/05/8, Award, 11 September 2007, paras. 448 – 449, 463.

生诉求，国家行为（包括国内法院执行国内法律的行为）作为一个整体，成为国际仲裁庭审理的客体，但只要投资者还可以在国内法上寻求救济，国际仲裁庭便不存在管辖权，因为此等争端主要由国内法进行规制，只有在国内法院有机会通过审判纠正行政机关不法行为的条件下，国家才有可能违反条约的征收条款。[①]

不过，是否应当将利用当地救济作为征收成立的实体条件并非没有争议。在维旺迪诉阿根廷（Vivendi v. Argentina）一案中，仲裁庭认为合同违反与条约违反不可分割，申请者应当在图库曼法院提起合同违反之诉，其只有在程序上或者实体上被拒绝之后才可以提起国际仲裁。[②] 不过该观点随后被 ICSID 撤销程序临时委员会推翻。[③] 在赫尔南诉埃及（Helnan v. Egypt）一案中，仲裁庭援引乌克兰一代诉乌克兰一案仲裁庭的观点，认为投资者赫尔南从未就埃及旅游部给所投资酒店降星级这一决定在埃及行政法庭挑战其有效性，这导致旅游部的决定尚不构成违反投资条约。[④] 在撤销程序中，临时委员会认为将利用当地救济作为征收诉求的实体条件将为违背《华盛顿公约》第 26 条打开后门，架空投资仲裁的实际效果。[⑤]

利用当地法院救济的要求将会具有架空投资者将行政部门未能给予公平公正待遇的行为直接提起条约诉求的效果，即便是该行政决定是由东道国最高政府做出的。它将使投资者只能在对行政行为进行的司法审查程序自身不公正的情况下基于拒绝司法主张不公平待遇。此等结果与并入当事人争端解决协议的第 26 条之明确规定相违背，因为它具有替代《华盛顿公约》和双边投资

① See Thiago Braz Jardim Oliveira, "The Authority of Domestic Courts in Adjudicating International Investment Disputes: Beyond the Distinction Between Treaty and Contract Claims", 4 (1) *Journal of International Dispute Settlement* (2013), pp. 189, 190.

② Compañía de Aguas del Aconquija, S. A. & Compagnie Générale des Eaux v. the Argentine Republic, Case No. ARB/97/3, Award, 21 November 2000, para. 80.

③ 详见第三章第三节。

④ Helnan International Hotels A/S v. the Arab Republic of Egypt, ICSID Case No. ARB/05/19, Award, 3 July 2008, paras. 148, 162.

⑤ Helnan International Hotels A/S v. the Arab Republic of Egypt, ICSID Case No. 05/19, Decision of the ad hoc Committee (Annulment Proceeeding), 19 May 2010, para. 47.

条约所规定的另一种救济机制的效果。①

司法征收的情况有所不同,在两例因法院行为而提起的征收案件塞佩姆诉孟加拉(Saipem v. Bangladesh)②和阿里夫诉摩尔多瓦(Arif v. Moldova)③中,仲裁庭均认为司法征收不同于拒绝司法,无须用尽当地救济。

是否将先行利用当地救济作为实体要求,反映了是将国内法院作为(纠正)国家不法行为的必要组成部分,还是将国内法院作为独立的投资争端解决机制的态度。换言之,在投资条约并未规定先行利用当地救济条款,而部分仲裁庭将先行利用当地救济作为合同征收成立的实体条件,意味这些仲裁庭潜在地认为,国内法院是作为负有司法审查职能的国家机关而存在,国家的不法行为在国内法院有机会纠正后才正式完成。似乎,此等实体性要求意味着卡尔沃主义的回归,然而,在此等案件中,仲裁庭的管辖权往往不无争议——投资合同往往约定了国内法院管辖条款,因此关于此等问题的理解还应结合投资合同的管辖权条款一并分析。④

第二节 岔路口条款的(不)适用

岔路口条款确立了投资者—国家仲裁作为东道国当地救济的直接替代机制。然而,岔路口条款在适用中面临着一个复杂的技术性问题,即对相同投资争端的判断。在投资仲裁实践中,仲裁庭在适用岔路口条款时通常融入"三重一致性"要求,特别是相同诉由和相同当事方的要求,导致能够适用岔路口条款的情形极为有限。继而,在实质相同的案件中,岔路口条款所确立的投资者—国家仲裁和当地救济的替代关系几乎被架空——投资者可以用不同主体的名义和(或)以不同诉由在国内法体系和国际法层面寻求双重救济。当然,在诸多案件中,即便是不对相同诉由和相同当事方做严格解释,国际程序和国内程序

---

① Helnan International Hotels A/S v. the Arab Republic of Egypt, ICSID Case No. 05/19, Decision of the ad hoc Committee(Annulment Proceeeding), 19 May 2010, para. 53.

② Saipem S. p. A. v. the People's Republic of Bangladesh, ICSID Case No. ARB/05/7, Award, 30 June 2009, para. 181.

③ Mr. Franck Charles Arif v. Republic of Moldova, ICSID Case No. ARB/11/23, Award, 8 April 2013, paras. 345, 347.

④ 参见本章第三节。

中的争端在实质上也并不相同,岔路口条款和弃权条款均不能适用,这另当别论。①

一、岔路口条款(不)适用的仲裁实践

在大部分投资仲裁案件中岔路口条款未能得到适用,但也存在少数例外。

(一)岔路口条款不适用

投资者经常在诉诸东道国国内司法程序不能获得满意解决之后又以东道国违反投资条约为由提起国际仲裁,从而可能形成东道国当地救济和国际投资仲裁并存的情形。在绝大多数案件中,仲裁庭认为,东道国若要成功地援引岔路口条款,证明投资者已经实施岔路口条款下的选择而不能再诉诸国际仲裁,通常要满足下列条件:

> 必须在提起国际仲裁之前已经提起国内程序……
>
> 在国内法院或者行政法庭提起的争端必须与国际程序中的争端是相同的。如果在国际仲裁庭提起双边投资条约违反之诉,在国内法院或者行政法庭提起的也应当是由双边投资条约授予或创设的权利。所以如果国内法院或法庭涉及的是不同的诉求,如合同诉求或针对管理机关的决定提起的上诉,岔路口条款并不适用,仲裁程序可以继续。在几种诉求出现在仲裁程序中时情况会有点复杂,如双边投资条约诉求和合同诉求,并且国内法院诉讼中只进行着合同诉求。
>
> 国内程序的当事方必须和国际程序的当事方是一致的。国际仲裁中的东道国必须是国内程序的被告。提起仲裁的外国投资者必须是在东道国国内法院或者行政法庭提起诉讼的当事方。②

在 CMS 诉阿根廷(CMS v. Argentina)一案中,根据阿根廷法律成立的企业 TNG 于 1992 年获得了运输天然气的特许,CMS 购买了 TNG 29.42% 的股权。在阿根廷经济危机爆发后,政府实施了诸多措施,CMS 认为此等措施影响了其在 TNG 中投资的权益,于是提起国际仲裁。对此,阿根廷提出若干管辖权异

---

① 参见第二章第五节和第三章第四节。

② Christoph Schreuer, "Travelling the BIT Route of Waiting Periods, Umbrella Clauses and Forks in the Road", 5(2) *The Journal of World Investment & Trade*(2004), p. 248.

议,其中之一是投资者触发了阿根廷—美国双边投资条约中的岔路口条款,因为 TNG 曾对一个司法决定向阿根廷联邦最高法院提起上诉,并寻求其他行政救济,所以 CMS 不能再就相同争端根据投资条约提交仲裁。

对此,CMS 提出抗议。第一,CMS 并未触发岔路口条款,因为 TNG 是一个独立的法人,其不同于投资者;第二,与 TNG 所提起上诉之法院决定相关的司法程序是由阿根廷申诉专员发起的,而 TNG 在该程序中只是作为第三方参与。即 TNG 在该司法程序中的地位仅是抗辩性的和被动参与的;第三,争端的客体也不相同。TNG 的诉求与特许下的合同安排有关,而 CMS 的诉求则涉及受影响的条约权利。此外,投资者还提出,根据 2002 年 6 月 26 日颁布的第 1090/02 号法令以及 2002 年 8 月 20 日第 308/02 号决议,TNG 不得提起诉讼或者仲裁,否则将被排除在重新谈判之外。

仲裁庭认为,若干 ICSID 仲裁庭的裁决持条约诉求不同于合同诉求的观点,即便是曾经有或者正在进行着合同违反相关的法院诉讼程序,也不能阻止将条约诉求提交国际仲裁。仲裁庭认为此观点适用于本案,而且 CMS 并未向当地法院提起诉讼。即便是 TNG 曾经向当地法院起诉(事实并非如此),也并不会触发针对 CMS 的岔路口条款,因为在两个独立的文件下当事人和诉由都是不同的。①

值得注意的是,本案中,由于在国内程序中 TNG 并未主动行使诉权,而只是在被动参与后提起上诉,TNG 的上诉行为能否触发岔路口条款值得仔细斟酌和深入讨论。不过,本案仲裁庭更进一步做出了假设,表明了其在岔路口条款适用上须满足"三重一致性"要求的立场。在此方面,国际仲裁的案例具有相当的一致性。②

(二)岔路口条款适用

不过,仲裁实践中也存在极少数例外。在泛技术诉阿尔巴尼亚一案以及 H&H 诉埃及(H & H v. Egypt)一案中,仲裁员(或仲裁庭)对相同争端采取的是实质性审查标准。

---

① CMS Gas Transmission Company v. the Argentine Republic, ICSID Case No. ARB/01/8, Decision of the Tribunal on Objections to Jurisdiction, July 17, 2003, para. 80.

② See Christoph Schreuer, "Travelling the BIT Route of Waiting Periods, Umbrella Clauses and Forks in the Road", (2004) 5(2) *The Journal of World Investment & Trade*, pp. 231 - 256.

1. 泛技术诉阿尔巴尼亚案

在泛技术诉阿尔巴尼亚一案中，投资者与阿尔巴尼亚公路管理部门签署了两个道路施工合同，合同中约定因内乱造成的损失风险由阿尔巴尼亚公路管理部门承担。之后由于内乱，投资者遭受了严重的损失，阿尔巴尼亚公路管理部门与投资者达成了和解协议，但阿尔巴尼亚财政部却拒绝支付补偿款。2001 年投资者依据和解协议以阿尔巴尼亚公共工程部为被告向当地法院提起诉讼但随后被驳回。2007 年投资者提起上诉但再次被驳回，投资者上诉至阿尔巴尼亚最高法院。2007 年 8 月投资者提起 ICSID 仲裁，并放弃其在阿尔巴尼亚最高法院的诉讼程序。阿尔巴尼亚提出若干管辖权异议，其中之一是投资者触发了岔路口条款。对此，独任仲裁员扬 · 鲍尔森(Jan Paulsson)如此分析：

> 关键是评估相同争端是否已经同时提交给了国内法院和国际仲裁庭。申请者参考了诸多先例但并没有从中提炼出重要的原则。只剩下主张条约之诉本质上不同于合同之诉。此论点是贴标签而非分析。①
>
> 相同事实可以产生不同的法律诉求。请求救济的相似性并不必然表现为诉由相同。我认为必须确定的是请求的权利是否具有相同的规则渊源。但此种抽象论述可能也很难做出清晰的区分和迅速的判断。诉称权利的边界并非总是明显。每一种情形都必须仔细辨别。②

具体到本案，扬 · 鲍尔森认为，国内法院做出判决的依据是合同，该争端明显是合同性质的，而申请人在 ICSID 仲裁的争端与国内争端具有相同的“根本基础”(fundamental basis)，即申请人在 ICSID 仲裁诉称的权利源于与阿尔巴尼亚公路管理局的合同争议，因而其不能再将该相同的“根本基础”作为条约诉求的基础。③ 因此，阿尔巴尼亚的岔路口条款抗辩成立。④

---

① Pantechniki S. A. Contractors & Engineers(Greece) v. the Republic of Albania, ICSID Case No. ARB/07/21, Award, 30 July 2009, para. 61.

② Ibid., para. 62.

③ Ibid., para. 67.

④ 尽管如此，投资者还可以拒绝司法为由提起国际诉求。参见第五章第一节。

2. H&H 诉埃及案

在 H&H 诉埃及案中，由于投资者在提起 ICSID 仲裁之前已经就管理运营合同提起过国内仲裁，并在埃及法院提起过诉讼，仲裁庭根据“相同的根本基础”(the same fundamental basis)标准认为投资者已经触发了岔路口条款。针对投资者提出的传统上适用岔路口条款的“三重一致性”测试标准，仲裁庭认为“三重一致性”标准并未明确规定在《美国与埃及关于相互鼓励与促进投资条约》中。根据《维也纳条约法公约》第 31 条的规定，仲裁庭认为适用“三重一致性”测试来决定是否引发岔路口条款是不恰当的：

仲裁庭认为，“三重一致性”测试并不是相关的测试，因为它会使《美国与埃及关于相互鼓励与促进投资条约》第 7 条的目的落空，该条的目的是相同的争端不能在不同的法庭起诉。它也会剥夺第 7 条的任何实际意义。仲裁庭注意到“三重一致性”测试源自既判力原则。然而投资仲裁程序与国内法院程序不仅基于不同的诉由，还涉及不同的当事方。更为重要的是，该条约第 7 条的语言并未特别要求当事方是相同的，而是要求当前的争端不得提交其他争端解决程序；所以重要的是争端的客体而非当事方完全相同。最后，无论如何，如果严格要求被告是相同的，将使条约的目的落空，允许形式胜于实质，因为实践中当地法院程序通常针对拥有独立法律人格的国家机关而非国家自身。①

那么，“三重一致性”要求，特别是相同诉由和相同当事方的要求，是否合理呢？这对于判断大多数仲裁庭是否逾越了投资条约所设定的投资者—国家仲裁与当地救济的替代关系而非并行关系至关重要。

二、“三重一致性”标准的(不)合理性

(一)当事方不同是否等同于争端不同？

在东道国国内诉讼程序和投资者—国家仲裁程序中，当事方的主体几乎不可能是完全一致的。在国内程序中，起诉方通常是投资者在东道国设立的当地企业，而被告通常是东道国某一政府机构或部门；在投资者—国家仲裁程序中，申请方往往是投资的股东，被申请方往往是东道国国家。

① H & H Enterprises Investments, Inc. v. Arab Republic of Egypt, ICSID Case No. ARB 09/15, Award, 6 May 2014, para. 367.

而且,投资条约往往采用宽泛的投资定义,允许所在东道国当地企业的不同国籍的少数持股股东就其投资损失直接起诉东道国,即便是此种持股属于间接持股,这就为投资链上的不同公司追求各自的条约诉求奠定了可能性。尽管提起法律程序的主体可能不同,但无论是东道国国内诉讼程序还是投资者—国家仲裁,其所针对的均为东道国政府机关或部门的措施。国内救济和国际救济很可能存在重叠。

而且公司架构下,不同主体的利益密切相关。当公司利益得到维护时,其股东权利便得到了保障。奥贝泰克诉美国(Apotex v. America)一案仲裁庭认为,母公司是子公司的关联方(privy)。① 印度法院认为,在许多方面应当忽视集团公司中不同公司的独立法人地位并将这个集团公司视为一个经济体,特别是当母公司拥有子公司的全部股份,对子公司完全控制时更是如此。②

所以,若通过严格的认定当事方来判定争端是否相同,可能造成双重乃至多重救济,显然这与岔路口条款的宗旨相悖。投资者可以轻易地通过变更主体的方式规避岔路口条款的适用,导致岔路口条款形同虚设。正因如此,晚近以来某些投资条约已经改进了岔路口条款的立法技术,如《北美自由贸易协定》第11章附件第1120.1条和《美墨加协定》第14章投资章节附件14-D-3所规定的岔路口条款便明确涉及投资者所有或者控制的当地企业。与之相似,与岔路口条款具有相似功能的弃权条款的效力范围也明确涉及不同的主体——不仅包括提起国际仲裁的投资者,也包括投资者所有或者控制的当地企业。

(二)诉由不同是否等同于争端不同?

1. 条约文本与条约解释

从岔路口条款的文本与措辞来看,缔约方的意图是提交给东道国国内法院的争端与提交给国际仲裁的争端是相同的争端。岔路口条款丝毫未提及适用的法律,也没有将岔路口条款的适用建立在法律适用的基础上。换言之,该争端诉由的差别——国内法与合同还是国际法与条约,并不能导致该争端成为实质上不同的争端。以1991年《法国与阿根廷鼓励与相互保护投资协定》为例,其第8条规定:

---

① Apotex Holdings Inc v. United States of America, ICSID Case No. ARB/(AF)/12/1, Award, para. 7.40.

② Judgment, In the High Court Of Delhi At New Delhi, CS(OS)383/2017 & I. A. No. 9460/2017, 07 May 2018, pp. 51-52.

1. 一缔约方与另一缔约方投资者之间任何与根据本协议做出的投资相关的争端应当尽可能地由双方当事人友好解决。

2. 如果任何**此等争端**不能自争端一方提起请求之日起6个月内解决，应投资者要求，**该争端**应当提交：

或者争端所涉及的缔约方的国内法院；

或者根据以下第3段规定的条件提交国际仲裁。

很明显，对于由相同事实、措施或行为所引发的争端，缔约国并未将根据国内法提交给国内法院的争端或者根据投资条约提交国际仲裁的争端视为不同的争端。维旺迪诉阿根廷一案撤销程序临时委员会似乎认为，不同诉求下的争端属于同一争端："CAA 就图库曼省违反特许合同的行为在图库曼行政法庭起诉将在表面上落入第8(2)条的规定，其对法院和管辖权的选择将是终局的，如果彼诉求与投资条约下投资相关的诉求是重叠的。"[①]"很明显一个特定的投资争端可能同时涉及投资条约标准的解释、应用以及合同问题"，"第8(2)条旨在规定相同争端或者提交缔约国的国内法院(根据该国国内法决定)或者提交国际仲裁[根据第8(4)条确定的适用法决定]"。[②]

从条约解释角度，人为地将争端区分为合同争端和条约争端将会剥夺岔路口条款的实际效果。[③] 在雪佛龙诉厄瓜多尔(2)一案中仲裁庭提出，"在根据双边投资条约和基于条约违反提交给仲裁庭的许多案件中，与国内法院的争端相比，'三重一致性'要求不可能得到满足。国家法律体系通常并不允许以违反条约为由起诉国家，即便存在违反国内法的行为产生违反条约效果的可能性时亦是如此。严格适用'三重一致性'测试将会剥夺岔路口条款全部或者大部分实际效用"。[④] 显然，"三重一致性"要求并不符合《维也纳条约法公约》所规定的解释规范，因为尽可能地给予条约的每一个条款以有效的意思是条约解释的基

① Compañía de Aguas del Aconquija, S. A. & Vivendi Universal v. the Argentine Republic, ICSID Case No. ARB/97/3, Decision on Annulment, 3 July 2002, para. 55.

② Ibid., para. 60.

③ See August Reinisch, "The Scope of Investor-State Dispute Settlement in International Investment Agreements", 21(1) *Asia Pacific Law Review* (2013), p. 16.

④ Chevron Corporation and Texaco Petroleum Corporation v. the Republic of Ecuador, UNCITRAL, PCA Case No. 2009 - 23, Third Interim Award on Jurisdiction and Admissibility, 27 February 2012, para. 4.76.

本原则。[①] 在二元制国家，双边投资条约并不能直接适用，但国内法提供的救济与条约提供的保护在实质上可能等同。例如，国际法针对规制性征收提供的保护与美国宪法或者《欧洲人权公约第一议定书》对规制性征收提供的保护非常相似。[②] 可见，严格的形式主义解释方法可能导致双重救济，违背条约意图。所以，对相同争端的判断应当注重实质内容。

2. 争端的实质

从本质上看，“争端的存在主要属于事实问题”。[③] 换言之，“一个争端是一个法律诉求的事实基础，而非法律诉求自身”。[④] “很明显，一个争端可能与所适用的法律有关——如在何种程度上可以依赖或者提出基于条约或者合同的法律诉求，但是用于解决争端的法律只是产生争端的事实基础的一个外部因素”，[⑤]“争端并不因最终适用于哪套法律而有所不同”。[⑥] 只有当义务属于不同的法律主体，其行为构成一套单独的事实时，条约之诉与合同之诉在法律上有所不同并且潜在的投资争端也有所不同的论点才能够成立。[⑦] 所以，对争端同一性的判断应当参考客观标准，而不能任由申请方（通过变更诉由而）自行决定。[⑧]

实际上，在国内法体系中，无论是大陆法系还是普通法系，对相同争端的认定均采用实质主义而非形式主义，认为源于相似的事实背景并寻求确立实质相同义务的争端即属于相同争端，而不论原告援引的法律文件或者寻求救济的性质是否相同。[⑨]

在投资者—国家仲裁中，与解释岔路口条款时采用形式主义方法形成鲜明

---

① Campbell McLachlan, Laurence Shore, Matthew Weiniger, International Investment Arbitration: Substantive Principles, Oxford: Oxford University Press, 2nd Edition, 2017, para. 4. 106.

② See T. Wälde and A. Kolo, “Environmental Regulation, Investment Protection and ‘Regulatory Taking’ *in International Law*” 50 *International & Comparative Law Quarterly*(2001), pp. 826 – 835.

③ Thiago Braz Jardim Oliveira, “The Authority of Domestic Courts in Adjudicating International Investment Disputes: Beyond the Distinction Between Treaty and Contract Claims”, 4 (1) *Journal of International Dispute Settlement*(2013), p. 182.

④ Ibid.

⑤ Ibid.

⑥ Ibid.

⑦ Ibid., p. 184.

⑧ See Michal Swarabowicz, “Identity of Claims in Investment Arbitration: A Plea for Unity of the Legal System”, 8 *Journal of International Dispute Settlement*(2017), p. 280.

⑨ Ibid., pp. 282 – 283.

对比的是,仲裁庭在判断申请人(投资者)是否满足利用当地救济要求时对争端的同一性往往进行实质性判断。在乌尔巴瑟诉阿根廷一案中,仲裁庭明确认可当地法院可以受理相同的诉由,即便其适用自己的国内法,"需要证明的是,在国内法院审理的诉由具有此等性质,即如果该诉求根据双边投资条约提交国际仲裁,争端解决的范围是一样的"。[①] 在菲利普·莫里斯诉乌拉圭(Philip Morris v. Uruguay)一案中,仲裁庭更加明确地指出,"对先行当地诉讼条款中使用的'争端'一词,应当进行宽泛的解释,即与客体和争端的事实相关,但并不限于特定的法律诉求,包括具体的双边投资条约诉求"。[②] 在奥默德德与塞尔胡塞尼诉罗马尼亚一案中,仲裁庭持相似观点,"在国内法院提起的争端具有此等性质,即如果该诉求根据投资条约提交国际仲裁庭,争端解决的范围是一样的"。[③] 可见,作为严格形式主义产物的"三重一致性"要求在投资仲裁实践中并非一脉相承。客观上,在判断投资者是否满足当地救济条件中采用实质性标准,有利于确立仲裁庭的管辖权;相反,在岔路口条款适用中,实质性标准将会限制仲裁庭的管辖权。或许由此可推,大多数仲裁庭在条约解释中倾向于采取有利于自身管辖权的实用主义态度。

(三)"三重一致性"标准的来源背景

在岔路口条款应用中,是否应当适用"三重一致性"要求是值得怀疑的——"'三重一致性'要求是在解决既判力(*res judicata*)问题和确定已经由有权限的法庭决定的具体问题中发展出来的。它也应用于源自未决诉讼(*lis pendens*)的广泛比较语境下的类似问题。然而,在决定提交给国内法院和仲裁庭的争端是否相同这一问题上是否应当适用'三重一致性'测试并不清晰。"[④]实际上,岔路口条款的目的,仅在于在要求投资者在一系列具有竞争性的管辖权中选择其一

---

① Urbaser SA and Consorcio de Ahuas Bilbao Biskaia, Bilbao Biskaia Ur Partzuergoa v. Argentina Republic, ICSID Case No ARB/07/26, Decision on Jurisdiction, 19 December 2012, para. 181.

② Philip Morris Brand Sarl (Switzerland), Philip Morris Products SA (Switzerland) and Abal Hermanos SA (Uruguay) v. Oriental Republic of Uruguay, ICSID Case No. ARB/10/7, Decision on Jurisdiction, 2 July 2013, para. 113.

③ Ömer Dede and Serdar Elhuseyni v. Romania, ICSID Case No. ARB/10/22, Award, 5 September 2013, para. 253.

④ Chevron Corporation and Texaco Petroleum Corporation v. the Republic of Ecuador, UNCITRAL, PCA Case No. 2009 - 23, Third Interim Award on Jurisdiction and Admissibility, 27 February 2012, para. 4.77.

以及规定启动程序的结果。[①] 在此意义上，岔路口条款与先行救济条款存在相似之处，二者均涉及争端解决程序的选择，而不涉及实体问题。但既判力问题涉及的是实体问题，其在形式上要求更为严格。所以，仲裁庭将"三重一致性"要求移花接木似乎并不妥当，在岔路口条款适用背景下，对相同争端的解释应当参照先行救济条款适用背景下的实质性解释方法。

在支持"三重一致性"要求的理论中，最为复杂难辨的观点是，国内法院与国际仲裁庭分属不同的法律体系，因而国内法院依据国内法和合同对相关投资争端行使管辖权，并不影响国际仲裁庭依据投资条约行使管辖权。

三、国内法院与国际仲裁庭：国内法与国际法的鸿沟？

(1)ICSID 仲裁只有在已经开始后才具有排他性。之前在国内法院进行的任何诉讼程序，或者其他替代救济程序，只构成仲裁庭必须予以考虑的事实的一部分以决定东道国是否遵守了条约实体义务。这些义务包括东道国是否通过其国内法院的判决实施了拒绝司法，构成违反公平公正待遇义务。[②]

(2)根据第 26 条将条约违反诉诸 ICSID 仲裁的权利不会因投资者之前诉诸国内或者合同救济而放弃。在此方面，主张条约诉求与基于合同选择条款提交 ICSID 仲裁存在根本不同。在根据合同选择而提交仲裁的情况下，投资者的同意在合同缔结之时做出，其结果是双方当事人在此时不得再诉诸其他救济。同样，援引合同仲裁条款以强行中止司法程序的权利可以通过提起国内诉讼程序而放弃。[③]

在传统国际法中，主流观点认为，国内法院和国际仲裁庭分属于不同的世界，不存在协调的可能性和必要性——从国际法的视角，国内法和国内法院的判决仅仅是事实，即国内法院的判决对国际审判没有任何规则意义，因此并不

① See Thiago Braz Jardim Oliveira, "The Authority of Domestic Courts in Adjudicating International Investment Disputes: Beyond the Distinction Between Treaty and Contract Claims", 4(1) *Journal of International Dispute Settlement*(2013), p. 192.

② Campbell McLachlan, Laurence Shore, Matthew Weiniger, *International Investment Arbitration: Substantive Princiles*, Oxford: Oxford University Press, 2nd Edition, 2017, para. 4. 84.

③ Ibid., para. 4. 85.

能和国际法庭相竞争。[①] 在投资争端解决中,根据诉由的不同即合同之诉还是条约之诉将争端区分为国内法下的争端和国际法下的争端明显受到上述传统的影响。该观点是建立在下列假设的基础上——国内法院只能受理国内法下的合同诉求而不能受理条约之诉,而投资者—国家仲裁庭只能受理条约之诉而不能受理纯粹属于国内法之下的合同之诉。

对此,有学者提出,此等假设是存在问题的,国内法院并不限于处理严格的国内法争端,投资仲裁庭也不限于受理条约之诉,此等假设取决于争端解决条款自身,取决于其所赋予国内法院的角色和每个案件的事实,而非取决于所主张的诉由是合同之诉或者条约之诉。[②] 对国际法律争端拥有审判资格的前提是获得主权国家的同意,所以如果没有国家授权,仲裁庭不能对国际法争端行使管辖权;对于国内法院来说也同样如此——在获得国际法律秩序批准的情况下,国内法院同样可以完成国际审判的任务。[③] 事实上,(用尽)当地救济条款和岔路口条款的表述均意味着国内法院和国际仲裁庭一样有权受理国际投资争端,尽管其所依据的法律基础可能有所不同。

对于国内法院而言,其能否直接受理条约之诉取决于该国的宪治结构,不能一概而论。[④] 以墨西哥为例,《北美自由贸易协定》可以在墨西哥法院直接适用,即投资者可以在墨西哥法院提起条约违反之诉。即便在某些国家,国内法院不能直接适用条约,但国际条约也并非毫不相关,因为国内法院仍将适用由国际条约转化的国内法。对于国际仲裁庭而言,其管辖权来源既可能是条约规定,亦可能是投资合同的授权;美国以及其他某些国家缔结的投资条约明确将东道国违反投资合同纳入投资仲裁的范围;在以条约为基础的仲裁中,根据《华盛顿公约》第42条的规定,仲裁庭所适用的法律首先是当事方约定的规则,在无约定的情况下,仲裁庭应当适用东道国国内法和可适用的国际法规则。所以,国内法院和国际仲裁庭分别处理国内法争端和国际法争端,因而国内诉讼程序和国际仲裁程序互不相干、并行不悖的假设在国际投资体制下是不成立的。

---

① See Yuval Shany, *Regulating Jurisdictional Relations between National and International Courts*, Oxford: Oxford University Press, 2007, p. 43.

② See Thiago Braz Jardim Oliveira, "The Authority of Domestic Courts in Adjudicating International Investment Disputes: Beyond the Distinction Between Treaty and Contract Claims", 4(1) *Journal of International Dispute Settlement* (2013), p. 177.

③ Ibid., p. 178.

④ 参见第一章第二节。

从争端解决角度,此种区分也并不合理。“事实证明,在公约争议和合同争议之间进行区分通常并不容易。东道国的一个特定做法可能既违反了合同又违背了国际法。这两种分类不是相互排他的。恰恰相反,要适用两种不同的标准来决定其中的一个或两个是否被违反。”①“区别对待合同诉求和公约诉求导致了这样的情况,即申请人可能会被迫将争议的一部分适用国内程序而另一部分适用国际程序。这并不令人满意。不同法庭将案件分成合同争议和公约争议分别处理,这需要分别提出诉求,同时也可能导致平行程序的出现。此种做法浪费资源,且与达到终局的、全面的争端处理结果的目标相反。”②

所以,评判争端是否相同应当采取实质标准而非形式标准。“必须评估诉求是否具有相同的实质基础,而非着眼于提交给国内法院和仲裁的诉求所依赖的诉由是否相同。”③然而,对争端的同一性进行判断的“实质标准”是什么?回答这一问题并不容易。前述泛技术诉阿尔巴尼亚一案中,独任仲裁员扬·鲍尔森认为,“相同的事实可以产生不同的法律诉求。请求救济的相似性并不必然意味着诉由相同。我认为判断诉请的权利是否具有相同规则渊源(the same normative source)才是必要的”。④ 维旺迪诉阿根廷一案撤销程序临时委员会采纳了“根本基础”标准,“当提交给国际仲裁庭的诉求的实质基础是违反合同,仲裁庭应当给予合同中任何有效的法院选择条款以效力”,⑤“另一方面,当诉求的根本基础是条约时,应当适用条约所设立的独立的标准来衡量当事方的行为,由申请方和被申请国或其分支机构之间订立的合同中的排他性管辖权条款并不能成为适用条约标准的障碍。其最多只能是在衡量是否存在违反条约方面具有相关性”。⑥ 马里公司诉埃及(Malicorp Ltd. v. Egpyt)一案仲裁庭指出,“投资仲裁庭并非旨在为已经在合同中同意受普通程序约束但却拒绝遵从此等程序的当事人提供替代机制,也非为已经利用此等程序但未获得(充分)满意结

---

① [德]鲁道夫·多尔查、[奥]克里斯托弗·朔伊尔:《国际投资法原则》,祁欢、施进译,中国政法大学出版社2014年版,第289页。

② 同上。

③ H & H Enterprises Investments, Inc. v. Arab Republic of Egypt, ICSID Case No. ARB 09/15, Award, 6 May 2014, para. 368.

④ Pantechniki S. A. Contractors & Engineers (Greece) v. the Republic of Albania, ICSID Case No. ARB/07/21, Award, 30 July 2009, para. 62.

⑤ Compañía de Aguas del Aconquija, S. A. & Vivendi Universal v. the Argentine Republic, ICSID Case No. ARB/97/3, Decision on Annulment, 3 July 2002, para. 98.

⑥ Ibid., para. 101.

果的当事人提供某种上诉机制。投资仲裁庭若要对违反合同行使管辖权,则此等违反必须同时构成违反条约,不能通过普通程序来解决,这是投资保护条约的内在要求”。[①] 波基洛诉巴基斯坦一案仲裁庭提出,“事实上,国家及其机构可以作为普通的合同缔约方,尽管其与投资者在事实或法律上存在某些不同。若要违反合同构成违反双边投资条约,该违反必须是超越于普通合同缔约方可以采取的行为造成的。国家只有在行使主权权力而非作为合同缔约方时,才有可能违反双边投资条约所设定的义务。”[②]

不过,缔约国的意图似乎是根据产生争议的潜在“措施”进行区分——如第二章所述,近期以来一些国家已经在条约中对岔路口条款进行修订或者更多地采用弃权条款模式——以作为争端产生基础的“措施”作为关键词,对相同“措施”不得再提起任何程序和挑战,而不论是以国内法为基础还是以投资条约为基础。[③]

第三节 投资合同中当地救济条款的效力之争

除了投资条约,在具体的国际投资项目上,东道国还可能会与投资者签订投资合同,并且“东道国和外国投资者之间的合同通常包括(当地)法院选择条款,该条款通常规定合同履行引起的争端由东道国国内法院管辖。当发生与投资有关的争端时,投资方将会援引投资条约规定,通常是双边投资条约,准予他们进入国际仲裁程序。反过来,东道国将会根据合同中的法律选择条款主张投资者已经放弃了进行国际仲裁的权利”。[④] 此类争端除了涉及上述第二节中岔路口条款适用所面临的一般性问题外,还涉及投资合同中法院选择条款的效力这一具体问题。

---

① Malicorp Ltd. v. Egypt, ICSID Case No. ARB/08/18, Award, para. 103(c).

② Impregilo S. p. A. v. Islamic Republic of Pakistan, ICSID Case No. ARB/03/3, Decision on Jurisdiction, para. 260.

③ See Waste Management Inc v. Mexico, ICSID Case No ARB(AF)/98/2, Award, paras. 26 – 30; Detroit International Bridge Co v. Canada, PCA Case No. 2012 – 25, Award on Jurisdiction.

④ [德]鲁道夫·多尔查、[奥]克里斯托弗·朔伊尔:《国际投资法原则》,祁欢、施进译,中国政法大学出版社2014年版,第286页。

一、投资仲裁实践

实践中，对于投资合同中国内法院(有时候为国内仲裁)选择条款的效力范围，不同仲裁庭采取了不同的态度。绝大部分仲裁庭倾向于扩张而非限制自身的管辖权，主张基于合同的诉求受制于合同中的法院选择条款，基于公约的诉求不受当地救济条款的限制，少数仲裁庭则拒绝受理合同争议。①

(一)当地法院拒绝司法时投资仲裁庭方能行使管辖权

在某些案件中，仲裁庭认为，由于合同违约与条约违反密不可分，应当尊重合同当事方的选择，赋予投资合同中的当地救济条款以效力，只有当地法院在程序上或者实体上拒绝司法，投资仲裁庭方能行使管辖权。持此观点的典型代表为维旺迪诉阿根廷一案仲裁庭。

1995 年 5 月，法国公司 CGE 在阿根廷设立的子公司 CAA 与阿根廷图库曼省签署经营图库曼水和污水设施的特许合同。该特许合同并未提及 1992 年《法国与阿根廷鼓励与相互保护投资协定》所规定的救济方式，亦未提及《华盛顿公约》，并且合同第 16.4 条规定，为本合同解释和适用之目的缔约方排他性地将争议提交图库曼行政法庭。之后，双方就履行特许合同发生争议。1996 年 2 月，阿根廷介入阻止图库曼废除特许合同。1996 年 5 月，阿根廷与图库曼签署“国家政府提供协助和专家以助成功重新谈判特许合同”协议，但之后 CGE 与图库曼的谈判并未成功。1996 年 12 月，CGE 与 CAA 依据《法国与阿根廷鼓励与相互保护投资协定》提起 ICSID 仲裁，称阿根廷违反投资条约的公平公正待遇和征收条款。阿根廷提出仲裁庭不具有管辖权，因为申请人的争议仅仅是合同争议，而阿根廷并非合同的当事方，同时图库曼也未获得《华盛顿公约》第 25(3)条下阿根廷的授权，而且特许合同第 16.4 条要求将合同争端提交图库曼行政法庭。

---

① Pan American Energy LLC and BP Argentina Explorations Company v. The Argentine Republic, ICSID Case No. ARB/03/13, Decision on Preliminary Objections, 27 July 2006, para. 157; Toto Costruzioni Generali S. p. A. v. The Republic of Lebanon, ICSID Case No. ARB/07/12, Decision on Jurisdiction, 11 September 2009, paras. 213 - 217; Champion Trading Company, Ameritrade International, In. , James T. Wahba, John B. Wahba, Timothy T. Wahba v. Arab Republic of Egypt, ICSID Case No. ARB/02/9, Decision on Jurisdiction, 21 October 2003, para. 3. 4. 3; 相反案例 Pantechniki S. A. Contractors & Engineers(Greece) v. The Republic of Albania, ICSID Case No. ARB/07/21, Award, 30 July 2009, paras. 53 - 67。

仲裁庭认为其对本案具有管辖权。首先,《华盛顿公约》第 25(1)条规定,在当事方同意提交国际投资争端解决中心的前提下,ICSID 仲裁庭的管辖权为直接产生于投资的任何法律争端;《法国与阿根廷鼓励与相互保护投资协定》第 8 条规定,与投资有关的争端可以提交 ICSID 仲裁,而投资的定义包括由法律或协议授予的特许,因此 CGE 的特许合同包含在投资条约所规定的投资定义之内。① 并且,仲裁庭提出,联邦政府的政治分支部门包括图库曼省的行为可归于中央政府已经成为公认的原则,因而联邦国家不得依赖其宪法中的联邦制限制其国际责任的范围,《华盛顿公约》第 25(3)条并非旨在限制仲裁庭的对事管辖权,而是为了更高效地确立 ICSID 程序的当事方。② 特别是,"本案中,CGE 提出,由于图库曼省的行为可归于中央政府,阿根廷违反了其在投资条约下的义务。因此申请人所要求的救济并非基于违反特许合同的条款。所以仲裁庭在《华盛顿公约》下的管辖权并不受投资条约第 8 条争端须发生在法国投资者和阿根廷之间的影响。对于 CGE 直接基于阿根廷自身作为或者不作为而非依赖归责原则的诉求,仲裁庭也具有管辖权"。③ 最后,仲裁庭提出,特许合同第16.4 条并不能剥夺仲裁庭审理本案的管辖权,因为该条并不构成 CGE 放弃其根据投资条约第 8 条所享有的起诉阿根廷的权利,CGE 根据投资条约的诉由而非特许合同对阿根廷提起的请求并不受图库曼省行政法庭的管辖。④ 同样,申请人以违反特许合同的条款为由在图库曼行政法庭起诉图库曼并不影响申请人随后根据投资条约和《华盛顿公约》寻求针对阿根廷的救济,投资条约第 8 条规定的岔路口条款并不适用。⑤

不过,在实体分析阶段,仲裁庭却认为,CGE 应当首先就其与特许合同直接相关的请求诉诸图库曼行政法庭。仲裁庭提出,与针对被申请方仲裁请求的法律基础有关的所有事项均源自申请人与图库曼省之间就特许合同的履行与不履行发生的争议,在申请人根据合同第 16.4 条诉诸图库曼行政法庭并且其权利已经在程序上或者实体上被拒绝之前,不能要求阿根廷承担责任,因为特许

---

① Compañía de Aguas del Aconquija, S. A. & Compagnie Générale des Eaux v. Argentine Republic, ICSID Case No. ARB/97/3, Award, 21 November 2000, para. 45.

② Ibid., paras. 49, 51, 52.

③ Ibid., para. 50.

④ Ibid., para. 53.

⑤ Ibid., para. 55.

合同条款与诉称的违反双边投资条约具有关键性的联系。[①] 为了决定图库曼省的哪些行为属于行使国家主权的行为,哪些属于行使合同权利的行为,仲裁庭不得不对特许合同进行详细的解释与适用,而根据第 16.4 条规定,特许合同的当事人明确地、排他地将该项任务赋予了图库曼行政法庭。[②] 仲裁庭强调,要求申请人首先诉诸图库曼行政法庭并非是用尽当地救济的要求,而是来自申请方和图库曼省缔结的特许合同第 16.4 条的明确要求,以及本案中不首先解释和适用特许合同就不可能将潜在的违反合同诉求与违反双边投资条约诉求割裂开来。[③] 并且,仲裁庭提出,CGE 并没有提出阿根廷自身积极地干预了其在图库曼的投资,而是提出阿根廷未能阻止图库曼省采取与特许合同相关的措施,进而侵犯了其在投资条约之下的权利,而申请人提供的证据并不足以认定阿根廷未能根据其在投资条约中的义务对图库曼的情况以及申请人的要求进行回应。[④] 最后,仲裁庭驳回了申请人的请求。

在 20 世纪早期的三个案件,即墨西哥联盟铁路案(Mexican Union Raiway)、北美疏浚案(North American Dredging)和车叶草案(woodruff)中国际仲裁庭持相似观点,即国家和外国投资者缔结的私人合同中约定的排他性国内法院管辖权条款具有约束力,但在东道国国内司法程序存在拒绝司法的情况下,合同中的当地法院选择条款并不必然影响投资者母国独立的诉求,东道国仍然需要接受国际法庭的管辖,因为拒绝司法构成独立的国际违法行为。[⑤] 不过,这三个案件在当时并非主流而是个例。同样,在当代维旺迪诉阿根廷一案中仲裁庭的观点不利于投资仲裁庭行使管辖权,其裁决随后被 ICSID 临时委员会撤销,并未成为投资仲裁实践中的主流观点。

(二)当地救济条款不影响仲裁庭行使条约管辖权

在投资仲裁实践中,主流观点认为,投资合同中的当地救济条款并不影响国际仲裁庭基于投资条约而行使的管辖权,因为国际法相对于国内法具有独立性和优越性。此观点的典型案例为维旺迪诉阿根廷一案的撤销程序。

---

① Compañía de Aguas del Aconquija, S. A. & Compagnie Générale des Eaux v. Argentine Republic, ICSID Case No. ARB/97/3, Award, 21 November 2000, paras. 77, 78.

② Ibid., para. 79.

③ Ibid., para. 81.

④ Ibid., para. 92.

⑤ See Yuval Shany, *Regulating Jurisdictional Relations between National and International Courts*, Oxford: Oxford University Press, 2007, p. 41.

维旺迪诉阿根廷一案仲裁庭做出裁决后,案件进入 ICSID 撤销程序。2002 年 7 月,临时委员会做出部分撤销裁决的决定,认为仲裁庭对其具有管辖权的认定是正确的,对于联邦政府相关的请求,不存在可以撤销的错误,而仲裁庭未能根据投资条约就与图库曼政府行为相关请求的实体部分进行审查则构成明显超越权限,相关决定应当予以撤销。① 临时委员会的理由主要包括《华盛顿公约》以及投资条约的相关规定。

根据《华盛顿公约》第 26 条规定,同意 ICSID 仲裁包括同意“排除任何其他救济”。缔约国可以将“用尽当地行政或司法救济”作为同意仲裁的前提条件。而阿根廷在同意投资条约第 8 条时并未附加此等前提条件。相应地,用尽当地救济规则并不适用于投资条约之下的请求已经成为共识。②

该公约第 8 条一般性地规定一缔约方与另一缔约方的投资者之间根据条约进行与投资相关的争议……该公约第 8 条并未使用更加狭窄的范式要求投资者的诉求应当是违反投资条约自身。从字面来看,该公约第 8 条中所包含的仲裁庭管辖权的要求并不必然要求申请方必须诉称违反投资条约自身,而是只要是与根据投资条约做出的投资相关足以。③

特别是,临时委员会强调国际法相对于国内法的独立性和优越性,即在相关投资条约或者特许合同无明确相反规定的情况下,ICSID 仲裁庭可以受理与投资相关的合同争议,而合同中的法院选择条款并不影响《华盛顿公约》和投资条约赋予投资者的诉诸国际仲裁的权利。④ 对于与图库曼省相关的请求,临时委员会认为违反投资条约与违反特许合同并无必然联系,确定国家行为是否构成国际不法行为应当根据国际法,确定是否存在违反特许合同应当根据图库曼法,根据国际法确立行为的非法性并不受国内法认定相同行为合法的影响,在国际法要求国家遵守国内法的情况下该规则也不存在例外。⑤ 所以,临时委员会认为,当诉求的根本基础是条约时,应当适用条约所设立的独立的标准来衡

① Compañía de Aguas del Aconquija, S. A. & Vivendi Universal v. The Argentine Republic, ICSID Case No. ARB/97/3, Decision on Annulment, 3 July 2002.

② Ibid., para. 52.

③ Ibid., para. 55.

④ Ibid., paras. 60, 76.

⑤ Ibid., paras. 95 – 97, 113.

量当事方的行为,合同中的排他性管辖权条款并不能成为适用条约标准的障碍,其最多只能是在衡量是否存在违反条约方面具有相关性。国内法,包括当事方之间的国内法合同,原则上并不能确定或者排除ICSID仲裁庭根据《华盛顿公约》、投资条约以及适用的国际法审理案件的权力。[①]

> 行使合同管辖权是一回事(根据特许合同排他地授予图库曼行政法庭),考虑合同条款以确定是否存在违反诸如投资条约第3条所反映的国际法的不同标准是另一回事。[②]

临时委员会提出,《华盛顿公约》第52(1)(b)条所规定的"明显超越权限"不仅包括不具有管辖权时行使管辖权,也包括拥有管辖权而不行使管辖权。[③]据此,临时委员会作出上述决定。

比较仲裁程序和撤销程序,维旺迪诉阿根廷一案仲裁庭与撤销程序临时委员会均认为合同之诉和条约之诉属于不同的争端,因而对源于合同争议但以违反投资条约为诉由的争端投资仲裁庭具有管辖权,均认为《华盛顿公约》和投资条约的规定不受特定合同中法院选择的条款约束,不同的是仲裁庭认为违反合同诉求与违反投资条约的诉求不可分割,而根据约定审理合同诉求属于国内法院的权限,撤销程序临时委员会则认为合同违约之诉与投资条约违反之诉没有必然联系,为确定是否存在违反投资条约,投资仲裁庭可以考虑合同履行情况。

维旺迪诉阿根廷一案撤销程序决定中的解释有利于扩大投资仲裁庭的管辖权,受到大多数投资仲裁庭的追随,成为主流观点。例如,SGS诉巴基斯坦(SGS v. Pakistan)一案仲裁庭采纳了维旺迪诉阿根廷一案撤销程序临时委员会的观点,认为相同事实可以产生合同诉求和条约诉求,合同中的法院选择条款并不影响仲裁庭根据投资条约所享有的管辖权,同时仲裁庭认为其对不构成条约违反的纯合同诉求没有管辖权。[④]

---

① Compañía de Aguas del Aconquija, S. A. & Vivendi Universal v. The Argentine Republic, ICSID Case No. ARB/97/3, Decision on Annulment, 3 July 2002, paras. 101, 102.

② Ibid., para. 105.

③ Ibid., para. 86.

④ SGS Société Générale de Surveillance S. A. v. Islamic Republic of Pakistan, ICSID Case No. ARB/01/13, Decision of the Tribunal on Objections to Jurisdiction, 6 August 2003, paras. 147 - 148, 155 - 173.

此外,处理此类案件的第一案兰科诉阿根廷(Lanco v. Argentina)一案仲裁庭亦持相同观点:仲裁庭认为国内法之下的合同选择条款并不影响仲裁庭根据投资条约所享有的管辖权,并且缔约方同意 ICSID 仲裁意味着放弃其他救济方式。① 在蔚蓝诉阿根廷(Azurix v. Argentina)一案中,仲裁庭参考了兰科诉阿根廷一案和维旺迪诉阿根廷案撤销程序临时委员会的观点,认为合同之诉不同于条约之诉,因而合同中的法院选择条款并不影响条约之诉中仲裁庭的管辖权。②此外,还有许多案件采取了相同的推理模式。③

萨里尼诉摩洛哥(Salini v. Morocco)一案仲裁庭的观点稍有不同,其认为合同中并不存在真正的当地法院选择,因为行政法院的管辖权并不取决于当事人的选择,④所以合同中的当地救济条款并不能剥夺 ICSID 仲裁庭的管辖权。投资仲裁庭既对构成违反投资条约的合同违约具有管辖权,也对不构成违反投资条约的纯粹合同诉求具有管辖权,只要该合同是在投资者和国家之间缔结的。⑤

尽管如此,主流观点并非必然是正确的观点。如本章第二节所述,在国际投资体制下,国内法与国际法之间并不存在不可逾越的鸿沟。沟通国内法和国际法的桥梁便是主权国家的意志。双边投资条约体现了两个主权国家保护和促进国际投资的一般性意志,而投资合同则体现了东道国保护特定国际投资的具体意志。同样是主权国家的意志,仅仅用国际法不同于乃至优越于国内法,便可以规避投资合同中的当地救济条款,难以令人信服。

(三)SGS 诉菲律宾(SGS v. Philippines)案:特别法优于一般法

1991 年 8 月,瑞士公司 SGS 与菲律宾政府签署《装船前独家检验服务协议》,其第 12 条规定,合同条款应当根据菲律宾法律进行解释,同时与合同缔约方义务有关的任何争议应当提交菲律宾马卡蒂或者马尼拉地区审判法院解决。

---

① Lanco International Inc. v. the Argentine Republic, ICSID Case No. ARB/97/6, Decision on Jurisdiction, 8 December 1998, paras. 26, 40.

② Azurix Corp. v. the Argentine Republic, ICSID Case No. ARB/01/12, Decision on Jurisdiction, 8 December 2003, para. 79.

③ See CMS v. Argentina, Decision on Jurisdiction, 17 July 2003, paras. 70 – 76; Enron v. Argentina, Decision on Jurisdiction, 14 January 2004, paras. 89 – 94; Siemens v. Argentina, Decision on Jurisdiction, 3 August 2004, paras. 174 – 180.

④ Salini Costruttori S. p. A. and Italstrade S. p. A. v. Kingdom of Morocco, ICSID Case No. ARB/00/4, Decision on Jurisdiction, 23 July 2001, para. 27.

⑤ Ibid., para. 61.

合同期满后双方又多次续期,2000年年初SGS中止服务,双方发生争议。2002年4月,SGS依据1997年《菲律宾与瑞士促进与相互保护投资协定》提起ICSID仲裁。菲律宾对仲裁庭的管辖权提出异议,特别是该争端为纯粹合同争端,而根据《装船前独家检验服务协议》中的争端解决条款,所有合同相关的争议应当提交菲律宾法院解决。

1997年《菲律宾与瑞士促进与相互保护投资条约》第10(2)条包含保护伞条款"每一缔约方应当遵守其已经承担的与另一缔约方的投资者在其境内的特定投资相关的义务"。第8条包含争端解决条款:

1. 为解决一缔约方与另一缔约方投资者之间与投资有关的争端的目的,以及不影响本协定第9条(缔约国之间争端),相关当事方之间应当进行协商。

2. 如果自要求磋商之日起6个月内磋商未能解决争端,投资者可以将争端提交投资所在地缔约国有管辖权的法院或者提交国际仲裁。在后者情况下,投资者有权选择:

(a)根据1965年3月18日开放签署的《华盛顿公约》设立的国际投资争端解决中心;或者

(b)除非争端当事方之间另有约定,根据联合国国际贸易法委员会仲裁规则设立的一个临时仲裁庭。

仲裁庭认为,原则上仲裁庭可以受理与投资相关的合同争议。首先,《菲律宾与瑞士促进与相互保护投资协定》第10(2)条的措辞"应当"("shall")和"任何义务"("any obligation")能够适用于国内法之下的义务,如源于合同的义务,事实上,东道国正常来讲根据其国内法承担与另一缔约方投资者在其境内的特定投资相关的义务。[①] "第10(2)条是在投资条约框架下纳入的,在对其进行解释时应当在该框架内赋予其效力。"[②]并且,仲裁庭认为,"投资条约是促进和相互保护投资的条约,根据前言其旨在为一缔约方的投资者在另一缔约方的投资创造并保持有利的条件。因此以有利于保护合格投资的方式解决解释中的不

① SGS Société Générale de Surveillance S. A. v. Republic of the Philippines, ICSID Case No. ARB/02/6, Decision of The Tribunal on Objections to Jurisdiction, 29 January 2004, para. 115.

② Ibid.

确定性是合法的”。[①] 所以，仲裁庭认为，保护伞条款使东道国未能遵守其所承担的与特定投资有关的有约束力的承诺，包括合同承诺，构成违反投资条约，但是保护伞条款并不将合同问题转化为国际法问题，合同问题（在本案中为对根据《装船前独家检验服务协议》提供的服务，应当支付多少钱的问题）仍然受投资合同的规制。[②]

其次，《菲律宾与瑞士促进与相互保护投资协定》的争端解决条款第8条规定的是“一缔约方与另一缔约方投资者之间与投资有关的争端”解决，从表面上看，其并未对诉求进行法律分类，所以源于投资合同的争端亦属于“与投资相关的争端”。[③]

对源于投资条约诉由的争端和源于投资合同诉由的争端进行技术性的区分，会导致重叠的程序和管辖上的不确定性。在某些案件中进行区分可能是必要的，但为了高效解决投资争端，应当尽量避免，由当事方选择的单个法庭解决所有争端更合理。[④]

不过，当相关的投资合同包含排他性的法院选择条款时，情况则会有所不同。仲裁庭认为：

> 除非有明确规定，投资条约中一般性的规定并不能超越投资合同自身所包含的排他性的争端解决安排。根据SGS提出的观点，投资者不可能在其合同中有效地同意排他性管辖权条款；投资者永远有隐藏的能力将合同诉求提交条约仲裁，即便以违反合同的方式，很难相信此等结果是国家在缔结一般性的投资保护条约时所设想的。[⑤]

对此结论，仲裁庭主要基于两点考虑：第一，特别法优越于一般法的格言，即投资条约中的争端解决条款属于一般性的规定，“投资条约自身并非是与既有的特定投资或者合同缔结的，不能推定一般性的条款具有超越当事方自由协商的特殊合同中特定条款的效果”；第二，“投资条约的性质只是一个框架协议，

---

① SGS Société Générale de Surveillance S. A. v. Republic of the Philippines, ICSID Case No. ARB/02/6, Decision of The Tribunal on Objections to Jurisdiction, 29 January 2004, para. 116.

② Ibid., para. 128.

③ Ibid., para. 131.

④ Ibid., para. 132.

⑤ Ibid., para. 134.

缔约方旨在通过其支持和补充,而非超越和替代,在投资者和东道国之间实际协商的投资合同”。①

本案中,SGS 提出《华盛顿公约》第 26 条具有使投资条约超越《装船前独家检验服务协议》中的排他性管辖权的效果,仲裁庭不予认可。

> 第一,该公约第 26 条的谈判记录不支持此种观点,根据谈判记录,第 26 条旨在作为一个解释规则,而非强行规则。
>
> 第二,此种观点忽略了该公约第 26 条中的“除非另有规定”……
>
> 第三,该公约第 26 条具备超越先前同意的争端解决条款的效力的观点意味着,根据投资条约当事人可以选择 ICSID 仲裁或者联合国国际贸易法委员会仲裁的情况下,该选择将会实质性地影响其法律权利。如果选择 ICSID 仲裁,根据该公约第 26 条合同的当事方可以获得超越合同中的排他性管辖权条款的效果,但是若选择联合国国际贸易法委员会仲裁则不能(因为联合国国际贸易法委员会仲裁规则未包含相同规定)。仲裁庭不认为这是缔约方的意图。②

SGS 诉菲律宾一案仲裁庭在明确认可根据相应投资条约对合同争议具有管辖权的前提下,不刻意地从诉由上将争端区分为合同之诉和条约之诉,并进而赋予具体投资合同中的争端解决条款优先于一般性双边投资条约规定之效力的分析具有说服力。然而,此种解释并不利于确立国际仲裁庭的管辖权,因而并未得到普遍的追随。

那么,应当赋予投资合同中的当地救济条款怎样的效力?

二、当地救济条款的效力范围

对于投资合同中当地救济条款的效力范围,投资实践中认为当地救济条款不影响国际仲裁庭以条约为基础行使管辖权这一主流观点的理由可以总结为两点:第一,以违反合同为诉由提起的争端与违反条约为诉由提起的争端属于不同的争端;第二,国际法优越于国内法,进而《华盛顿公约》或者投资条约中的争端解决条款超越国内法之下投资合同中的争端解决条款。关于第一点理由

---

① SGS Société Générale de Surveillance S. A. v. Republic of the Philippines, ICSID Case No. ARB/02/6, Decision of The Tribunal on Objections to Jurisdiction, 29 January 2004, para. 141.

② Ibid., paras. 146 – 148.

的分析详见本章第二节，下文将对第二点理由进行分析。

（一）国际法优越于国内法？

在国际公法中，国际法优越于国内法，继而，国际法庭优越于国内法院的观点由来已久。《维也纳条约法公约》第 27 条和 2001 年联合国国际法委员会拟定并通过的《国家对国际不法行为的责任条款草案》第 3 条均规定，一国不得援引其行为在国内法上的合法性作为其不承担国际法责任的抗辩。早在 1903 年的塞尔文（Selwyn）案中，英国—委内瑞拉委员会便提出：

> 国际仲裁庭的管辖权不受某国国内法院已经受理相同问题的影响。国际仲裁庭有权力自行决定而无须参考国内法院程序，如果国内法院已经作出了判决，并在该判决影响到对个体赔偿的情况下，国际仲裁庭在该案中不受其影响，且在符合正义的情况下有权力作出额外裁决或者辅助裁决。因为在公约规定的范围内当事方已经创设了超越于国内法院的仲裁庭。①

的确，在国际投资体制下，东道国的国内法有可能被投资者诉称违反条约而受到国际仲裁庭的审查，东道国政府也不能以其规制措施在其国内法院得到了支持而辩称不构成违反投资条约。然而，国际法优越于国内法的一般性结论并不适宜解决本节所讨论的投资合同中当地救济条款的效力范围问题。其中涉及两个具体而特殊的问题：

第一，投资合同并不完全等同于国内法。

一方面，国内法是国家的单方意志，若国内法存在不合理之处，投资者可以依据投资条约挑战东道国的国内法，而投资合同则是投资者和东道国政府部门或机构具体协商的结果，反映了双方共同的意志，其理应对投资者和东道国有约束力。所以，对于投资合同中所约定的当地救济条款，投资者不应当援引投资条约予以规避，这有违善意以及约定必须信守的一般法律原则。另一方面，由于投资合同的自治属性，严格来讲，其既非属于国内法体系，也非属于国际法体系，而是和国内法、投资条约并行的国际投资法三大法律体系之一。② 很明显，投资合同的争端解决既可以约定当地救济，也可以约定国际仲裁。

---

① Selwyn Case（interlocutory），9 RIAA（1903）380，381.

② See Geswald W. Salacuse, *The three Laws of International Investment*：*National*，*Contractural*，*and International Frameworks for Foreign Capital*，Oxford：Oxford University Press，2013，pp. 35 – 48.

第二,投资争端解决具有特殊性。

首先,对于在东道国领土内进行投资的投资者来说,当其与东道国政府发生与投资相关的争端时,习惯国际法规则是首先用尽当地救济。换言之,国际仲裁庭并不当然具有投资争端的管辖权。只有当国家明确授予投资者个人以诉权,接受国际仲裁庭的管辖时,才能限制东道国国内法院的管辖权。《华盛顿公约》前言规定,"不能仅仅由于缔约国批准、接受或核准本公约这一事实而不经其同意就认为该缔约国具有将任何特定的争端交付调解或仲裁的义务",作为启动 ICSID 仲裁的必要条件,还必须存在东道国的书面同意。东道国可以通过国内法、投资条约、投资合同等形式表示同意。所以,《华盛顿公约》自身并不能作为在具体的投资争端中确定争端解决机制的标准,而是应当结合双边投资条约或者投资合同等文件中东道国所表示的同意。

其次,《华盛顿公约》第 26 条旨在颠覆外交保护下用尽当地救济的习惯国际法规则,将投资者—国家仲裁作为用尽当地救济加外交保护这一双重过程的直接替代。① 然而,第 26 条仅仅作为一条默认条款,即在存在明确相反意图的情况下,第 26 条的解释规则自动失效。② 实际上,绝大多数条约都规定了自助式条款(cafeteria-style clause)供投资者在不同的争端解决形式中选择。③ 可见,投资者—国家仲裁,包括 ICSID 仲裁,仅仅作为多种投资争端解决形式之一,并不天然具有排他性。ICSID 仲裁的排他性仅仅在当事方同意排除其他争端解决方式(无论是国内的还是国际的)时才生效。④ 投资合同中的法院选择条款恰恰意味着在特定投资者的特定投资事项上,当事方同意选择而非排除东道国当地救济。所以,以《华盛顿公约》第 26 条作为否定投资合同法院选择条款效力的依据是经不住推敲的。

最后,在投资条约框架下,国家同意对于行使国际法下管辖权的功能不言而喻,国内法院并非比国际审判略低一等。⑤ 反之,在投资条约为国内法院预设

---

① Campbell McLachlan, Laurence Shore, Matthew Weiniger, *International Investment Arbitration: Substantive Princiles*, Oxford: Oxford University Press, 2nd Edition, 2017, para. 4. 78.

② Ibid., para. 4. 79.

③ Ibid.

④ Ibid., para. 4. 81.

⑤ See Thiago Braz Jardim Oliveira, "The Authority of Domestic Courts in Adjudicating International Investment Disputes: Beyond the Distinction Between Treaty and Contract Claims", *Journal of International Dispute Settlement*, Vol. 4, No. 1 (2013), p. 179.

了审判角色的情况下,国际仲裁庭对相同事由也拥有管辖权本身并不意味着其具有至高无上性。① 事实上,如第二章所述,传统的在诉诸国际仲裁之前须用尽(或者利用)当地救济规则可以解读为国内法院有权力进行国际审判并且有必要与国际仲裁并存;而岔路口条款则意味着就相同投资争端而言,国内法院与国际法庭具有平等地位。②

所以,在投资争端解决背景下,从国际法优越于国内法这一一般性结论简单推断出国际仲裁庭的管辖权独立于甚至优越于国内法院管辖权的论点是不成立的。③

(二)保护伞条款能否将合同争议上升为条约争端?

实践中,投资者经常提出,投资条约中的宽泛的争端解决条款和保护伞条款等可以作为否定合同中排他的法院选择条款的理由,因为,保护伞条款具有将合同诉求自动上升为条约诉求并进而将合同诉求提交至投资仲裁庭的效果。对此,SGS 诉巴基斯坦一案仲裁庭提出,首先,从文本上看,保护伞条款所指的"承诺"并不限于合同承诺,而"保证遵守"也并不能简单地理解为必然意味着缔约国创设和接受新的国际法义务,"承诺"应当理解为国家自身作为法人、办公室、实体、分支(当地政府部门)或者其法律代表在国家责任法之下可归于国家自身的承诺,因此保护伞条款的范围似乎不应当被无限扩张,保护伞条款的文本并非旨在将违反投资者和国家之间的合同(通常属于国内法事项而非国际法事项)自动上升为违反国际条约法的层次。④ 其次,若承认保护伞具有自动将合同诉求上升为条约诉求的效果,则会产生诸多不合理的结果,其中之一是将会导致投资者可以根据自己单方面的意愿将任何国家合同中自由协商的争端解决条款归于无效。换言之,投资者既可以根据合同的争端解决条款提交东道国国内法院,也可以根据投资条约中的争端解决条款提交国际仲裁;而合同的国家当事方却不能根据合同的争端解决条款解决争端,除非投资者同意,这似乎并不符合保护伞条款的意图——旨在加强根植于不同法律秩序中不同协议

① See Thiago Braz Jardim Oliveira, "The Authority of Domestic Courts in Adjudicating International Investment Disputes: Beyond the Distinction Between Treaty and Contract Claims", *Journal of International Dispute Settlement*, Vol. 4, No. 1(2013), p. 179.

② Ibid.

③ 不过,该论点可能在特殊情况下成立,如拒绝司法。详见第五章。

④ SGS Société Générale de Surveillance S. A. v. Islamic Republic of Pakistan, ICSID Case No. ARB/01/13, Decision of the Tribunal on Objections to Jurisdiction, 6 August 2003, para. 166.

之间内部关系的相互性和利益的平衡。[①] 欢乐矿业诉埃及(Joy Mining v. Egypt)一案仲裁庭也表达了类似的观点。[②]

事实上,由于诸多投资仲裁庭对保护伞条款的不当解释给缔约国施加了过于严苛的责任,晚近的诸多投资条约以及2012年美国双边投资条约范本都不再包含保护伞条款。因此,诸多具有扩大自身管辖权倾向的投资仲裁庭对保护伞条款的解释或许并不代表缔约国的真正意图。

(三)特殊与一般

在国际仲裁庭的管辖权并不必然优越于国内法院管辖权的基础上,应将投资合同所约定的当地救济条款和与投资条约争端解决条款之间的关系理解为一般与特殊的关系。

首先,投资条约中所包含的东道国同意投资者—国家仲裁的条款并不能简单地类比为国际仲裁的邀约。作为一个在缔约国之间缔结的一般性的框架性协议,并非所有的投资者或其投资均在东道国同意的范畴内。投资条约往往对提起投资仲裁的投资者、投资或者事项范围、程序等进行了限制,符合投资条约所规定的各项条件的请求方在允许国际仲裁的范围之内。其次,在此范围内,缔约国表达的仅是针对不特定投资者的一般性承诺。在存在具体的投资合同的情况下,东道国对争端解决条款表示的是具体的、确切的同意。根据SGS诉菲律宾一案仲裁庭所提及的特别法优于一般法的法谚,一方面,特定的合同安排意味着双方旨在排除一般性承诺,就特定的关系适用特定的权利义务规定;另一方面,更加具体的条款的效力高于一般性法律的效力。[③] 所以,就投资者与东道国之间因合同履行或不履行所产生的所有投资争议,投资者和国际仲裁庭都应当受投资合同中排他性当地救济条款的约束,尊重东道国国内法院对投资合同争端的管辖权。除非国内法院构成拒绝司法,这另当别论。

在某些案件中,仲裁庭否认法院选择的存在,因为依据国内法,国内法院对

---

① SGS Société Générale de Surveillance S. A. v. Islamic Republic of Pakistan, ICSID Case No. ARB/01/13, Decision of the Tribunal on Objections to Jurisdiction, 6 August 2003, para. 168.

② Joy Mining Machinery Limited v. Arab Republic of Egypt, ICSID Case No. ARB/03/11, Award on Jurisdiction, 6 August 2004, para. 81.

③ See Thiago Braz Jardim Oliveira, "The Authority of Domestic Courts in Adjudicating International Investment Disputes: Beyond the Distinction Between Treaty and Contract Claims", 4(1) *Journal of International Dispute Settlement*(2013), p. 193.

任何事件都有管辖权,这种管辖权并不基于协议选择或放弃。① 然而,此观点是禁不住推敲的。如上所述,根据双边投资条约,基于相同事实所产生的与投资相关的争端,投资者往往具有多种选择,而在投资合同中排他性地约定国内法院管辖正是行使选择权的一种方式,它意味着就特定投资争端而言投资者放弃了提起国际仲裁的权利。此外在大多数案件中,如 SGS 诉菲律宾一案,合同争端解决条款所选择的是特定的国内法院,其在国内法下是有效的选择,并非毫无意义。

综上,投资仲裁庭受理源自包含排他性国内法院选择条款的合同争端涉嫌侵犯东道国国内法院的管辖权,仲裁庭的解释方法与推理路径存在诸多相互矛盾之处,值得质疑。假设允许投资者对相同争端以不同诉由提起国际仲裁,规避投资合同中的排他性当地救济条款是正当的,那么,也就意味着对于应当由国际仲裁庭受理的所有案件,也应当允许东道国对相同争端在其国内法院提起合同诉讼。显然,这并非是投资者所期望的。

近期以来,某些投资条约开始对投资者和仲裁庭规避投资合同中的当地救济条款的行为进行回应。2000 年缔结的《墨西哥与希腊促进与相互保护投资协定》第 19.2 条规定:

每一缔约方应当遵守其与另一缔约方投资者就特定投资达成的书面义务。此等义务所引发的争端只能根据相应合同规定的条款和条件解决。

与此类似,2011 年缔结的《日本与哥伦比亚开放、促进和保护投资协定》第 28.2 条规定,在缔约方中央政府或者机构与另一缔约方的投资者就投资者的特定投资缔结的书面协议规定了争端解决程序的情况下,此等程序应当优先于条约规定(投资者—国家争端解决)。②

不过,2009 年签署的《巴基斯坦与德国鼓励与相互保护投资协定》(未生效)的规定稍有不同,其第 7(2)条规定:

① Lanco v. Argentina, Decision on Jurisdiction, 8 December 1998, para. 26; Salini v. Morocco, Decision on Jurisdiction, 23 July 2001, paras. 25 – 27.

② Agreement between Japan and the Republic of Colombia for the Liberalization, Promotion and Protection of Investment(2011), Article28.2(b).

每一缔约方应当遵守其对另一缔约方投资者在其领域内投资所承担的义务,源自此等义务的争端应当根据产生此等义务的合同条款以及第10(5)条解决。

其第10(5)条规定:

如果投资者与缔约方缔结的合同规定了争端解决机制,就源于合同中的事项,投资者只能援引合同中的争端解决机制。但是,如果争端事项源于本协定包括第7(2)条,投资者有权利用本条规定的争端解决程序(投资者—国家争端解决程序)。

该条约文本似乎是确认了合同之诉和条约之诉的区别,并据此来决定可利用的争端解决机制。不过,该投资条约并未生效,不具有代表性。

投资者滥用程序的行为以及投资仲裁庭不当扩大自身管辖权的倾向不仅不利于投资争端的顺利解决,还可能会加剧国际投资仲裁与国内法院之间的矛盾与冲突。"基于同样一组事实区分为不同类型的诉讼可能导致报复诉讼。东道国面临国际仲裁庭公约诉求的威胁,其可能启动内国诉讼程序以对抗和阻挠国际程序。以此方式,东道国能够向投资者施压,使其解决或撤销公约诉求。或者东道国可以运用内国诉讼程序,通过主张投资者违反合同的行为,来补偿国际裁决中裁决的财产。"①甚至,东道国还可以以投资者存在犯罪行为为由启动国内刑事诉讼程序。

第四节　"管辖权冲突"与反诉讼禁令

如第二章所述,投资条约极少完全排除国内法院受理投资争端的权力,更为普遍的是,投资条约将寻求何种形式救济的选择权留给投资者。然而实践中不乏投资者滥用程序的现象,同时大多数投资仲裁庭在进行条约解释时具有扩大自身管辖权的倾向,由此可能会导致国际仲裁庭和国内法院之间的管辖权冲突。对于投资争端解决实践中可能出现的平行程序,投资条约所做的规定极为

① [德]鲁道夫·多尔查、[奥]克里斯托弗·朔伊尔:《国际投资法原则》,祁欢、施进译,中国政法大学出版社2014年版,第289页。

有限。那么,国内法院或者国际仲裁庭应当中止其程序以遵从另一替代法庭,还是应当坚持其自身程序的优越性?实践中某些仲裁庭通过反诉讼禁令的方式与当事方或者其他法庭“协调”,以维护其管辖权的排他性。

值得注意的是,岔路口条款和弃权条款的效力范围并不及于不“相同”争端,更不涉及只能由国内法院受理的超出投资条约范围的更为宽泛的争端。[①]然而实践中,某些投资仲裁庭将其管辖权的效力延伸至外延极其不确定的“相关”争端,乃至刑事程序——通过反诉讼禁令要求当事方甚至东道国国内法院中止或者终止国内法律程序包括刑事程序。投资仲裁通常认为,这并非出于仲裁庭的排他性管辖权,而是出于维护仲裁程序的完整性、维持现状等其他目的。超出“相同”争端范畴的反诉讼禁令是否合理和正当,值得探讨。

一、“对称管辖权冲突”与反诉讼禁令

理论上,如若根据投资仲裁庭在应用岔路口条款时所适用的“三重一致性”标准,则东道国国内法院和国际仲裁庭几乎不太可能出现管辖权冲突。然而,如本章第二节所述,“三重一致性”标准未必是衡量相同争端的恰当标准。实践中,当国内法律程序涉及相同措施、相同事由,或者在某些事项上存在重叠,从而可能影响投资仲裁庭的排他性管辖权时,投资仲裁庭通常适用实质性判断标准。对于实质上相同的投资争端所产生的管辖权冲突,在此将其称为“对称管辖权冲突”(symmetrical jurisdiction conflicts)。[②] “对称管辖权冲突”是真正意义上的管辖权冲突。

对于“对称管辖权冲突”,诸多投资仲裁庭通过特殊的临时措施——反诉讼禁令——要求当事人(甚至国内法院)中止或终止国内法律程序。涉及此种禁令的案件包括捷克斯洛伐克贸易银行诉斯洛伐克(CSOB v. Slovak Republic)、[③]

---

① 详见第二章第五节。

② See Zachary Douglas, *The Hybrid Foundations of Investment Treaty Arbitration*, (2004) 1 British Year Book of International Law, p. 241.

③ Ceskoslovenska Obchodni Banka, A. S. v. the Slovak Republic, ICSID Case No. ARB/97/4, Procedural Order No 4 ,11 January 1999.

钦瓦利诉格鲁吉亚(Zhinvali v. Georgia)、[①]SGS 诉巴基斯坦、[②]米雷康姆诉塞内加尔(Millicom v. Senegal)等。[③] 因国内法院程序和国际仲裁庭的争端并不相同,且国内法院程序的结果对仲裁庭裁决并无影响为由不予支持的案例有普拉马诉保加利亚(Plama v. Bulgaria)等。[④]

1. 捷克斯洛伐克贸易银行诉斯洛伐克

在捷克斯洛伐克贸易银行诉斯洛伐克一案中,申请者捷克斯洛伐克贸易银行为依据捷克法律设立的商业银行,1993 年 12 月,斯洛伐克财政部、捷克财政部开始对捷克斯洛伐克贸易银行进行重组和私有化,期间缔结了一系列协议。其中,最为基础的是金融合并协议。根据该合并协议,捷克和斯洛伐克均承诺分别补偿斯洛伐克资产公司(Slovak Collection Company)在其各自境内的任何损失。1997 年 4 月,捷克斯洛伐克贸易银行以斯洛伐克未能履行承诺,违反合并协议为由依据 1992 年斯洛伐克与捷克双边投资条约(已终止)提起 ICSID 仲裁。1998 年 5 月 6 日,布拉迪斯拉发地区法院宣布斯洛伐克资产公司进入破产程序。1998 年 5 月 24 日,仲裁庭就其管辖权作出第一个裁定,认为根据合并协议,仲裁庭对本案具有管辖权。[⑤]

1998 年 9 月 4 日,捷克斯洛伐克贸易银行向仲裁庭申请紧急临时禁止措施,要求仲裁庭"建议斯洛伐克采取所有必要措施立即停止布拉迪斯拉发地区法院正在进行的与斯洛伐克资产公司有关的破产程序,直至本仲裁庭做出终局裁决",理由是斯洛伐克对斯洛伐克资产公司补偿义务的性质和范围,以及捷克斯洛伐克贸易银行对斯洛伐克资产公司诉求的有效性和数量,是本争端的核心,而破产程序也会涉及相同问题,同时捷克斯洛伐克贸易银行是斯洛伐克资

---

① Zhinvali Development Ltd. v. Republic of Georgia, ICSID Case No. ARB/00/1, Award, 24 January 2003, where the Tribunal recommended that domestic Georgian courts cease considering a claim involving the same issues presented to the ICSID Tribunal(not public).

② SGS Socie'te' Ge'ne'rale de Surveillance SA v. Islamic Republic of Pakistan, ICSID Case No ARB/01/13, Procedural Order No. 2, 16 October 2002.

③ Millicom International Operations B. V. and Sentel GSM SA v. the Republic of Senegal, ICSID Case No. ARB/08/20, Decision on the Application of Provisional Measures, 9 December 2009.

④ Plama Consortium Limited v. Republic of Bulgaria, ICSID Case No. ARB/03/24, Order, 6 September 2005.

⑤ Ceskoslovenska Obchodni Banka, A. S. v. the Slovak Republic, ICSID Case No. ARB/97/4, Decision of the Tribunal on Objections to Jurisdiction, 24 May 1999.

产公司破产程序的唯一债权人。[①]

起初,投资仲裁庭以时机不成熟为由推迟考虑,不过在布拉迪斯拉发地区法院拒绝申请方中止破产程序的申请后,投资仲裁庭以"破产程序可能(might)包括斯洛伐克资产公司在合并协议之下对斯洛伐克诉求相关的决定,因而处理本仲裁庭考虑的事项"为由,建议在涉及根据合并协议斯洛伐克资产公司是否有权利接受斯洛伐克资助以弥补其损失的范围内中止破产程序,并且要求当事方将此命令告知斯洛伐克司法部门以便其遵照执行。[②] 1999 年 9 月,针对申请人中止破产程序的上诉,在斯洛伐克最高法院裁定"一审法院做出斯洛伐克加入的国际条约对斯洛伐克具有约束力并认可其优先于国内法律秩序的认定是正确的。本案中,适用国际条约和适用斯洛伐克立法并不存在冲突。ICSID 程序涉及另一个法律主体——斯洛伐克,国际仲裁机构的决定是有效的和有约束力的,并不受破产程序结果的影响"。

2000 年 3 月,因捷克斯洛伐克贸易银行提起针对斯洛伐克资产公司应收账款的附带请求,仲裁庭再次做出禁令,建议在涉及斯洛伐克资产公司是否因捷克斯洛伐克贸易银行转移给其的应收账款的经营成本和支付安排而产生损失的范围内中止破产程序,因为这也是本仲裁中合并协议所涉及的问题,并且号召当事方将此裁定告知斯洛伐克有关司法部门以便其采取相应行动,同时邀请当事方告知投资仲裁庭此决定的实施情况。[③]

本案中,东道国国内法院进行的破产程序与投资仲裁庭所受理的赔偿请求并非完全相同,至少两种程序在主体上存在差异——斯洛伐克并非国内法院程序的当事方,仲裁庭的措辞为"可能"(might)存在重叠,即国内法律与仲裁程序所审理的客体在实质上相关但并不一定是完全"相同"。尽管如此,仲裁庭做出了反诉讼禁令。

2. 米雷康姆诉塞内加尔

微芯科技是一家全球通讯企业,米雷康姆是微芯科技根据德国法律组建的全资子公司,森途通讯是米雷康姆根据塞内加尔法律成立的全资子公司。1998

---

① Ceskoslovenska Obchodni Banka, A. S. v. the Slovak Republic, ICSID Case No. ARB/97/4, Procedural Order No. 2, September 9, 1998.

② Ceskoslovenska Obchodni Banka, A. S. v. the Slovak Republic, ICSID Case No. ARB/97/4, Procedural Order No. 4 , 11 January 1999.

③ Ceskoslovenska Obchodni Banka, A. S. v. the Slovak Republic, ICSID Case No. ARB/97/4, Procedural Order No. 5 , 1March 2000.

年7月,通过联合投标,微芯科技获得了塞内加尔移动手机服务20年的特许,并设立森途通讯经营特许合同,提供移动手机服务。2000年9月,塞内加尔称森途通讯存在违约因而终止了特许合同。森途通讯提出抗议,并继续提供服务。2008年11月,塞内加尔以森途通讯为被告在达喀尔地区法院提起诉讼,要求法院命令森途通讯立即中止非法活动,并要求森途通讯和微芯科技支付损害赔偿金。森途通讯和微芯科技提出管辖异议。同一天,米雷康姆和森途通讯提起ICSID仲裁。2009年8月申请者向仲裁庭申请临时措施,要求被申请方塞内加尔中止其在国内法院提起的针对微芯科技和森途通讯的诉讼,至少在ICSID仲裁程序进行期间中止,并且在此期间不得执行地区法院的相关判决,以及其他不得恶化争端、维持现状的措施。

本案中,对于临时措施所要保护的已经起诉的权利,申请方认为是ICSID仲裁庭的排他性管辖权,而被申请方则认为两个争端并不相关,"两个程序的当事方和客体都不相同,因为达喀尔地区法院审理的诉讼请求只涉及特许合同终止后微芯科技和森途通讯(没有根据塞内加尔的要求停止移动手机服务)的行为。最后,两个争端的诉由并不相同。所以即使地区法院判决全部支持塞内加尔的请求也不会损害申请方通过投资仲裁程序所旨在获得的利益"。[①] 投资仲裁庭认为两个法律程序实质相同,都涉及特许合同是否有效:

无可争议的是,两套程序涉及的是同一个事实,即受移动手机特许合同约束的当事方地位的发展。不管要求的临时救济怎样表述,它是基于或者可以基于相同的事由,即特许合同的继续和存在。任一情形下任何金钱请求的结果均直接取决于此。

被申请方提出两个程序的当事方不同,因为微芯科技是国内程序的当事方但不是投资仲裁程序的当事方,而米雷康姆是投资仲裁程序的当事方但不是国内程序的当事方。考虑到当事方的地位在两个程序中并不必然以相同的方式界定,此论点并不周延。特别是在其他条件可以满足的情况下,第二申请人对国内程序的结果拥有明显的利益,如果它可以根据在森途通讯的投资权益主张

① Millicom International Operations B. V. and Sentel GSM SA v. the Republic of Senegal, ICSID Case No. ARB/08/20, Decision on the Application of Provisional Measures, 9 December 2009, para. 44.

利益。[①]

可见,对于争端的相同性,投资仲裁庭采取了实质相同标准,而非"三重一致性"标准。

二、"非对称管辖权冲突"与反诉讼禁令

实践中,投资仲裁庭通常认为其管辖权的效力不仅延及与本仲裁实质相同的争端,还延及与投资仲裁所涉及的争端不同但"相关"的争端(relate to/in connection with)。[②] 换言之,除了投资争端,投资者或其投资还可能在东道国国内法院涉及与投资争端相关但却不相同的附属程序或卫星程序。在此,将投资仲裁庭与东道国国内法院就"相关"争端的冲突称为"非对称管辖权冲突"(asymmetrical jurisdiction conflicts)。[③] "非对称管辖权冲突"并非严格意义上的管辖权冲突,其目的已经不局限于维护投资仲裁庭对相同争端的排他性管辖权,而是扩展至维护投资仲裁程序的完整性、维持现状和不恶化争端等其他目的。

东道国国内法律程序中比较特殊的一类是刑事程序。一般认为,刑事程序在ICSID仲裁庭的管辖权范围之外,已经超越了管辖权冲突的范畴。同时,由于此类案件通常涉及东道国的司法主权或者警察权的行使,具有干预东道国国家主权的敏感性。"大多数投资仲裁庭明确认可国家具有进行刑事调查和启动刑事诉讼程序的权力。进而,投资仲裁庭高度尊重国家的此等权力,不情愿授予可能侵犯国家特权的临时措施。"[④]截至目前,涉及禁止东道国刑事程序的投资仲裁案件数量尚屈指可数,投资仲裁庭的做法不尽一致。曾做出禁令的案件包括托克勒诉乌克兰(Tokios Tokelés v. Ukraine)、[⑤]东方城市诉厄瓜多尔(City

---

① Millicom International Operations B. V. and Sentel GSM SA v. the Republic of Senegal, ICSID Case No. ARB/08/20, Decision on the Application of Provisional Measures, 9 December 2009, para. 45.

② Teinver SA, Transportes de Cercanı' as SA and Autobuses Urbanos del Sur SA v. Argentine Republic, ICSID Case No. ARB/09/1, Decision on Provisional Measures, 8 April 2016, para. 177.

③ See Zachary Douglas, *The Hybrid Foundations of Investment Treaty Arbitration*, (2004) 1 British Year Book of International Law, p. 267.

④ Henry G. Burnett & Jessica Beess Und Chrostin, "Interim Measures in Response to the Criminal Prosecution of Corporations and their Employees by Host States in Parallel with Investment Arbitration Proceedings", 30 *Maryland Journal of International Law* (2015), p. 51.

⑤ Tokios Tokelés v. Ukraine, ICSID Case No. ARB/02/18, Procedural Order No. 1, 1 July 2003.

Oriente v. Ecuador)、①奎博拉诉玻利维亚(Quiborax v. Bolivia)、②水电诉阿尔巴尼亚(Hydro v. Albania)、③冯·佩左尔德等诉津巴布韦(Von Pezold, et al. v. Zimbabwe)等;④拒绝做出此类禁令的案例包括托克勒诉乌克兰、凯尔图诉哈萨克斯坦(Caratube v. Kazakhstan)、⑤PNG 诉巴布亚新几内亚(PNG v. Papua New Guinea)、⑥特因弗诉阿根廷(Teinver v. Argentina)、⑦丘吉尔矿业与行星采矿诉印度尼西亚(Churchill Mining and Planet Mining v. Indonia)、⑧意大巴诉乌拉圭(Italba v. Uruguay)等。⑨

1. 托克勒诉乌克兰

申请者托克勒是一家根据立陶宛法律成立的企业,1994 年托克勒在乌克兰设立全资子公司,从事广告、出版和印刷相关业务。申请者称由于其在 2002 年 1 月出版了一本正面描述一位乌克兰反对党领袖的书籍而遭到乌克兰政府的各种不合理不公正待遇,包括:(1)以执行国家税法的名义进行数不清的、侵略性的调查;(2)在国内法院提起没有事实依据的诉讼,包括宣告子公司缔结的合同无效的诉讼;(3)行政扣留子公司的资产;(4)不合理地获取财务和其他文件;(5)错误地指控子公司从事非法活动。于是 2002 年 8 月申请者依据 1994 年

---

① City Oriente Limited v. Republic of Ecuador and Empresa Estatal Petróleos del Ecuador (Petroecuador) [I], ICSID Case No. ARB/06/21, Decision on Provisional Measures, 19 November 2007.

② Quiborax SA, Non-Metallic Minerals SA and Allan Fosk Kaplu' n v. Plurinational State of Bolivia, ICSID Case No. ARB/06/2, Decision on Provisional Measures, 26 February 2010.

③ Hydro SrL and others v. Republic of Albania, ICSID Case No. ARB/15/28, Order on Provisional Measures, 3 March 2016.

④ Bernhard von Pezold and Others v. Republic of Zimbabwe, ICSID Case No. ARB/10/15, Directions Concerning Claimants' Application for Provisional Measures of 12 June 2012, 13 June 2012.

⑤ Caratube International Oil Company LLP and Devincci Salah Hourani v. Republic of Kazakhstan, ICSID Case No. ARB/13/13, Decision on the Claimants' Request for Provisional Measures, 4 December 2014.

⑥ PNG Sustainable Development Program Ltd. v. Independent State of Papua New Guinea ICSID Case No. ARB/13/33, Decision on the Claimant's Request for Provisional Measures, 21 January 2015.

⑦ Teinver SA, Transportes de Cercanı' as SA and Autobuses Urbanos del Sur SA v. The Argentine Republic, ICSID Case No. ARB/09/1, Decision on Provisional Measures, 8 April 2016.

⑧ Churchill Mining PLC and Planet Mining Pty Ltd. v. Republic of Indonesia, ICSID Case No. ARB/12/14 and 12/40, Procedural Order No. 3, Provisional Measures, 4 March 2013.

⑨ Italba Corporation v. Oriental Republic of Uruguay, ICSID Case No. ARB/16/9, Decision on Claimant's Application for Provisional Measures and Temporary Relief, 15 February 2017.

《立陶宛与乌克兰促进与相互保护投资协定》对乌克兰提起 ICSID 仲裁。被申请方提出管辖权抗辩。2004 年 4 月 29 日,尽管存在反对意见,投资仲裁庭以多数票决定其对本案具有管辖权。①

在做出管辖权决定之前,投资仲裁庭曾做出 1 号裁定,命令双方当事人"应当禁止、中止任何与托克勒或者其在乌克兰的投资子公司有关的任何国内司法或者其他程序,包括申请方在 2003 年 6 月 24 日临时措施申请中提到的可能影响本仲裁庭做出或实施最终决定或裁决或者加剧既有争端的程序"。②

2004 年 9 月,申请者再次申请临时措施,要求重申 1 号裁定,并要求作出程序令使被申请人放弃、中止相关刑事指控以及其他措施。乌克兰提出,刑事程序并不构成《华盛顿公约》第 25 条之"直接源于投资的法律争端"的组成部分。③ 对此,仲裁庭不予认可,"仲裁庭没有必要确立请求临时措施所针对的行为满足第 25 条的管辖权要求,只要相对方的行为与仲裁庭审理的案件的客体相关,仲裁庭即可裁定临时措施,而不是区分不相关的问题或者无关事项"。④不过,仲裁庭以不具有必要性和紧急性为由拒绝了临时措施申请。

可见,仲裁庭认为,可以禁止的不仅仅是相同争端的重复诉讼,而且是与投资者和投资相关的所有诉讼,范围极其广泛。

2. 东方城市诉厄瓜多尔

东方城市诉厄瓜多尔一案涉及东方城市与厄瓜多尔(通过 Petroecuador)签署的开采、生产碳氢化合物的特许合同争议,合同规定了 ICSID 仲裁条款。仲裁期间,厄瓜多尔刑事指控部门启动了两个针对东方城市管理人员的刑事诉讼程序,其主要理由为东方城市未能支付相关款项构成犯罪。东方城市向仲裁庭申请禁止国内程序的临时措施,对此,仲裁庭裁定禁止被申请方提起任何针对或涉及东方城市和(或)其管理人员、员工并源于或者与合同和(或)第 2006－42 号法律适用效果相关的任何司法程序或行为,无论其性质如何。仲裁庭还强调根据《华盛顿公约》第 47 条、第 26 条和 ICSID 仲裁规则第 39 条,其有权力裁

① Tokios Tokelés v. Ukraine, ICSID Case No. ARB/02/18, Decision on Jurisdiction, 29 April 2004.

② Tokios Tokelés v. Ukraine, ICSID Case No. ARB/02/18, Procedural Order No 1, 1 July 2003, para. 7.

③ Tokios Tokelés v. Ukraine, ICSID Case No. ARB/02/18, Procedural Order No 3, 18 January 2005, para. 10.

④ Ibid., para. 11.

定(order)临时措施,被申请方不遵守将产生法律责任。仲裁庭的主要理由包括:

仲裁庭注意到它非常尊重厄瓜多尔司法部门,并且它承认厄瓜多尔具有在其领土内追溯和惩罚所有类型犯罪的主权权力。然而,仲裁庭认为,厄瓜多尔此等无争议的权力不应当用作强制确保东方城市根据第 2006-42 号法律支付诉称金额的手段,因为这将违反任何一方不得加剧或者扩大争端或者自我操纵司法的原则。①

……刑事部门基于此等诉求提起刑事程序的行为应当被视为国家的行为,厄瓜多尔应当为其负责。②

3. 奎博拉诉玻利维亚

奎博拉诉玻利维亚一案涉及由于玻利维亚撤销 11 个矿业特许合同所引发的争端。在三个申请人提起 ICSID 仲裁后,因怀疑第三申请者存在股东造假,玻利维亚启动了与 ICSID 仲裁直接或者间接有关的几个人员的刑事程序,包括第二申请者。于是三个申请者向仲裁庭申请禁止国内刑事程序和所有其他相关程序的临时措施。仲裁庭责令被申请方中止第 9394/08 号案件刑事程序以及任何其他直接与本仲裁有关的任何刑事程序,直至本仲裁结束或者仲裁庭重新考虑这一问题;禁止被申请方提起任何其他本仲裁直接相关的刑事程序或者可能影响本仲裁程序完整性的任何其他诉由的程序。

对于临时措施所保护的权利,仲裁庭认为,临时措施并不要求国内司法程序的客体与仲裁所审理争端具有相同性,"临时措施所保护的权利并不限于本争端的客体,而是可能延及程序权利,包括维持现状和不恶化争端的一般性权利"。③ 仲裁庭指出,衡量的标准应当是与争端有关,而本案中刑事程序与 ICSID 仲裁直接相关,"虽然仲裁庭充分尊重玻利维亚在其领土内起诉犯罪的主权权力,证据显示刑事程序是因投资者提起 ICSID 仲裁而在针对投资者的公

---

① City Oriente Limited v. Republic of Ecuador and Empresa Estatal Petróleos del Ecuador (Petroecuador) [I], ICSID Case No. ARB/06/21, Decision on Provisional Measures, 19 November 2007, para. 62.

② Ibid., para. 64.

③ Quiborax SA, Non-Metallic Minerals SA and Allan Fosk Kaplu'n v. Plurinational State of Bolivia, ICSID Case No. ARB/06/2, Decision on Provisional Measures, 26 February 2010, para. 117.

司审计结果的基础上启动的”。[1]不过,仲裁庭认为尽管刑事程序与ICSID仲裁有关,但其本身并不威胁ICSID程序的排他性,因为ICSID程序的排他性只适用于投资争端——决定东道国是否违反其在双边投资条约下的国际义务以及投资者是否可以获得其所寻求的救济。[2]

所以,ICSID仲裁程序的排他性并不扩展至刑事程序。刑事程序只处理刑事责任而非投资争端,从定义上看不在中心和仲裁庭管辖范围内。无论是《华盛顿公约》还是双边投资条约均未包含禁止国家行使刑事管辖权的规则,也未豁免具有投资者身份的犯罪嫌疑人。[3]

尽管如此,仲裁庭认为,刑事程序与仲裁程序申请者不恶化争端和保持现状的自然权利密切相关:

保持现状和不恶化争端的权利至少自苏菲亚和保加利亚电力公司(Electricity Company of Sofia and Bulgaria)一案就已经确立了。同样,《华盛顿公约》的准备文件表明存在“实体问题做出最终裁决之前在当事方之间保持现状”的需要,在1968年版ICSID仲裁规则评论中如此解释《华盛顿公约》第47条:“基于这样一个原则,即一旦争端提交仲裁,当事方就不应当再采取可能恶化或扩大争端或者阻碍裁决执行的措施。”[4]

但在本案中,刑事程序并未在实际上恶化争端或者改变现状。仲裁庭认为,刑事程序威胁的是ICSID仲裁程序的完整性,特别是申请者通过潜在证人获得证据的权利。[5] 同时,该种权利也证明了措施的紧急性和必要性。仲裁庭认为,“仅仅中止刑事程序并不会影响被申请方的主权,也不会造成其违反国内法”,“一旦仲裁程序终结,被申请方是否有权利继续刑事程序,取决于本仲裁庭

---

① Quiborax SA, Non-Metallic Minerals SA and Allan Fosk Kaplu'n v. Plurinational State of Bolivia, ICSID Case No. ARB/06/2, Decision on Provisional Measures, 26 February 2010, para. 121.

② Ibid., para. 128.

③ Ibid., para. 130.

④ Ibid., para. 134.

⑤ Ibid., para. 148.

在仲裁完成之前终止或者修改本决定”。[①]

4. 水电诉阿尔巴尼亚

水电诉阿尔巴尼亚一案涉及水电站和废物管理设施特许合同争议。投资者共提起了三个与投资有关的仲裁程序。之后阿尔巴尼亚启动了数个针对申请者的企业和个人的行政和刑事程序(包括洗钱犯罪调查、逮捕令和引渡程序)。仲裁庭建议阿尔巴尼亚中止第 1564 号刑事程序直至本仲裁庭做出终局裁决;采取一切必要措施中止两个案件的引渡程序直至本仲裁庭做出终局裁决。

对于本案当中的临时措施,仲裁庭提出要考虑寻求的救济是否会干预主权国家调查和起诉犯罪的权力和义务的行使。[②]“传统认为刑事法律和程序是国家主权最为明显和无可争议的一部分”,因此“只有当绝对必要时(absolutely necessary)才可以裁定临时措施干预对涉嫌刑事犯罪的调查和起诉”。[③] 而在本案中,仲裁庭认为仅仅延迟刑事程序至本仲裁结束,而非否定刑事程序,既可以保护仲裁程序的完整性(并非出于保护仲裁的排他性管辖权,因为刑事指控不同于侵权赔偿的民事争端),又不会对国家主权造成干涉。[④] 关于刑事程序对仲裁程序完整性的影响,仲裁庭提出引渡和刑事程序与本仲裁审理的事实情形有关(relate to),其损害的是申请者有效参与仲裁的能力。[⑤] 对此,阿尔巴尼亚表示抗议,认为该等措施将会对阿尔巴尼亚及其人民的利益产生实质性损害,并且其对犯罪的追究是履行联合国反洗钱公约的义务。[⑥] 对此,仲裁庭提出,“加入《华盛顿公约》会对成员国的主权权力产生某些影响”,另外,“仲裁庭也接受被申请方的提议,特别是在国家根据其国际义务调查犯罪时,阻止此等调查需要最强的理由”。[⑦]

在上述刑事案件中,东道国启动国内刑事程序可能出于对提起国际投资仲

① Quiborax SA, Non-Metallic Minerals SA and Allan Fosk Kaplu'n v. Plurinational State of Bolivia, ICSID Case No. ARB/06/2, Decision on Provisional Measures, 26 February 2010, para. 165.

② Hydro SrL and others v. Republic of Albania, ICSID Case No. ARB/15/28, Order on Provisional Measures, 3 March 2016, para. 3.14.

③ Ibid., para. 3.16.

④ Ibid., paras. 3.20, 3.21, 3.38, 3.41.

⑤ Ibid., paras. 3.29, 3.22, 3.34, 3.41.

⑥ Ibid., para. 3.39.

⑦ Ibid., para. 3.40.

裁的投资者施压或者报复的动机,也可能是正常行使警察权的需要。投资仲裁庭虽然都提及刑事案件的主权敏感性,但都原则上肯定了自身在特殊情况下通过反诉讼禁令干预东道国刑事程序的权力。对于如何确定特殊情况,有研究认为,实践中仲裁庭通常考虑两个因素,即刑事调查发动的时间以及仲裁程序受影响的程度。① 不过,不同的投资仲裁庭采取的方式稍有不同,水电诉阿尔巴尼亚一案仲裁庭采取了折中的路线,其使用措辞"中止"(suspend)而非"禁止"(refrain from),以期降低与东道国国家主权的冲突。事后,阿尔巴尼亚将其视为有约束力的裁定而予以遵守,②并且由于英国法院中止了引渡,后来投资仲裁庭撤销了其做出的临时措施。③

三、管辖权冲突与反诉讼禁令的正当性分析

对于"对称管辖权冲突"和"非对称管辖权冲突",投资仲裁庭通过反诉讼禁令维护自身管辖权的排他性,乃至维护仲裁程序的完整性等其他目的是否恰当?无论如何,进行合理性分析的前提是投资仲裁庭对相应案件拥有管辖权。

(一)仲裁庭管辖权的确立与反诉讼禁令

实践中,投资仲裁庭通常认为,其在做出管辖权决定之前可以裁定临时措施,且该临时措施具有约束力。④ 部分投资仲裁庭在裁定临时措施时关注了自身是否具有表面上的管辖权(*prima facie* jurisdiction),⑤还有些投资仲裁庭并未提及。与之相关,对于临时措施的有效期间,有的投资仲裁庭将之限定在作出

---

① See Nelson Goh, "The Power of Tribunals to Enjoin Criminal Proceedings: A Widening Power or Converging High Bar"? 33(1) *ICSID Review*(2008), p. 100

② See Judgment of the Westminster Magistrates' Court on the Suspension of the Extradition Proceeding against the ICSID Claimants, 20 May 2016, paras. 43, 54.

③ See Hydro SrL and others v. Republic of Albania, ICSID Case No. ARB/15/28, Decision on Claimants' Request for a Partial Award and Respondent's Application for Revocation or Modification of the Order, 1 September 2016.

④ See PNG Sustainable Development Program Ltd. v. Independent State of Papua New Guinea, ICSID Case No. ARB/13/33, Decision on the Claimant's Request for Provisional Measures, 21 January 2015, para. 104; Caratube International Oil Company LLP and Devincci Salah Hourani v. Republic of Kazakhstan, ICSID Case No. ARB/13/13, Decision on the Claimants' Request for Provisional Measures, 4 December 2014, paras. 106 – 108.

⑤ See PNG Sustainable Development Program Ltd v. Independent State of Papua New Guinea, ICSID Case No. ARB/13/33, Decision on the Claimant's Request for Provisional Measures, 21 January 2015, para. 118.

管辖权裁定之时，有的投资仲裁庭则未作此限定，甚至将其作为临时裁决立即执行。

1. 表面管辖权

对于表面上的管辖权的确立，不同的仲裁庭采取了不同的标准。在 ICSID 仲裁中，有的投资仲裁庭将案件在秘书处的注册作为仲裁庭在表面上拥有管辖权的充分基础，有的投资仲裁庭在建议临时措施之前对自身的管辖权进行表面上的分析。对于如何确立表面管辖权，不同的仲裁庭给出的标准和依据也有所不同。

(1) 米雷康姆诉塞内加尔

在米雷康姆诉塞内加尔一案中，仲裁庭认为，根据《华盛顿公约》第 47 条和 ICSID 仲裁规则第 39 条原则上可以就该反诉讼禁令的申请作出裁定。不过仲裁庭认为：

> 授予临时措施必须满足四项条件：
> 仲裁庭必须表面上有资格审理案件的实体问题；
> 要求的措施必须旨在保护已经起诉的权利；
> 措施必须是必要的；以及
> 措施必须是紧急的。[①]

仲裁庭认为，对于其表面上的管辖权，一方面，仅仅被申请方抗议仲裁庭管辖权的事实并不足以剥夺仲裁庭裁定临时措施的管辖权，因为临时措施是 ICSID 仲裁有效运行的必要组成部分；另一方面，仅仅申请方提起投资仲裁程序，ICSID 秘书处对投资争端进行登记自身也是不够的。[②] 就本案而言，仲裁庭认为特许合同第 11 条不无模糊之处，它似乎意味着诉诸仲裁是可能性之一，它并未指明哪个机构管辖程序，列举的机构也不穷尽，不过该条并未指向当地法院，所以有理由将此类与特许相关的争端诉诸所列举机构管理的国际仲裁；同时，申请方也抗议达喀尔地区法院的管辖权，所以仲裁庭认为其具有表面上的

---

① Millicom International Operations B. V. and Sentel GSM SA v. The Republic of Senegal, ICSID Case No. ARB/08/20, Decision on the Application of Provisional Measures, 9 December 2009, para. 39.

② Ibid., paras. 42, 43.

管辖权。① 不过，仲裁庭认为，其表面上的管辖权并不来自投资条约第 10 条，因为第二申请者还需要证明其可以援引投资条约的保护，并且申请者必须证明实际进行了条约定义的投资。② 另外，仲裁庭提到，要求的临时措施主要与达喀尔地区法院正在进行的法律程序有关，而米雷康姆并非这些程序的当事方，这似乎意味仲裁庭可以对米雷康姆的申请行使管辖权。③

关于临时措施的紧急性，仲裁庭认为，为避免仲裁程序在实际中失去其所及范围的必要部分，有必要采取措施，不过该措施应当是临时性的，其期限应当限于仲裁庭就自身的管辖权作出决定之时。

> 本案中争议的关键问题是仲裁庭自身是否对提交给其裁定的救济要求具有管辖权。如果它认为没有管辖权，此等措施将自动失效，被申请方可以在塞内加尔司法机构提起诉讼。反之，如果它认为有管辖权，恰当的做法是应当事方要求或依自身动议，重新审查相关情况并决定是否延期或修改其建议。④

本案中，投资仲裁庭注意到反诉讼禁令不同于其他的临时措施，它影响国内法院管辖权的行使，建立在投资仲裁庭对案件拥有管辖权的基础上，因而投资仲裁庭做出反诉讼禁令需要满足一定的条件，特别是至少应当具有表面上的管辖权。

(2)奎博拉诉玻利维亚与水电诉阿尔巴尼亚

在奎博拉诉玻利维亚一案中，投资仲裁庭认为，《华盛顿公约》第 47 条和 ICSID 仲裁规则赋予其作出临时措施的广泛的自由裁量权。由于玻利维亚是《华盛顿公约》的缔约国，所以投资仲裁庭具有表面上的对人管辖权；由于申请者依据 1994 年《玻利维亚与智利促进与相互保护投资协定》提起条约违反之诉，所以投资仲裁庭具有表面上的对事管辖权；由于争端产生于投资条约生效之后，投资仲裁庭具有表面上的时际管辖权；通过批准《玻利维亚与智利促进与相互保护投资协定》，玻利维亚书面同意 ICSID 仲裁，投资仲裁庭基于当事方的

---

① Millicom International Operations B. V. and Sentel GSM SA v. the Republic of Senegal, ICSID Case No. ARB/08/20, Decision on the Application of Provisional Measures, 9 December 2009, para. 43.

② Ibid.

③ Ibid.

④ Ibid., para. 50.

同意拥有了表面上的自愿管辖权。[①]

在水电诉阿尔巴尼亚一案中，投资仲裁庭认为根据《华盛顿公约》第 47 条和 ICSID 仲裁规则第 39(1)条，其有受理并决定临时措施的权力，而被申请方提出的管辖权异议并不影响仲裁庭现在考虑申请人提出的临时措施要求，“ICSID 仲裁庭可以建议临时措施，这并不成问题，即便在仲裁庭尚未就其自身的管辖权问题做出决定”，[②]“只要从表面上申请人援引的条款能够提供仲裁庭对实体问题进行管辖的基础”。[③] 在本案中，仲裁庭认为，从申请人援引的条款来看，投资仲裁庭具有表面上的管辖权。

2. 管辖权问题不具有相关性

在某些案件中，投资仲裁庭仅将反诉禁令视为一般性的临时措施，因而仲裁庭对相关案件是否拥有管辖权在此阶段并不重要。在托克勒诉乌克兰一案中，被申请方乌克兰提出管辖权异议。在作出管辖权裁定之前，投资仲裁庭根据投资者的申请作出了反诉讼禁令。根据《华盛顿公约》第 26 条规定，投资仲裁庭提出，“一旦当事方同意 ICSID 仲裁，就其提交给 ICSID 争端的客体不得在任何法庭提起程序”。[④] 根据《华盛顿公约》第 47 条规定，仲裁庭提出，“乌克兰当局——无论是司法机构还是其他机构，有义务放弃、中止可能危害 ICSID 程序排他性原则或者加剧争端的、在国内机构的任何程序，无论是司法还是其他”。[⑤] 投资仲裁庭还特别强调，根据 ICSID 仲裁庭确立的原则，其建议的临时措施具有法律强制力，当事方必须遵守。[⑥] 关于仲裁庭自身对案件的管辖权，投资仲裁庭仅简单地提及“ICSID 仲裁庭已经反复重申，‘建议’临时措施并不会以任何方式影响管辖权问题。所以，本仲裁庭将对被申请方提出的管辖权异议作出裁定并不受现在作出的临时措施决定的影响。”

---

① Quiborax SA, Non-Metallic Minerals SA and Allan Fosk Kaplu’n v. Plurinational State of Bolivia, ICSID Case No. ARB/06/2, Decision on Provisional Measures, 26 February 2010, paras. 108 – 112.

② Hydro SrL and others v. Republic of Albania, ICSID Case No. ARB/15/28, Order on Provisional Measures, 3March 2016, para. 3. 7.

③ Ibid., para. 3. 8.

④ Tokios Tokelés v. Ukraine, ICSID Case No. ARB/02/18, Procedural Order No 1, 1 July 2003, para. 1.

⑤ Ibid., para. 3.

⑥ Ibid., para. 4.

3. 反诉讼禁令中管辖权的根本重要性

综上,除个别案例外,绝大部分投资仲裁庭并未将反诉讼禁令同其他临时措施相区分,即大部分反诉讼禁令是投资仲裁庭在对自身的管辖权做出决定之前以临时措施的形式做出。"优先考虑临时措施要求意味着临时措施优先于仲裁庭面临的其他问题。在一方当事人提出管辖权异议的情况下,仲裁庭可以在做出管辖权裁定之前决定临时措施。"[①]然而,此种观点值得质疑。

尽管一般意义上的临时措施具有紧急性和考虑上的优先性,但反诉讼禁令不同于其他的临时措施,其以间接(或直接)阻止其他法院或法庭对相同或者相关案件行使管辖权为宗旨,其本质是应对管辖权冲突的一种协调方式。正如普拉马诉保加利亚一案仲裁庭所述,国内法院程序通常不会威胁到仲裁庭作出有效裁决的能力,也不具有一般意义上的临时措施所指向行为的危险性、紧急性和不可修复性。

《华盛顿公约》第 26 条所规定的 ICSID 仲裁程序的排他性从存在有效同意(valid consent)的时刻方开始适用。[②] 而在仲裁庭作出管辖权决定之前,东道国是否存在诉诸投资仲裁的有效同意是不确定的,因而此时以(临时)限制东道国国内法院(或者国内仲裁庭)管辖权为宗旨的反诉讼禁令并不恰当,更不用提超越了管辖权冲突范畴的反诉讼禁令。仅仅加入《华盛顿公约》或者仅仅投资条约中规定了 ICSID 仲裁的事实并不能在具体案件中视为东道国表示了有效同意。所以,反诉讼禁令应当建立在国际仲裁庭对"相同"或者"相关"争端具有排他性管辖权的基础上。所以,在存在管辖权异议的情况下,投资仲裁庭在作出管辖权裁定之前,不宜作出反诉讼禁令这种特殊的临时措施。换言之,在投资仲裁庭对相关的诉求或者争端尚不具有管辖权时,其并不具备作出反诉讼禁令的权力基础。

SGS 诉巴基斯坦一案涉及国内仲裁程序,投资仲裁庭在管辖权裁定之前曾做出中止国内仲裁程序的临时措施,后来仲裁庭确认其对合同诉求没有管辖权,撤销了临时措施中中止国内仲裁程序这一部分。[③] 国内诉讼也同样如此,尚未确立自身管辖权便做出反诉讼禁令的做法有失妥当。

---

① Christoph H. Schreuer, *The ICSID Convention: A Commentary*, Cambridge: Cambridge University Press, 2009, p. 771, para. 46.

② Ibid., pp. 351 - 352, paras. 2, 6.

③ 详见第六章第一节。

在凯尔图诉哈萨克斯坦一案中,被申请方依赖佩伦科诉厄瓜多尔(Perenco v. Ecuador)一案仲裁庭的观点,提出在投资仲裁庭尚未就管辖权作出裁定之前应当就临时措施适用更高的标准:

> 该公约第47条和规则第39条也认可,仲裁庭在充分审查案件的实体问题之前,必须慎重授予当事方可能在审查之后无权获得的救济。当仲裁庭受理争端的管辖权尚未确定之时,仲裁庭必须更加慎重。所以该条所确立的授予临时措施的测试是严格的:"如果仲裁庭认为当时的情形如此要求。"①

如第二章以及本章前三节所述,投资仲裁庭并不具有优越于东道国国内法院的特权,仅仅是表面上的或者可能的管辖权并不足以禁止国内法院对"相关"但不"相同"争端的管辖;甚至,即便是对于"相同"争端,反诉讼禁令也应当建立在投资仲裁庭对相应案件拥有管辖权的基础上。否则,若投资仲裁庭事后决定其并不具有管辖权而撤销反诉讼禁令,便会是对东道国国内法院司法权的极大不尊重,特别是当反诉讼禁令的对象直接指向东道国及其国内法院时。

(二)投资仲裁庭管辖权的效力范围

投资仲裁庭通常确认其对相应案件拥有管辖权,那么,其管辖权的效力范围及于何种程度,是否可以通过反诉讼禁令这一特殊的临时措施(临时)禁止当事人启动其他法律程序,甚至直接要求东道国司法机关中止(或终止)其国内附属或卫星程序乃至在特殊情形下中止(或终止)刑事程序也是值得深入探讨的。

1. 反诉讼禁令与国内法院的管辖权

在国际商事仲裁中,也会面临着国内法院和国际仲裁庭的管辖权冲突。但与投资者—国家仲裁不同的是,国际商事仲裁庭的管辖权只来源于当事人所缔结合同的明确安排。根据1958年《纽约公约》第2条规定,如果一方当事人如此要求,国内法院应当中止其法律程序,支持当事人根据有效的仲裁协议进行仲裁。这便创设了仲裁相对于国内法院的优越性,并确保了争端实体只提交给一个法庭解决。这一根本规则提供了仲裁庭对待相冲突的国内法院程序的实

---

① Perenco Ecuador Limited v. the Republic of Ecuador and Empresa Estatal Petroleos Del Ecuador, Decision on Provisional Measures, 8 May 2009, para. 43.

质起点。①

国际投资仲裁的特殊性增加了管辖权冲突的可能性和复杂性。如第二章以及本章前三节所述,与国内法院和其他国际仲裁类似,国际投资仲裁仅为诸多国际投资争端解决程序之一,投资仲裁庭具体管辖权的实际行使既取决于投资条约的条件和范围,也取决于当事人的选择。对于实践中出现的国际仲裁庭和国内法院的管辖权冲突,投资条约的规定极为简单而缺乏指导性。理论上,对于本质上相同的争端,“具有管辖权的法庭对相同当事方之间基于相同事实和法律基础的相同诉求的裁决具有既判力,既判力的效力禁止一方重新提起在所有方面均相似的新程序”。② 然而,在新程序已经启动的情况下,如何协调国内法院和国际仲裁两种程序正是问题所在。

实践中,大多数 ICSID 仲裁庭根据《华盛顿公约》第 26 条主张仲裁程序的排他性。继而,“《华盛顿公约》仲裁的排他性可以产生中止国内法院诉讼程序的效果”。③ 并且,“仲裁庭有权力在合适的案件中建议临时措施以保护当事方寻求第 26 条排他性救济的权利,排除其他法庭平行救济程序的干预”。④ 然而,根据本章第二节、第三节,此种观点值得推敲。首先,不能简单地将《华盛顿公约》第 26 条视为投资仲裁程序排他性的依据,否则根据其他仲裁规则进行的投资仲裁将不具有类似效果,这将导致荒唐的结果。其次,《华盛顿公约》第 47 条、第 26 条,ICSID 仲裁规则第 39 条以及投资条约均未明确赋予投资仲裁庭作出反诉讼禁令,特别是直接禁止东道国国内法院中止或终止行使管辖权的权力。投资仲裁庭是否有“权力”(power)“建议”(suggest)反诉讼禁令此种特殊的临时措施值得质疑,至少,国际仲裁庭所主张的此种“权力”在投资条约中并无明确授权,恰恰相反,根据《华盛顿公约》第 47 条的立法历史,缔约国并不同意赋予投资仲裁庭此等“权力”;根据投资条约,投资仲裁庭仅被授予有限的权力,即对争端当事方之间与投资有关的金钱赔偿进行裁决。⑤ 另外,尽管《华盛顿公约》第 41 条赋予了投资仲裁庭就自身的管辖权做出裁定的权力,其并未进

---

① See Campbell McLachlan, Laurence Shore, Matthew Weiniger, *International Investment Arbitration: Substantive Princiles*, Oxford: Oxford University Press, 2017, para. 4. 12.

② Malicorp Ltd. v. Egypt, Award, ICSID Case No. ARB/08/18, para. 103(b).

③ Campbell McLachlan, Laurence Shore, Matthew Weiniger, *International Investment Arbitration: Substantive Princiles*, Oxford: Oxford University Press, 2nd Edition, 2017, para. 4. 83.

④ Ibid.

⑤ 详见第六章第一节。

一步赋予投资仲裁庭禁止东道国国内法院行使管辖权的权力。投资仲裁庭的解释方式彰显了其经常采取强有力的措施保护甚至提高投资仲裁的有效性的立场。[①]

所以,投资仲裁庭在协调国际国内两种法律程序时,须权衡投资者—国家仲裁程序的排他性、完整性等与东道国国内法院的司法管辖权。对于“相同”争端,为避免申请者获得双重救济,拥有管辖权的投资仲裁庭禁止当事方同时启动其他法律程序尚可以理解。不过,如果在投资仲裁中适用严格的“三重一致性”测试,未决诉讼原则的适用将非常有限,因为该原则将仅适用于相同当事方根据相同投资条约提起的并行程序。[②] 而对于实质上并不相同但与投资相关的争端,如国内法院的破产程序、刑事程序等,则属于东道国国内法院的管辖范围。

在 SGS 诉巴基斯坦一案中,对于 SGS 提出的禁止巴基斯坦提起或参与任何与仲裁有关的国内法院程序的要求,仲裁庭认为,“我们不能禁止一个国家在其领土内从事正常的刑事、行政和民事司法程序”。[③] 在普拉马诉保加利亚一案中,仲裁庭表示“不愿意建议一个国家命令其法院拒绝第三方寻求司法救济的权力,即便其这样做,仲裁庭也不认为被申请方有权力将其意志强加给独立的司法机构”。[④] “虽然在国际公法一般原则下,一国需对其法院的行为负责,申请方要求紧急临时措施并非基于向其寻求救济之法院拒绝司法。”[⑤]

因此,仲裁庭超出“相同”争端的范围,通过反诉讼禁令将其管辖权影响的范围扩展至外延极其不确定的“相关”案件的做法,其恰当性与合理性值得质疑,特别是在尚未就管辖权异议做出裁定之前。对于何为“相关”案件,不同的仲裁庭把握的尺度也不尽相同。普拉马诉保加利亚一案仲裁庭采取了限制性解释,由于申请方寻求的救济限于金钱赔偿,适用临时措施保护的“与争端有关

---

① See Maximilian Clasmeier, *Arbitral Awards as Investments: Treaty Interpretation and the Dynamics of International Investment Law*, Wolters Kluwer, 2017, p. 123.

② See Campbell McLachlan, Laurence Shore, Matthew Weiniger, *International Investment Arbitration: Substantive Princiles*, Oxford: Oxford University Press, 2nd Edition, 2017, para. 4.185.

③ SGS Société Générale de Surveillance S. A. v. Islamic Republic of Pakistan, ICSID Case No. ARB/01/13, Procedural Order No. 2, 16 October 2002, p. 301.

④ Plama Consortium Limited v. Republic of Bulgaria, ICSID Case No. ARB/03/24, Order, 6 September 2005, para. 43.

⑤ Ibid.

的权利"的范围必然限于损害诉求。① 但大部分仲裁庭则采取了更为宽泛的解释。

刑事程序具有高度的主权敏感性，凯尔图诉哈萨克斯坦一案和 PNG 诉巴布亚新几内亚一案的仲裁庭均认为，国家的调查权包括对刑事案件的调查权，是为在其领土内实施或者执行其国内法最为明显和无可争议的主权权力的组成部分，所以 ICSID 仲裁庭在建议有关刑事调查程序的临时措施时，必须确立并超越非常高的门槛。② 对于非对称管辖权冲突中的反诉讼禁令，以仲裁程序的完整性，甚至维持现状、不恶化争端等为理由，干预东道国起诉犯罪的主权权力，可能超越了投资仲裁庭权力所及的恰当范围。对此，普拉马诉保加利亚一案仲裁庭提出，不恶化争端权利所指向的是将会使仲裁庭对争端的解决更加困难的行为，它是在情形改变威胁到仲裁庭给予一方所寻求救济的能力和赋予救济有效性能力时维持现状的权利。③

另外，在东道国报复性启动刑事程序的情形下，"反诉讼禁令事实上是保护投资者诉诸作为国内法院替代机制的投资仲裁权利的必然要求，因为刑事指控可以，也曾经被用作损害投资者诉权的工具"。④

投资仲裁体制存在的主要潜在基础之一是投资者往往担心东道国国内法院可能存在偏见。在政治动乱的东道国，投资者的权利经常得不到保障，在拥有政府影响力强于司法机关传统的国家，此等风险尤其明显。此种形势或传统为检察权的滥用提供了肥沃土壤。如今许多投资者获得了诉诸投资仲裁的机会，不应当允许东道国以行使国家检察权的形式扰乱仲裁程序，使投资者仍然

① Plama Consortium Limited v. Republic of Bulgaria, ICSID Case No. ARB/03/24, Order, 6 September 2005, para. 41.

② See PNG Sustainable Development Program Ltd. v. Independent State of Papua New Guinea ICSID Case No. ARB/13/33, Decision on the Claimant's Request for Provisional Measures, 21 January 2015, para. 145; Caratube International Oil Company LLP and Devincci Salah Hourani v. Republic of Kazakhstan, ICSID Case No. ARB/13/13, Decision on the Claimants' Request for Provisional Measures, 4 December 2014, paras. 134 – 137.

③ Plama Consortium Limited v. Republic of Bulgaria, ICSID Case No. ARB/03/24, Order, 6 September 2005, para. 45.

④ See Henry G. Burnett & Jessica Beess Und Chrostin, "Interim Measures in Response to the Criminal Prosecution of Corporations and their Employees by Host States in Parallel with Investment Arbitration Proceedings", 30 *Maryland Journal of International Law* (2015), p. 53.

受制于不公正的国内法院。并且，如果投资者仍然受制于外国法院（有结果更坏的风险），将阻碍缔结双边投资条约目的的实现，并且，东道国不受监督地行使检察权将恶化投资者与东道国的争端，损害整个投资仲裁程序，特别是在证据受到影响的情况下。因此在东道国提起刑事指控背景下，承认投资仲裁庭裁定临时措施的权力对于维护投资仲裁程序的完整性和保护投资者的诉权是必要的。①

不过，东道国将对投资者权力的行使转向刑事手段可能正是因为对投资仲裁体制的不满。事实上，如本章前三节所述，投资者存在滥用程序的现象，而投资仲裁庭通过任意解释条约扩大自身的管辖权已经成为常态。鉴于当前投资仲裁体制所面临的危机，投资仲裁庭与国内法律体系的互动不宜再火上浇油。投资仲裁庭应当对投资者的请求仔细甄别，避免投资者利用投资者—国家仲裁规避合法的刑事指控。

2. 反诉讼禁令与投资仲裁庭、国内法院的地位

在投资仲裁庭做出的反诉讼禁令中，有的要求投资者中止（或终止）其提起的国内法律程序，更多的是要求或者命令投资者—国家仲裁程序中的东道国（包括其国内法院）中止（或终止）其国内法律程序。例如，在 SGS 诉巴基斯坦一案中，投资仲裁庭要求巴基斯坦包括其最高法院在提起其他法律程序时，应当通知 ICSID 仲裁庭其国内法律程序的进展。

反诉讼禁令的方式和客体反映了投资仲裁庭视角下东道国国内法院的地位以及国际仲裁庭与国内法院的关系。当投资仲裁庭要求东道国（包括其国内法院）中止（或终止）其国内法律程序时，在投资仲裁庭看来，东道国国内法院仅作为东道国的组成部分，东道国政府足以影响其国内法院的诉讼程序，即东道国国内法院不具有独立性，其并非为一个相对独立的投资争端解决机构。例如，特因弗诉阿根廷一案投资仲裁庭在东道国国家主权和投资者的诉权上的天平上似乎更倾向于后者，“该等权力必须善意的行使，尊重申请方将其诉求由仲

---

① Henry G. Burnett & Jessica Beess Und Chrostin, “Interim Measures in Response to the Criminal Prosecution of Corporations and their Employees by Host States in Parallel with Investment Arbitration Proceedings”, 30 *Maryland Journal of International Law* (2015), p. 53.

裁庭公正考虑和决定的权利”,[1]“独立于临时措施是否恰当这一问题,一国滥用主权权力启动刑事程序可能产生损害和更为一般意义上的违反双边投资条约或者国际法所保护权利的诉求”。[2] 相应地,其对条约的解释采取的似乎是功利主义和实用主义的立场,而非客观中立的立场。对比本章第二节、第三节所述的投资仲裁庭在适用岔路口条款、区分合同之诉和条约之诉时所创设的“三重一致性”测试标准,与在裁定反诉讼禁令时所采用的实质相同标准、相关性标准[3]乃至扩展至管辖权冲突以外的目标,似乎可以进一步验证上述判断。

然而,如第二章所述,这并不符合投资条约为东道国国内法院所设定的角色——东道国国内法院作为国际投资争端解决机构之一,其与国际仲裁庭在地位上并无高下之分。在SGS诉巴基斯坦一案中,对于中止国内仲裁程序,ICSID仲裁庭认为可能并不妥当,不过出于不浪费司法资源的考虑,以及考虑到巴基斯坦与装船前检验合同有关的诉求并不会因此被有效地剥夺,[4]仲裁庭还是建议中止国内仲裁程序直至ICSID仲裁庭作出管辖权决定,仲裁庭特别要求将此程序令的复印件转交至国内的仲裁员以便其充分知晓国际程序的状况。[5]

在米雷康姆诉塞内加尔一案中,关于临时措施的必要性,仲裁庭认为,严格来讲,没有理由阻止两套约同时发生的程序,在其他提交ICSID仲裁的案件中早就存在此种情形,不过此种情形并不合理,可能会引起一系列的实际问题——无论是仲裁庭先于还是后于国内法院做出裁决,提起两套平行程序都可能会产生冲突,因而并不必然有利于各当事方,更不用提因此会产生的误解和

---

① Teinver SA, Transportes de Cercanı' as SA and Autobuses Urbanos del Sur SA v. The Argentine Republic, ICSID Case No. ARB/09/1, Decision on Provisional Measures, 8 April 2016, para. 185.

② Ibid., para. 190.

③ 例如,Teinver v. Argentina一案仲裁庭在考虑反诉禁令时适用的便是国内刑事程序和投资仲裁争端的相关性标准和实质相同标准。仲裁庭虽然在原则上承认刑事程序与仲裁庭审理的投资争端不同因而并不威胁ICSID仲裁庭的排他性管辖权,但具体到本案,尽管投资争端和刑事程序所涉及的权利有所区别,仲裁庭认为ICSID仲裁程序的排他性可能被侵犯,因为刑事程序的诸多理由都曾经在仲裁程序中提出,并与仲裁庭对争端的决定相关。Teinver SA, Transportes de Cercanı' as SA and Autobuses Urbanos del Sur SA v. Argentine Republic, ICSID Case No. ARB/09/1, Decision on Provisional Measures, 8 April 2016, paras. 177 – 183.

④ SGS Société Générale de Surveillance S. A. v. Islamic Republic of Pakistan, ICSID Case No. ARB/01/13, Procedural Order No. 2, 16 October 2002, pp. 302 – 304.

⑤ Ibid., p. 305.

不满。[①] 可见,本案中,投资仲裁庭从协调国内法院程序和国际仲裁程序两个程序的目的出发做出建议,而非仅仅依据《华盛顿公约》第26条和第47条一般性的规定和基于维护仲裁庭自身的管辖权。对于反诉讼禁令的客体和方式,仲裁庭注意到,本案所要求的临时措施不同于施加给当事方的禁令:

> 被申请人单方并不能中止国内程序,因为只有达喀尔地区法院才可以做得到,而仲裁庭并没有权力要求其这样做。另外,为两个程序的共同利益,建议被申请方与其他当事方联合共同向达喀尔地区法院要求中止程序则是可能的。该方法曾在申请2009年9月23日的审理延期时使用,实施的效果非常好。
>
> 仲裁庭相信,明白当下情况的被申请人会同意本建议,而没有必要命令其这样做……
>
> 即使并非如此,仲裁庭也意识到,如果建议不被遵循而做出任何禁令——假设其有权力这样做——也并不适合被强制执行。[②]

所以,投资仲裁庭邀请(invite)被告与第二申请人共同向达喀尔地区法院申请中止国内程序,且该措施的有效期至投资仲裁庭作出管辖权裁定时止,并且投资仲裁庭将尽快作出管辖权裁定。2010年7月,投资仲裁庭作出管辖权裁定,认为其对提交的争端具有管辖权。[③] 本案中值得肯定和借鉴的地方在于,投资仲裁庭认为其并无权力直接要求东道国国内法院中止诉讼程序,因而采取了更为间接、委婉而非直接命令的方式;即便是对于仲裁程序的当事方,投资仲裁庭意识到禁令方式也并非恰当,因为它并不能被强制执行。

因此,对于直接指向东道国司法机关的临时措施,评论者认为,在此方面,反诉讼禁令退回到了中世纪禁令的原始状态。[④] 它将对当事人行为的禁止转变为对法官行为的禁止,引发了投资仲裁庭和国内法院的直接冲突。

为避免平行程序所导致的司法资源的浪费和可能的不一致的裁决,避免投

---

① Millicom International Operations B. V. and Sentel GSM SA v. The Republic of Senegal, ICSID Case No. ARB/08/20, Decision on the Application of Provisional Measures, 9 December 2009, para. 47.

② Ibid., para. 49.

③ Millicom International Operations B. V. and Sentel GSM SA v. The Republic of Senegal, ICSID Case No. ARB/08/20, Decision on Jurisdiction of the Arbitral Tribunal, 16 July 2010.

④ See Michael D. Goldhaber, "The Rise of Arbitral Power over Domestic Courts", 1 *Stanford Journal of Complex Litigation* (2013), p. 378.

资者滥用程序获得非法利益,避免给东道国造成不必要的负担,投资仲裁庭和东道国国内法院应当加强沟通和协调。在当前的国际司法体系中,由于并不存在国内司法体系那样的纵向结构,此种沟通与协调便显得更加棘手。有学者认为,仲裁庭不应当为自身目的仅仅主张国际仲裁的至高无上性,而应当关注国际争端的解决符合更为广义上的正义概念,在恰当的时候谨慎行使自由裁量权,礼让地中止行使管辖权,以确保程序不被当事人滥用。① 还有学者提出,管辖权不同于权威,任何人不能要求权威,权威只能由其他人授予,所以礼让是重要的,仲裁庭必须努力赢得尊重和合法性;但这并不意味着仲裁庭必须放弃反诉讼禁令,而是说必须承认和考虑礼让问题,即当以维护以自身法律秩序的名义干扰另一法律秩序时,需要特别小心。② 在此方面,米雷康姆诉塞内加尔一案仲裁庭的做法值得借鉴,国际仲裁庭应当采取更加委婉、恰当的措辞和方式协调国际国内两种程序。必须承认,反诉讼禁令不同于一般的临时措施,其本质是投资仲裁庭为维护自身管辖权所采取的协调措施。因此,投资仲裁庭应当首先进行反诉讼禁令的正当性分析,它的标准高于一般的临时措施测试标准。③

综上,反诉讼禁令代表着国际投资仲裁庭与国内法院之间在管辖权问题上常态化的富有挑战性的互动关系。如何面对投资者挑选法庭、提起平行程序等滥用程序的行为,如何面对东道国报复性地启动国内法院程序包括刑事程序,如何在维护东道国司法主权和维护投资仲裁庭的管辖权之间取得平衡。简言之,在投资仲裁体制"合法性危机"背景下,如何协调国内国际两种程序,恰当行使投资仲裁庭的权力,成为越来越多的投资仲裁庭必须面临的问题。

本章小结

在投资者—国家争端解决实践中,投资条约所设定的当地救济与投资者—国家仲裁的权力格局经常被非系统地扭曲,诸多投资仲裁庭不当地扩大自身的管辖权以及管辖权的效力范围,潜在或现实地侵犯了国内法院对投资争端的管

---

① See Campbell McLachlan, "Are National Courts and International Arbitral Tribunals in Two Worlds or One?" 7 *Journal of International Dispute Settlement*(2016), pp. 594 – 595.

② See Daniel Kalderimis, "The Authority of Investment Treaty Tribunals to Issue Orders Restraining Domestic Court Proceedings", 31(3) *ICSID Review*(2016), 549 – 575, pp. 574 – 575.

③ Ibid., p. 575.

辖权，乃至司法主权。

第一，投资条约中的当地救济条款通常不能发挥应有的效用。通过认定东道国不存在合理、有效的当地救济来排除（用尽）当地救济规则的适用，从而达到投资仲裁庭行使管辖权的结果。不过，在投资条约没有先行当地救济条款时，投资仲裁实践创设出在某些特殊情形下如拒绝司法，需要用尽当地救济的规则；在合同征收案例中，亦存在此种做法，但未形成一致性实践。

第二，投资条约中的岔路口条款通常被架空。通过适用严苛的"三重一致性"要求，特别是相同当事方和相同诉由，岔路口条款几乎从来不被触发。即投资者可以在寻求当地救济后再提起条约违反之诉，从而获得两次救济的机会。即便是具体的投资合同中明确约定了当地救济条款时亦是如此，通过区分国内法上的诉求和国际法上的诉求，并且通过宣布 ICSID 仲裁的排他性，大多数投资仲裁庭对投资合同引发的争端行使管辖权。

第三，某些投资仲裁庭还通过反诉讼禁令将自身管辖权的效力无限扩张。在裁定管辖权异议之前，仲裁庭通过反诉禁令这一特殊的临时措施（临时）禁止（或中止）当事人乃至东道国法院对实质相同的争端行使管辖权，从而与适用岔路口条款时的解释方法形成巨大反差。而且，诸多投资仲裁庭还将其管辖权的效力范围延伸至完全不相同但与投资相关的争端，（临时）禁止（或中止）东道国国内法律程序，乃至刑事程序，引发了投资者—国家仲裁与国内法院之间的紧张与冲突。

对此，主要存在两方面的原因：一是在以条约为基础的仲裁中，缔约国对国际仲裁的同意是一般性同意，而非具体的同意，而且大部分投资条约文本，特别是早期的投资条约文本的措辞非常宽泛，使在具体争端中难以确定是否存在同意；二是大部分投资仲裁庭（尽管并非全部）出于维护仲裁行业利益的动机，具有扩大自身相对于国内法院权力的内在倾向。不过，需要强调的是，投资者—国家仲裁机制带有明显的碎片化特征明显，不同临时仲裁庭的表现有所不同，少数仲裁庭选择对自身的权力予以克制，对国内法院予以尊重。

另外，确实存在东道国报复性启动国内刑事程序的可能性，但这本身也可能是对投资者—国家仲裁机制抵制与不满的表现。如何协调国内国际两种程序，如何在确保投资者—国家仲裁程序的顺利进行与尊重东道国司法主权之间取得平衡，应当是投资争端解决机制改革需要关注的问题。

第二编　投资仲裁庭与国内法院的互动

第四章　投资者—国家仲裁中国内法院判决的既判力

在实体方面,国内法院判决和投资仲裁裁决之间的关系是怎样的?有学者提出,ICSID 仲裁裁决是终局的和有约束力的,因而对国内法院有既判力。① 不过,该种"既判力"主要体现在仲裁裁决的承认和执行上。② 因此,本章只探讨国内法院判决对投资者—国家仲裁的既判力问题。

第一节　相同争端国内法院判决的既判力

如第三章第二节、第三节所述,由于大部分投资仲裁庭将源于投资合同的争端,区分为国内法体系下以合同为基础的法律程序和国际法体系下以条约为基础的投资仲裁程序,并认为国内法院和投资仲裁庭的管辖权互不影响,因此投资者与东道国之间与投资合同履行相关的争端可能会涉及两个裁决,即国内法院的判决和投资仲裁庭的裁决。在投资者—国家仲裁过程中,尽管其

---

① Charles N. Brower, Michael Ottolenghi & Peter Prows, "The Saga of CMS: *Res Judicata*, Precedent, and The Legitimacy of ICSID Arbitration", in C. Binder et al. (eds.), *International Investment Law for the 21st Century*, Oxford: Oxford University Press, 2009, p. 846.

② 仲裁裁决的承认与执行详见第六章第三节。

适用的法律主要为投资条约,裁决过程不可能避免地要对东道国政府是否存在合同违约等事实进行判断,那么,在国内法问题上,如是否存在合同违约,国内法院判决是否对投资仲裁庭具有既判力呢?另外,在(用尽)当地救济和弃权条款下,同一争端可能会先后涉及国内法律程序和国际仲裁程序,那么,对于实质上相同的争端而言,国内法院判决对投资仲裁裁决是否具有既判力呢?这一问题从实体上折射着投资仲裁庭和东道国国内法院的关系。

一、习惯国际法中的既判力

既判力原则早已被确立为习惯国际法规则,其不仅适用于国内司法程序,也适用于国际司法程序。[①] 例如,在国际公法当中,根据《国际法院规约》第38(1)(c)条,既判力原则早已被文明国家接受为适用于国际法院和法庭的一般法律原则。其原理来自避免双重救济的一般法律原则。有观点认为,既判力原则具有双重效果:一种效果是管辖方面的,另一种效果是实体方面的。[②] 本章中的既判力指的是实体意义上的既判力。通说认为,既判力原则的适用前提是两个案件的客体和法律基础(诉由)必须是相同的。[③] 法律基础(诉由)必须相同意味着这一原则只适用于相同法律体系内的裁决,即对于后来的国际法庭而言,其他适用国际法的国际仲裁庭所做出的裁决具有既判力,而国内法院所做出的判决不具有既判力。[④]

国内法与国际法的二元划分是决定国内法院判决对国际法庭不具有既判力的最为重要的影响因素之一。[⑤] 有学者提出,从国际公法的角度,无论国内法

---

① See William S. Dodge, "National Courts and International Arbitration: Exhaustion of Remedies and Res Judicata Under Chapter Eleven of NAFTA", 23 *Hastings International and Company Law Review* (2000), pp. 365 – 366.

② Helnan International Hotels A/S v. the Arab Republic of Egypt, ICSID Case No. 05/19, Award, 3 July 2008, para. 122.

③ See William S. Dodge, "National Courts and International Arbitration: Exhaustion of Remedies and Res Judicata Under Chapter Eleven of NAFTA", 23 *Hastings International and Company Law Review* (2000), p. 366.

④ See Campbell McLachlan, Laurence Shore, Matthew Weiniger, *International Investment Arbitration: Substantive Princiles*, Oxford: Oxford University Press, 2nd Edition, 2017, para. 4. 14.

⑤ See William S. Dodge, "National Courts and International Arbitration: Exhaustion of Remedies and Res Judicata Under Chapter Eleven of NAFTA", 23 *Hastings International and Company Law Review* (2000), p. 369.

庭多么卓越,其判决仍然只是一国国家机关的行为,所以,国内法院判决要接受国际法层面的评价:

> 国内层面的既判力在国内层面产生法律效果,在国际司法程序中仅仅作为事实因素。这必须如此,因为不能任由每一个国家通过其自身的既判力规则阻碍国际审判。①

国内法和国际法的区分深受条约法和国家责任法的影响。《维也纳条约法公约》第27条规定:"一当事国不得援引其国内法规定为理由而不履行条约。"《国际法委员会关于国家国际不法行为的国家责任草案》(2001年)规定:"国家行为作为国际不法行为的特征受国际法约束。此等特征不受国内法对相同行为合法性特征的影响。"由于国内法院对其政府行政行为的判决通常视为国家法律体系的一部分,所以在国际公法领域,国内法院判决对国际法庭没有约束力已经成为普遍性原则。此外,有学者提出,"国内法和国际法的分化还被用尽当地救济这一习惯国际法规则所强化。该规则的效果是排除国内和国际法院平行程序的可能性。只有受害人在国内法院的待遇成为国际仲裁庭审查的对象"。②

在1903年的塞尔文(Selwyn)案中,英国—委内瑞拉委员会便指出:

> 国际仲裁庭的管辖权不受某国国内法院已经受理相同问题的影响。国际仲裁庭有权力自行决定而无须参考国内法院程序,如果国内法院已经作出了判决,并在该判决影响到对个体赔偿的情况下,国际仲裁庭在该案中不受其影响,且在符合正义的情况下有权力作出额外裁决或者辅助裁决。在公约规定的范围内当事方已经创设了优越于国内法院的仲裁庭。③

二、投资仲裁实践中国内法院判决的既判力

在国际投资仲裁实践中,由于不存在严格的遵循先例原则,不同投资仲裁

---

① Campbell McLachlan, Laurence Shore, Matthew Weiniger, *International Investment Arbitration: Substantive Princiles*, Oxford: Oxford University Press, 2nd Edition, 2017, para. 4.14.

② Ibid., para. 4.17.

③ Selwyn Case(interlocutory), 9 RIAA(1903), 380 - 385, pp. 380, 381.

庭的裁决不尽相同,但主流观点认为,国内法院判决对国际投资仲裁庭无既判力。少部分仲裁庭认为,在国内法体系内国内法院(或者国内仲裁庭)的判决具有既判力。

(一)无既判力

在埃默科诉印度尼西亚(Amco v. Indonisia)一案中,美国投资者于 1968 年与印度尼西亚政府签订为期 30 年的酒店建设与经营合同,并组建当地公司实施该投资项目,合同包含 ICSID 仲裁条款。之后当地公司与酒店的土地所有者就酒店经营的利润分配产生争议。1980 年在印度尼西亚武装部队和警察的协助下,酒店的土地所有者占领了酒店,印度尼西亚投资委员会撤销了对当地公司的投资授权。并且,雅加达法院解除了当地公司与酒店的土地所有人缔结的租赁与管理合同。1981 年 1 月,投资者及相关主体提起 ICSID 仲裁。对于当地法院判决的效力,仲裁庭认为:

> 提起国际仲裁程序的原因之一就在于当事方常常正确或错误地对不完全属于争端一方的法律机构充满信任。如果一个国家的判决对国际仲裁庭有约束力,则此等国际仲裁程序便没有意义。①

在乌尔巴瑟诉阿根廷一案中,西班牙与阿根廷双边投资条约第 10 条规定了申请者应当首先在当地法院寻求救济,若在 18 个月后当地法院仍未作出判决或者尽管做出了判决但争端仍然继续存在,当事方可以将争端提交国际仲裁。仲裁庭认为,西班牙与阿根廷双边投资条约的条约语言假定即便是在 18 个月先行当地救济期限内国内法院对实体问题作出裁决,争端可以“继续存在”(persist),这意味着即使是提交给两个法庭审判的争端是相同的,国内法院判决对国际仲裁庭无既判力效果。②

在大美国管理投资诉墨西哥一案中,美国投资者于 1996 ~ 1998 年收购了墨西哥当地制糖企业总计 14.18% 的普通股。2000 年为避免破产,当地制糖企

---

① Amco Asia Corporation and others v. Republic of Indonesia, ICSID Case No. ARB/81/1, Award, 20 November 1984, 1 ICSID Rep. 413, 460 (1993); Amco Asia Corporation and others v. Republic of Indonesia, ICSID Case No. ARB/81/1, Decision on the Application for Annulment, 16 May 1986, 1 ICSID Rep. 509, 526 – 27 (1993).

② Urbaser SA and Consorcio de Aguas Bilbao Biskaia, Bilbao Biskaia Ur Partzuergoa v. Argentina Republic, ICSID Case No. ARB/07/26, Decision on Jurisdiction, 19 December 2012, para. 191.

业进入债务重组司法程序。2001 年 9 月，根据墨西哥政府的征收法令当地制糖企业所拥有的 5 家工厂全部被征收。随后当地制糖企业在墨西哥行政法院挑战征收法令的合宪性。2004 年行政法院裁定征收法令系非法因而是无效的。2001 年 10 月，美国投资者依据《北美自由贸易协定》提起国际仲裁，称墨西哥违反了《北美自由贸易协定》中的公平公正待遇条款、最惠国待遇条款和征收条款。对于墨西哥法院判决的效力，仲裁庭认为：

> 应当由墨西哥法院来裁定征收在墨西哥法律中的合法性。本仲裁庭将墨西哥法院的判决视为墨西哥国内法的权威表达。只要墨西哥判决所适用的规则与《北美自由贸易协定》一致，本仲裁庭将尊重并考虑墨西哥法院判决。严格来讲国际仲裁庭并不情缘得出国内法违背国际法的结论。但最终每一管辖权为其权力所来源的法律负责。应当由墨西哥法院来决定根据墨西哥法征收是否合法。应当由本仲裁庭来判断墨西哥政府机构是否违反国际法。适用《北美自由贸易协定》的根本基础体现在《维也纳条约法公约》第 27 条规定："一方不得援引其国内法条款作为其未能履行条约的正当理由。"此等国内法是否得到了国内法院的支持在此方面根本无足轻重。[①]

对于美国投资者是否有权利提起征收诉求，仲裁庭认为，理论上，墨西哥法院已经判决墨西哥政府补偿当地制糖企业并不影响少数股东向《北美自由贸易协定》仲裁庭提出额外的补偿要求，投资仲裁庭也可能会认为补偿的金额应当更高；并且，少数股东与当地制糖企业的利益并不完全一致，美国投资者的诉求为衍生诉求，因而仲裁庭具有管辖权。[②] 然而，对于征收诉求能否成立，仲裁庭认为征收法令很可能不符合《北美自由贸易协定》所确立的规则，但美国投资者的股份必须在实质上被剥夺（be taken）才能构成征收，由此必须首先评估股份的价值，这应当建立在客观的、可证明事实的基础上，由于当地制糖企业的资产已经得到墨西哥法律的实质保护，并且美国投资者未能证明其股份价值仍然被

---

① GAMI Investments, Inc v. Government of the United Mexican States, UNCITRAL, Final Award, 15 November 2004, para. 41.

② Ibid., paras. 116 – 121.

剥夺,仲裁庭驳回了美国投资者的全部诉求。[①] 本案中,仲裁庭将墨西哥法院的判决作为事实加以尊重性地考虑,但独立地对征收诉求进行判断,意味着其认为国内法院判决不具有既判力效果。不过由于本案中国内、国际两种法律程序的主体密切相关但不完全相同,既判力原则适用的条件是否满足也值得考虑。

(二)在国内法体系内具有既判力

在赫尔南诉埃及一案中,[②]仲裁庭提出国内法院的判决在其国内法体系内具有既判力,但具体适用既判力规则时,案件还应当满足"三重一致性"要求。

赫尔南是一家注册于丹麦的酒店管理与开发公司,1986 年 9 月,其与埃及旅游与酒店协会签订了 26 年期的管理合同,由赫尔南对旅游与酒店协会所有的位于开罗的伯利恒酒店进行管理。2002 年 10 月,双方又签订了补充协议,旅游与酒店协会可以出售该酒店,在出售的情况下赫尔南可以选择继续管理该酒店或者获得充分赔偿。1999 年 6 月,埃及政府与丹麦签订双边投资条约。2003 年 9 月,埃及旅游部将该酒店从五星级降为四星级。因此,旅游与酒店协会根据管理合同中的仲裁条款在开罗提起仲裁,要求终止与赫尔南签订的合同。2004 年仲裁庭裁决由于合同已经不可能执行,终止合同,并由旅游与酒店协会补偿赫尔南 125 万埃及镑。赫尔南向当地法院提起上诉要求撤销该仲裁裁决但未获得支持。之后,旅游与酒店协会支付了此笔赔偿。2006 年 3 月,开罗裁决执行完毕,赫尔南被驱逐出该酒店。2005 年 3 月,赫尔南提起 ICSID 仲裁,称埃及未能给予其投资公平公正待遇,充分保护与安全,并对其投资实施了不符合投资条约条件的征收。

埃及提出,赫尔南提出的大部分诉求与双方在管理合同项下的义务有关,这些已经在开罗仲裁中得到解决;因为开罗裁决在这些事项上有既判力,仲裁庭应当将开罗裁决中认定的事项作为司法事实,否则若与开罗裁决相冲突将会构成违反埃及法和国际法。[③]

仲裁庭认为,在这些事项上国际仲裁庭考虑相关法域的裁决是恰当的——尽管条约权利和合同权利可能有所不同,但二者密切相关,对于开罗仲裁庭已

① GAMI Investments, Inc v. Government of the United Mexican States, UNCITRAL, Final Award, 15 November 2004, paras. 132, 133, 137.

② Helnan International Hotels A/S v. the Arab Republic of Egypt, ICSID Case No. 05/19, Award, 3 July 2008.

③ Ibid., paras. 97 – 98.

经作出裁决的事项,本仲裁庭予以接受,不再自行审查,此客体将根据既判力原则予以考虑。①

当国内法庭已经就国内法上的事项作出了裁决,随后需要决定相同问题的ICSID仲裁庭应当考虑到适用和解释国内法的任务主要由东道国法庭进行。②

ICSID仲裁庭并不作为国内法庭更高一级的上诉机构审查国内法问题。实际上,只要当地法律在程序或者实体上不存在国际法上不可接受的缺陷如拒绝司法,本仲裁庭将接受当地法庭的结论。③

然而,国内法庭只处理合同事项,那么投资仲裁庭在确定条约权利时是否有必要抛弃既判力规则,根据投资条约中的公平公正待遇重新审查事实呢?仲裁庭认为:

在此方面,不能一概而论,而是具体情况具体分析。当国际仲裁庭认定当地裁决的结论严格限于合同事宜,则在受当地法律约束的合同事宜上国际仲裁庭取代当地法庭的裁决是不恰当的。相反,应当适用既判力原则,此方面的结论应当根据公平公正待遇一般不保护合同争端的原则做出。④

"毫无疑问,在埃及法律体系内开罗裁决是具有约束力的最终裁决。问题是国际法律程序是否以及在何种程度上可以依赖国内法上的既判力。"⑤仲裁庭认为,开罗裁决并不构成国际法律体系的组成部分,国内法院裁决对国际法庭不具有既判力效果,这并非是因为国际法庭在等级上优越于国内法院或者国内仲裁庭,而是因为尽管两个程序的客体可能实质相同,但诉由不同,即ICSID仲裁庭并非国内法院,也非最高国内法院,只是有权力调查、评价和审理国际不法行为的国际法庭,而国内法院和国内仲裁庭却不具有相同的权力,其并不能

① Helnan International Hotels A/S v. the Arab Republic of Egypt, ICSID Case No. 05/19, Award, 3 July 2008, para. 101.

② Ibid., para. 105.

③ Ibid., para. 106.

④ Ibid., para. 108.

⑤ Ibid., para. 123.

在国际法律体系内履行职责。[①] 仲裁庭认为,国际仲裁庭和国内法庭(包括国内法院和国内仲裁庭)在此方面的差异将造成两方面的后果:

> 一方面,对于提交给国际仲裁庭案件的可受理性而言,国内法院或者国内仲裁庭的裁决并不具有既判力……另一方面,国际仲裁庭必须在其所属的法律体系内接受国内法院判决的既判力。[②]

不过,仲裁庭提出,即便是在相同的法律体系内,适用既判力原则也需要满足"三重一致性"要求,即主体相同、客体或者寻求的救济相同、法律基础或者诉由相同,在本案中,两个程序寻求的救济不完全相同,法律基础和诉由则根本不同,所以既判力原则并不能适用。[③]

事实上,由于"三重一致性"要求,在相关投资者根据不同投资条约提起平行的国际投资仲裁程序的情况下,既判力原则也极少适用。CME 诉捷克(CME v. Czech Republic)案[④]和劳德(Lauder)案[⑤]均涉及捷克政府对相同投资的干预。CME 诉捷克案仲裁庭认为,劳德案仲裁庭的裁决对本案并不具有既判力,因为两个投资仲裁程序的主体并不相同;并且两个仲裁程序基于不同的投资条约,即便是措辞相似甚至相同,也并不必然产生相同的结果;对于两个案件的事实,仲裁庭不能判断其是否相同,也有可能存在相当的差异。[⑥] 不过投资仲裁实践也存在例外。在格林伯格诉格林纳达(Grynberg v. Grenada)一案中,尽管先前仲裁程序与本仲裁程序的当事方不完全一致,仲裁庭运用附带反言原则(Collateral Estoppel)推出先前仲裁裁决具有约束力。[⑦] 在奥贝泰克诉美国一案中,申请人的子公司已经根据《北美自由贸易协定》提起了一个投资仲裁,申请人提出该仲裁裁决对本仲裁没有既判力,仲裁庭认为,母公司和其子公司存在

---

① Helnan International Hotels A/S v. the Arab Republic of Egypt, ICSID Case No. 05/19, Award, 3 July 2008, para. 124.

② Ibid., para. 125.

③ Ibid., para. 128.

④ CME Czech Republic BV v. Czech Republic, UNCITRAL, Final Award, 14 March 2003.

⑤ Ronald S. Lauder v. The Czech Republic, UNCITRAL, Final Award, 3 September 2001.

⑥ CME Czech Republic BV v. Czech Republic, UNCITRAL, Final Award, 14 March 2003, paras. 432, 433.

⑦ RSM Production Corporation and others v. Grenada, ICSID Case No. ARB/10/6, ICSID Case No. ARB/10/6, Award, paras. 7.1.5 – 7.1.7.

利益重合，先前仲裁裁决对本仲裁具有既判力。①

三、国内法院判决应否对投资仲裁庭具有既判力

习惯国际法规则是国内法院的判决对国际仲裁庭无约束力。那么，习惯国际法规则是否适用于国际投资仲裁体制呢？由于投资条约通常并无规定，需要综合衡量既判力原则的宗旨与国际投资争端解决机制的宗旨进行判断。

（一）既判力与投资者诉权

由于投资条约的不同安排，投资者诉诸投资者—国家仲裁权利的行使条件有所不同，首先寻求当地救济之后提起国际仲裁，或者在满足其他条件后（如等待期）直接提起国际投资仲裁。由投资者—国家仲裁机制的起源及其历史发展可知，投资者—国家仲裁机制设立的目的在于为投资者提供一个中立的、去政治化的替代争端解决机制。在先行当地救济条款和弃权条款下，对于相同争端，赋予东道国国内法院判决相对于之后进行的投资者—国家仲裁以既判力，将损害投资仲裁庭审判权的完整性，使投资者—国家仲裁机制丧失中立性。这将从根本上动摇投资者—国家仲裁机制存在的意义，也意味着投资者的诉权将得不到充分保障。所以，学者通常认为，先行当地救济意味着国内法院的判决对国际仲裁庭无约束力：

> 国内法院判决不具有既判力的原因不是争端当事方和事由不同，也不是对国内法院公正性的怀疑或者当地救济规则的必然结果，而是鼓励投资者在东道国国内法院寻求救济，以期至少某些投资争端可以在当地解决。②

实际上，如第二章第二节、第三节所述，国内法院判决对投资仲裁庭有无既判力可以从投资条约的措辞中寻找蛛丝马迹。例如，阿根廷缔结的条约通常规定在国内法院作出判决但争端仍然存在或者当事方对判决不满意的情况下，投资者可以提起国际仲裁，似乎可推断国内法院判决对投资仲裁庭无既判力。

---

① Apotex Holdings Inc v. United States of America, ICSID Case No. ARB/(AF)/12/1, Award, para. 7.40.

② William S. Dodge, "National Courts and International Arbitration: Exhaustion of Remedies and Res Judicata Under Chapter Eleven of NAFTA", 23 *Hastings International and Company Law Review* (2000), pp. 382 – 383.

不过，也有学者认为，“争端‘仍然存在’并非指诉讼当事人不喜欢裁决的结果，而是指判决在实体问题上漏裁或者被剥夺了其实质效果，如东道国行政机关未能遵守裁决，裁决在国际法下是无效的，由于宪法的限制东道国国内法院无权审查政府的歧视性措施。如果国内法院在做出判决的过程中正确适用了国际法或者等同于条约标准的行政法，没有理由否定其国际效力。”①

（二）既判力与国内、国际两种法律体系

既判力原则旨在避免获得双重救济。同时，既判力原则的具体适用需要满足“三重一致性”要求。对比国内法律程序和投资者—国家仲裁程序，“三重一致性”要求几乎不可能满足，特别是相同法律基础或相同诉由。换言之，将条约之诉与合同之诉区分为不同的诉由，代表着将国内法院和投资者—国家仲裁视为不同的法律体系，因而几乎不可能适用既判力原则。甚至，在投资仲裁实践中，国内法院判决往往被视为事实（fact）来判断东道国是否遵守了条约标准。②显而易见，在某些仲裁庭看来，不属于法律范畴的国内法院判决根本不可能具有既判力效果。

然而，有学者指出，“习惯国际法规则所赖以存在的情形与《北美自由贸易协定》第11章存在明显不同，支持传统规则的理由在该协定第11章背景下似乎并不适用”。③ 实际上，国际投资体制并不将国内法院和国际仲裁庭严格区分为国内法体系和国际法体系：第一，《华盛顿公约》第42条规定在当事方没有约定的情况下，投资仲裁庭应当适用东道国国内法以及其他可适用的国际法解决争端。这意味着东道国国内法作为投资争端解决的法律渊源之一，而非仅仅作为事实予以考虑。第二，如第一章所述，国内法院在解决投资争端时并非只适用国内法，某些国内法院如墨西哥法院可以直接适用投资条约解决投资争端。第三，如第三章第二节所述，根据投资条约的自助式选择条款，同一投资争端既可以提交给国内法院，也可以提交给投资仲裁庭，缔约国并未根据国内法院体系和国内法体系的区分将其视为不同争端；并且，如第一章所述，晚近以来，缔

---

① Michal Swarabowicz, “Identity of Claims in Investment Arbitration: A Plea for Unity of the Legal System”, 8 *Journal of International Dispute Settlement* (2017), p. 297.

② TECO Guatemala Holdings, LLC v. Republic of Guatemala, ICSID Case No. ARB/10/23, Award, 19 December 2013, para. 516.

③ William S. Dodge, “National Courts and International Arbitration: Exhaustion of Remedies and Res Judicata Under Chapter Eleven of NAFTA”, 23 *Hastings International and Company Law Review* (2000), pp. 379, 381.

约国不同程度地限缩投资仲裁庭的权限范围，因此，在某种意义上，投资仲裁是一种额外的和补充性的争端解决机制，其并不能取代国内审判。① 第四，投资者的权利来源既包括投资条约，也包括国内法，并且首先是国内法——只有根据东道国法律进行投资的合格投资者方具备享受投资条约待遇的资格。换言之，尊重国内法是国际法（投资条约）的明确或内在要求。②

而且，从本质上看，国际法与国内法并无实质性区别。"国际保护标准来自于国内法律体系公认的一般原则，其内容和目的与既存国内行政法中类似的标准并无不同。"③所以，从协调投资争端解决的角度，"要探究合同、行政法或者国际法之下的诉求在本质上是否相同，应当审查申请人所旨在确立的东道国的义务在本质上是否相同"。④ 从赫尔南诉埃及一案可以看出，少数股东在国际法上提出的诉求和当地企业直接在国内法院提起的诉求可能存在重叠。有学者指出，"的确，国家不能依赖其国内法规避国际责任，然而另一方面，针对东道国滥用行政行为的保护也不能纵容双重救济，所以只要一方在做出裁决的过程中遵守正当程序，另一拥有管辖权的法庭就应遵从其裁决结果"。⑤ 所以，以国内法院和国际仲裁庭分属于不同的法律体系为由简单地否定国内法院判决的国际效力，纵容投资者寻求双重救济，违背缔约国意图。这或许是国际投资仲裁体制遭遇"合法性危机"的重要原因之一。

另外，国际仲裁庭也有可能就纯粹的国内法问题进行裁决。正如赫尔南诉埃及一案仲裁庭所指出的，适用和解释国内法的权威机构应当是国内法院，而非国际仲裁庭。换言之，国内法院判决可视为国内法的权威表达。在凯尔（Caire）一案中，仲裁员在附带意见中指出，当必须就与国内法相关的附带问题进行裁判时，仲裁庭应当遵从国内法院的结果。⑥

当然，在国家利用主权干预国内救济程序的特殊情形下，国内法院的判决

---

① See Michal Swarabowicz, "Identity of Claims in Investment Arbitration: A Plea for Unity of the Legal System", 8 *Journal of International Dispute Settlement* (2017), p. 300.

② 参见本章第二节。

③ Alain Pellet, "Article 38" in Andreas Zimmermann, Christian Tomuschat & Katrin Oellers-Frahm (eds.), The Statute of the International Court of Justice. A Commentary, Oxford: Oxford University Press, 2012, pp. 834 – 838.

④ Michal Swarabowicz, "Identity of Claims in Investment Arbitration: A Plea for Unity of the Legal System", 8 *Journal of International Dispute Settlement* (2017), p. 300.

⑤ Ibid., p. 294.

⑥ Estate of Jean-Baptiste Cair (France) v. United Mexican States, 5 RIAA (1926) 516, 525.

并不能产生国际效果，并会产生拒绝司法这一额外的诉求。① 另外，东道国国内法院审判行为自身亦可能构成征收行为的一部分，因而不排除东道国国内法院的审判行为（有时也包括执行措施）成为投资仲裁庭审理的客体。这另当别论。在北美疏浚诉墨西哥一案中，在确认一个申请合同无效的诉求属于管辖范围后，委员会驳回了该诉求，支持因合同选择而同样具有管辖权的墨西哥法院，并指出，申请人可以以拒绝司法为由再次向委员会起诉。② 有学者提出，应当赋予国内法院判决排他性效力，只要其在程序上无可挑剔，并且当地法律并未强制法官做出有利于东道国的判决；否则，如果东道国法院不能独立司法，可以以拒绝司法为由提起国际仲裁。③

综上，在实质相同争端的解决上，一方面，无条件地赋予国内法院判决既判力将从根本上违背投资者—国家仲裁体制设立的宗旨，使投资者的诉权落空；另一方面，以严格的"三重一致性"要求，特别是国内法体系和国际法体系的二元区分为由完全否定国内法院判决的效力亦不符合国际投资体制的特征。适用既判力需要协调两个相互矛盾的推定：一方面，国内法下国家行为的合法性并不影响将其界定为国际不法行为；另一方面，国际争端可以由国内法院适用国内法解决，并且投资者需要遵守东道国的国内法。至少，在国内法问题上，国际仲裁庭应当给予国内法院判决尊重性的考虑，赫尔南诉埃及一案仲裁庭的做法值得借鉴和参考。当然，拒绝司法、司法征收等特殊情形除外。④

第二节　投资合法性判决的既判力

诸多投资条约在投资的定义中规定，投资须根据东道国法律法规进行，合格投资者方能援引投资条约提起国际投资仲裁；即便投资条约没有明确规定，实践中仲裁庭也几乎一致认为，严重违反东道国法律进行的投资不受条约保护。可见，在投资的合法性问题上，国内法与国际法达到了高度一致——尊重

① See Michal Swarabowicz, "Identity of Claims in Investment Arbitration: A Plea for Unity of the Legal System", 8 *Journal of International Dispute Settlement* (2017), p. 292.

② North American Dredging Company of Texas (USA) v. United Mexican States, 4 RIAA (1926) 26, para. 20.

③ See Michal Swarabowicz, "Identity of Claims in Investment Arbitration: A Plea for Unity of the Legal System", 8 *Journal of International Dispute Settlement* (2017), p. 301.

④ 详见第五章。

国内法律秩序成为国际法的要求。

现实中,东道国国内法院可能会就投资的合法性做出判决,如撤销投资所赖以存在的合同,确认投资者在招投标过程中存在贿赂等犯罪行为。与第一节实质相同争端不同的是,此种争端与投资者—国家仲裁中的争端明显不同,其只是作为投资仲裁庭需要分析的前提性问题之一。那么,尊重国内法是否意味着尊重东道国国内法院对投资的合法性做出的判决呢?换言之,国内法院就投资合法性做出的判决应否对投资仲裁庭具有既判力呢?这一问题亦在实体上反映着国际投资仲裁庭和东道国国内法院的关系。

一、投资的合法性要求及其对条约保护的影响

(一)"遵守东道国法律"条款

"遵守东道国法律"条款在投资条约中主要以两种形式存在:一种是在投资定义条款中纳入"遵守东道国法律"条款;另一种是在投资的认可或者条约适用范围条款中纳入"遵守东道国法律"条款。大部分投资条约采用第一种形式。例如,1995年缔结的《印度与荷兰促进与保护投资协定》(已终止)第1条定义条款规定:

> (a)"投资"指在投资所在国领土内根据缔约国国家的法律和法规投入的任何种类的资产,包括但不限于……

2015年印度双边投资条约示范文本规定,"投资"是指投资者所有或者善意控制的根据东道国法律设立、组建及经营的企业。①

晚近以来,在越来越多的投资仲裁案件中,被诉国声称投资者未能遵守其国内法,投资仲裁庭几乎一致地认为,明确的"遵守东道国法律"条款原则上具有剥夺非法投资条约保护的效果,并将阻碍以条约为基础的仲裁庭对投资争端行使管辖权。② 第一个讨论"遵守东道国法律"条款功能的投资仲裁案件为萨里尼诉摩洛哥,尽管在本案中国内法上的非法性并未实际发生。仲裁庭指出:

---

① See Model Text for the Indian Bilateral Investment Treaty 2015, Article1. 1. 6, "Investment" means an Enterprise in the Host State, constituted, organised and operated in compliance with the Law of the Host State and owned or controlled in good faith by an Investor.

② Stephan W. Schill, "Illegal Investments in Investment Treaty Arbitration", 11 *The Law and Practice of International Courts and Tribunals*(2012), p. 321.

"根据前述缔约方法律法规投入的资产类别"是指投资的有效性而非其定义。更具体一点，其旨在阻碍双边投资条约保护不应当被保护的投资，特别是非法投资。①

萨里尼诉摩洛哥一案仲裁庭的观点得到许多其他投资仲裁庭的效仿，如托克勒诉乌克兰案、②塞佩姆诉孟加拉(Saipem S. p. A. v. Bangladesh)等。③

"遵守东道国法律"条款的第二种形式可见于1995年缔结的《西班牙与萨尔瓦多促进与相互保护投资协定》中的相关条款：

2.1. 每一缔约方应当在其领土内促进另一缔约方投资者投资的实现，并且应当根据其国内法承认此等投资。

2.2. 本协定还应当适用于本协定生效之前一缔约方投资者根据另一缔约方法律在后者领土内已经完成的投资。

3. 免于任意和歧视性待遇的保护只授予根据缔约方法律进行的投资。

上述条款将对投资的认可和保护与遵守东道国国内法挂钩，并将条约保护的范围限定在合法投资。实践中，仲裁庭将此等条款视为与第一种形式的"遵守东道国法律"条款具有同等效力。因塞萨诉萨尔瓦多(Inceysa Vallisoletana v. EL Salvador)一案是源于《西班牙与萨尔瓦多促进与相互保护投资协定》的一个争端，仲裁庭认为其对本案应当拒绝行使管辖权，因为条约保护限于合法取得的投资，而通过欺诈和误述获得的投资不在条约的保护范围之内。④ 在卡尔达索普勒斯诉格鲁吉亚(Kardassopoulos v. Georgia)一案中，所适用的1994年缔结的《希腊与格鲁吉亚促进与相互保护投资协定》第12条规定，条约"应当适用于条约生效之前缔约方投资者在另一缔约方领土内根据后者法律进行的投

---

① Salini Costruttori S. p. A. and Italstrade S. p. A. v. Kingdom of Morocco, ICSID Case No. ARB/00/4, Decision on Jurisdiction, 23 July 2001, para. 46.

② Tokios Tokelés v. Ukraine, ICSID Case No. ARB/02/18, Decision on Jurisdiction, 29 April 2004, para. 84.

③ Saipem S. p. A. v. the People's Republic of Bangladesh, ICSID Case No. ARB/05/07, Decision on Jurisdiction and Recommendation of Provisional Measures, 21 March 2007, para. 79.

④ Inceysa Vallisoletana, S. L. v. Republic of EL Salvador, ICSID Case No. ARB/03/26, Award, 2 August 2006, para. 130.

资”，仲裁庭如此解释：

很明显，双边投资条约中的“保护投资”并非毫无限制。例如，投资保护并不及于违反东道国法律进行的投资。所以一国通过拒绝给予不遵守其法律的投资以条约保护来保留一定程度的对外国投资的控制权。正如一位学者所言，“没有国家热衷于吸引外国投资到此种程度以至于对流入东道国的外国投资不进行任何控制”。①

（二）隐含的“遵守东道国法律”要求

在少量的投资仲裁案件中，所适用的双边投资条约并不包括“遵守东道国法律”条款，投资仲裁庭通常认为，存在一个一般原则，即外国投资必须遵守东道国法律才能享受条约保护。② 在索尔国际诉阿根廷（SAUR International v. Argentina）一案中，仲裁庭指出：

投资仲裁体制的目的是仅保护合法的和真正的投资，《法国与阿根廷保护与相互促进投资协定》是否提及遵守国内法的要求并不是相关因素。投资者不从事严重违反东道国法律秩序的行为是任何投资保护条约的隐性条件，因为无论在何种情形下，很难理解一国愿意给予投资者以投资仲裁的保护，如果投资者为了获得此种保护而从事有悖于此种权利的行为。③

不过，著名国际法学者史蒂芬·希尔教授（Stephan W. Schill）提出，此种结论面临着一个概念上的难题，即在没有明确的“遵守东道国法律”条款的情况下，如何将国际法上的一般原则适用于投资仲裁，嫁接国内法和国际法之间的鸿沟。④ 为了克服国内法和国际法二元划分障碍，有的仲裁庭利用“善意”这一

① Ioannis Kardassopoulos (Greece) v. Georgia,, ICSID Case No. ARB/05/18, Decision on Jurisdiction, 6 July 2007, para. 182.

② See Yang chi Oo Trading Pte. Ltd. v. Government of the Union of Myanmar, Asean ICSID. Case No. ARB/01/1, Award, 31 March 2003, para. 58.

③ SAUR International SA v. The Argentine Republic, ICSID Case No. ARB/04/4, Decision on Jurisdiction and Liability, 6 June 2012, para. 308.

④ See Stephan W. Schill, “Illegal Investments in Investment Treaty Arbitration”, 11 *The Law and Practice of International Courts and Tribunals*(2012), p. 310.

一般法律原则,有的仲裁庭依赖国际公共政策的概念。在哈默斯特诉加纳(Hamester v. Ghana)一案中,尽管所适用的德国与加纳双边投资条约中包含"遵守东道国法律"条款,仲裁庭注意到:

> 如果投资在设立时违背了国内或者国际上的善意原则;通过腐败、欺诈或者不诚实的行为设立;或者其设立自身即构成了《华盛顿公约》下国际投资保护体系的滥用,它将得不到保护。如果投资做出时违背了东道国的法律它也得不到保护。这些一般原则的存在并不取决于具有此等效果的条约文本。①

在普拉马诉保加利亚一案中,仲裁庭认为,投资者隐瞒股份购买人真实身份的行为构成欺诈,违反保加利亚法和国际法。尽管《能源宪章条约》并不包含投资须遵守特定法律的条款,但这并不意味着《能源宪章条约》涵盖了所有投资,包括与国内法和国际法相悖的投资。根据《能源宪章条约》的前言,条约的目的包括尊重法治,承认非法投资的权利将违反尊重法律原则,而该原则系国际公共政策的要求。② 并且,给予投资者的投资以《能源宪章条约》的保护将违背任何人不得从其违法行为中获利原则和国际公共政策的基本概念——通过欺诈性误述获得的合同不应当由仲裁庭执行。③ 最后,仲裁庭认为,申请方的行为违反善意原则,它不仅是保加利亚法律的一部分,而且是国际法的一部分。④

可见,即便相关双边投资条约中不包括明确的"遵守东道国法律"条款,但是违背国内法和国际法中普遍存在的一般法律原则或者公共政策的投资也得不到保护。这也意味着,在国际投资体制中,国内法和国际法并不存在不可逾越的鸿沟。不过,并不是所有违反东道国国内法的行为均具有剥夺投资者条约保护的效果,违法行为的内容、严重程度、时间点和缘由均为需要考虑的重要因素。⑤

---

① Gustav F. W. Hamester GmbH & Co KG v. Republic of Ghana, ICSID Case No. ARB/07/24, Award, 18 June 2010, paras. 123, 124.

② Plama Consortium Limited v. Republic of Bulgaria, ICSID Case No. ARB/03/24, Award, 27 August 2008, paras. 139, 141.

③ Ibid., para. 143.

④ Ibid., para. 144.

⑤ See Stephan W. Schill, "Illegal Investments in Investment Treaty Arbitration", 11 *The Law and Practice of International Courts and Tribunals* (2012), pp. 291 – 310.

二、投资仲裁中国内法院“合法性判决”的效力

在少数投资仲裁案件中，东道国国内法院已经就投资的合法性作出了判决。仲裁庭几乎一致认为，国内法院的判决对投资仲裁庭不具有既判力，投资仲裁庭有权力决定是否尊重国内法院的判决，即便是刑事判决。尽管如此，不同仲裁庭给予国内法院判决的分量有所不同。

（一）因塞萨诉萨尔瓦多

本争端涉及一个安装、管理和经营机动车监测站和污染气体、颗粒和噪声控制的服务合同，该合同在萨尔瓦多环境与自然资源部组织的国内和国际公共招标后签署。投资者声称萨尔瓦多存在合同违约和间接征收，萨尔瓦多则抗辩投资者的投资是非法的，其在投标过程中提交了虚假的财务报表和其他虚假文件，所以投资者无权获得萨尔瓦多与西班牙签订的投资条约的保护。

本案中，某投标参与人曾经在萨尔瓦多法院挑战过环境与自然资源部的两个招标决定的合法性，其中之一便指向投资者获得的招标决定，但是萨尔瓦多最高法院宣布两个招标决议都是有效的。随后另一个参与者也挑战了授予给投资者的招标决议，萨尔瓦多最高法院再次判决该招标决议是有效的。在这两个独立的诉讼中，两个投标参与人均质疑投资者的财务能力，并指出其在投标过程中提交了虚假文件。

投资者依据萨尔瓦多最高法院的两个判决证明其在投标过程中的合法性，并且认为最高法院就招标决议做出的两个判决对仲裁庭具有既判力效果。对于投资者的投资是否符合萨尔瓦多法律，仲裁庭首先提出“仲裁庭自裁管辖原则”（kompetenz-kompetenz），并认为该原则来自《华盛顿公约》第41条以及仲裁庭的成立自身。[①] 仲裁庭认为，“仲裁庭自裁管辖原则”赋予仲裁庭的权力是绝对的，它给予仲裁庭分析所有与完成此义务有关的事实和法律问题（包括仲裁庭权限范围的前提性问题）的权利，所以对于投资合法性的确定只能由审理本案的仲裁庭进行。[②] 进而，缔约方做出的任何与投资合法与否相关的决定，包括该国国内法院作出的判决，对于确定本仲裁庭的管辖权都是无效或者不重要的；否则，它会给国家单方撤销同意仲裁的权力，因为一旦产生与投资相关的争

---

① Inceysa Vallisoletana, S. L. v. Republic of EL Salvador, ICSID Case No. ARB/03/26, Award, 2 August 2006, paras. 148, 150.

② Ibid., paras. 149, 155, 209.

端,他们将有权力决定投资是否根据其法律进行。① 换言之,“对投资合法性的决定不应当留给东道国法院,因为这将给予国家单方面重新界定其对中心管辖权同意范围和内容的完全自由裁量权”,所以,萨尔瓦多最高法院做出的涉及投资合法性的判决不具有既判力效果。②

另外,仲裁庭还提到,本案并不满足既判力原则的适用条件,即相同当事方和相同诉求,所以,既判力原则不能适用。③

(二)阿瑞斯与金属地理诉格鲁吉亚(Ares & MetalGeo v. Georgia)

本案的背景是苏联时代的一个格鲁吉亚工厂在经历了严重的经济危机后重组。1996 年该工厂重组为 RMK,政府持有 98% 的股份,员工持有 2% 的股份。2002 年 RMK 的主要资产转移给新设立的子公司 RAMK。2003 年阿瑞斯通过股份购买协议获得了 RAMK 98% 的股份,该购买协议获得了城市法院的批准和格鲁吉亚总统令的支持。之后,阿瑞斯将其全部股份转卖给意大利公司金属地理,并且阿瑞斯对 RAMK 的未来收益拥有权利,同时阿瑞斯有义务配合解决或有纠纷。2004 年由于政治变动,城市法院宣布股份购买协议无效,责令 RAMK 将资产返还给 RMK,该判决得到了地区法院和最高法院的维持。之后,RMK 进入破产程序,其资产卖给了第三方。两个申请人以征收为由依据《意大利与格鲁吉亚促进与相互保护投资协定》提起仲裁。

格鲁吉亚从几方面提出了抗辩,第一个抗辩理由是申请者的投资是非法的,因为投资所依赖的合同被宣布违法,并被格鲁吉亚最高法院宣布自始无效,而双边投资条约仅保护根据东道国法律进行的投资,所以仲裁庭对本案无管辖权。

仲裁庭首先提出,投资的合法性应当由仲裁庭来判断,对于格鲁吉亚法院对这些问题的分析,仲裁员有考虑的自由,但并不受其对投资合法性判决的约束。④ 不过,仲裁庭认为参考国内法院判决会对其自身做出恰当的结论有所帮助,“如果没有很好的理由忽略国内法院判决,原则上本仲裁庭应当仔细阅读格

---

① Inceysa Vallisoletana, S. L. v. Republic of EL Salvador, ICSID Case No. ARB/03/26, Award, 2 August 2006, paras. 210, 211.

② Ibid., paras. 212, 213.

③ Ibid., paras. 214 – 217.

④ Ares International S. r. l. and MetalGeo S. r. l. v. Georgia, ICSID Case No. ARB/05/23, 28 February 2008 (excerpts), 23 – 1 ICSID Review (2008), para. 5. 4. 13.

鲁吉亚法院对股份购买协议有效性和 RANK 设立的分析以帮助我们得出结论”。[①] 在仔细阅读法院判决后,仲裁庭发现,法院的结论并不具有说服力,因为合同仅存在由第三方过错造成的轻微的程序不规范,并且法院没有分析投资做出时的合法性。[②] 经过分析事实和格鲁吉亚破产法,仲裁庭得出相关投资在实质上符合格鲁吉亚法律和法规的结论。

(三)法兰克福机场诉菲律宾(Fraport v. Philippines)

德国公司法兰克福机场是一家著名的国际机场业务公司。德国公司持有一家菲律宾国际航站楼公司的股份,并作为该菲律宾国际航站楼公司的债权人。德国公司对该菲律宾国际航站楼公司的投资是基于菲律宾授予了该菲律宾国际航站楼公司建设和经营马尼拉国际客运机场第三航站楼的特许权利。然而,2003 年菲律宾最高法院宣布第三航站楼特许协议自始无效,因为菲律宾国际航站楼公司在投标过程中严重违反菲律宾法律,所以不是合格的投标者。德国公司提起仲裁主张菲律宾违反其在 2000 年《德国与菲律宾促进和相互保护协定》中的若干义务。菲律宾则抗辩申请者的投资违反菲律宾法律,特别是关于外国所有与控制的法律《反假冒法》;申请者、菲律宾国际航站楼公司其他股东以及部分菲律宾政府官员存在欺诈和腐败行为。

根据菲律宾宪法,外国投资者在经营公共设施公司中的持股不得超过 40%。《反假冒法》中也有相同规定。而法兰克福机场直接或间接地持有菲律宾国际航站楼公司 61.44% 的股份,包括 30% 的直接股份和通过股份安排持有的31.44% 的间接股份。这就产生了一个问题,即法兰克福机场的投资是否符合菲律宾法律。2003 年,两个私人提起了针对法兰克福机场和菲律宾国际航站楼公司高级管理者的刑事程序,称法兰克福机场持有后者 61.44% 的股份,违反了《反假冒法》。不过,2006 年检察官决定驳回该刑事起诉。对于《反假冒法》中的相关条款,检察官拒绝使用祖父规则,而是使用非累积和更加宽松的数量计算方法,所以检察官认定法兰克福机场并未违反《反假冒法》中的相关条款。

仲裁庭认为,本案关键的问题是通过秘密持股协议进行的管理和控制违反

① Ares International S. r. l. and MetalGeo S. r. l. v. Georgia, ICSID Case No. ARB/05/23, 28 February 2008(excerpts), 23 - 1 ICSID Review(2008), para. 5. 4. 26.

② Ibid., paras. 5. 4. 32 - 5. 4. 38.

《反假冒法》,所以检察官决议对本仲裁庭的分析不具有相关性。[①] 而且,“对于本仲裁庭管辖范围内的事项,国内法律部门的观点不具有约束力”,所以,仲裁庭决定审查检察官决定所依据的所有证据。[②] 最后,仲裁庭完全将检察官决定置之不理,并认为相关投资违反了菲律宾法律,因而仲裁庭不具有管辖权。

在撤销程序中,临时委员会注意到,菲律宾虽然声称违反《反假冒法》的后果非常严重可能导致刑事处罚,但却没有启动刑事调查程序,唯一的调查是由私人发起的。在此背景下,检察官的决定是菲律宾法律问题——实质性控制是否足以确定违反《反假冒法》的非常重要参考。临时委员会认为,“检察官决定第一次就相关问题所涉及的菲律宾法提供了具体的证据”。[③] 临时委员会认为,检察官作为监管《反假冒法》实施的负责官员,其意见具有权威性;而且,该检察官决定不利于菲律宾的抗辩,应当是独立做出的,所以,考虑到相关机构的证据可以作为国内法的恰当解释,以及仲裁庭有义务适用菲律宾所适用的国内法,应当给予检察官决定以效力。[④]

三、国内法院“合法性判决”应否具有既判力

东道国国内法院(或者检察机构)对投资合法性的判决或认定是否应当对投资仲裁庭在相同问题上具有既判力呢?这需要权衡三个因素:第一,东道国国内法院(或者检察机构)在解释国内法问题上的权威性;第二,东道国国内法院的客观性和中立性;第三,“仲裁庭自裁管辖原则”。除此之外,关于既判力原则适用的条件是否满足,不应当将国内法院程序和国际仲裁程序进行整体比较,适用完全形式主义的判断标准,因为投资的合法性问题仅为投资仲裁庭审理争端的前提性问题。

(一)东道国法院判决系东道国法律的权威表达

东道国国内法院,特别是最高法院,是适用和解释国内法的最为权威的机关。在阿尔法诉乌克兰(Alpha v. Ukraine)一案中,仲裁庭将国内法院判决作为投资非法性抗辩的重要支持:“被申请方没有提供任何法院判决或者行政决定

---

① Fraport AG Frankfurt Airport Services Worldwide v. Republic of the Philippines, ICSID Case No. ARB/03/25, Award, 16 August 2007, para. 363.

② Ibid., para. 368.

③ Ibid., para. 242.

④ Ibid., paras. 243, 244.

来证明投资者提交的注册文件实际上是不恰当的。"正因如此,从某种意义上,国内法院的终审判决是东道国法律体系的重要组成部分,必须与立法一样同样得到遵守。而在普通法系国家,国内法院判决系主要的法律渊源,遵守国内法主要体现为遵守国内法院判决中所体现的一般性法律规则。

在巴西贷款(Brazilian Loans)一案中,国际常设法院声明:

> 一旦法院得出结论必须要适用某个国家的国内法,似乎可以确定的是必须适用在该国所适用的国内法。如果以不同于该法律在该国有效适用的方式适用国内法,就不是在适用该国的国内法。所以,法院应当给予一国国内法院判决最大限度的尊重,因为有国内法院的帮助才能够在特定案件中适用所应当适用的法律,即该国实际适用的规则。①

在法兰克福机场诉菲律宾一案中,克勒马德(Cremades)教授发表了不同意见:

> ICSID 仲裁庭不受菲律宾法院,即便是最高法院判决的约束,但是 ICSID 仲裁庭在菲律宾法部分的判决必须基于菲律宾法律自身。第三航站楼特许合同自始无效而非自现在无效这一点在菲律宾法律上具有既判力,仲裁庭必须接受这一点……仲裁庭应当尊重最高法院判决的结论。②

而且,不可否认,有时候国内法官在发现事实上也具有独特的能力,③特别是在刑事案件中。相反,由于背景和文化的差异,仲裁庭不仅缺乏对东道国国内法准确解释的能力,而且不具备调查相关证据的强制性权力,而后者对于涉嫌犯罪的非法投资的判断至关重要。调查显示,在投资涉及腐败问题的案件审理上,仲裁庭的表现并不令人满意,仲裁庭和当事方经常使用回避技术,仲裁庭

---

① Payment in Gold of Brazilian Federal Loans Contracted in France(Fr. v. Braz.),1929 P. C. I. J. (ser. A) No. 21 (July 12), paras. 80, 81, available at: http://www. worldcourts. com/pcij/eng/decisions/1929. 07. 12_payment2. htm(visited 30 January 2018).

② Fraport AG Frankfort Airport Services Worldwide v. Republic of the Philippines of 16 August 2007, Dissenting Opinion of Mr. Bernardo M. Cremades, p. 26.

③ See Stephen M. Schwebel, *Justice in International Law*, Cambridge University Press, 2011, p. 31.

的推理过程值得质疑，并且仲裁庭还面临着难以收集证据的问题。① 而且，仲裁庭不适合审理此等诉求，还因为审理腐败相关的案件涉及政府官员和公共利益，而这与国际仲裁所具有的相对封闭性和不透明特征相冲突。②

更为重要的是，在其领土内由司法机关对投资的合法性进行判决是东道国对外国投资行使规制权的重要形式。虽然签署《华盛顿公约》对缔约国的主权有一定的影响，但很难说通过签署条约国家授予仲裁庭全方位判断东道国规制行为正当性的权力。至少，国家保留着在其领土内调查、追究、审理刑事犯罪的权力，包括对外国投资和投资者进行调查、追究、审理刑事犯罪的权力。一般认为，刑事程序不在 ICSID 中心和投资仲裁庭的管辖范围之内。③ 所以，似乎可以得出结论，对于投资合法性作出的有效的终审判决，特别是刑事判决，原则上不应当进行挑战。在此方面，仲裁员应当保持克制和谦虚。④

在投资法院提案中，欧盟提出，投资仲裁庭应当受国内法院或者有权解释国内法的其他机构对国内法解释的约束，并且投资仲裁庭给予国内法的意义对于任何缔约方国内法院和其他机构没有约束力。⑤ 不过，该条款能否最终生效，并广为接受还有待观察。国内法院对投资合法性判决是否应当具有既判力效果这一问题，还需要考虑另外两个因素。

（二）国内法院的客观性和中立性

尽管东道国法院有效的终审判决可视为东道国法律的权威表达，并构成东道国法律体系不可分割的一部分，但该论断的前提是东道国法院相对于政府部门具有客观性和独立性，司法公正能够得到保障。相反，如若国内法院只是作为政府的"帮凶"，则国内法院判决不应具有此等地位。法兰克福机场诉菲律宾一案撤销程序体现了这一思路，临时委员会认为，检察官的决定对其国家不利，

---

① See Cecily Rose, "Questioning the Role of International Arbitration in the Fight Against Corruption", 31(2) *Journal of International Arbitration*(2014), pp. 183 – 264.

② Ibid., p. 185.

③ See Quiborax SA, Non-Metallic Minerals SA and Allan Fosk Kaplu'n v. Plurinational State of Bolivia, ICSID Case No. ARB/06/2, Decision on Provisional Measures, 26 February 2010, para. 129.

④ See Aguilar Alvarez, Guillermo & Montt, Santiago Investments, Fair and Equitable Treatment, and The Principle of "Respect for The Integrity of the Law of the Host State": Toward a Jurisprudence of "Modesty" in Investment Treaty Arbitration, Mahnoush H. Arsanjani et al. (eds.), Looking to the Future: Essays on International Law in Honor of W. Michael Reisman(Brill/Nijhoff, 2010), pp. 579 – 605.

⑤ Article 16.2 of Chapter 8 Ⅱ Section 3 of the EU-Vietnam FTA; Article 8.31 of Comprehensive Trade and Economic Agreement between Canada and the European Union(2016).

似乎是独立做出的，所以应当给予其效力。然而，效力并不等同于既判力。如第一章所述，投资者—国家仲裁机制产生的重要原因即为投资者及其母国对东道国司法体系的不信任。埃默科诉印度尼西亚一案仲裁庭认为：

> 提起国际仲裁程序的原因之一就是当事方经常正确或错误地感觉更信任与任何当事方完全无关的法律机构。如果国内法院判决对国际仲裁庭有约束力，此等程序也就变得毫无意义。①

事实上，如第一章所述，在当今的司法环境下，全面认可国内法院"合法性判决"的既判力尚不可行。在前述阿瑞斯与金属地理诉格鲁吉亚一案中，城市法院最初批准了股份购买协议，而在发生政治变动后又宣布股份购买协议无效，其判决前后矛盾，出尔反尔，令人很难相信其独立性与公正性。并且，在该案中，投资者认为法院的行为构成征收，司法程序成为仲裁庭审查的重点，因此，这样的法院判决不应当具有既判力。在司法独立不能有效保障的情况下，正如前述因塞萨诉萨尔瓦多一案仲裁庭所言，赋予东道国法院"合法性判决"既判力将存在使《华盛顿公约》和投资条约目的落空的可能性，因为东道国可轻易地通过其国内法院宣布投资违反其国内法而逃避国际责任。

对于如何协调东道国法院在国内法解释上的权威性和可能存在的司法不公，国际法院指出：

> 首先应当由每个国家解释其自己的国内法。国际法院原则上并不具有代替其国内机构，特别是最高国内法院，解释国内法的权力。例外的是，当国家对国内法的解释明显错误，特别是为了在未决案件中获得优势时，应当由国际法院来确定其认为恰当的解释。②

不过，考虑到近期以来国际投资体制的背景发生了很大变化，投资条约的

---

① Amco Asia Corporation and others v. Republic of Indonesia, ICSID Case No. ARB/81/1, Award, 20 November 1984, para. 177.

② Ahmadou Sadio Diallo (Republic of Guinea v. Democratic Republic of the Congo), Judgment, 30 November 2010, para. 70 (internal citation omitted), available at: http://www.icj-cij.org (visited 30 January 2018).

签署主体由原来的发达国家和发展中国家扩展为发达国家之间、发展中国家之间以及发达国家和发展中国家,不宜在原则上一概否定东道国国内法院的独立性和中立性,而是应当对个案的事实进行仔细分析。“在大多数案件中,如果没有非常有力的理由,国际仲裁庭应当警惕偏离国内法院的推理。”①

(三)“仲裁庭自裁管辖原则”

通常仲裁员对自身管辖权进行裁定的权力被称为“仲裁庭自裁管辖原则”。如上所述,非法投资会剥夺投资者享受条约保护的权利,那么问题是在投资仲裁中,投资的非法性是影响到投资仲裁庭管辖权的事项,还是只影响到争端解决的实体问题。实践中,只有极少数仲裁庭认为,当投资条约中包含明确的“遵守东道国法律条款”时,投资的非法性才属于与实体问题相关的事项,②大部分投资仲裁庭在解释此类条款时,将投资的非法性视为影响到仲裁庭对事管辖权的事项。③ 进而,如果承认东道国法院的“合法性判决”对投资仲裁庭具有既判力效果,似乎可以得出结论:东道国可以轻易地通过其国内法院阻止仲裁庭行使管辖权,这与“仲裁庭自裁管辖原则”相冲突。并且,这可能损害投资仲裁程序的独立性和完整性,极大地削弱投资者—国家仲裁体制存在的价值。前述因塞萨诉萨尔瓦多案、阿瑞斯与金属地理诉格鲁吉亚案和法兰克福机场诉菲律宾案仲裁庭均将“仲裁庭自裁管辖原则”作为否定东道国法院“合法性判决”既判力效果的主要理由。仲裁庭认为,该权力是绝对的,仲裁庭可以排他性地决定与其管辖权有关的所有问题。

尽管“仲裁庭自裁管辖原则”被广为接受,但该权力的存在及其基础并非毫无争议,特别是此等权力的范围,在不同法域中存在相当大的差异。④ 实际上,(至少)在大多数国家,最终决定仲裁庭管辖权的并不是仲裁庭,仲裁庭只能初

---

① Daniel Kalderimis, “Back to the the Future: Contemplating a Return to the Exhaustion Rule”, in Jean E. Kalicki and Anna Joubin-Bret (eds.), *Reshaping the Investor-State Dispute Settlement System: Journeys for the 21st Century*, Brill/Nijhoff, 2015, p. 316.

② See Vladimir Berschader and Moïse Berschader v. The Russian Federation, SCC Case No. 080/2004, Award, 21 April 2006, para. 111

③ See Fraport AG Frankfurt Airport Services Worldwide v. Republic of the Philippines, ICSID Case No. ARB/03/25, Award, 16 August 2007, paras. 334, 401.

④ See Sandra Synkova, “Courts' Inquiry into Arbitral Jurisdiction at the Pre-Award Stage: A Comparative Analysis of the English”, *German and Swiss Legal Order*, Berlin: Springer, 2013, p. 61.

步决定其管辖权,该决定还需要进一步接受司法审查。① 理论上,仲裁员的内在管辖权与法官的管辖权存在根本不同,仲裁庭履行职责的权力来自争端当事方的同意,所以,除非仲裁庭的权力已经确立(如通过确认管辖权),否则,为完成特定任务(审判当事方的实体争端)而为仲裁庭决定其自身管辖权的权力寻求任何基础都是有问题的,因为,在仲裁庭确定其管辖权之前,原则上仲裁庭并没有此等权力。② 据此,如果投资违反东道国法律将导致仲裁庭不具有管辖权,那么,不具有管辖权的仲裁庭为何可以对投资的合法性进行评判?这似乎是一个悖论。实际上,"仲裁庭自裁管辖原则"是建立在仲裁员有能力做出公正裁决的基础上。而在国内法问题的判断上,仲裁庭恰恰欠缺这种能力,至少其不具有与国内法院同样解释国内法的权威性。

《华盛顿公约》旨在建立一个自给自足的体系,完全排除对投资仲裁庭管辖权进行司法审查的可能性,其第 41 条明确规定:

(1)仲裁庭应当是判断其自身资格的法官;

(2)争端当事方对仲裁庭资格的任何异议应当由仲裁庭考虑,仲裁庭可以决定将其作为前提性问题处理,也可以决定在实体审理阶段处理。

严格来讲,"仲裁庭自裁管辖原则"并不能成为否定国内法院投资合法性判决既判力的理由。因为,在投资仲裁中,真正决定仲裁庭管辖权的是仲裁庭自身,国内法院的判决只能间接影响到仲裁庭对自身管辖权的决定,国内法院并不能代替仲裁庭裁定管辖权,仲裁庭仍然可以依据"三重一致性"要求否定对既判力原则的适用。更为重要的是,国内法院对投资合法性做出判决影响的并不一定是仲裁庭的管辖权。例如,在前述普拉马诉保加利亚一案中,仲裁庭认为,格鲁吉亚对投资非法性的指控并不影响仲裁庭对本案行使管辖权,此问题涉及的是投资者是否有权获得《能源宪章条约》的实体保护,因而仲裁庭将其放在实

---

① Gerold Zeiler and Katarina Hruskovicova, The Principle of Kompetenz Kompetenz According to the UNCITRAL Model Law on International Commercial Arbitration, in Association for International Arbitration (ed.), The UNCITRAL Model Law on International Commercial Arbitration: 25 years, MAKLU, 2010, p. 109.

② See Sandra Synkova, "Courts' Inquiry into Arbitral Jurisdiction at the Pre-Award Stage: A Comparative Analysis of the English", *German and Swiss Legal Order*, Berlin: Springer, 2013, p. 65.

体审理阶段处理。[①]《华盛顿公约》第41条明确赋予投资仲裁庭在实体阶段处理前提性问题的权力。

当然,这并不意味着赋予国内法院合法性判决以既判力是正当的。不过,由于尊重东道国法律和法治是投资条约的明确或内在要求,一概否定国内法院投资合法性判决的效力亦不可取。考虑到东道国国内法院,特别是最高法院在解释国内法中的权威性,如果不存在拒绝司法、司法征收等特殊情形,投资仲裁庭应当对相同争端采取实质性判断标准,最大限度地尊重、遵从东道国国内法院的"合法性判决"。可以考虑仅对"合法性判决"进行形式审查,如审查国内法律程序启动的背景,以判断其是否出于报复等非法动机,对违法的时间、程度、性质等进行审查,以判断违法行为是否达到足以剥夺条约保护的标准。从另一个角度,这也是平衡东道国对外国投资的规制权和投资者保护的要求。

本章小结

投资条约并未将国内法院和投资仲裁庭划分为不同的法律体系。相反,国际投资的法律渊源既包括国际法,也包括国内法;并且,投资者尊重国内法是投资条约明确或隐含的要求。那么,问题是作为国内法体系重要组成部分的国内法院判决是否对投资仲裁庭具有既判力效果?这一问题在实体上反映着投资仲裁庭与国内法院的互动关系。

在先行当地救济和弃权条款下,相同争端可能会先后经历国内法律程序和投资者—国家仲裁程序。即便是在岔路口条款下,就相同争端如投资合同争议,投资者亦有可能以违反合同为由提起国内诉讼,之后又以违反投资条约为由提起国际仲裁。实践中,投资仲裁庭深受习惯国际法的影响,认为国内法院判决对国际仲裁庭没有既判力效果,也有少数仲裁庭将国内法院判决的既判力限定在国内法体系内。对于国内法院做出的与投资合法性相关的判决,仲裁庭亦普遍认为其不具有既判力效果,仲裁员有自由裁量权根据案件的具体情况自行决定是否采纳。总之,在对待国内法院判决的态度上,仲裁庭的态度高度一致,且均潜在地认为国内法院和国际仲裁庭分属不同的法律体系。

对此,应当进行辩证地分析。一方面,赋予上述国内法院判决以既判力效

① Plama Consortium Limited v. Republic of Bulgaria, ICSID Case No. ARB/03/24, Award, 27 August 2008, para. 112.

果有违投资者—国家仲裁体制的独立性和中立性。作为东道国国内法院的替代争端解决机制,如若不能在事实认定和法律适用方面,包括国内法适用,独立行使审判权,将在很大程度上打消投资者诉诸国际仲裁的积极性,瓦解投资仲裁体制存在的价值。特别是在拒绝司法、司法征收等特殊情况下,国内法院的行为成为投资仲裁庭审理的客体,国内法院的判决不可能具有既判力效果。另一方面,在国内法事项上,国际仲裁庭应当保持克制和谦逊。投资仲裁庭应当尊重东道国国内法治,尊重东道国法院在解释国内法问题上的权威性,尊重东道国对外国投资的规制权。只要不存在拒绝司法、司法征收等特殊情形,仲裁庭不宜对国内法院判决进行实质性审查,因为投资仲裁庭并非国内法院,甚至比最高法院更高一级的上诉机构。

投资仲裁庭应当从投资争端公平、合理解决的角度协调与东道国国内法院的关系,既要保障投资者的诉权,又要避免投资者获得双重救济,维护东道国对外国投资的规制权,在投资保护与东道国的规制权之间取得平衡。理论上,除拒绝司法、司法征收等特殊情形外,国际仲裁庭与国内法院同属国际投资争端解决机制,国内法与国际法并不存在不可逾越的鸿沟。所以,尽管原则上国内法院判决对投资仲裁庭不具有既判力效果,但是投资仲裁庭应当最大限度地尊重东道国国内法院的判决。

第五章　投资仲裁庭对国内法院的审查

投资仲裁庭和东道国国内法院并非仅仅是可以相互替代或者补充的投资争端解决机制的关系。同时,国内法院还具有东道国国家机关的身份。作为东道国不可分割的组成部分,国内法院的司法行为亦有可能成为投资条约的规制对象,成为投资仲裁庭审理争端的客体。通过签署投资条约并同意国际仲裁,缔约国自愿将其政府对外国投资规制权的行使置于国际投资仲裁庭的审查之下。然而,缔约国是否以及在多大程度上真正同意将其国内法院的司法行为纳入投资条约的规制范畴却值得深入探讨。

第一节　禁止拒绝司法

有学者提出,在岔路口条款之下,一旦投资者选择在国内法院解决纠纷,投资仲裁庭便不能对相同诉由进行审理,但若投资者在国内法院被拒绝司法,便形成了一个独立的诉由;在用尽当地救济情况下也同样如此,投资仲裁庭只能就国内救济程序是否违背条约标准进行审查。[①] 另外,如第四章所述,拒绝司法是否定国内法院判决既判力效果的重要理由。只有当国内司法程序符合最低国际标准时,东道国才真正拥有对领土内法律程序的排他性管辖权。

一、习惯国际法上的禁止拒绝司法

根据作为习惯国际法规则编纂的《国家对国际不法行为的责任条款草案》第4条的规定,国家需要为其司法机关的不法行为承担国际责任。[②] 禁止拒绝司法原则是建立在这样的前提论断之下,即国家法院并非与国家的其他机关有所区分,如同一国的行政或者立法机关一样,其作为或者不作为均可归责于国家。[③]

> 如果国家需要为违反国际法负责,国家便不能在其被诉的案件中作为最终法官。如果说对国内法院判决进行国际审查会对国家主权造成不可允许的侵害,那就等同于否定国际法,因为本质上国际法是对国家行为的限制。[④]

禁止拒绝司法原则的第二个前提假设为,存在一个"根本不公正"的国际标准。[⑤] 该义务的本质与宗旨为在司法体系上维持对外国人的国际最低待遇标准,确保不发生或者可以纠正对外国人的不公正。[⑥]

习惯国际法确认了拒绝司法作为行使外交保护的条件。对于何为拒绝司法,历史上不乏争论,并没有统一的和明确的定义。特别是作为责任基础的拒

---

① See Michal Swarabowicz, "Identity of Claims in Investment Arbitration: A Plea for Unity of the Legal System", 8 *Journal of International Dispute Settlement* (2017), p. 296.

② 《国家对国际不法行为的责任条款草案》第4条规定:(1)任何国家机关的行为在国际法下都应当被看作是该国的行为,不管该机关行使的是立法、行政、司法还是其他职能,不管它在国内结构中的地位如何,也不管它是作为中央政府的一个机关还是作为该国地方政府的一个机关;(2)一个机关包括具有此种地位的任何个人或实体。

③ See Jan Paulsson, *Denial of Justice in International Law*, Cambridge: Cambridge University Press, 2005, p. 3.

④ Ibid., p. 254.

⑤ Ibid., p. 4.

⑥ Ibid., p. 7.

绝司法的外延，具有相当程度的不确定性，在实践中存在相当大的分歧。①

最狭义的解释认为，拒绝司法只存在于拒绝外国人获得审判的权利。② 拉丁美洲国家持此种观点，认为“拒绝司法的概念应仅限于国家有义务给予外国人诉诸法院的便利，只要这些法院是正当行使管辖权，就不必过问法院审理的质量好坏”。③

稍微宽一点的解释还包括了程序上的拒绝司法。1930 年海牙国际法编纂会议对拒绝司法的定义如下：

第 8 条第 2 款　如果一国以与其国际义务不相符合的方式，致使外国人在行使诉诸法院的权利时受到司法机关的阻挠，或者致使外国人在诉讼中遇到毫无道理的阻碍或拖延，而这些阻碍或拖延意味着拒绝给予外国人以公平正义，则该国应由此承担责任。④

中间意义上的解释为“对外国人进行的不恰当的民事和刑事审判，包括拒绝外国人获得审判的权利，不充分的程序以及不公正的裁决”。⑤ 它包含了程序上的拒绝司法和实体上的拒绝司法。哈佛大学法学院国际法研究部的草案对拒绝司法的规定如下：

第 9 条　一国如因拒绝司法而对外国人造成侵害，该国应承担责任。拒绝司法是指：法院拒绝受理诉讼；诉讼受到无故拖延或阻碍；在司法或救济程序中有严重缺陷；没有提供一般在正当司法中被认为是不可缺少的保障；显失公正

---

① See Ali Ehsassi, Cain and Abel, “Congruence and Conflict in the Application of the Denial of Justice Principle”, in Stephan W. Schill (ed.), *International Investment Law and Comparative Public Law* Oxford: Oxford University Preaa, 2010, pp. 7, 50.

② JL Brierly, The Law of Nations (1963), pp. 286 – 287.

③ ［英］伊恩·布朗利：《国际公法原理》（第 2 版），曾令良、余敏友等译，法律出版社 2007 年版，第 468 页。

④ 同上。

⑤ See OECD (2004), Fair and Equitable Treatment Standard in International Investment Law, OECD Working Papers on International Investment, 2004/03, OECD Publishing, available at: http://dx.doi.org/10.1787/675702255435.

的判决。国内法院的错误如果并未造成显失公正,就不属于拒绝司法。[①]

最为广义的解释为,所有影响到外国人的国际损害均涵盖在拒绝司法概念的范围之内。[②] 不过,“最有争议的问题是,在多大程度上,错误的判决也可能构成拒绝司法”。[③]

拒绝司法概念的模糊性和不确定性意味着国际法庭对于一国国内法院司法行为审查的范围存在不确定性,既可以仅限于明显地违背获得审判的权利,也几乎可以对国内法院的司法决定进行全面的程序性和(或)实体性审查,此时国际法庭的地位几乎类似于国内法院的上诉机构。不过,实践中的主流观点为,拒绝司法的认定需要满足较高的条件,而且需要满足用尽当地(合理存在的)救济的要求。

国际法院前主席曾指出:

国内法上的分权原则和司法独立原则以及尊重司法判决终局性原则对国家责任一般原则在司法机关作为或者不作为中的应用形式产生了重要影响。

这些司法机关的基本原则导致20世纪的某些仲裁裁决不愿意承认国家为其所有机关行为负责这一原则延伸至司法机关。

然而,21世纪国家为其司法机关的行为负责已经得到认可。尽管独立于政府,司法机关并不独立于国家:司法机关做出判决,如同立法机构颁布法律,行政机关做出决定,均源自于国家机关。

国家为其司法机构所承担的责任可能来自三种类型的司法判决。

第一种是国内法院判决明显违背国际法规则。

第二种是传统上的“拒绝司法”。

第三种是在某些例外的和界定清晰的情形下,国家为违反其国内法的司法

---

① [英]伊恩·布朗利:《国际公法原理》(第2版),曾令良、余敏友等译,法律出版社2007年版,第467页。

② See C. Hyde, International Law: Chiefly as Interpreted and Applied by the United States(1922), p. 491.

③ [英]伊恩·布朗利:《国际公法原理》(第2版),曾令良、余敏友等译,法律出版社2007年版,第468页。

判决负责。①

在国际投资体制下,由于投资者获得了直接诉诸投资仲裁的诉权,禁止拒绝司法的国际实践得以继续延续。在当代语境下,最狭义的拒绝司法已经非常罕见,拒绝司法通常指中间意义上的以实体上或者程序上的审判不公正为主要形式的拒绝司法。投资仲裁庭受理投资者针对东道国国内法院判决或者司法行为提起的仲裁请求,并通过对其进行司法审查以确定东道国在国际法上的责任,依据的便是习惯国际法规则中的禁止拒绝司法或者投资条约中的明确规定。

二、投资条约中的禁止拒绝司法

一些投资条约将习惯国际法中的禁止拒绝司法明确纳入其中,或者作为独立存在的条款,或者被纳入公平公正待遇标准的概念之下。美国 2004 年以及 2012 年双边投资条约范本第 5(2)(a)条均在公平公正待遇条款下纳入了禁止拒绝司法的义务。以《美国与乌拉圭鼓励和相互保护投资条约》为例,其第 5.2 条规定:

> "公平公正待遇"包括根据体现在世界主要法律体系中的正当程序原则在刑事、民事和行政审判程序中禁止拒绝司法的义务。

许多国家缔结的投资条约如《东盟全面投资协定》等亦包含类似条款。②不过,这些投资条约仅仅将习惯国际法中的禁止拒绝司法纳入其中,并未做出超越习惯国际法的规定,也未明确何为拒绝司法。

值得注意的是,即便投资条约没有明文规定,投资争端解决中仲裁庭也可能纳入禁止拒绝司法的习惯国际法规则。投资条约争端解决部分的法律适用条款通常规定除投资条约外,仲裁庭还可以适用"可适用的国际法规则",③而"可适用的国际法规则"可能包括习惯国际法规则。

---

① Robert Azinian, Kenneth Davitian, & Ellen Baca v. The United Mexican States, ICSID Case No. ARB(AF)/97/2, Award, 1 November 1999, para. 98.

② ASEAN Comprehensive Investment Agreement(2009), Article 11.2.

③ 参见《北美自由贸易协定》第 1131 条。

另外,少数投资条约在争端解决条款中规定,如果国内法院裁决明显不公、违反国际法或者拒绝司法,投资者可以将争端提交国际仲裁。[①] 还有个别投资条约将此种情形限定于特定争端,例如,《印度与荷兰促进与保护投资协定》第4(5)条规定:

> 每一缔约方应当遵守其与另一缔约方投资者的投资达成的义务。但本协定第9条规定的争端解决只有在不存在正常的当地司法救济的情况下才适用。

此类投资条约将拒绝司法等特殊情形作为国际仲裁庭管辖权的行使条件,似乎意味着投资者—国家仲裁庭可以对东道国国内法院的审判程序以及判决进行审查,以判断是否存在拒绝司法。

三、仲裁实践中的拒绝司法

仲裁实践普遍认为,无论相应的投资条约是否明确规定国内法院的责任,根据习惯国际法,投资仲裁庭均有权受理投资者提出的拒绝司法的诉求,对东道国国内法院的司法行为进行审查。[②] 但是,一般认为,以拒绝司法追究国家的责任的门槛较高,其要求事实情形必须不同寻常;[③]仲裁庭必须首先尊重其行为受到审查的外国法院;[④]通常,援引拒绝司法还必须首先用尽东道国当地救济。

(一)艾兹尼亚诉墨西哥(Azinian v. Mexico)

1992年在获得墨西哥立法批准后,美国投资者艾兹尼亚等人与墨西哥瑙卡尔潘市议会签署了为期15年的特许合同,由投资者控股的墨西哥企业负责瑙卡尔潘市的废物处理。然而,墨西哥企业的财务能力与设备明显不符合特许合同的要求,瑙卡尔潘市议会撤销了该特许协议。墨西哥企业在墨西哥行政法庭提起诉讼并几经上诉,最终联邦巡回法院判决支持瑙卡尔潘市议会的决定,并

---

① 参见第二章第二节。

② See e. g., Pantechniki S. A. Contractors & Engineers (Greece) v. The Republic of Albania, ICSID Case No. ARB/07/21, Award, 30 July 2009, para. 68.

③ See Jan Paulsson, *Denial of Justice in International Law*, Cambridge: Cambridge University Press, 2005, p. 60.

④ Don Wallace, Jr., Fair and Equitable Treatment and Denial of Justice: Loewen v. U. S. and Chattin v. Mexico, in Todd Weiler (ed.), International Investment Law and Arbitration: Leading Cases from ICSID, NAFTA, Bilateral Treaties and Customary Law, London: Cameron May, 2005, p. 7.

特别指出撤销合同的 9 个理由合法。1997 年投资者依据《北美自由贸易协定》提起仲裁,称墨西哥违反了第 1110 条(征收条款)以及第 1105(1)条(投资待遇条款)。

仲裁庭认为,如果政府部门按照其国内法院确认有效的方式行动,则政府不应被指责,除非法院决定自身在国际法层面不被承认。[①] 在本案中,由于墨西哥法院认为市议会撤销特许合同的行为符合墨西哥法律,问题就是墨西哥法院判决自身是否违反墨西哥在《北美自由贸易协定》第 11 章下的义务。仲裁庭认为,尽管对政府是否违反国际法进行裁定的仲裁庭不受其国内法院已经批准相关行为这一事实的影响,但是要求国家为其司法决定承担国际责任的可能性并不能使申请方获得对国内法院判决寻求国际审查的权利,因为国际仲裁庭并非国内法院的上诉机构,申请者必须证明法院判决自身违反条约,或者存在拒绝司法,或者实施了伪装形式的国际不法行为。[②] 关于何为拒绝司法,仲裁庭提出存在 4 种情形:

> 如果相关法院拒绝受理案件,如果不正当地延迟审理,或者以严重不充分的方式司法,可以提起拒绝司法的请求……
>
> 还有第四种拒绝司法,即清晰地、恶意地错误适用法律。毫无疑问,此种错误与"伪装形式"违反国际法的概念存在重叠。[③]

仲裁庭认为,如果申请方不能让本仲裁庭信服法院判决所依赖的证据是如此不重要,或者如此不具有法律基础而导致判决实际上是任意的或恶意的,申请方就不能获得胜诉。[④] 本案中,申请方并未对被诉方提供的合同无效的证据进行挑战,未提出政府撤销合同所依据的法律标准违反《北美自由贸易协定》第 1110 条,也未证明墨西哥法院判决根本违背墨西哥法律原则。经过对事实和证据进行审查,仲裁庭认为,与合同无效相关标准的适用并不是任意的或者无证

---

① Robert Azinian, Kenneth Davitian, & Ellen Baca v. the United Mexican States, ICSID Case No. ARB(AF)/97/2, Award, 1 November 1999, para. 97.

② Ibid., paras. 98, 99.

③ Ibid., paras. 102, 103.

④ Ibid., para. 105.

据支持的；相反，证据积极支持墨西哥法院的结论。[①] 最后，仲裁庭认定墨西哥撤销合同并不违反其在《北美自由贸易协定》下的义务。

本案审理的客体涉及与投资相关的国内法院诉讼程序。仲裁庭一方面明确国际仲裁庭并非国内法院判决的上诉机构，另一方面对国内法院判决所依据的事实和证据进行了全面分析和实质审查，并得出不存在拒绝司法的结论。

（二）洛文诉美国案

1. 国内法院程序

美国密西西比州本土企业与洛文（来自加拿大的投资者）是在美国密西西比州殡仪馆和殡仪保险业务的竞争对手，因为双方之间的 3 份合同争议，本土企业作为原告在美国密西西比州法院以洛文为被告提起了商事诉讼。在诉讼过程中，主审法官不仅允许陪审团受本土企业代理律师煽动国别、种族和阶层歧视言论的影响，并且默许、暗示乃至指导陪审团违反密西西比州法律的规定对被告洛文同时作出责任承担与补偿性赔偿金以及惩罚性赔偿金的裁决，并且暗示陪审团提高惩罚性赔偿金的额度。最后，陪审团判决洛文承担 5 亿美元的赔偿金，其中包括 7500 万美元的精神损失和 4 亿美元的惩罚性赔偿金。洛文试图对该判决提起上诉，然而根据密西西比州法律规定，上诉需要提供 125% 倍一审裁决数额的保证金才能够中止执行一审判决，但是若存在合理的理由可以减免保证金数额。洛文提出减少上诉保证金数额的申请但未获批准。最后洛文未能上诉并于执行期限届满前最后一天“被迫”与本土企业达成支付 17,500 万美元的和解协议。

2. ICSID 仲裁

1998 年洛文提起 ICSID 仲裁，称因为密西西比州法院的歧视性行为、过分高额的裁决、拒绝洛文上诉的权利以及由此导致的被迫和解，美国违反了《北美自由贸易协定》第 11 章第 1102 条（国民待遇）、第 1105 条（最低待遇标准，包括“充分保护与安全”以及“公平公正待遇”）以及第 1110 条（征收和补偿），要求美国赔偿因此给洛文造成的直接损失。而被申请人美国则反对仲裁庭的管辖权，主要理由包括：（1）国内法院对纯私人之间争议的判决不属于《北美自由贸易协定》第 11 章“一缔约方采取或维持的措施”范围因而不具有可仲裁性；（2）申请人洛文未对密西西比州法院的裁决提起上诉，其裁决并非美国司法系

① Robert Azinian, Kenneth Davitian, & Ellen Baca v. the United Mexican States, ICSID Case No. ARB(AF)/97/2, Award, 1 November 1999, paras. 106 – 124.

统的终局行为,所以密西西比州法院的裁决并不能引起《北美自由贸易协定》第11章之下的国家责任。

对于国内法院司法行为的可仲裁性,仲裁庭认为,法院的裁决可归因于国家,因为法院是国家机关,这一点在本案中并无争议。[①] 关于《北美自由贸易协定》第1105条"最低待遇标准",仲裁庭认为,"公平公正待遇"和"充分保护与安全"并非独立存在的义务,其只在习惯国际法所认可的范围内存在,[②]而在私人诉讼中拒绝司法属于习惯国际法的范畴。[③] 并且,仲裁庭认为,恶意或者恶毒的目的并非是不公平、不公正待遇或者拒绝司法的必要因素,在缺乏正当程序方面存在明显不公正以至于审判结果侵犯了司法正当性足以。[④] 仲裁庭引用蒙德夫诉美国(Mondev v. United States)仲裁庭的观点作为其判断标准,"问题是,根据国际上普遍接受的司法标准,仲裁庭是否能根据既有的事实认定被质疑的司法决定明显失当以至于构成对投资的不公平和不平等对待"。[⑤] 最后,仲裁庭认定,"整个审判过程及作为其结果的裁决明显不恰当的、丢脸的,不能够满足国际法上的最低待遇标准和公平公正待遇"。[⑥] 此外,仲裁庭否定了违反《北美自由贸易协定》第1102条的主张,因为无法进行对比;否定了违反《北美自由贸易协定》第1110条的主张,因为"违反第1110条征收条款的请求只有在洛文能够确立第1105条之下拒绝司法的情形下才能成立"。[⑦]

尽管如此,仲裁庭认为,司法行为构成国际不法行为还必须要满足终局性要求。"司法行为从头至尾是一个行为,只有当所有的上诉程序用尽的时候才能将之归于国家。换言之,国家并不为还未被上诉至最后审级的错误的法院裁决承担责任。"[⑧]"可以在一国国内司法程序中对之提起上诉的法院裁决并不构成国际层面的拒绝司法,这一原则与国际法对国家施以的提供公平有效的司法

---

① Loewen Group, Inc. and Raymond L. Loewen v. the United States, ICSID Case No. ARB(AF)/98/3, Award, 26 June 2003, para. 148.

② Ibid., para. 128.

③ Ibid., para. 129.

④ Ibid., para. 132.

⑤ Mondev International Ltd. v. United States of America, ICSID Case No. ARB(AF)/99/2, Award, 11 October 2002, para. 127.

⑥ Loewen Group, Inc. and Raymond L. Loewen v. the United States, ICSID Case No. ARB(AF)/98/3, Award, 26 June 2003, para. 137.

⑦ Ibid., para. 141.

⑧ Ibid., para. 143.

体系有关”,[1]其目的在于“提供给国家在其法律系统内更正低等法院初步的国际违法行为的机会”。[2] 关于《北美自由贸易协定》第 1121 条的放弃当地救济条款,仲裁庭认为,该条款并不适用于被诉客体为司法行为的案件,换言之,当国际不法行为是由司法行为所引起时,需要满足用尽当地救济的条件。[3] 不过,对于司法决定的终局性,仲裁庭提出,用尽当地救济义务指的是用尽在实际中有效的、充足的、合理存在的救济,而非用尽理论上存在但实际上并不可行的任何救济。[4] 最后,因为洛文未能举证证明除了签署和解协议之外,并不存在其他合理的救济,即仲裁庭认定洛文未能满足用尽合理当地救济的条件,进而认定仲裁庭无管辖权。

3. 洛文诉美国案的影响

本案中对司法行为与司法措施提起仲裁并进行审查的诉由包括拒绝司法、违反待遇标准以及征收,仲裁庭在裁决过程中并未对三者进行严格区分,而是均将其在本质上视为习惯国际法上的拒绝司法。本案确立了这样的规则:要求一国对其司法行为承担国家责任的前提是该司法裁决必须具备终局性,从而对审查国内法院的司法行为设立了一定的门槛即用尽当地救济——实际上可行的、合理的救济。但同时这一弹性门槛也为仲裁庭的自由裁量权留下了空间。洛文案所确立的司法终局性原则对后续国际投资仲裁实践产生了深远的影响。洛文案之后,很少再有投资仲裁庭认定拒绝司法。实际上只有一例现代的投资仲裁裁决明确认定了拒绝司法,[5]即佩·卡萨多诉智利(Pey Casado v. Chile)案。[6]

(三)彭特尼利诉阿尔巴尼亚(Pentechnili v. Albania)

1997 年阿尔巴尼亚发生严重内乱。某公路承包商的工地在内乱中遭受严重损失。该承包商曾经与阿尔巴尼亚公路总指挥部签订两个施工合同,合同约定阿尔巴尼亚公路总指挥部接受内乱损失风险。对于内乱给承包商造成的损

---

① Loewen Group, Inc. and Raymond L. Loewen v. the United States, ICSID Case No. ARB(AF)/98/3, Award, 26 June 2003, para. 153.

② Ibid., para. 156.

③ Ibid., paras. 158 – 164.

④ Ibid., paras. 165 – 171.

⑤ Michael D. Goldhaber, The Rise of Arbitral Power over Domestic Courts, 1(2) Standford Journal of Complex Litigation (2013), p. 386.

⑥ Victor Pey Casado and President Allende Foundation v. Republic of Chile, ICSID Case No. ARB/98/2, Final Award, 8 May 2008.

失,阿尔巴尼亚公路总指挥部评估为约182万美元。于是阿尔巴尼亚公路总指挥部的上级监管部门公共工程部要求财政部向承包商支付此笔赔偿,但遭到财政部拒绝。承包商于2001年在阿尔巴尼亚法院起诉公共工程部,但上诉法院认为根据阿尔巴尼亚法律该施工合同条款无效,因为该条款旨在创设无过错责任。承包商曾上诉至最高法院但因认为无望获得公正处理随后放弃,并依据1991年阿尔巴尼亚与希腊双边投资条约提起仲裁程序。本案中存在这样的问题,即承包商在阿尔巴尼亚法院的诉讼行为是否会导致其不能根据投资条约提起仲裁,以及国内法院程序是否存在拒绝司法。

独任仲裁员扬·鲍尔森认为,由于投资者已经将该合同争端提交至国内法院解决,本仲裁诉求具有不可受理性,但这并不影响投资者提起当地救济存在拒绝司法的国际诉求。① 对于拒绝司法的构成标准和条件,仲裁员认为:

> 一般规则是仅仅解释国内法的错误本身并不涉及国家责任。不过,错误地适用法律可能成为拒绝司法的证明因素。但拒绝司法要求极高的标准:错误必须是称职的法官合理情况下都不会犯的错误。拒绝司法的认定将意味着国家甚至没有提供最低标准的有效的司法体系。②

具体到本案,仲裁庭认为,很难理解为什么合同第11(1)条会违反阿尔巴尼亚公共政策,该条系国际施工合同中的标准条款,效仿的是1992年修订的第4版《菲迪克民用工程建设施工条件》第20.4条“雇主风险”;仅仅因为它创设了无过错责任便构成非法很难让人接受,因为风险的分配是传统的和合法的合同目标。③ 所以,从表面上看阿尔巴尼亚法院判决有可能构成极端的法律滥用。④ 不过,由于投资者并未用尽合理的当地救济,所以仲裁庭认为没必要进一步分析。对于何为用尽合理的当地救济,仲裁员指出:

> 直至给予整个司法体系合理的机会纠正异常的司法行为后才会产生拒绝

---

① Pantechniki S. A. Contractors & Engineers (Greece) v. The Republic of Albania, ICSID Case No. ARB/07/21, Award, 30 July 2009, para. 93.

② Ibid., para. 94.

③ Ibid., para. 95.

④ Ibid., para. 96.

司法。这并不意味着要求寻求合理范围之外的救济。可能没有必要提起理论上存在但实际上从来不用的诉讼。根本没必要间接地提起平行管辖程序（如撤销不称职法官的行政上诉）。[①]

而本案的情况非常简单，由于投资者没有实际完成在最高法院的诉讼程序，阿尔巴尼亚便不能承担拒绝司法的国际责任。仲裁员认为，不能假设最高法院的程序同样没用因为它会将案件发回上诉法院而面临着另一个不可避免的坏判决，也不能推定上诉法院总是不能或不愿意根据最低国际标准进行裁判，而是要将程序实际进行到最后才能主张拒绝司法。[②]

与洛文案不同的是，本案拒绝司法诉求的客体是投资者在东道国国内法院进行的投资合同争端解决程序，而非纯粹解决私人之间争端的国内法律程序。不过，本案同样确立了仲裁庭在认定拒绝司法的国际责任时对国内法院判决的法律适用进行实质性审查的权力，以及拒绝司法须以用尽合理存在的当地救济为条件。同时，本案仲裁员对何为用尽“合理的”当地救济进行了更为详细的阐释，特别是拒绝对国内法院的救济效果进行无效推定而要求投资者实际完成所有直接的上诉程序。

从投资仲裁实践可以看出，拒绝司法的外延模糊，有的限于国内法院的（合同）投资争端解决程序，有的则超出了投资争端解决程序范畴，广泛涉及纯粹私人之间的纠纷解决程序；拒绝司法的内涵普遍涉及国内法院的程序和判决实体问题；实体方面，对国内法院判决审查的程度界限不清晰，仲裁庭很容易跨越其非国内法院上诉机构的界限，对国内法院判决的法律适用和证据支持进行全面、实质性审查。

四、禁止拒绝司法的范围与标准

鲁道夫·多尔查（Rudolf Dolzer）和克里斯托弗·朔伊尔（Christoph Schreuer）提出，投资仲裁庭对国内法院的审查主要基于投资者诉诸法院的权利、公正审判的权利以及禁止拒绝司法的原则，关系到司法程序的三个阶段：提出索赔的权利，双方在司法程序中受到公平待遇的权利，以及在程序结束时和

---

① Pantechniki S. A. Contractors & Engineers (Greece) v. The Republic of Albania, ICSID Case No. ARB/07/21, Award, 30 July 2009, para. 96.

② Ibid., para. 102.

执行阶段获得合理裁定的权利。[①] 那么,将习惯国际法中的禁止拒绝司法义务纳入投资争端解决语境时,国际仲裁庭对国内法院审查的范围与标准是什么?它是否意味着投资仲裁庭可以对东道国国内法院所有司法行为进行实质性审查呢?尽管禁止拒绝司法已经广为接受,但是禁止拒绝司法及其背后所体现的国际最低标准的内容和标准却不无争议。

(一)禁止拒绝司法的适用范围

首先,在投资者—国家仲裁中,禁止拒绝司法的习惯国际法原则是否包含缔约国对其国内司法体系的一般性承诺,还是只限于东道国国内法院所审理的投资争端法律程序。换言之,类似于洛文案中纯粹私人之间的国内法律程序,是否属于投资仲裁庭审理的客体范畴。投资仲裁庭的理由是国内法院系国家机关之一,而国家在国际法上是一个单独的主体,因而国家需要为作为其国家机关的国内法院之国际不法行为承担国际责任。其次,禁止拒绝司法的适用范围是否既涵盖明显的程序不正当,也包括明显的实体错误。法官拒绝审理申请人的诉求当然构成拒绝司法,这是最为狭义的拒绝司法。问题是投资仲裁庭能否对已经进入东道国法律程序的司法行为或者判决本身进行审查。

诚然,根据作为习惯国际法编纂的《国家对国际不法行为的责任条款草案》,国内法院的作为或者不作为都有可能引发国家的国际责任。然而,问题是《国家对国际不法行为的责任条款草案》是否当然纳入投资条约,该种国家责任是否应当由投资仲裁庭裁判。回答这一问题既需要考察禁止拒绝司法原则的初衷,也需要考察国际投资体制的初衷。

“之所以要求国家须为拒绝司法承担国际责任,是为了满足东道国应当为外国人提供有效权利保护的国际需求,不论此等权利是来自于国内法还是国际法。外国人有权利获得国际标准的程序公正。这是拒绝司法概念存在的理由。”[②]然而,如上所述,不得拒绝司法的内涵和外延并不清晰,历史上还面临着卡尔沃主义的挑战。唯一确定的便是最狭义上的拒绝司法。此外,禁止拒绝司法原则产生于外交保护的背景下,其与用尽当地救济的习惯国际法规则相辅相成。外交保护与当代国际投资仲裁体制的根本不同在于,后者赋予了个人以提

---

① 参见[德]鲁道夫·多尔查、[奥]克里斯托弗·朔伊尔:《国际投资法原则》(原书第2版),祁欢、施进译,中国政法大学出版社2014年版,第189页。

② Jan Paulsson, *Denial of Justice in International Law*, Cambridge: Cambridge University Press, 2005, p. 7.

起国际仲裁的直接诉权。根据传统国际法,个人并不具有国际法上的主体地位。投资者的诉权和国际仲裁庭的裁判权来自缔约国的明确同意。这意味着在投资者—国家仲裁中,缔约国的义务应当限于主权国家明确让渡的范围内,即东道国的义务应当限于投资条约的明文规定。然而,并非所有的投资条约均明确涉及拒绝司法。

以《北美自由贸易协定》第 11 章为例,该章并无有关"拒绝司法"的明确条款,该协定第 1101 条规定本章适用于缔约方采取的与另一缔约方的投资者或者投资者的投资有关的"措施"(measures),并且该条第 4 款明确规定本章并不影响缔约方以不违反本章的方式履行诸如法律实施(law enforcement)之类的功能或者服务。其中,与投资者或者投资者的投资"有关"应视为直接相关,而不宜做过分宽泛的解释;将"措施"解释为包括所有司法程序和司法决定似乎有些牵强。纵观后续的投资待遇条款和争端解决条款,其均指向东道国对投资者所直接采取的措施或者此等措施所引发的投资争端。至少,洛文案的直接争议并非投资者和美国之间的投资争议,而是起因于投资者在其与竞争对手之间的民事诉讼中败诉,国内法院判决并非直接针对投资者或者投资者的投资而采取的"措施"。如果说洛文案所涉及的纯粹私人间民事诉讼程序也是投资仲裁庭审理的对象,那么,东道国所有的司法行为,包括刑事诉讼程序,只要涉及外国投资者或者投资者的投资,无论这些法律程序是否以解决投资争端为目的或者直接涉及投资者的投资,均在投资仲裁庭的管辖范围之内。显然,这已经超出了投资条约的规制范畴。[①] 如果作为习惯国际法的目的禁止拒绝司法义务因其强制性而无须缔约国表示同意,继而需要对投资条约中的"措施"进行扩大解释,该"措施"应当限于直接影响投资者或者投资者的投资的司法行为,诸如艾兹尼亚诉墨西哥案和彭特尼利诉阿尔巴尼亚案中涉及投资合同争议的法院判决,而不应当超出投资条约的适用范围。

关于禁止拒绝司法的内涵,艾兹尼亚诉墨西哥案、洛文案和彭特尼利诉阿尔巴尼亚案仲裁庭均认为其既包括程序上的拒绝司法,也包括实体上的拒绝司法。学术上争议最大的是应否认可实体上的拒绝司法。美国 2004 年和 2012 年

① 参见第二章第五节。

双边投资条约范本的措辞似乎将拒绝司法指向程序上的拒绝司法。[①] 2015 年印度双边投资条约范本第 14 条明确否定了投资仲裁庭对东道国国内法院的判决进行实体性审查的权力：

> 仲裁庭不得审查已经为东道国任何司法机关终审裁决的争端投资者与被诉国或者争端投资者、投资或者任何其他与投资有共同权利(利益)的自然人(法人)与被诉国或者第三方之间的任何法律问题;不得对东道国司法机关所做判决的实体问题进行审查。

但更多投资条约并未就此予以明确规定。扬·鲍尔森提出,拒绝司法只能是程序上的。[②] "当国内法院错误地适用国际法,该实体违反不应当被称为拒绝司法,因为国内法院负有实施司法的职责;此时,应当由国家直接承担国际责任,而无须仅仅因为此等违反是由一国司法机关实施的而给予一个特殊的名称。"[③]"禁止拒绝司法原则并非是为了保护国际法上的实体权利,原因很简单,国内法院对此等权利并不拥有最终话语权。"[④]"国内法下的实体权利由国家创设,受制于国家立法和解释法律的主权权威。所以恰当组成的国家机构根据国内法驳回某一诉求,无论其在国内法上正确与否,并不产生国际法上的不法行为,除非国内法律程序违反了国际标准的正当程序。"[⑤]扬·鲍尔森认为,"当国内法院错误地适用或不适用国内法,此等错误通常并不产生国际责任,除非此等错误是以不同寻常的方式进行的,学者通常将其称为技术性或程序性拒绝司法"。[⑥]

适用国际标准对国内法院判决的结果进行公正与否的评判将与国家的属地管辖权相冲突。投资条约通常规定,投资者进行投资,乃至在经营的整个过

---

① 第 5.2(a)条原文:"fair and equitable treatment" includes the obligation not to deny justice in criminal, civil, or administrative adjudicatory proceedings in accordance with the principle of due process embodied in the principal legal systems of the world。

② See Jan Paulsson, *Denial of Justice in International Law*, Cambridge: Cambridge University Press, 2005, p. 7.

③ Ibid., pp. 4 – 5.

④ Ibid., p. 7.

⑤ Ibid.

⑥ Ibid., p. 5.

程中都须遵守东道国的法律法规。值得强调的是，投资者需要遵守的是在当地适用的国内法而非国际仲裁庭所理解的国内法。① 当法院判决只违背国内法，而不构成违反国际法时，如果照样适用国家责任原则可能有失偏颇，违背常理。② 所以投资仲裁庭对国内法院判决适用国内法的公正性进行全面审查似乎不妥，有一种权威意见主张“因有意歧视外国人而产生的法律错误应属于违反国际标准”。③

根据投资条约中普遍存在的岔路口条款，国内法院和国际仲裁庭作为平行的国际投资争端解决机制而存在——无论投资者选择将“争端”提交国内法院还是国际仲裁，该选择是终局的。这意味着对于提交给国内法院的投资争端，无论该争端是适用国内法解决还是国际法解决，由于国际仲裁庭并非国内法院的上诉机构，至少原则上其不应当对判决的结果进行实质性审查。弃权条款在避免双重救济上具有相似效果。在先行当地救济条款下，对于投资仲裁庭审查的客体是原始投资争端还是当地救济自身，尽管学术界存在某些不同意见，但条约文本的措辞指向原始投资争端。并且，先行当地救济条款的目的旨在为投资者提供两次救济的机会，但这并不等同于双重救济，也非是为当地救济设立一个国际上诉法庭，而是以第二次救济国际仲裁庭裁定的结果为准。在运用极为模糊和不确定的习惯国际法规则去推定缔约国的动机时，不应忽视缔约国的真正意图。当然，少数投资条约将国际仲裁庭管辖权行使的条件限定为当地救济存在拒绝司法、违反国际法等特殊情形下，这另当别论。

（二）拒绝司法的审查标准

退一步，即便是承认投资仲裁庭在极为特殊的情形下对东道国国内法院的司法行为和终审判决进行程序性和实体性审查的权力，该权力的行使也并非毫无边界。该边界应当是投资仲裁庭不能实质上扮演国内法院最高上诉机构的角色。

对于实体错误的审查，一般来讲，投资者—国家仲裁中审查的重点并非诉诸国内法院的原始争端，而是国内法院自身的审判行为与司法决定。实践中，仲裁庭一般设立了较高的门槛，几乎所有的仲裁庭都在表面上对于国内法院的

---

① 参见第四章第二节。

② 参见［英］伊恩·布朗利：《国际公法原理》（第2版），曾令良、余敏友等译，法律出版社2007年版，第468页。

③ 同上。

司法审判表示了尊重,表明其并非国内法院上诉机构的立场,不能代替、审查国内法院审理原始争议案件。“就当地法院对案件的审判结果而言,投资仲裁不会充当上诉机构,亦不会决定法院是否错误,或其他的法律观点更为合适。但是必须划清普通错误和严重不公的界限,后者不能继续视为法治行为。”①

蒙德夫诉美国案仲裁庭提出:

测试的标准并非某一特定的结果出乎意料,而是令人震惊的结果是否引发了对司法正当性的合理怀疑,必须铭记:一方面国际仲裁庭并非国内法院的上诉机构,另一方面《北美自由贸易协定》(与其他投资保护条约一样)第11章旨在为保护投资者提供有效措施。最终的问题是,根据普遍接受的司法标准,仲裁庭是否能根据既有的事实认定被质疑的司法决定明显失当以至于构成对投资的不公平和不平等对待。不得不承认这确实是一个开放的标准,但现实中也许没有更为精确的公式来涵盖所有的可能性。②

可见,当仲裁庭对判决结果进行实体审查时,并不存在一个客观的标准。对于什么是“明显”失当,普通错误和明显不公之间的界限在哪里,仲裁庭有充分的自由裁量权。实际上,对国内法院判决进行实体性审查离不开对原始争端的分析。甚至,欲认定司法判决严重不公,就必须对原始争端进行审理以预设一个相对公平的判决结果。“适用国际标准可能会要求对国内法的具体问题,以及国内救济机制的好坏作出判断与结论。因而,就法院的工作而言,就要区分什么是错误,什么是‘显失公平’(manifest injustice)。”③这也意味着,当投资仲裁庭对国内法院判决的结果进行审查以确定是否存在实体上的拒绝司法时,其非常容易跨越其权限范围——惩罚国内法院违反国际法的行为,侵入国内法院的自由领域——实质性应用国内法、国际法进行自主审判,扮演事实上的国内法院上诉机构的角色。

在洛文诉美国一案中,对司法行为的审查范围,仲裁庭反复强调根据《北美

---

① [德]鲁道夫·多尔查、[奥]克里斯托弗·朔伊尔:《国际投资法原则》(原书第2版),祁欢、施进译,中国政法大学出版社2014年版,第192页。

② Mondev International Ltd. v. United States of America, ICSID Case No. ARB(AF)/99/2, Award, 11 October 2002, para. 127.

③ [英]伊恩·布朗利:《国际公法原理》(第2版),曾令良、余敏友等译,法律出版社2007年版,第468页。

自由贸易协定》组成的仲裁庭并非国内法院裁决的上诉机制,[1]但是仲裁庭可以根据《北美自由贸易协定》和适用的国际法规则来审理有关国内法院的案件,并且当争端涉及国内法以及国内救济时,仲裁庭也可以适用国内法,[2]特别是当国内法院歧视性地违反国内法并且根据国际法标准对外国诉讼当事人的歧视已经达到明显不公正的程度时。[3] 具体到本案,“问题是整个审判以及作为其结果的裁决,是否满足了国际法上的最低标准或者《北美自由贸易协定》第1105条规定的‘公平公正待遇和充分保护与安全’”。[4] 然而,仲裁庭详细审查了本案原争端中本土企业代理律师的言论、洛文代理律师的策略,密西西比州法律所要求的分叉审判程序、司法裁决中的问题以及法官和陪审团在诉讼各个程序中所采取的措施。并且,仲裁庭专列一部分“对于审判的评估”来评价法院的审判行为,“无论用任何标准来衡量,涉及本土企业和洛文的审判都是不光彩的。根据任何审查标准,本土企业代理律师的法庭策略都是不允许的。根据任何评估标准,审判法官都没有给予洛文正当程序”。[5] “国家及其国内法院在国际法下有责任确保外国投资者获得公平的审判。确保外国诉讼当事人在诉讼中不受歧视以及避免外国诉讼当事人成为部门或当地偏见的牺牲品是一国法院的责任。在美国以及其他国家法院,对于旨在通过引起部门或当地偏见创造针对另一方当事人的敌意气氛的代理意见,都会进行谴责,并且该种代理意见是构成误判的原因之一,至少这种行为造成的不公正是无可挽回的。”[6]

在彭特尼利诉阿尔巴尼亚一案中,仲裁员对国内法院判决合同无效理由的评论亦非常类似于上诉机构对下级法院进行的上诉审查。可见,在认定实体上的拒绝司法时,并不存在一个客观的公正标准,仲裁庭非常容易扮演其所反对的国内法院上诉机构的角色。或许,这能在一定程度上印证拒绝司法只应当是程序上的。不过,程序上的最低国际标准同样难以界定,例如,在审判时限上,多长时间算是过分延迟。如果有必要对明显不公正的判决追究东道国拒绝司法的国际责任,国际仲裁庭对国内法院判决的审查应当限于形式审查。但不得

① Loewen Group, Inc. and Raymond L. Loewen v. the United States, ICSID Case No. ARB(AF)/98/3, Award, 26 June 2003, paras. 51, 121, 134, 242.

② Ibid., para. 51.

③ Ibid., para. 135.

④ Ibid., para. 121.

⑤ Ibid., para. 119.

⑥ Ibid., para. 123.

不承认，这同样是一个难以把握的“标准”。或许由于认识到对国内法院司法行为进行审查的敏感性，尽管通常宣示其在程序上和实体上全面审查东道国国内法院普通民商事乃至刑事审判的权力，绝大多数仲裁庭都主张认定拒绝司法的标准极高，并且极少在最后裁决中认定拒绝司法。

正因如此，拒绝司法在国际投资法语境下发生了转化。① 由于拒绝司法适用条件的严格性，拒绝司法的诉求比较难以获得支持，因而诸多具有拒绝司法特征的诉求转化为投资法上的其他诉求：违反公平公正待遇、间接征收、违反有效方式条款等。大多数仲裁庭通过条约解释，则尽量避免将东道国法院的司法行为认定为拒绝司法，而是倾向于归结为要求更低的（其他）条约条款的违反。

第二节 国内法院的审判行为与投资条约待遇条款

从性质上看，拒绝司法是国际法上一种不公平、不公正的待遇；而缔约国对投资者免于不公平、不公正待遇的承诺已经包含在绝大多数投资条约中。所以，在投资仲裁实践中，除了依据拒绝司法对东道国提起仲裁之外，大量案件是以违反公平公正待遇标准为由提起针对东道国国内法院司法行为的仲裁请求。② 此外，投资者的诉由还包括违反充分保护与安全、③征收等条款，或者以东道国法院既违反了习惯国际法上的禁止拒绝司法，又违反了投资条约中的相关待遇条款为由提起仲裁。

一、投资条约中的待遇条款

投资条约中通常规定公平公正待遇条款、充分保护与安全条款、最惠国待遇条款、征收条款等投资待遇条款。除某些公平公正待遇条款纳入了习惯国际法上的禁止拒绝司法原则之外，其他条款几乎没有特别针对东道国国内法院的司法行为。少数投资条约规定了“有效方式”条款，成为投资者据以挑战东道国

① See Michael D. Goldhaber, “The Rise of Arbitral Power over Domestic Courts”, 1(2) *Standford Journal of Complex Litigation* (2013), p. 384.

② See e. g., Duke Energey Electroquil Partners and Electroquil SA v. Ecuador ICSID Case No. ARB/04/19, Award, 12 August 2008, paras. 384 – 403.

③ Saluka Investments BV v. Czech Republic, UNCITRAL, Partial Award, 17 March 2006, para. 492; Robert Azinian, K. venneth Davitian & Ellen Baca v. Mexico, ICSID Case No. ARB(AF)/97/2, Award, 1 November 1999.

司法行为的依据。

(一)公平公正待遇条款

公平公正待遇在条约语言上不存在固定的版本,不同投资条约的表述可能有些不同。但这并不一定意味着代表其所指的实体义务有所不同。公平公正待遇条款通常出现在投资保护条款中。以奥地利双边投资条约范本第3条为例:

(1)每一缔约方应当授予另一缔约方投资者的投资公平公正待遇和充分、及时的保护与安全。

(2)缔约方不应通过不合理的或者歧视性措施损害另一缔约方投资者投资的管理、经营、维护、使用、享受、销售和解散。

此外,如本章第一节所述,某些投资条约还将明确将习惯国际法上的禁止拒绝司法纳入公平公正待遇条款。

尽管大多数投资条约都规定了对投资和投资者的公平公正待遇,但对该原则的精确定义却没有一致意见。与国民待遇条款和最惠国待遇条款相比,公平公正待遇条款的应用不存在技术性规范。尽管晚近以来的诸多投资条约规定公平公正待遇是指习惯国际法上的最低标准,但是公平公正待遇条款的内容却仍然充满争议。① 仲裁庭在解释公平公正待遇标准中尝试确立该标准所包含的要素:(a)警惕和保护的义务;(b)正当程序包括不拒绝司法和不武断;(c)透明度;(d)善意——可能包括透明度和不武断;(e)独立的公正因素。②

(二)充分保护与安全条款

大部分投资条约包含充分保护与安全条款,也有少数条约称为"及时保护与安全""保护与安全""物理保护与安全"。本条款出现在绝大多数投资条约中,通常与公平公正待遇条款一同存在,但对于其适用和解释却没有任何标准。例如,《北美自由贸易协定》第1105(1)条规定:

缔约方应当授予另一缔约方的国际法下的待遇,包括公平公正待遇和充分保护与安全。

---

① See OECD(2004),"Fair and Equitable Treatment Standard in International Investment Law", OECD Working Papers on International Investment,2004/03,OECD Publishing,September 2004.

② Ibid.,pp. 26 – 39.

模糊的条约语言导致投资仲裁庭有广泛的自由裁量权对国家施以高水平的义务以阻止对投资的损害。有的仲裁庭将充分保护与安全条款解释为严格责任和绝对标准,有的仲裁庭将其解释为较高程度的审慎义务;在应用范围上,有的仲裁庭认为充分保护与安全条款仅指物理安全,东道国的义务限于保护投资者免受国家或私人的暴力侵害,但近期以来大部分仲裁庭倾向于采取扩张性解释,认为此标准不仅适用于物理安全,还包括法律和商业安全。①

随后,同公平公正待遇条款一样,某些投资条约开始明确规定充分保护与安全条款指的是习惯国际法上的最低标准,并且仅指警察保护。例如,2004 年美国双边投资条约示范文本第 5.2 条规定:

"充分保护与安全"要求每一缔约方提供习惯国际法所要求的警察保护。

此外,非洲的某些投资条约不再包括充分保护与安全条款,如 2006 年《南非发展共同体金融与投资议定书》(Southern African Development Community Finance and Investment Protocol)和 2007 年《东非与南非共同投资区域共同市场投资协定》(Investment Agreement for the Common Market for Eastern and Southern Africa Common Investment Area)。

(三)最惠国待遇条款

最惠国待遇条款要求东道国给予外国投资者及其投资的待遇不低于其给予任何第三国的投资者及其投资的待遇。日本缔结的诸多投资条约以最惠国待遇形式规定投资者诉诸法院的权利,通常表述为:

在诉诸所有层级的法院和行政法庭与机构方面,包括起诉和抗辩,各缔约方在其领土内给予另一缔约方投资者的待遇应当不低于在相似情形下给予其

---

① IISD, The Full Protection and Security Standard Comes of Age: Yet another challenge for states in investment treaty arbitration, November 2011.

自己的投资者、第三方或者非缔约方投资者的待遇。①

最惠国待遇是以东道国对第三国的待遇为参照的，其本身并未规定给予投资者及其投资的待遇内容。所以，实践中投资者极少以东道国违反最惠国待遇条款为诉由对东道国的司法行为进行挑战。

（四）征收条款

通常认为征收的概念并不限于正式的财产权属变更和物理占有，也包括特定形式的国家对财产的干预。② 投资条约的征收条款通常包括“间接征收”和等同于征收的措施。例如，《北美自由贸易协定》第1110（1）条规定：

任何缔约方不得直接或间接在其领土内对另一缔约方投资者的投资进行国有化或征收，或者对此等投资采取效果上等同于国有化或征收的措施，除非：

（a）为了公共目的；

（b）在非歧视的基础上；

（c）遵守法律的正当程序和第1105（1）条；

（d）根据第2～6款支付赔偿。

对于何为间接征收以及效果上等同于征收的措施，投资条约通常并无定义。并且，也不太可能从国际仲裁庭的裁决中衍生出一个一般的、权威的定义。③ 过于宽泛的征收概念引发了是否存在“规制性征收”（regulatory takings）的问题，即国家在诸如贸易、税收和公共健康等事项行使规制权是否构成对外资的征收或者国有化并应当给予补偿。投资条约并不明确使用“规制性征收”的措辞，通常也不对东道国行使规制权是否构成可补偿的征收或国有化提供具体指南。

---

① Agreement among the Government of Japan, the Government of the Republic of Korea, and the Government of the People's Republic of China for the Promotion, Facilitation and Protection of Investment（2012）, Article 6; Agreement between Japan and Mongolia for an Economic Partnership（2016）, Article 10.6; Comprehensive Economic Partnership Agreement Between Japan and the Republic of India（2011）, Article 88.

② UNCTAD, Key Terms and Concepts in IIAs: A Glossary, UNCTAD Series on Issues in International Investment Agreements, 2004, p. 68.

③ Ibid., p. 69.

宽泛的征收概念,特别是间接征收的模糊性引发了诸多争议,为投资者以司法征收为诉由挑战东道国的司法行为留下了空间。晚近以来的投资条约开始对间接征收的认定规定具体规则。例如,2018 年签署的《美墨加协定》附件 14 – B 第 3 条规定:

(a)决定一缔约方一个或一系列行为是否在特定事实情形中构成间接征收,需要根据个案的事实,考虑的因素包括:

(i)政府行为的经济效果,但仅仅一方的行为或一系列行为对投资的经济价值有负面影响的事实并不能确立发生了征收;

(ii)政府行为对明显、合理的投资期待的影响程度;以及

(iii)政府行为的性质,包括其目标、背景和意图。

(b)通常一缔约方采取的旨在保护诸如健康、安全和环境等合法的公共福利目标的非歧视性规制行为并不构成间接征收。

尽管依据上述规则,对间接征收的认定仍存在自由裁量空间,但基本可以确定的是间接征收的措辞指向政府行为,而非司法行为。

(五)"有效方式"条款

少数投资条约规定了"有效方式"条款,即要求东道国为外国投资者主张和执行权利提供有效的方式。例如,1994 年《能源宪章条约》第 10(12)条规定:

每一缔约国应确保其国内法为投资、投资合同、投资授权相关的诉求主张和权利执行提供有效的方式。

2001 年《约旦与科威特鼓励和保护投资协定》第 3(3)条规定:

每一缔约方应当尽量为投资提供有效的设施以确保权利的获取与执行,每一缔约方应保障另一缔约方投资者诉诸法院、行政机构以及其他所有行使司法权力机构的权利,以及为投资和有关经济活动确定诉求和执行权利的目的根据法律法规委任合格人士的权利。

尽管如此,"有效方式"条款主要存在于 1983 年起至 20 世纪 90 年代美国缔结的某些双边投资条约中,2004 年和 2012 年美国双边投资条约范本已经删

除了"有效方式"条款。①

关于"有效方式"条款的效力存在诸多争议，一种观点认为，"有效方式"即为不得拒绝司法这一习惯国际法规则的正面表达；另一种观点认为，"有效方式"条款为缔约国施加了超出禁止拒绝司法之外的积极义务。② 实践中，某些仲裁庭将其解释为不同于拒绝司法的特别法，认为其意味着东道国司法体系承担了比习惯国际法更高的条约义务。

二、仲裁实践中国际仲裁庭对国内法院的审查

（一）雪佛龙诉厄瓜多尔（Ⅰ）

1. 国内法院程序

1964年美国企业特克斯彼特通过其在厄瓜多尔的子公司与厄瓜多尔政府签署的特许合同以及后续协议（1973年协议和1977年协议）获得、确认了在亚马逊地区开采石油、加工石油产品的权利。但是特克斯彼特必须首先以政府价格满足国内原油需求，剩余的产品才能在国际市场上销售。该国内原油价格显著低于国际市场价格。1987年厄瓜多尔发生地震，导致原油生产与输送不能正常进行，该种状况持续了大概6个月，于是厄瓜多尔政府不得不从其他渠道获得原油以满足国内需求。恢复正常后，厄瓜多尔政府要求特克斯彼特以及其他生产商补偿政府通过其他渠道采购的原油，因此引发争议。1991年12月至1993年12月，特克斯彼特先后在厄瓜多尔法院以厄瓜多尔政府为被告提起了7个不同的诉讼，总计要求补偿5.53亿美元的损失。1993年11月，特克斯彼特特许合同实施地区的居民在美国纽约地区法院提起了环境污染集体诉讼，美国法院以不方便管辖为由驳回起诉。此后自2004年11月起，因政治原因厄瓜多尔司法系统发生了巨变，司法独立与司法审判都受到影响。在此背景下，特克斯彼特提起的7个诉讼均未获得理想的结果，其中5个案件被驳回，一个案件获得支持但实际上无法执行，一个案件尚未做出任何裁决。

2. 联合国国际贸易法委员会仲裁

1997年5月11日，《美国与厄瓜多尔鼓励与相互保护投资条约》生效。2006年12月，雪佛龙以及特克斯彼特依据该双边条约以及联合国国际贸易法

---

① See Jessica Wirth, "'Effective Means' Means? The Legacy of Chevron v. Ecuador", (2013) 52 *Columbia Journal of Transnational Law* (2013), pp. 331 – 333.

② Ibid., pp. 331 – 332.

委员会仲裁规则提起仲裁,要求仲裁庭确认厄瓜多尔:(1)未能提供双边条约中规定的提起诉讼和执行权利的有效方式;(2)实施了习惯国际法之下的拒绝司法;(3)未能提供公平公正待遇以及充分保护与安全;(4)违反双边条约规定的禁止实施歧视性、任意性措施;(5)违反 1973 年和 1977 年双方签署的投资协议,并要求裁定厄瓜多尔全额补偿特克斯彼特在 7 个国内诉讼案件中所应当获得的赔偿金以及其他费用。

本案中涉及的主要法规包括《美国与厄瓜多尔鼓励与相互保护投资条约》第 2.3 条:

(a)缔约方应当在任何时候给予投资公平公正待遇、充分保护与安全,给予投资的待遇不得低于国际法的要求;

(b)任何缔约方不得实施任意性、歧视性措施损害投资的管理、经营、维护、使用、享受、获取、扩张或者处置。为第 6 条和第 7 条项下争端解决之目的,一缔约方已经通过其国内法院或者行政法庭对该措施予以审查的事实不影响对任意性或歧视性措施的认定。

以及第 2.7 条:

缔约方应当为与投资、投资协议以及投资授权有关诉求的提起与权利执行提供有效方式。

仲裁庭认为,本案所涉及的《美国与厄瓜多尔鼓励与相互保护投资条约》第 2.7 条所规定的司法保护"有效方式"条款较为罕见,在本案中具有重要意义。它与习惯国际法之下的禁止拒绝司法存在重合之处,但属于独立存在的条款,目的在于澄清习惯国际法下禁止拒绝司法的模糊性,构成特别法。[①] 相较于拒绝司法的高门槛,如要求国内司法显示出特别明显的缺点,令人震惊的司法不

① Chevron Corporation (USA) and Texaco Petroleum Company (USA) v. the Republic of Ecuador, UNCITRAL, PCA Case No. 34877, Partial Award on the Merits, 30 March 2010, paras. 242, 243.

正当行为等,违反司法保护"有效方式"条款证明标准较低。[①] 不仅如此,该条款为东道国创设了提供司法保护有效方式的积极义务,而消极的不干涉司法系统的功能并不足以完成该义务,所以不正当的延迟和明显不公的裁决构成对该条款的违反。[②] 此外,仲裁庭提出,该条款要求东道国提供一个投资者可以提起诉讼和执行权利的有效司法系统,所以该司法系统在个案中的效果在双边投资条约的规制范围之内,根据该条款,仲裁庭可以对个案直接进行审查。[③] 对于不正当延迟和合理的时限的标准,仲裁庭认为,这取决于个案中的情形,如案件的复杂程度、诉讼当事人的行为、案件利益的重要性以及法院自身的行为,是否超过了合理界限由仲裁庭根据上述具体情形进行判断。[④] 只要构成不正当延迟,事后的裁决并不影响东道国为不正当延迟所应当承担的赔偿责任。[⑤]

具体到本案当中所涉及的 7 个案件,仲裁庭认为,所有案件至少延迟 13 年以上自身并不足以当然认定违反"有效方式"条款,还要考察延迟的原因,而本案所涉案件并不复杂,诉讼当事人亦无过错,案件延迟的责任在于厄瓜多尔法院,所以厄瓜多尔违反了《美国与厄瓜多尔鼓励与相互保护投资条约》第 2.7 条。[⑥] 并且,仲裁庭认为,检验东道国是否提供了司法保护"有效方式"的最终标准是客观的国际标准,法院案件积压并非充分的抗辩理由,如果案件积压自身导致持续和长期的延误,那么它本身就证明了厄瓜多尔司法系统的设计和运行存在系统性问题,从而违反了该条约第 2.7 条。[⑦] 在认定了厄瓜多尔法院违反了该特别法之后,仲裁庭认为没有必要再进一步考虑申请人拒绝司法的请求,其他相关请求也无须再予以决定。[⑧]

关于在"有效方式"条款之下是否需要用尽当地救济的问题,仲裁庭认为,用尽当地救济一般适用于拒绝司法,而在"有效方式"条款之下不适用于严格的用尽当地救济,而只要求申请方利用所有可用的、有纠错可能的救济(但并不要

---

① Chevron Corporation (USA) and Texaco Petroleum Company (USA) v. the Republic of Ecuador, UNCITRAL, PCA Case No. 34877, Partial Award on the Merits, 30 March 2010, para. 244.

② Ibid., para. 248.

③ Ibid., para. 247.

④ Ibid., para. 250.

⑤ Ibid., paras. 272, 273.

⑥ Ibid., paras. 253 – 262.

⑦ Ibid., para. 263.

⑧ Ibid., para. 275.

求这些救济的成功概率高),而并不要求用尽无效的、无用的救济。[①] 在不正当延迟的情况下,延迟本身通常即为救济无效的证明,但特别针对延迟的措施除外。[②] 而本案中申请方已经充分利用了有效的救济方式,可以援引双边投资条约第2.7条的保护。最后在证明责任上,仲裁庭认为,被申请东道国应当首先证明当地救济是存在的,之后才由投资者证明当地救济方式的无效和无用,[③]而厄瓜多尔所述的救济并未达到该条约第2.7条要求用尽的标准。[④]

本案中,一方面,仲裁庭将"有效方式"条款解释为东道国承担了比禁止拒绝司法更高的条约义务,从而作为超越拒绝司法的特别法,无须遵循严格的用尽当地救济,而只需用尽有效的当地救济;并且该特别法诉求,可以涵盖拒绝司法、违反公平公正待遇等其他诉求。另一方面,对于因不当延迟所可能造成的损失,仲裁庭采取了拒绝司法状态下的计算方法,即原始诉讼中的索赔金额。[⑤]

3. 国家间争端解决

仲裁裁决做出后,厄瓜多尔向美国发送了外交照会,照会中强调了厄瓜多尔对双边投资条约中"有效方式"条款的立场。第一,"有效方式"条款下的义务并不高于习惯国际法中的拒绝司法;第二,"有效方式"条款是指为投资者主张诉求和执行权利提供一个框架或者体系,而非创设在特定案件中的义务;第三,仲裁庭没有对违反"有效方式"条款裁定赔偿的管辖权,雪佛龙一案仲裁庭侵入了国内法院的权力领域,并可能导致与国内法院判决不同的结果。[⑥] 外交照会还要求美国对厄瓜多尔的解释予以回复,不过最终美国没有回复厄瓜多尔的外交照会也没有回应其提出的问题。

2011年6月,厄瓜多尔通过根据美国与厄瓜多尔双边投资条约提起国家间仲裁程序寻求对"有效方式"条款的权威解释。美国主张国家间仲裁庭无管辖

---

① Chevron Corporation (USA) and Texaco Petroleum Company (USA) v. the Republic of Ecuador, UNCITRAL, PCA Case No. 34877, Partial Award on the Merits, 30 March 2010, paras. 324, 326.

② Ibid., para. 326.

③ Ibid., paras. 328, 329.

④ Ibid., para. 332.

⑤ See Annelise P. Karreman and Kanaga Dharmananda SC, "Time to Reassess Remedies for Delays Breaching 'Effective Means'", 30(1) *ICSID Review*(2015), pp. 118 – 141.

⑥ Request of the Republic of Ecuador to the United States of America Pursuant to Article Ⅶ of the Treaty between the United States of America and the Republic of Ecuador Concerning the Encouragement and Reciprocal Protection of Investment, 28 June 2011, paras. 7 – 9.

权,美国并未对“有效方式”条款的解释表达立场,所以与厄瓜多尔并不存在争端,美国并无对条约条款进行解释的义务。最后,仲裁庭裁定其对本案不具有管辖权。① 此外,厄瓜多尔还在美国华盛顿特区法院以及荷兰的海牙地区法院、最高法院寻求撤销仲裁裁决,但均以失败告终。②

本案仲裁庭对“有效方式”条款的解释被白色工业诉印度一案仲裁庭所效仿。③ 不过,仲裁实践并未形成一致性做法。④ 并且,规定“有效方式”条款的投资条约为数不多,主要存在于美国缔结的某些投资条约和《能源宪章条约》等。据一项不完全调查,16.5% 的双边投资条约规定了“有效方式”条款。⑤ 所以,该条款对于东道国国内法院的威胁尚在有限的范围内,目前涉及“有效方式”条款的仲裁案件还为数不多。⑥ 但考虑到仲裁庭对最惠国待遇条款所采取的扩张性解释,该条款所影响的范围可能会被扩大。⑦

(二)美国礼来公司诉加拿大案(Eli Lilly and Company v. Canada)

1. 国内法院判决

美国礼来公司及其在加拿大的子公司在加拿大市场的两项药品专利先后于 2010 年和 2011 年被加拿大法院宣告无效,理由是其未满足加拿大专利法对于发明必须具备“有用性”的要求。

---

① See Republic of Ecuador v. United States, UNCITRAL Arbitration, PCA Case 2012 – 5, Request for Arbitration, 28 June 2011.

② Chevron Corporation (USA) and Texaco Petroleum Company (USA) v. the Republic of Ecuador, UNCITRAL, PCA Case No. 34877.

③ 参见本章第三节。

④ See Guaracachi America, Inc and Rurelec PLC v. the Plurinational State of Bolivia, UNCITRAL, PCA Case No 2011 – 17, Award, 31 January 2014.

⑤ See Annelise P. Karreman and Kanaga Dharmananda SC, "Time to Reassess Remedies for Delays Breaching 'Effective Means'", 30(1) *ICSID Review*(2015), p. 124, footnote 54.

⑥ See Duke Energy Electroquil Partners and Electroquil SA v. Republic of Ecuador, ICSID Case No. ARB/04/19, Award, 18 August 2008, para. 394; Petrobart Limited v. The Kyrgyz Republic, SCC Case No. 126/2003, Arbitral Award, 29 March 2005; Limited Liability Company Amto v. Ukraine, SCC Case No. 080/2005, Final Award, 26 March 2008, para. 75; Guaracachi America, Inc and Rurelec PLC v. The Plurinational State of Bolivia, UNCITRAL, PCA Case No. 2011 – 17, Award, 31 January 2014; Apotex Holdings Inc. and Apotex Inc. v. United States of America, ICSID Case No. ARB(AF)/12/1, Award, 25 August 2014; Chevron Corporation and Texaco Petroleum Corporation v. The Republic of Ecuador, UNCITRAL, PCA Case No. 2009 – 23(pending).

⑦ 白色工业诉印度案便是仲裁庭援引最惠国待遇条款引入“有效方式”条款的经典案例,详见本章第三节。

2. ICSID 附加便利规则仲裁

美国礼来公司根据《北美自由贸易协定》第 11 章以及联合国国际贸易法委员会仲裁规则提起 ICSID 附加便利规则仲裁。根据申请人所述,加拿大法院的决定是基于 2000 年之后的“保证有用原则”,这是一项新的针对药品企业和药品的歧视性和武断性的原则,其与加拿大在《北美自由贸易协定》第 17 章之下有关专利保护的义务不符。进而,美国礼来公司认为,在申请人的专利上追溯性地应用此原则构成《北美自由贸易协定》第 1110 条之下对其投资的非法征收,并且违反了加拿大在《北美自由贸易协定》第 1105 条之下提供最低待遇标准的义务。加拿大认为,《北美自由贸易协定》第 11 章之下国内法院的决定导致违约的唯一法律基础为拒绝司法,而申请人美国礼来公司并未主张拒绝司法;对于加拿大专利法下发明必须具备“有用性”的要求,加拿大法院的解释并无明显改变;以及宣告申请人的专利无效并不构成违反《北美自由贸易协定》第 11 章或者任何其他国际义务。并且,加拿大认为,考虑加拿大是否违反《北美自由贸易协定》第 17 章或者第 11 章之外的其他义务超越了仲裁庭的权限。

本案中涉及《北美自由贸易协定》第 1110(1)条规定:

> 任何缔约方不得直接或者间接地国有化或者征收缔约另一方投资者在其领土内的投资,或者对该投资采取相当于国有化或者征收之措施,除非:(a)为了公共目的;(b)以非歧视为前提;(c)符合法律正当程序和第 1105 条第 1 款之规定;(d)根据第 2 款至第 6 款的规定支付补偿,以及《北美自由贸易协定》第 1105(1)条规定,每一缔约方应给予缔约另一方投资者之投资以符合国际法的待遇,包括公平与公正待遇和充分保护与保障。

本案焦点之一,为《北美自由贸易协定》第 11 章之下司法决定所引发的国家责任问题,即投资仲裁庭对国内法院司法决定进行审查的事由范围与门槛。对此,从一般的意义上,仲裁庭确认了司法行为引发国家责任的可能性与门槛,“当司法机关的决定或者其他司法行为低于可以接受的最低标准以至于其结果让人震惊到质疑司法的正当性或者审判能力时,可能会引发国家责任”。[①] 于是本案中的具体问题为不构成拒绝司法的法院行为是否构成违反《北美自由贸易协定》

① Eli Lilly and Company v. Canada, Case No. UNCT/14/2, Award, 16 March 2017, para. 219.

协定》第1105条或者第1110条。

第一,仲裁庭认为,"由于司法机关是国家的组成部分,所以根据国家责任法下通行的归责原则,司法行为一般可归因于国家。因而,司法作为(或者不作为)存在构成《北美自由贸易协定》第1110条之下征收的可能性,如在司法决定中固化一项违反《北美自由贸易协定》第1110条的剥夺行为的情况下"。[①] 但同时仲裁庭强调,"就《北美自由贸易协定》第1105(1)条而言,根据《北美自由贸易协定》第11章组建的仲裁庭并非国内司法机关所做判决的上诉机构"。[②]

第二,仲裁庭认为,违反《北美自由贸易协定》第1105条之下的习惯国际法最低待遇标准,要求一项行为必须是足够震惊的——严重的拒绝司法、明显的武断、公然的不公正、完全缺乏正当程序、可以证明的歧视或者明显缺乏理由,以至于低于可以接受的国际标准并构成违反第1105条。[③]

第三,仲裁庭认为,违反习惯国际法之下的最低待遇标准,尽管可能不在拒绝司法的涵盖范围之内,亦可能构成《北美自由贸易协定》第1105条之诉求的基础。"在满足格拉姆斯黄金诉美国案(Glamis Gold v. U. S.)裁决所设标准的情况下,仲裁庭不排除不具备拒绝司法特征的司法行为构成《北美自由贸易协定》第1105条之下国家责任的可能性。"[④]

第四,仲裁庭提出,在考虑司法机关的决定时,对于第1105(1)条和第1110条义务之间的关系,在任何案件中都需要仔细衡量。

第五,仲裁庭认定,加拿大法院的行为不构成违反《北美自由贸易协定》第1105(1)条或第1110条,驳回了美国礼来公司的仲裁请求。

本案中,一方面,仲裁庭确认了司法行为构成《北美自由贸易协定》第1110条下征收的可能性,从而确认了禁止拒绝司法原则之外投资仲裁庭在其他方面审查国内法院行为的可能性;另一方面,仲裁庭在对国内法院司法行为进行审查的过程中非常审慎,极力避免扮演上诉机构的角色,并且最后裁决驳回了投资者的请求。仲裁庭认为,司法征收和拒绝司法是两个独立的概念,拒绝司法并不是司法征收的必要条件。不过仲裁庭并未将两者严格区分,因为违反习惯国际法上的最低待遇标准亦可能构成违反《北美自由贸易协定》第1105条。

---

① Eli Lilly and Company v. Canada, Case No. UNCT/14/2, Award, 16 March 2017, para. 221.

② Ibid.

③ Ibid., para. 222.

④ Ibid., para. 223.

三、投资条约待遇条款与禁止拒绝司法的关系

仲裁实践中，除了传统的禁止拒绝司法外，公平公正待遇、充分保护与安全、间接征收、"有效方式"条款，乃至最惠国待遇条款、保护伞条款等均成为仲裁庭审查东道国司法行为的法律依据。这些条款与禁止拒绝司法的关系，不同仲裁庭的解释不尽相同。投资条约中过于模糊的术语是造成此种不一致的重要原因。

如上所述，虽然公平公正待遇已经成为投资条约的必备条款，但除了2001年北美自由贸易区自由贸易委员会对《北美自由贸易协定》第1105条第1款做出解释外，没有任何条约详细列出公平公正待遇的具体内容和标准。[①] 特别是，公平公正待遇与最低待遇标准的共性和区别是什么也没有定论。

一般认为，司法中的正当程序和禁止拒绝司法是公平公正待遇的重要组成部分。在扬德努尔与疏浚国际诉埃及一案中，仲裁庭认为，公平公正待遇标准包括禁止拒绝司法这一概念。[②] 扬·鲍尔森则认为实体上的拒绝司法应当归属于违反公平公正待遇而非拒绝司法。

> 现代国际法中并无实体上的拒绝司法的空间。无数国际裁决表明即便是最为费解和没有说服力的国内判决也会得到支持，因为国际法并不能推翻国内司法机构根据其国内法作出的决定。坚持在极为不具有说服力的裁决情形下适用实体性拒绝司法，此种区分是不可行的。如果判决极为不公，是因为受害方没有获得公正待遇。国家承担责任的基础是不公平、不公正待遇，而非错误适用国内法自身。[③] 即便是在极端案件中判决的实体质量可能导致拒绝司法，国际审判者的目标也绝不是进行实体审查。[④]

公平公正待遇的范围广于禁止拒绝司法，那么，问题是对于不构成拒绝司法的不当司法行为投资者是否可以以违反公平公正待遇为由要求投资仲裁庭

---

① 参见王贵国：《国际投资法》，法律出版社2008年版，第116页。

② See Jan de Nul N. V. and Dredging International N. V. v. Arab Republic of Egypt, ICSID Case No. ARB/04/13, Award, November 2008, para. 188.

③ Jan Paulsson, *Denial of Justice in International Law*, Cambridge: Cambridge University Press, 2005, p. 82.

④ Ibid., p. 84.

对国内法院的司法决定进行审查？如果答案是肯定的，这将意味着在国际投资法语境下司法行为所引发的国家责任超越了传统的拒绝司法。尽管仲裁庭可以根据《维也纳条约法公约》进行解释，但缔约国仍需要进一步明确其条约意图。

同样，大多数投资条约都规定了间接征收，然而，间接征收却没有明确的概念定义，①间接征收问题在法庭裁决的案件情形中纷繁复杂，法庭裁决的推理也是多样化的，②这就使间接征收的主体不仅可以被解释为政府机关，亦可以被解释为司法机构。

对于司法征收与拒绝司法的关系，美国礼来公司诉加拿大一案仲裁庭将拒绝司法与司法征收作为相互独立的诉求，而艾兹尼亚诉墨西哥一案仲裁庭则将拒绝司法作为司法征收的核心要素。③ 对此，应当区分两种情形。对于能动性很强的司法机构，其发布的一般性司法决定可能会直接影响到众多投资者的利益，从而引发司法机关间接征收的投资仲裁案件，如 2012 年印度最高法院取消外资电信 2G 牌照许可的司法决定。此时，东道国法院的司法措施类似于政府行政措施。另外，由东道国政府采取的某些行政措施可能还需要获得其国内法院的确认或者执行，此时法院的司法行为可能构成征收的组成部分。在此意义上，司法征收只是由司法机关实施的征收，与拒绝司法无关。另一种情形是与特定投资争端有关的司法判决，投资者对判决结果不满意。如上所述，晚近缔结的诸多投资条约开始对间接征收的认定提供具体指引并使用“政府行为”的措辞。据此，如能解释为将司法行为排除在间接征收之外，也就不存在司法征收的命题。

“有效方式”条款的意图并不明确。它是否旨在创设一个比禁止拒绝司法更高的义务，是否意味着投资仲裁庭可以对缔约国整个司法体系的有效性进行评判，存在诸多争议。④ 并且，作为在双边投资条约中使用“有效方式”条款最多的国家，美国拒绝对其进行解释或者表达立场，这使今后仲裁庭对“有效方式”条款的解释依然存在不确定性。尽管如此，雪佛龙诉厄瓜多尔一案仲裁庭

---

① 参见[德]鲁道夫·多尔查、[奥]克里斯托弗·朔伊尔：《国际投资法原则》(原书第2版)，祁欢、施进译，中国政法大学出版社 2014 年版，第 103 页。

② 同上书，第 106 页。

③ See Robert Azinian, Kenneth Davitian & Ellen Baca v. Mexico, ICSID Case No. ARB(AF)/97/2, Award, 1 November 1999, para. 97.

④ See Jessica Wirth, "'Effective Means' Means? The Legacy of Chevron v. Ecuador", 52 *Columbia Journal of Transnational Law*(2013), pp. 325 – 367.

推定缔约方意图的方法与国际公法的原则不符,其认定“有效方式”条款作为特别法的解释值得质疑。①

在雪佛龙诉厄瓜多尔案之前,曾有3个投资争端涉及“有效方式”条款,仲裁庭的解释不尽相同。在第一个案件彼得罗巴特诉吉尔吉斯(Petrobart v. The Kyrgyz Republic)中,仲裁庭并未对“有效方式”条款进行实质性分析,而是将政府对司法系统的干预认定为违反公平公正待遇条款。② 第二个案件为安美诉乌克兰(AMTO v. Ukraine)。申请人主张乌克兰破产法在立法上不符合国际标准,没有提供在乌克兰法院主张权利的“有效方式”。仲裁庭认为立法上的不足有可能导致东道国违反“有效方式”条款,但本案中乌克兰破产法足以提供保护,并不违反“有效方式”条款。③ 在第三个案件杜克能源诉厄瓜多尔(Duke Energy v. Ecuador)中,仲裁庭认为“有效方式”条款旨在实施禁止拒绝司法并构成禁止拒绝司法的更为一般性保障的一部分。④ 不过,仲裁庭最终认定由于申请方不能证明被诉方不存在充足和有效的救济,被诉方并未违反“有效方式”条款。

晚近以来缔结的投资条约(包括美国缔结的投资条约)中已经极少出现“有效方式”条款,更为普遍的是只在公平公正待遇条款中纳入不得拒绝司法的习惯国际法原则。国家的嗣后条约实践或许能为“有效方式”条款的解释提供借鉴。

总之,除了投资条约有明确规定的情况之外,以拒绝司法之外的诉由追究东道国的国家责任是否恰当值得深思。第一,投资条约对东道国政府对待外国投资的行为进行规制无可争议,然而投资条约中的投资待遇条款是否当然适用于东道国司法机关值得深思,进而,东道国是否以及在多大程度上同意将其司法机关的审判行为置于国际仲裁庭的审查之下值得怀疑;第二,对于常规的司法审判行为,⑤以投资待遇条款追究东道国司法机关的责任(将之归责于国家责

---

① See Jessica Wirth, "'Effective Means' Means? The Legacy of Chevron v. Ecuador", 52 *Columbia Journal of Transnational Law*(2013),325 – 367, pp. 349 – 353.

② Petrobart Limited v. The Kyrgyz Republic, SCC Case No. 126/2003, Arbitral Award, 29 March 2005, para, 26.

③ Limited Liability Company Amto v. Ukraine, SCC Case No. 080/2005, Final Award, 26 March 2008, para. 89.

④ Duke Energy Electroquil Partners & Electroquil S. A. v. Republic of Ecuador, ICSID Case No. ARB/04/19, Award, 18 August 2008, para. 391.

⑤ 不同于类似行政行为的司法决定。

任）与拒绝司法的国际责任是否存在以及在多大程度上存在不同，存在诸多争议。①

尽管投资仲裁庭的条约解释方法值得质疑，但是缔约国应当对投资条约的（不当）解释负有首要责任。缔约国若要限制投资仲裁庭对国内法院司法行为的审查与干预，应当通过修订条约或者作出联合解释等方式澄清其意图。事实证明，越具体的条约语言越能避免条约的不当解释。当然，此种经验通常是在发生具体争议后才能获得，很难充分预见。例如，由于最惠国待遇条款曾经在投资者—国家争端解决中引发诸多争议，即能否将最惠国待遇条款适用于争端解决事项而引入其他投资条约中的争端解决条款，②大多数晚近缔结的投资条约已经明确规定最惠国待遇不适用于争端解决条款，从而不再存在引入其他投资条约更有利的条款，如"有效方式"条款，来挑战东道国司法行为的可能性。同样，由于保护伞条款在投资仲裁实践中所引发的争议，晚近缔结的诸多投资条约完全删除了保护伞条款，某些规定了保护伞条款的投资条约对合同争端解决进行了特殊规定。③

四、投资仲裁庭依投资待遇条款对东道国审判行为审查的权限

对于东道国国内法院的司法行为，仲裁庭分析的逻辑起点均为东道国法院属于东道国的组成机关，其行为可归责于国家，故国内法院的司法行为同样受到国际法规则的制约。换言之，除了习惯国际法或者条约规定的禁止拒绝司法义务之外，投资条约中的投资待遇条款如公平公正待遇、间接征收等同样适用于东道国国内法院的司法审判行为。投资者—国家仲裁庭对东道国国内法院的管辖范围甚为全面，涉及私人之间的民事争端审判、私人与政府之间的行政争端审判、刑事审判、法院的强制措施等。④ 同拒绝司法一样，投资待遇条款下投资仲裁庭是否以及可以在何种范围和程度上对东道国国内法院的具体审判行为进行审查，成为一个需要探讨的问题。

---

① See Alexis Mourre, Expropriation by Courts: Is It Expropriation or Denial of Justice? Contemporary Issues in International Arbitration and Mediation: The Fordham Papers (2011), pp. 60 – 69.

② See UNCTAD, Investor-State Dispute Settlement: UNCTAD Series on International Investment Agreements Ⅱ (New York and Geneva: United Nations, 2014), pp. 162 – 164.

③ Ibid., pp. 164 – 168.

④ See Sergei Paushok, CJSC Golden East Company and CJSC Vostokneftegaz Company v. The Government of Mongolia, UNCITRAL, Award on Jurisdiction and Liability, 28 April 2011.

“有效方式”条款可能仅指缔约国提供一个有效司法体系的承诺，而非投资仲裁庭在个案中审查东道国审判行为的依据。安美诉乌克兰一案仲裁庭认为，“‘有效’是一个系统的、比较的、渐进的和实际的标准。‘系统的’指的是国家必须为权利执行提供一个有效的框架或者体系，但并不在个案中提供此种保证。个案中的失败可能是系统性不充分的证据，但自身并不构成违反‘有效方式’条款”。① 仲裁庭提出只要东道国存在尊重财产和合同权利的公共法治以及充足的程序规则允许投资者在国内法院寻求救济，投资者就有主张诉求和执行权利的“有效方式”。② 杜克能源诉厄瓜多尔一案仲裁庭则认为，“有效方式”条款指的是保护投资的系统的或机构上的方式，如诉诸法院的权利，但仅仅存在此等机制并不足以决定国家是否违反“有效方式”条款，机制的功能或作用才是关键因素。③ 可见，判断是否违反“有效方式”条款的恰当方法应当是对东道国立法和司法体系进行整体性审查，而非对个案的程序和实体事项进行审查。

退一步讲，即便是仲裁庭可以对个案进行审查以取得系统性不充足的证据，此等审查应当限于形式审查。在雪佛龙诉厄瓜多尔一案中，一方面，仲裁庭承认，“有效方式”条款并非旨在赋予仲裁庭作为国内法院上诉机构的权力，所以仲裁庭应当对国内法院予以尊重，避免重新审查被指控的当地司法系统失误的所有细节。④ 另一方面，仲裁庭将“有效方式”条款解释为赋予仲裁庭依据所谓“客观”的国际标准自主评判东道国司法体系，特别是在个案中审查东道国国内法院司法行为的依据。接下来，仲裁庭对特克斯彼特在厄瓜多尔法院提起的7个案件进行了详细分析，认为在其中6个案件中（声称获得胜诉但不能执行的案件未被仲裁庭支持），一个诚实、独立公正的厄瓜多尔法官都应当支持特克斯彼特的诉讼请求。⑤ 最后，仲裁庭裁决由厄瓜多尔支付以这个6个案件的诉讼金额为基础计算的赔偿金。本案中，仲裁员俨然将自身置于厄瓜多尔国内法官的角色，其直接代替国内法院对投资者起诉厄瓜多尔政府的7个国内投资争端

---

① Limited Liability Company Amto v. Ukraine, SCC Case No. 080/2005, Final Award, 26 March 2008, para. 88.

② Ibid., para. 87.

③ Duke Energy Electroquil Partners & Electroquil S. A. v. Republic of Ecuador, ICSID Case No. ARB/04/19, Award, 18 August 2008, para. 391.

④ Chevron Corporation (USA) and Texaco Petroleum Company (USA) v. the Republic of Ecuador, UNCITRAL, PCA Case No. 34877, Partial Award on the Merits, 30 March 2010, para. 247.

⑤ Ibid., paras. 389 - 498.

案件做出了裁决,并将裁决结果直接转换为投资仲裁裁决,要求厄瓜多尔承担赔偿责任,而不顾厄瓜多尔法院在延迟期间已经做出了裁决的事实。此时,仲裁庭审理的重点已经不是厄瓜多尔法院自身的行为,而是提交至厄瓜多尔法院的初始争议,投资仲裁庭所扮演的角色几乎无异于国内法院的上诉机构。

在其他投资待遇条款下,投资仲裁庭亦不适合对国内法院判决进行实体审查。在美国礼来公司诉加拿大一案中,仲裁庭拒绝对东道国国内法院的具体判决进行审查。仲裁庭强调,"《北美自由贸易协定》第 11 章仲裁庭并非国内司法机关裁决的上诉机构。《北美自由贸易协定》第 11 章仲裁庭无权审查国内法院的裁决,对于国内法院的行为和决定,应当予以充分尊重。只有在极其例外的情形下,有明确的证据足以认定存在令人震惊的行为时,《北美自由贸易协定》第 11 章仲裁庭根据《北美自由贸易协定》第 1105(1)条之下的国家义务评估法院的行为才是恰当的"。[①] 本案仲裁庭对加拿大国内司法机关体现了最大限度的尊重。对于国内法院的司法决定,仲裁庭确立了较高的审查门槛,其反复强调投资者—国家仲裁庭并非国内法院的上诉机构,因而拒绝对原国内法之下的争端进行审查,从而将投资仲裁庭对国内法院的审查限定在传统的拒绝司法,特别是程序上的拒绝司法,以及过分低于正常标准的极端司法行为。总之,尽管本案仲裁庭在原则上确立了存在司法征收的可能性,进而确立了投资仲裁庭根据征收条款对国内法院司法行为进行审查的权力,其在实际行使此种权力时却非常克制。

总之,仲裁实践中,不同仲裁庭采取的审查标准和审查范围不尽相同,有的仲裁庭尽量尊重东道国法院的自由裁量权而避免对其具体的司法裁决进行实质性审查,某些仲裁庭则将国内法院司法行为的特殊性予以淡化,并放松用尽当地救济的要求。

同拒绝司法一样,国内法院作为一国司法机关的事实并不必然导致投资仲裁庭有权依据投资待遇条款对东道国法院的判决进行审查,投资仲裁庭的权力来自于投资条约的授权,对此等权力的解释不应违背条约意图。如上所述,2015 年印度双边投资条约范本已经明确否定了投资仲裁庭对国内法院判决进行实体审查的权力。即便是某些投资条约明确纳入了缔约国在司法体系方面的义务,如前述日本将投资者诉诸司法的权利包括在最惠国待遇条款中,投资

---

① Eli Lilly and Company v. Canada, Case No. UNCT/14/2, Award, 16 March 2017, para. 224.

仲裁庭也不宜在个案中扮演事实上的国内法院上诉机构的角色。美国礼来公司诉加拿大一案仲裁庭的观点应当为投资仲裁庭行使权力的正确方式,可以为仲裁实践提供重要启示和参考。并且,无论依据何种投资待遇条款,投资仲裁庭对国内法院的审判行为进行审查并认定国家责任时,都应当尽量尊重用尽当地救济这一习惯国际法规则,因为司法行为的规律与行政行为明显不同。如前所述,投资待遇条款与禁止拒绝司法并不一定存在实质上的不同。所以,以"有效方式"、司法征收等诉求规避用尽当地救济,让国家对国内法院非终局性的司法判决承担国际责任,可能并不合理。

第三节　国内法院(不予)执行国际商事仲裁裁决行为的可仲裁性

一般来讲,国际商事仲裁与国际投资仲裁分属于不同的领域,各自拥有相对独立的法律体系。国际商事仲裁以解决私人之间的商事争议为宗旨,国内法院对国际商事仲裁裁决的承认与执行主要受《纽约公约》的规制。而投资者—国家仲裁作为国内法院的替代纠纷机制,旨在解决投资者与东道国之间有关投资的法律争议,主要受投资条约的规制。然而在晚近的投资仲裁实践中,出现了一种新趋势,投资者诉称东道国国内法院(不予)执行其国际商事仲裁裁决的行为违反投资条约相关条款,受理案件的投资仲裁庭通过对投资定义进行扩大化解释将东道国国内法院干预国际商事仲裁程序或者(不予)执行国际商事仲裁裁决的司法行为纳入管辖范围予以审查,将投资者—国家仲裁作为国际商事仲裁裁决不能在东道国顺利执行的救济机制,引发了投资仲裁庭与国内法院之间的紧张关系。

一、国际商事仲裁裁决作为"投资"?

与对东道国国内法院司法审判行为进行审查有所不同的是,对于东道国法院干预国际商事仲裁程序、不予执行国际商事仲裁裁决的司法行为,争议点首先为国际商事仲裁裁决是否属于相关双边投资条约"投资"定义的范围,或者,"投资者"是否进行了相应投资条约规定范围的"投资",何为相应投资条约规定的"投资"。无可回避的一个关键性问题是,国际商事仲裁裁决的性质是什么?在不同案件中,投资仲裁庭的解释方法和解释结果存在差异。

（一）国际商事仲裁裁决作为原始投资的继续或者转化

1. 塞佩姆诉孟加拉

（1）合同争议与 ICC 仲裁

意大利建筑公司塞佩姆与孟加拉国家石油公司于 1990 年 2 月 14 日签署了在孟加拉北部建造石油管线的合同。合同中规定了 ICC 仲裁条款，仲裁地位于孟加拉达卡。合同预计于 1991 年 4 月 30 日完工，但由于政治动荡合同被延期一年，即于 1992 年 4 月 30 日完成，实际完工日期为 1992 年 6 月 14 日，之后双方就保证金及支付尾款事宜发生争议。1993 年塞佩姆提起 ICC 仲裁程序。

在仲裁程序中，孟加拉国家石油公司提出了几项程序性请求但均被仲裁庭否决。于是，孟加拉国家石油公司于 1997 年 11 月 16 日向达卡初等法院寻求撤销仲裁庭的管辖权，并于 1997 年 11 月 17 日向达卡高等法院要求停止所有后续仲裁程序。1997 年 11 月 17 日孟加拉最高法院发布禁令要求塞佩姆停止进一步的 ICC 仲裁程序，并于 2000 年 4 月 5 日撤销仲裁庭的管辖权。尽管如此，ICC 仲裁庭继续仲裁程序并于 2003 年 5 月 9 日做出了有利于塞佩姆的裁决。孟加拉国家石油公司于是诉诸孟加拉最高法院要求撤销裁决。2004 年 4 月 21 日，法庭宣布裁决无效，视同不存在。这导致了塞佩姆的裁决无法在孟加拉执行，而孟加拉是孟加拉国家石油公司唯一拥有财产的国家。

（2）ICSID 仲裁

2004 年 10 月 5 日塞佩姆根据 1990 年《意大利与孟加拉促进与保护投资协定》提起 ICSID 仲裁程序，称孟加拉法院间接征收了其仲裁的权利和根据 ICC 裁决获得合同付款的权利。《意大利与孟加拉促进与保护投资协定》争端解决条款第 9 条仅规定与征收、国有化、征用或类似措施补偿有关的争议，包括与相应支付数额有关的争议可以提交仲裁。除此以外，本案中所涉及的主要法规为意大利与孟加拉双边投资条约第 1 条投资定义条款：

> “投资”应解释为由另一缔约方的国民（自然人或者法人）于本协定生效之前或者之后根据缔约国的法律和法规投入该缔约国领土之内的任何财产。在不限制上述一般性条件的前提下，“投资”包括：
>
> ……
>
> c）与投资有关的金钱之债或者任何具有经济价值的保证或者服务的权利，

以及再投资。①

第5.1条国有化及征收条款：

(1)对本协定所指投资不得施加任何可能永久或临时限制其所有、拥有、控制或者享受此等权利的措施，但由法律特别规定并且由有管辖权的法院或仲裁庭做出判决或裁决的除外。

(2)在另一缔约方的领土内，一缔约方投资者的投资不得直接或者间接地地被国有化、征收、征用或者被施加具有类似效果的任何措施，除非基于公共目的或者国家利益，给予及时、充分、有效的补偿，并且依据法律规定和程序、非歧视性地进行。

首先，仲裁庭根据萨里尼标准认定塞佩姆与孟加拉国家石油公司之间的建筑合同关系构成《华盛顿公约》第25条规定的投资。之后，仲裁庭又强调“在确定是否存在《华盛顿公约》第25条规定的投资时，它将考虑整个经营。在本案中，整体运营包括合同、建设本身、保留金、保函和与之相关的ICC裁决”。② 对于该整体经营，仲裁庭认为其属于《华盛顿公约》第25条规定的投资。③ 孟加拉提出，本案中源自ICC裁决的争端并非《华盛顿公约》第25条所规定的“直接源自”原始投资(建筑合同)的争端。仲裁庭同意源自ICC裁决的权利只是间接来自投资，但这并不意味着裁决本身不构成投资。④ 因为《华盛顿公约》第25条规定的投资涵盖了经营的所有要素，包括ICC裁决、合同等，所以先前裁决——本案所涉及的争议直接源于整体投资。⑤

其次，仲裁庭转向投资条约的投资定义条款。仲裁庭强调“任何种类的财产”是非常宽泛的定义，鉴于已经认定塞佩姆的投资符合《华盛顿公约》第25条

---

① Between the Government of the Republic of Italy and the Government of the People's Republic of Bangladesh on the Promotion and Protection of Investments, Article 1.

② Saipem S. p. A. v. the Republic of Bangladesh, Decision on Jurisdiction and Recommendation on Provisional Measures, ICSID Case No. ARB/05/07, March 21, 2007, para. 110.

③ Ibid., para. 111.

④ Ibid., para. 113.

⑤ Ibid., para. 114.

规定,没有理由认定该投资为何不构成双边投资条约所保护的“一种财产”。[①]对于塞佩姆提出的源于ICC裁决的权利属于第1(1)(c)条中的“金钱诉求”的主张,仲裁庭解释到,“体现在ICC裁决中的权利并非由裁决所创设,而是源于合同。ICC裁决将原始合同中当事人的权利与义务加以固化。所以不必讨论裁决本身是否构成投资,因为被裁决所固化的合同权利构成双边投资条约第1(1)(c)条下的投资”。[②]

(3)仲裁庭解释路径的缺陷

在认定ICC裁决构成整体投资的一部分的思路上,仲裁庭的解释路径存在重大缺陷:第一,仲裁庭并未解释为何ICC裁决构成整体投资的一部分,而是将其他仲裁庭的观点作为结论;第二,在用萨里尼标准衡量是否存在投资,以及在是否存在投资条约“可征收的财产”时偷换概念——使用原始投资的概念而非整体投资的概念,从而回避对国际商事仲裁裁决的性质进行解释;第三,对于条约文本在投资定义的主干部分对任何财产构成投资施加的一般性限制,特别是“根据缔约国的法律和法规”“投入该缔约国领土之内”的限制,仲裁庭只字不提。对于“财产”的定义,仲裁庭认为不应当适用孟加拉国内法。

塞佩姆诉孟加拉一案的仲裁庭的观点得到后续大多数处理类似争端的仲裁庭的效仿,如白色工业诉印度、边疆石油诉捷克。实际上,本案中仲裁庭并未深入讨论仲裁裁决是否构成“投资”,而是创造了一个“投资集合体”的概念,只要初始建筑合同构成相应投资条约下的投资,则解决私人之间建筑合同争端的仲裁裁决也属于投资的范畴。罗马克诉乌兹别克斯坦(Romak v. Uzbekistan)一案则直接强调了基础交易是否构成投资的前提性作用。

2. 罗马克诉乌兹别克斯坦案:基础交易必须构成投资

(1)商事仲裁及国内执行程序

1996年瑞士企业罗马克与乌兹别克斯坦企业签署了供应5万吨小麦的供货合同,供货合同包含谷物与饲料贸易协会仲裁条款。后因乌兹别克斯坦企业未能按约支付货款,1997年罗马克提起谷物与饲料贸易协会仲裁并获得有利的仲裁裁决。2000年罗马克在乌兹别克斯坦法院申请执行仲裁裁决,乌兹别克斯坦法院以仲裁存在程序瑕疵且执行请求未能满足乌兹别克斯坦法院的语言要

---

① Saipem S. p. A. v. the Republic of Bangladesh, Decision on Jurisdiction and Recommendation on Provisional Measures, ICSID Case No. ARB/05/07, 21 March 2007, paras. 121, 122.

② Ibid., para. 127.

求为由未予以支持。同时,罗马克还在法国法院申请执行,但尚无结果。

(2)联合国国际贸易法委员会仲裁

2006年3月,罗马克依据1993年《瑞士与乌兹别克斯坦促进与相互保护投资协定》以及《联合国国际贸易法委员会仲裁规则》提起投资仲裁,称乌兹别克斯坦法院拒绝执行谷物与饲料贸易协会裁决的行为违反了《瑞士与乌兹别克斯坦促进与相互保护投资协定》第11条保护伞条款、第3条投资待遇条款,以及可以通过最惠国待遇条款适用的乌兹别克斯坦与意大利双边投资条约第2(c)条附件B所规定的"有效方式"条款,并且构成征收和拒绝司法。

本案中涉及的主要条约为《瑞士与乌兹别克斯坦促进与相互保护投资协定》第1(2)条"投资"定义条款:

> "投资"应当包括任何种类的资产以及特别是:
>
> (a)动产、不动产以及任何其他物权,如地役权、抵押权、留置权、保证权;
>
> (b)股份、部分或者任何种类的公司参与;
>
> (c)金钱诉求或者对任何具有经济价值的履行的诉求;
>
> (d)版权、工业财产权(如专利、实用新型、工业设计或模型、贸易或服务商标、商号、原产地标志)、技术过程、专有技术和商誉;
>
> (e)公法下的特许权,包括勘探、提取、利用自然资源的特许权以及其他由法律、合同或者合法权力机关决定所授予的权利。

仲裁庭认为,"谷物与饲料贸易协会裁决与罗马克的供货合同存在着密切关系,所以判断罗马克是否拥有符合投资条约规定的投资必须结合作为仲裁程序审理对象的整个经济交易",换言之,"谷物与饲料贸易协会裁决只是体现了罗马克来自于小麦供应交易的合同权利","如果潜在的交易并不构成投资条约所规定的投资,那么只是体现或者固化该交易所产生权利的仲裁裁决并不能将其转化为投资"。① 这似乎是在暗示,如果基础交易构成投资,在相应的商事仲裁裁决也应当享受和投资一样的待遇和保护。

于是仲裁庭将分析的重点放在基础交易是否构成投资这一问题上。在分析方法上,仲裁庭提出应当根据《维也纳条约法公约》第31条和第32条进行条

① Romak SA v. Uzbekistan, Award, PCA Case No AA280, 26th November 2009, para. 211.

约解释,即根据背景和目的发现投资条约术语的通常意义,①而非单纯根据术语的字面意思进行解释。仲裁庭提出,机械地应用第1(2)条所列举的种类会导致明显荒唐、不合理的结果,特别是,"机械地应用第1(2)条的种类,会就国内法院执行仲裁裁决的司法决定,创造一个事实上的新层级的审查机制"。② "根据罗马克所述,任何有利于一国国民的裁决(甚至一个纯粹的商事裁决),都可以被称为一个'金钱诉求'或者'由机关决定授予的权利',所以东道国法院拒绝或者不能执行此类裁决都将成为重新审查国内法院不予执行裁决之裁定的充分理由——根据一个不同国际条约,基于不同于正常适用的理由。"③这似乎又意味着仲裁庭反对将投资者—国家仲裁机制作为事实上的国内法院的上诉机制,反对对其不予执行仲裁裁决的司法决定进行审查。

经过条约解释和推理,仲裁庭认为,小麦供货合同并未进行实质性的投入,一次性交易并非投资所指的期限,不能收到货款的风险并非投资风险而是普通的商业风险,所以该贸易合同并非属于双边投资条约所规定的投资。④ 最后,仲裁庭裁定其对本案没有管辖权。

(3)罗马克诉乌兹别克斯坦案结论的模糊性

本案中,仲裁庭不拘泥于宽泛的条约术语的字面意思,根据条约目的对于贸易合同是否符合投资条约规定的投资定义进行了深入分析,体现了对《维也纳条约法公约》解释方法的全面、实质性应用,并以此为基础恰当地自我克制了管辖权的行使。尽管如此,仲裁庭并没有正面回答,如果基础交易构成投资,那么相应的仲裁裁决是否也应当视为准投资,继而国内法院不予执行国际商事仲裁裁决应否纳入投资者—国家仲裁范围这一问题。一方面,仲裁裁决似乎暗示仲裁庭拥有此等权力;另一方面,通过认定本案中基础交易不构成投资,成功回避了这一问题。这似乎意味着,对于投资仲裁庭是否有权力审查国内法院不予执行国际商事仲裁裁决这一问题,并非所有仲裁庭都愿意冲在风口浪尖上。

---

① Romak SA v. Uzbekistan, Award, PCA Case No AA280, 26th November 2009, paras. 172 – 176.

② Ibid., para. 186.

③ Ibid.

④ Ibid., paras. 213 – 232.

3. 白色工业诉印度案及其他

(1)合同纠纷与ICC裁决

20世纪80年代末,澳大利亚矿企白色工业与印度国有煤企达成了向其供应矿产设备并提供技术服务的合同,合同金额20,660万澳元。此外,合同还规定了如果产品超过一定数额,白色工业有权获得分红,反之白色工业要缴纳罚金。合同适用印度法,规定了仲裁条款,即合同项下的所有争议根据ICC仲裁规则进行仲裁,并且合同将1940年印度仲裁法排除外在。之后,双方为白色工业应当获得分红还是应当承担罚金产生了争议,同时双方还存在有关技术质量的争议。1999年6月28日,白色工业提起了ICC仲裁,仲裁庭将巴黎作为仲裁地,但开庭地点在伦敦。2002年5月27日ICC仲裁庭作出裁决,要求印度煤企向白色工业支付总计408万澳元赔偿金。

(2)国内法院程序

2002年9月6日,印度煤企依据1996年《印度仲裁与调解法》向加尔各答高等法院提起撤销仲裁裁决的申请,2002年9月11日,白色工业向新德里高等法院申请执行仲裁裁决。由于两个程序的冲突性,执行程序被中止,等待撤销程序的裁决。白色工业向印度最高法院申请协调,但两个程序均被长期搁置。

(3)联合国国际贸易法委员会条约仲裁

2010年7月27日,白色工业依据1999年《澳大利亚与印度促进与保护投资协定》(已终止)以及联合国国际贸易法委员会仲裁规则在新加坡提起投资仲裁,称印度违反了投资条约第3条"促进和保护投资"(含公平公正待遇条款和保护与安全条款)、第4条"投资待遇"(含国民待遇和最惠国待遇)、第7条"征收与国有化"和第9条"投资及利润转移"。投资者—国家仲裁进行之时,印度最高法院仍然没有将白色工业的上诉纳入日程安排。本案的焦点为,ICC裁决能否构成投资从而纳入双边投资条约的保护范围?对于印度法院拖延执行ICC裁决的司法行为,投资仲裁庭是否有管辖权?

本案所涉及的主要法规包括《澳大利亚与印度促进与保护投资协定》第1条投资定义条款:

投资是指由缔约一方的投资者根据缔约另一方的法律和投资政策在其领土内投入的任何种类的资产,包括知识产权,并且还特别包括但不限于:

(1)动产、不动产以及其他权利如抵押权、留置权或者保证权;

(2)股份、股票、债券、信用债权以及其他任何形式的公司参与;

(3)对于金钱的权利或者对于具有经济价值的任何履行的权利、合同或其他权利;

(4)经营许可以及其他任何由法律或者合同授予的进行经济活动所需并具有经济价值的权利,包括勘探、提取以及使用石油和其他矿产资源的权利;

(5)与投资相关的活动,如组织、运营商业设施,获取、使用、处置包括知识产权在内的财产权利。

该投资定义非常广泛,包括任何种类的资产,如对于金钱的权利以及合同权利,不过该定义亦包括了某些限制性因素,特别是,相应资产应"根据东道国法律和投资政策投资到东道国的领土内"。①

然而,仲裁庭在分析白色工业的合同权利是否构成投资时,完全避开了上述投资定义中的限制性因素,只是强调投资定义的广泛性,并将不完全举例中的第1(3)条中的合同权利、金钱权利和第1(5)条的经济活动与总的定义部分割裂开来而单独进行分析,认定白色工业的合同权利符合这些分项下的定义从而构成双边投资条约所规定的投资。② 对于印度提出的萨里尼测试标准,③仲裁庭认为萨里尼测试只适用于《华盛顿公约》,而本案并不适用《华盛顿公约》,因而也就不适用萨里尼测试。④ 即便是根据《华盛顿公约》进行仲裁,超出投资条约要求的萨里尼测试也并不合适;即便是本案中应当适用萨里尼测试,白色工业也能够满足萨里尼测试的要求。⑤

进而,对于白色工业在ICC裁决中权利的性质,仲裁庭认为,"对投资条约所保护的投资者的投资相关的争端所做出的裁决代表着原始投资的继续或者转化"。⑥ "白色工业在ICC裁决中的权利构成其原始投资的一部分,即ICC裁决固化了白色工业在合同中的权利,所以白色工业在ICC裁决中的权利应当受

---

① 文本原文:vested by an investor of one Contracting Party in the territory of the other Contracting Party in accordance with the laws and investment policies of that Contracting Party。

② White Industries Australia Limited v. the Republic of India, Award, UNCITRAL, 30 November 2011, paras. 7.4.1 – 7.4.7.

③ 投资者的投入;实施一定的期限;承担经营风险;有益于东道国发展。

④ White Industries Australia Limited v. the Republic of India, Award, UNCITRAL, 30 November 2011, paras. 7.4.9.

⑤ Ibid., paras. 7.4.10 – 7.4.19.

⑥ Ibid., para. 7.6.8.

到投资条约对投资所给予的保护。”[1]可见，仲裁庭的观点为，只要最初国际商事仲裁所依据的合同关系构成投资，那么该商事仲裁裁决也就可以纳入投资的范畴。

(4)仲裁庭的解释缺陷

对于上诉结论，仲裁庭却未进行过多的解释。其主要依据似乎是塞佩姆诉孟加拉一案仲裁庭的观点，并将其他案件仲裁庭的类似观点作为支持，如雪佛龙诉厄瓜多尔案的结论："投资一旦设立，将继续存在，直至其被彻底处置。"[2]但在决定国际商事仲裁裁决的性质时，仲裁庭并没有对两案中适用的条约以及事实进行相似性以及差异性的比较，只是简单地列举。[3] 而对于不同观点的基伊埃集团诉乌克兰(GEA v. Ukraine)案的裁决，仲裁庭批判它错误地背离了对仲裁裁决进行定性的发展中的法理。[4]

除了白色工业诉印度案外，边疆石油诉捷克案基本沿袭了塞佩姆诉孟加拉案仲裁庭的观点，仲裁庭认为，边疆石油的初始投资包括2001年的两次支付，它转化成了最终裁决中的权利。[5]

(二)仲裁的权利作为"投资"

在ATA诉约旦(ATA v. Jordan)一案中，仲裁庭将诉诸仲裁的权利视为一种独特的"投资"。

土耳其建筑公司ATA与一家由约旦控制的约旦企业APC于1998年5月2日签署了建设死海大堤的施工合同。大堤完成后进水导致部分垮塌，于是双方就责任的承担发生了争议，APC于是向国际咨询工程师联合会(菲迪克，FIDIC)提起仲裁程序。ATA提起反诉，要求支付合同项下尚未支付的款项。仲裁裁决支持了ATA，驳回了APC要求ATA承担责任的请求并裁定APC向ATA支付款项。随后，APC向约旦上诉法院请求根据约旦仲裁法撤销该仲裁

---

① White Industries Australia Limited v. the Republic of India, Award, UNCITRAL, 30 November 2011, para. 7.6.10.

② Ibid., para. 7.6.9.

③ See Maximilian Clasmeier, *Arbitral Awards as Investments: Treaty Interpretation and the Dynamics of International Investment Law*, Wolters Kluwer, 2017, p. 72.

④ White Industries Australia Limited v. the Republic of India, Award, UNCITRAL, 30 November 2011, para. 7.6.8.

⑤ Frontier Petroleum Services Ltd. v. the Czech Republic, PCA, Final Award, 12 November 2010, para. 231.

裁决并于2003年10月29日获得支持。ATA上诉至最高法院但于2007年1月16日被驳回。并且法院裁定,基于2001年约旦仲裁法第51条,ATA与APC之间的仲裁协议失效。ATA于2008年1月14日根据1993年土耳其与约旦双边投资条约(2006年1月23日生效)提起了ICSID仲裁程序。

由于土耳其与约旦双边投资条约生效于争端以及仲裁裁决产生之后,而且约旦法院撤销程序的启动也在双边投资条约生效之前,因此本案中的时际管辖权成为焦点问题之一。投资条约规定其适用于条约生效之前或者之后已经进行的投资。ATA提出其"投资"为自1998年开始的建设大坝的合同,也包括最终的仲裁裁决,它属于双边投资条约中规定的金钱诉求和与投资有关的具有经济价值的合法履行的权利。仲裁庭强调,"投资不是一个单独的权利,而是像财产一样,可视为一束权利,有些是与其他不可分割的,有些是可以相对独立存在的"。① 对于本案中的时际问题,仲裁庭认为,"虽然第9(1)条明确溯及生效之前已经存在的投资,该条并未规定双边投资条约溯及生效之前已经存在的争端。根据第9(1)条的通常意义,仲裁庭只能对2006年1月23日条约生效后发生的争端行使时际管辖权"。②

对于商事仲裁裁决是否构成投资的问题,仲裁庭认为,塞佩姆诉孟加拉案仲裁庭明确拒绝决定裁决是否构成投资,而是创设了"整体经营"的概念。③ 仲裁庭认为,即便是按照塞佩姆诉孟加拉案的标准衡量最终仲裁裁决属于"整体经营"的一部分,由于当事人对最终仲裁裁决的争议发生于投资条约生效之前,故仲裁庭对撤销仲裁裁决的问题缺乏时际管辖权。④

不过,仲裁庭提出,约旦最高法院宣布仲裁裁决无效之后,根据1998年缔结合同时存在的约旦法律以及《纽约公约》,申请方仍有权利依据仲裁协议提起另一个仲裁。⑤ 但是2001年生效的约旦仲裁法规定在仲裁裁决被宣告无效后仲裁的权利也归于消灭。于是,仲裁庭提出,"仲裁的权利是双边投资条约中一种独特的投资,第1(2)(a)(ii)条规定投资包括与投资有关的具有经济价值的合法履行的权利诉求。仲裁的权利应当被视为与投资有关的具有经济价值的

---

① ATA Construction, Industrial and Trading Company v. the Hashemite Kingdom of Jordan, ICSID Case No. ARB/08/2, Award, 18 May 2010, para. 96.

② Ibid., para. 98.

③ Ibid., paras. 113, 114.

④ Ibid., para. 115.

⑤ Ibid., para. 116.

合法履行的权利”。①

仲裁庭将仲裁的权利视为独特的投资满足了其时际管辖权的要求,然而仲裁庭却并未解释为何仲裁的权利构成投资条约第1(2)(a)(ii)条规定的“与投资有关的具有经济价值的合法履行的权利”,难以令人信服。

(三)法律文件不构成投资

1. 基伊埃集团诉乌克兰案

(1)ICC裁决与国内法院程序

德国公司(后经一系列的公司重组并入基伊埃集团)与乌克兰国有企业于1995年12月13日缔结了汽油燃料的加工合同并随后进行了系列修订。在一名负责监督乌克兰国有企业的检查员被枪击之后,德国公司发现了乌克兰国有企业在生产中的数量短缺问题,于是双方签订了和解协议和重新支付协议,两份协议均包含ICC仲裁条款。与此同时,加拿大国有企业启动了乌克兰国有企业的破产程序。由于乌克兰国有企业没有完全履行其在两份协议下的义务,基伊埃集团于2001年6月27日在维也纳启动了ICC仲裁程序,并获得有利裁决。基伊埃集团于是向乌克兰法院申请承认与执行,乌克兰地区上诉法院驳回了其请求,理由是重新支付协议因乌克兰国有企业签字方未经授权而无效,基伊埃集团提起上诉但同样被驳回;随后,基伊埃集团以ICC裁决为基础请求参加乌克兰国有企业的破产程序,乌克兰商事法院以其过了申报的法定期限为由驳回申请,基伊埃集团依次上诉至乌克兰上诉商事法院、最高商事法院,均被驳回。

(2)ICSID仲裁

2008年10月24日,基伊埃集团依据1993年《德国与乌克兰促进和相互保护投资协定》提起ICSID仲裁程序,称乌克兰政府以及乌克兰法院对其投资的待遇违反了投资条约的征收条款、公平公正待遇、充分保护与安全、任意和歧视性措施以及国民待遇和最惠国待遇等。乌克兰认为基伊埃集团并未进行投资条约所保护的投资,加工合同只是一个销售协议,并非“行使经济活动的权利”。

《德国与乌克兰促进和相互保护投资协定》第1条对投资的定义如下:

“投资”是指任何种类的资产,特别是

a)动产、不动产或者其他物权如抵押权等;

① ATA Construction, Industrial and Trading Company v. the Hashemite Kingdom of Jordan, ICSID Case No. ARB/08/2, Award, 18 May 2010, para. 117.

b)股权利益及其他公司股份;

c)具有有形或者无形价值的金钱诉求以及对具有此等价值的履行的权利;

d)知识产权如版权、专利、实用新型、工业设计、商标、商号、商业秘密、技术过程、专有技术以及商誉等;

e)行使经济活动的权利如根据法规或者依法缔结的条约寻找、开采、提炼、利用自然资源的权利。

投资的资产在形式上的任何改变不影响其作为投资的性质。

仲裁庭对申请人基伊埃集团所提出的构成投资的加工合同和产品、和解协议与支付协议以及ICC裁决分别进行了分析。

对于加工合同和产品,仲裁庭认为其分别属于投资定义中的“行使经济活动的权利”和“动产”。根据《华盛顿公约》第25条的“客观定义”,加工合同也能够满足该标准:申请人进行了投入、经过了一定期限,并承担了市场风险、信用风险、政治风险等多重风险。①

对于和解协议与支付协议,仲裁庭认为,其均不构成投资条约第1条或者《华盛顿公约》第25条(需要的话)所指的“投资”,因为法律行为与投资并不相同,和解协议仅仅确认了双方之间的债务关系,支付协议仅仅确立了债务的支付方式。②

对于ICC裁决,仲裁庭认为,“无论是根据投资条约第1条还是根据《华盛顿公约》第25条规定,ICC裁决自身都不构成投资。准确地说,它是一个源自和解协议和支付协议,规定了权利义务处置的法律文件”。③ 并且,“即便是ICC裁决可以被视为直接源于加工合同或者产品,仲裁庭认为裁决对源于投资的权利义务进行了裁定这一事实并不能将裁决等同于投资本身。在仲裁庭看来,二者存在差异,裁决本身并不涉及对乌克兰的投入,或者在其境内进行相关的经济活动,所以不在投资条约第1条或者《华盛顿公约》第25条的范围之内”。④

① GEA Group Aktiengesellschaft v. Ukraine, Award, ICSID Case No. ARB/08/16, 31 March 2011, paras. 147, 151, 152.

② Ibid., para. 157.

③ Ibid., para. 161.

④ Ibid., para. 162.

(3)基伊埃集团诉乌克兰案评析

本案是当前所有类似案件中,唯一明确裁定国际商事仲裁裁决,以及其他法律文件不构成投资的案件。仲裁庭直接将法律文件排除在投资定义之外,从而避免了对东道国法院不予执行国际商事仲裁裁决的司法行为进行审查。虽然仲裁庭的结论较为合理,但在裁决过程中,其条约解释过程却存在明显的缺陷。第一,对于"投资"定义的解释,仲裁庭并没有给出明确的解释标准,而是考虑仲裁实践中所有的不同仲裁庭的不同标准,认为它们均能得出相同的结论;① 第二,本案所涉及的双边投资条约定义条款最为宽泛,不仅在其主干部分没有对构成投资的资产施以任何限制,而且还纳入了投资形式的转换条款。在此情形下,仲裁庭仅认定了加工合同及其产品构成投资,但认为法律文件包括 ICC 裁决不同于投资,却没有进行更多的解释。

2. 国际商事仲裁裁决的性质——为何"法律文件不构成投资"?

在仲裁实践中,无论是将国际商事仲裁裁决视为"整体经营"投资的一部分,还是将仲裁的权利视为独特投资的 ATA 诉约旦一案,抑或是明确提出法律文件不构成投资的基伊埃集团诉乌克兰案,仲裁庭均未对国际商事仲裁裁决的性质进行分析。然而,投资仲裁庭对东道国法院(不予)执行国际商事仲裁裁决行为的审查不同于对东道国法院审判行为的审查,国际商事仲裁裁决的性质成为一个不可回避的关键问题。

根据不同的理论,对仲裁裁决的定性可能有所不同。② 根据司法理论,仲裁裁决与国家法院的法官作出的判决具有相同的地位和效果,因为仲裁员可视为与法官相似的裁判者。③ 根据合同理论,仲裁裁决具有合同性质,因为仲裁员的权力并非来自法律或者司法机构,而是来自当事方,它应当具有终局判决的权威。④ 而混合理论认为,仲裁裁决的性质介于判决和合同之间。⑤ 无论根据哪种理论,仲裁裁决都属于争端解决的法律文件。

以解决私人之间商事争端为目的的国际商事仲裁裁决虽然可能与投资者

---

① GEA Group Aktiengesellschaft v. Ukraine, Award, ICSID Case No. ARB/08/16, 31 March 2011, para. 143.

② See Hong-lin Yu, "A Theoretical Overview of the Foudations of International Commercial Arbitration", 1 *Contemporary Asia Arbitration Journal* (2008), pp. 255 – 283.

③ Ibid., p. 262.

④ Ibid., p. 273.

⑤ Ibid., p. 277.

在东道国进行的投资具有某种联系，也可能具有某种经济价值，但它毕竟不同于投资条约所规定的投资。这一点从投资条约中国际投资的定义因素如“根据东道国法律法规投入东道国领土内”的措辞中也可以看出来。很明显，国际商事仲裁并非一定根据东道国法律法规进行，也并非一定与东道国领土有任何关联。实际上，国际商事仲裁裁决是在投资者进行投资后与其商业伙伴发生争端后的法律解决文件，其规定的是如何修复投资者与其商业伙伴之间的权利义务关系。只不过由于国际商事仲裁庭的权力止于裁决的作出，并无强制执行的权力，在仲裁裁决的败诉方不自愿履行仲裁裁决的情况下，需要相应的国内法院予以协助和支持，国内法院才变得相关。① 因此，国际商事仲裁裁决与投资者的投资分属于不同的领域，并不能混为一谈，前者属于司法范畴，后者属于法律所保护的商业利益范畴（经济范畴）。

事实上，以塞佩姆诉孟加拉一案为代表的仲裁庭通过创设“投资集合体”的概念，回避了对国际商事仲裁裁决的讨论，并通过对“投资”的概念进行不恰当的扩张性解释，以达到受理此类案件的目的。

二、国内法院对国际商事仲裁的监督与支持是否属于投资条约的规制范围？

仲裁地国内法院和承认与执行地国内法院干预国际商事仲裁程序、（不予）执行国际商事仲裁裁决的司法行为，体现了国内法院对国际商事仲裁裁决的监督与支持功能。② 对除了在微观上对“投资”的定义进行考察外，还应当结合整个投资条约的范围与宗旨仔细辨别东道国国内法院对国际商事仲裁的监督与（不）支持是否属于投资条约的规制范围，继而确定相关争端是否应当属于投资者—国家仲裁的管辖范围。

（一）《纽约公约》的执行能否纳入投资条约？

在边疆石油诉捷克一案中，边疆石油获得了有利裁决，但因债务人进入破产程序，捷克法院拒绝执行仲裁裁决，边疆石油依据 1990 年《加拿大与捷克和斯洛伐克促进和保护投资协定》提起投资者—国家仲裁。被申请方捷克抗辩到，仲裁庭为处理此等请求，必须对捷克法院依赖《纽约公约》第 5(2)(b) 条规定的公共政策例外的正确性进行裁定，而这超越了投资条约的授权范围，因而

---

① 详见第六章第三节。

② 参见第六章。

此等诉求不具有可采性：

> 这意味着仲裁庭将会扮演捷克法院上诉机构的角色或者对《纽约公约》所规定的缔约国义务行使监督管辖权的国际法院的角色。就公共政策构成承认与执行的障碍这一问题，被申请方观察到，《纽约公约》的起草者将最后的发言权赋予了国内有资格的机构。被申请方观察到，双边投资条约并不允许就国内法院在国内法问题的裁定提起上诉，以公平公正待遇标准或者其他条款作为诉由必须确立超出法律错误的东西。[①]

对于被申请方提出的仲裁庭无权审查其国内法院根据《纽约公约》的公共政策例外所作出的裁决，仲裁庭不予认可，仲裁庭认为：

> 仲裁庭在此等诉求下的角色为确定捷克法院完全拒绝承认与执行最终裁决的行为是否违反双边投资条约第3(1)条。为回答这一问题，仲裁庭必须询问捷克法院的拒绝是否构成与善意国际原则相悖的滥用权力，即捷克法院对《纽约公约》第5(2)(b)条公共政策例外的解释是否是以任意或歧视性方式进行，或者其是否构成违反公平公正待遇标准。[②]

本案中，一方面，仲裁庭认可在一项裁决的承认与执行可能有违该国公共政策时，《纽约公约》第5(2)(b)条赋予了申请承认与执行地国有权机关拒绝承认与执行仲裁裁决的自由裁量权；另一方面，仲裁庭强调，其权限范围在于审查"捷克法院的裁定是否是合理的、站得住脚的以及是否是善意做出的"。[③] 之后，仲裁庭提及其他国家法院和学术界存在类似观点，即破产程序中债权人的平等性以及平等有序的分配资产属于公共政策，足以根据《纽约公约》拒绝执行仲裁裁决，所以捷克法院对公共政策的解释是合理的、站得住脚的，而非武断的、任意的或者恶意的，继而捷克并未违反双边投资条约第3条公平公正待遇。

值得注意的是，仲裁庭提及"申请方的请求由四级法院受理，对于恰当解释

---

① Frontier Petroleum Services Ltd. v. the Czech Republic, PCA, Final Award, 12 November 2010, para. 485.

② Ibid., para. 525.

③ Ibid., paras. 526, 527.

和应用《纽约公约》第5条所确立的承认与执行例外,申请方有几次机会提交其法律观点",[①]这似乎暗示本案中不存在拒绝司法的情形。边疆石油诉捷克一案仲裁庭的观点似乎可以总结为,仲裁庭有权对可能构成违反双边投资条约的任何行为进行审查,包括东道国国内法院(不予)承认与执行国际商事仲裁裁决的行为。

与投资仲裁庭对东道国国内法院司法审判行为的审查相似,仲裁庭的逻辑出发点均为法院属于一国机关,因而法院的行为可归于国家。然而,这并不等同于投资仲裁庭可以对东道国国内法院的任何司法行为进行审查。尽管在某些案件中东道国国内法院对商事仲裁的监督与干预可能存在不同程度的过错,有违《纽约公约》之嫌,然而,诸多评论者认为,投资者—国家仲裁并非保护国际商事仲裁的恰当机制,对于国际商事仲裁的维护应当通过其他途径或机制,通过不当解释将国际投资仲裁的领域延伸到国际商事仲裁将会严重影响整个机制的稳定。[②]

在基伊埃集团诉乌克兰一案中,被申请方乌克兰提出抗辩,"如果认定国内法院拒绝承认与执行《纽约公约》下的仲裁裁决构成国际法下的征收行为,就会为裁决的承认与执行创造一个上诉机制,这将破坏现有的仲裁裁决承认与执行的国际法律体系"。[③]

在加里宁格勒诉立陶宛(Kaliningrad Region v. Lithuania)一案中,仲裁庭拒绝对立陶宛法院执行国际商事仲裁裁决的行为行使管辖权,其认为《纽约公约》规定了执行地法院对所有执行问题的排他性管辖权,因而排除了任何其他法院或法庭在此等问题上的管辖权;否则,如果仲裁庭对此等问题行使管辖权则意味着仲裁庭承担上诉机构的角色来审查国内法院适用《纽约公约》正确性。[④]

(二)追究国内法院责任的诉由

除了对投资条约适用范围的探讨,投资者—国家仲裁庭欲对此类争议行使

---

① Frontier Petroleum Services Ltd. v. the Czech Republic, PCA, Final Award, 12 November 2010, para. 529.

② See Maximilian Clasmeier, *Arbitral Awards as Investments: Treaty Interpretation and the Dynamics of International Investment Law*, Wolters Kluwer, 2017, p. 125.

③ GEA Group Aktiengesellschaft v. Ukraine, Award, ICSID Case No. ARB/08/16, 31 March 2011, para. 230.

④ Kaliningrad Region v. Lithuania, ICC Award, 28 January 2009 (unpublished). See Gabrielle Kaufmann-Kohler, " Commercial Arbitration Before Internatioanl Courts and Tribunals-Reviewing Abusive Conduct of Domestic Courts", 29(2) *Arbitration International*, Volume(2013), p. 165.

管辖权并追究东道国的国家责任,还必须在投资条约中找到相应的诉由,即国内法院的责任性质。在对国内法院不法行为的定性上,仲裁庭普遍认为拒绝司法具有较高的门槛。例如,在基伊埃集团诉乌克兰案中,仲裁庭认为,即便是假设仲裁裁决构成投资,乌克兰法院不执行 ICC 裁决的行为也不构成拒绝司法,根据蒙德夫诉美国案,拒绝司法的标准很高,国际仲裁庭不能扮演国内法院的上诉法院的角色;在本案中,乌克兰法院并非没有理会申请方的主张,而是在听取了申请方的主张之后没有支持。① 实践中,仲裁庭尽量避免将东道国法院的不法行为认定为拒绝司法,而是转向要求更低的其他条约违反如司法征收、违反有效条款等,同时否定严格意义上的用尽当地救济规则。

1. 司法征收:塞佩姆诉孟加拉案

(1)仲裁庭的归责诉由

在创设了"投资集合体"的概念之后,仲裁庭认为,孟加拉法院宣布 ICC 裁决无效,并因此不予执行的司法行为构成征收。仲裁庭提出,"没有理由认定为什么司法行为不能构成征收",因为"投资条约并未施加此类限制",并且,"孟加拉并没有引用任何裁决支持相反观点",相反,"仲裁庭注意到欧洲人权法院毫不犹豫地认为法院裁决可以构成征收"。② 并且,由于法院属于国家的一部分,其行为可归责于孟加拉,理论上存在法院行为构成征收的可能性。具体到本案中,仲裁庭认为,"孟加拉法院的行为不属于直接征收,而是属于'类似措施'的范畴。其行为导致实质性剥夺了塞佩姆在 ICC 裁决中的利益",所以,"孟加拉法院的裁决等同于剥夺了被 ICC 裁决所固化的源于投资合同中的剩余权利"。③ 然而,最终认定为征收还需满足一般性条件,特别是征收的非法性和用尽当地救济的要求。

进而,仲裁庭对孟加拉法院撤销 ICC 仲裁员的管辖权,以及对撤销决定本身进行了详细的审查,认定孟加拉法院在对商事仲裁进行司法监督的过程中,违反国际仲裁的原则,违反《纽约公约》,违反不得滥用权力原则;④最高法院宣

---

① GEA Group Aktiengesellschaft v. Ukraine, Award, ICSID Case No. ARB/08/16, 31 March 2011, para. 315.

② Saipem S. p. A. v. the Republic of Bangladesh, Decision on Jurisdiction and Recommendation on Provisional Measures, ICSID Case No. ARB/05/07, 21 March 2007, para. 132.

③ Saipem S. p. A. v. the Republic of Bangladesh, Award, ICSID Case No. ARB/05/07, 30 June 2009, paras. 128, 129.

④ Ibid., paras. 128, 170.

布ICC裁决不存在构成对仲裁程序的致命一击。[①] 此外，对于用尽当地救济，仲裁庭认为，"塞佩姆案由是征收，尽管司法征收的前提条件必须是法院的干预行为属于非法，但这并不意味着司法征收的前提是拒绝司法。所以，仲裁庭认为用尽当地救济并不构成认定法院征收的实质性条件"。[②] "退一步讲，即便是需要用尽当地救济，可以认为塞佩姆已经满足该条件，因为用尽当地救济只要求当事方诉诸有效的司法救济，而不要求当事方诉诸不可能的救济方式。"[③]仲裁庭认为，"由于塞佩姆已经在当地法院花了两年半的时间都没有得到成功救济，可以被认为是用尽了合理的当地救济，要求其上诉等同于要求其诉诸不合理的救济"。[④] 最后仲裁庭裁决，孟加拉法院对仲裁权利征收造成的损失相当于仲裁裁决的金额加上利息。

(2)仲裁庭的解释缺陷

在孟加拉法院干预和不予执行国际商事仲裁裁决的司法行为是否构成投资条约第5条规定的征收，以及孟加拉法院是否同意将基于司法行为的争端提交ICSID仲裁这一问题上，仲裁庭的推理路径存在明显的荒谬和错误。第一，对于投资条约中的国家责任，包括对于司法机关的责任，仲裁庭采取了投资条约无明文禁止即存在的推理逻辑；第二，仲裁庭用对一般性司法行为的分析取代对"法院不予执行商事仲裁裁决"这一本案所涉及的特殊司法行为的分析；第三，将其他仲裁庭裁决的观点直接作为本案裁决的理由。

值得注意的是，为了决定孟加拉法院干预国际商事仲裁的司法监督行为的合法性，仲裁庭对孟加拉法院作出的司法决定的内容进行了全面的实质性审查，并对孟加拉法院是否正当地行使了其自由裁量权进行了评价，特别是孟加拉法院是否错误地适用了其国内法——1940年孟加拉仲裁法。对于本属于孟加拉法院权力范围内的事项，即仲裁地法院对商事仲裁的监督，仲裁庭认为法院的决定是错误的。这俨然是将投资者—国家仲裁置身于事实上的国内法院

---

① Saipem S. p. A. v. the Republic of Bangladesh, Award, ICSID Case No. ARB/05/07, 30 June 2009, paras. 128, 173.

② Ibid., para. 181.

③ Ibid., para. 182.

④ Ibid., para. 183.

上诉机构的角色。[①] 仲裁庭对赔偿金的计算方式——将商事仲裁裁决数额及利息直接转换为司法征收所造成的损失，客观上起到了对商事仲裁裁决不能执行的救济和纠正作用。

2. 违反“有效方式”条款：白色工业诉印度案

（1）仲裁庭的归责诉由

在白色工业诉印度案中，白色工业提出司法延误构成拒绝司法，仲裁庭认为9年的法庭延误并不构成拒绝司法，因为真正的延误发生在最高法院未能组成审判庭阶段之后，时间上仅不足4年；[②]而且，拒绝司法通常要求较高的标准，印度作为一个拥有超过12亿人口的发展中国家，其司法系统不堪重负，所以本案虽不令人满意，但并未达到拒绝司法的程度。[③]

接着，仲裁庭认为，根据《澳大利亚与印度促进与保护投资协定》第4(2)条的最惠国待遇条款，2001年《科威特与印度鼓励和相互保护投资协定》第4(5)条规定的“有效方式”条款适用于本案，因为“有效方式”条款并非争端解决条款，而是更优惠的实体待遇条款。[④]

《科威特与印度鼓励和相互保护投资协定》第4(5)条规定：

> 每一缔约国应当在其领土内为另一缔约方的投资者提供有利的投资环境。每一缔约国应当能够根据其适用的法律法规为投资提供提起诉求和执行权利的有效方式，并确保另一缔约国的投资者获得法院、行政法庭及代表处，以及所有其他行使审判权力机构审判的权利，以及根据其自身的选择就其投资为提起诉讼或者执行权利之目的雇佣人员的权利。

关于“有效方式”条款的含义，仲裁庭决定遵循雪佛龙诉厄瓜多尔一案仲裁庭的解释，即相对于拒绝司法，“有效方式”条款的条件更容易满足；对于东道国

---

① See L. Yves Fortier, "Investor-State Tribunals and National Courts: A Harmony of Spheres," in Christina Binder and others (eds.), *International investment law for the 21st century: Essays in honour of Christoph Schreuer*, Oxford University Press, 2009, p. 296.

② White Industries Australia Limited v. the Republic of India, Award, UNCITRAL, 30 November 2011, para. 10.4.21.

③ Ibid., paras. 10.4.18, 10.4.22.

④ Ibid., para. 11.2.3.

司法系统的运作,需要用客观的国际标准加以衡量。① 对于执行程序,由于白色工业没有对中止程序的裁定提起上诉,也没有证明上诉是徒劳无用的,所以白色工业不能证明印度没有提供执行其权利的有效方式;对于撤销程序,仲裁庭认为,印度司法系统在9年的时间内未处理白色工业提出的管辖权诉求,印度最高法院未能在长达5年多的时间内审理白色工业对管辖权问题的上诉,构成不正当延迟,违反"有效方式"条款。②

对于征收条款,由于印度法院还没有对撤销申请和执行申请进行处理,ICC裁决尚未被剥夺,所以不构成征收。③ 对于白色工业所提出的其他主张,如违反公平公正待遇等,仲裁庭均予以否定。最后,在对印度违反"有效方式"条款的赔偿方面,仲裁庭经过分析认为,ICC裁决符合《纽约公约》,不违背印度的公共政策,根据印度法律是可以执行的,④所以印度应当赔偿的数额为在其遵守"有效方式"条款情况下白色工业可以获得的利益,即ICC裁决的数额、利息及其他费用。⑤

(2)仲裁庭条约解释的正当性分析

从本案的裁决可以看出,仲裁庭竭力避免将印度法院不当拖延执行国际商事仲裁裁决的司法行为认定为拒绝司法,而是通过最惠国待遇条款引入更容易认定的"有效方式"条款。从仲裁庭裁决的理由来看,其没有令人信服的解释和推理过程,几乎是直接通过引用与自己观点相同或相似的裁决来引出结论,特别是塞佩姆诉孟加拉一案和雪佛龙诉厄瓜多尔一案仲裁庭的解释。与塞佩姆诉孟加拉一案类似,其对于合同权利构成投资的认定,直接忽略了条约文本中明文规定的限制性因素,只是断章取义地对列举的分项进行分析;与雪佛龙诉厄瓜多尔一案相同,仲裁庭不仅确认了"有效方式"条款的门槛低于拒绝司法,还直接代替印度法院对ICC裁决是否能够在印度予以执行进行分析,并根据印度法律做出肯定性结论。对此,王贵国先生评论到:"仲裁庭认定根据印度法律没有理由拒绝执行仲裁裁决。换言之,至少在此方面,仲裁庭将其自身置于印

---

① White Industries Australia Limited v. the Republic of India, Award, UNCITRAL, 30 November 2011, paras. 11.3.2, 11.4.16.

② Ibid., para. 11.4.19.

③ Ibid., para. 12.3.6.

④ Ibid., para. 14.2.

⑤ Ibid., para. 14.3.

度法官的角色。仲裁庭是否有资格根据印度法律做出裁决,这一点是值得质疑的。"[①]最后,在赔偿计算上仲裁庭直接将ICC裁决结果转换为投资仲裁的裁决,从而将投资者—国家仲裁作为事实上的执行国际商事仲裁裁决的替代机制。

事实上,白色工业诉印度一案仲裁庭对《澳大利亚与印度促进与保护投资协定》的解释并不符合缔约方的本意。对于白色工业诉印度一案的裁决,印度财政部如此回应:"我们不能容许这片土地上的最高法院受到任何外国法院或者仲裁庭的审查。"[②]白色工业诉印度一案之后印度便修改了其双边投资条约范本,在投资定义中明确排除了由任何司法机构、行政机关或者仲裁程序做出的判决或者裁定。所以,本案仲裁庭通过随意解释条约双边投资条约中的投资定义将东道国国内法院(不予)执行国际商事仲裁裁决的司法行为纳入其管辖范围,超出了《澳大利亚与印度促进与保护投资协定》赋予投资仲裁庭的权限范围,侵入了印度国内法院的自治空间,本案代表着"通过国际投资法的运行特别是投资仲裁侵犯司法独立性的程度"。[③]

此外,边疆石油诉捷克一案仲裁庭提出,在此类案件中,由于涉及私人当事方之间的争端,认定为违反充分保护与安全条款似乎比公平公正待遇条款更为恰当,因为"充分保护与安全条款给国家设定了为投资提供安全的法律保护框架的义务,以使投资免受私人和国家机关不良行为的伤害,而公平公正待遇义务则主要是要求东道国一方的行为不得不公平不公正"。[④] 尽管其观点同样站不住脚,但它也从另一方面说明此等争端不同于一般意义的投资者与东道国之间的争端,它本质上是私人主体之间的商事争端。换言之,申请方与东道国之间并无直接冲突和矛盾,申请方提起投资者—国家仲裁的直接动机在于执行国

---

① Guiguo Wang, "Judicial Independence in the Context of International Investment Law," in Shimon Shetreet (ed.), *The Culture of Judicial Independence-Rule of Law and World Peace*, Brill/Nijhoff, 2014, p. 310.

② See Bilateral Investment Pacts Can't Be Subject to Foreign Jurisdictions: FM, FIRSTPOST, 16, April 2013, available at: http://www.firstpost.com/economy/bilateral-investment-pactscant-be-subj ect-to-foreign-jurisdictions-fm-702494.html (visited 5 November 2017).

③ Guiguo Wang, "Judicial Independence in the Context of International Investment Law", in Shimon Shetreet (ed.), *The Culture of Judicial Independence-Rule of Law and World Peace*, Brill/Nijhoff, 2014, p. 302.

④ Frontier Petroleum Services Ltd. v. the Czech Republic, PCA, Final Award, 12 November 2010, para. 296.

际商事仲裁裁决。从因果关系上来看，一旦仲裁裁决的债务方主动履行裁决义务，申请方提起投资者—国家仲裁的基础便不复存在，这意味着东道国国内法院(不予)执行国际商事仲裁裁决的行为与申请方的损失并不存在直接的、必然的联系。进而可以得出结论，通过以司法征收、违反“有效方式”条款等诉由追究东道国及其法院的责任超越了投资条约的范围。

(三)嗣后条约实践的启示

如前所述，在解释方法论上，除罗马克诉乌兹别克斯坦一案仲裁庭实质性遵守《维也纳条约法公约》，结合投资条约的目的对“投资”进行恰当的解释外，其他仲裁庭都存在不同程度的解释缺陷，在将东道国法院(不予)执行国际商事仲裁裁决的司法行为纳入仲裁庭管辖范围的案件中，此种解释缺陷更为明显。例如，塞佩姆诉孟加拉一案和白色工业诉印度一案仲裁庭均脱离条约文本明文规定的限制性因素，断章取义地分析投资定义的列举分项；直接应用与自己主张相同的仲裁庭的观点作为结论而不加以任何分析。特别是塞佩姆诉孟加拉一案仲裁庭对国家责任的范围采取投资条约无明文禁止即为存在的逻辑更为荒唐。此外，即便是对国内法院体现了最大尊重的基伊埃集团诉乌克兰案，仲裁庭对“投资”的解释也存在极大的随意性。随意解释的直接后果是，仲裁庭极易跨越条约解释与条约立法的界限，篡改缔约国的真正意图，不当扩大东道国的义务范围。而且，在这些案件中，大部分仲裁庭都未将原始的合同争议、国际商事仲裁裁决与条约仲裁加以区分，使投资仲裁庭对东道国国内法院自身行为的审查与对原始合同争议的审判相互混淆。

根据《维也纳条约法公约》第 31 条规定，进行条约解释时应一并考虑缔约国的嗣后条约实践。实际上，晚近缔结的诸多投资条约均将判决、裁决等司法文书排除在投资定义之外。例如，2016 年《加拿大与欧盟全面经济与贸易协定》明确将司法判决、裁定、仲裁裁决排除在纯粹源于商业销售合同的金钱诉求之外。[①] 这意味着条约文本明确了纯粹源于商业销售合同的金钱诉求以及相应的仲裁裁决不属于投资的范畴，但条约对诸如建筑施工等投资所产生的金钱诉求相关争端进行解决的仲裁裁决则未涉及。相比之下，2015 年印度双边投资条约示范文本更为彻底，其投资定义采取的是企业模式而非资产模式，“投资指根

---

① Comprehensive Economic and Trade Agreement between Canada, of the one part, and the European Union and its Member States, of the other part, 14 September 2016, Article 8.1.

据东道国法律组建、组织和运营并为投资者善意拥有或控制的企业”；[①]而且，与纯粹源于商业交易的金钱诉求相并列，判决、裁决等被明确排除在“投资”的概念之外：

> 1.7 为进一步明确，投资不包括企业的以下资产：
> ……
> (iv)纯粹源于货物或服务销售商业合同的金钱诉求；
> ……
> (vii)在任何司法、规制、行政或者仲裁程序中寻求或做出的裁定或判决；
> ……

2018年3月由澳大利亚等11个成员国签署的《全面且先进的跨太平洋伙伴关系协定》(Comprehensive Progressive Trans-Pacific Partnership, CPTPP)投资章节对投资定义仍然采取了资产模式，但其在列举分项中没有包含金钱诉求这一传统类别，并且明确规定“投资并不指司法或者行政程序中做出的裁定或判决”。[②] 根据以上文本，任何仲裁裁决，无论裁决背后的基础交易是否构成投资，均不属于投资。

从近期的条约实践可以看出，条约的缔结者并无意图将国内法院的自由领域——监督国际商事仲裁的权力，纳入投资条约的规制范畴。这就意味着，仲裁庭通过任意解释要求主权国家承担其并未在双边投资条约中承诺的义务，可能构成了对东道国司法主权的侵犯。“投资仲裁庭将仲裁裁决作为投资的后果之一是投资仲裁庭对东道国司法机关的作为或者不作为进行审查，这是以一种不尊重东道国国内法院的方式拒绝接受国内法院司法决定的表现。”[③]有学者认为，条约解释应当以尊重国家主权的方式进行：

> 国家主权原则的核心理念是一国在其领土范围内独立行使国家职能，对于

---

① Model Text for the Indian Bilateral Investment Treaty, Article 1.6, available at: https://mygov.in/group-issue/draft-indian-model-bilateral-investment-treaty-text/ (visited 5 November 2017).

② Comprehensive Progressive Trans-Pacific Partnership, Capter 9 Investment, Article 9.1, available at: http://investmentpolicyhub.unctad.org/Download/TreatyFile/5673 (visited 18 April 2018).

③ Maximilian Clasmeier, *Arbitral Awards as Investments: Treaty Interpretation and the Dynamics of International Investment Law*, Wolters Kluwer, 2017, p. 148.

国家主权的外部限制必须经其同意，如以缔结国际条约的方式……值得注意的是，国家对主权的放弃并非绝对，国家通过缔结条约放弃的主权仅限于条约所规定的范围，这意味着国家没有放弃的部分仍属于主权范畴，所以让国家对其并未做出的承诺承担责任一定是对主权的违反。①

综上，投资仲裁实践表明，在世界范围内已经形成的支持国际商事仲裁的大背景下，大多数投资仲裁庭倾向于保护国际商事仲裁的权威和地位，②保护私人主体诉诸国际商事仲裁的权利，特别是在国内法院试图干预国际商事仲裁程序时，大多数投资仲裁庭倾向于保护甚至强化其相对于国内法院的权力。甚至，某些投资仲裁庭将自身置于东道国国内法院上诉机构的角色，对于东道国国内法院应用本国法律行使自由裁量权的行为进行评论与审查，甚至直接依据东道国国内法代替东道国国内法院对国际商事仲裁裁决应否在东道国予以承认和执行做出裁决。尽管当前处理这一类争端的案件数量仍然有限，③但此类案件代表着投资仲裁对司法主权的入侵已经达到令人震惊的程度，国内法院方方面面的行为几乎全部置于投资仲裁庭的权力之下，因此仍不容忽视。当然，不同仲裁庭的态度与立场不尽相同，少数投资仲裁庭在具体行使此等权力时较为克制和谨慎。

本章小结

国内法院作为一国组成机关而存在，故国家须为其司法机关的不法行为承担国际责任。于是在外交保护背景下产生了禁止拒绝司法的习惯国际法规则。在国际投资仲裁语境下，习惯国际法中的禁止拒绝司法继续成为国际仲裁庭审查东道国国内法院司法行为的法律理由。其实质是要求东道国按照“国际法最低标准”建立一个公平、有效的司法体系。

然而，禁止拒绝司法的内涵和外延均不清晰，特别是禁止拒绝司法是否包

---

① Maximilian Clasmeier, *Arbitral Awards as Investments: Treaty Interpretation and the Dynamics of International Investment Law*, Wolters Kluwer, 2017, pp. 148 – 149.

② Ibid., pp. 111 – 118.

③ See Ricard Ampudia, “Investment-Treaty Protection of Commercial Arbitration Awards: Lessons from the Jurisprudence”, 26 *The American Review of International Arbitration* (2015), pp. 553 – 590.

含对国内法院判决实体公正的要求,不乏争议。投资仲裁庭通常认为拒绝司法不仅可以是程序上的,也包括实体上的拒绝司法,但一般均认为构成拒绝司法的门槛较高,且需要满足用尽(合理存在的)当地救济规则的要求。换言之,投资仲裁庭通常宣示其可以对东道国法院的司法行为进行程序和实体审查的权力,但极少在最后裁决中认定拒绝司法。

由于拒绝司法的高门槛,投资者转向投资条约中的投资待遇条款如公平公正待遇、间接征收、“有效方式”,乃至最惠国待遇、充分保护与安全等条款挑战东道国法院的审判行为。大多数投资仲裁庭淡化司法机构的特殊性,确认其根据投资待遇条款对东道国法院的审判程序和判决结果进行审查的权力。名义上,投资仲裁庭均认可其并非国内法院上诉机构的角色,但在实际裁决过程中不同仲裁庭对其权力的行使表现不一。在雪佛龙诉厄瓜多尔一案中,仲裁庭将“有效方式”条款解释为其审查国内法院在具体案件中所做判决是否公正的依据。仲裁庭依据国内法对国内投资争端进行分析,并直接代替东道国法院对原始争议作出裁决,将自身置于事实上的东道国国内法院上诉机制的角色。

通过签署投资条约,缔约国是否以及在何种程度上同意将其国内司法机关的审判行为置于投资仲裁庭审查之下值得质疑。一方面,缔约国需要为模糊的条约语言负责。如果缔约国旨在维护其国内法院的司法独立性和权威性,需要修订条约或者作出联合解释。另一方面,投资仲裁庭不宜对自身权力进行无限扩张性解释,条约解释应尽量符合缔约国意图。由于投资条约旨在为投资争端解决创设一个中立的、去政治化的替代机制,而非为缔约国国内法院创设一个上诉机制,无论是以禁止拒绝司法为由,还是以投资待遇条款为依据,投资仲裁庭一般不宜对国内法院判决进行实质性审查。

通过对投资定义进行任意的扩大化解释,将东道国法院(不予)执行国际商事仲裁裁决的司法行为纳入管辖范围,投资仲裁庭明显侵入了国内法院的自治空间。此类案件反映了投资仲裁庭无限扩大自身权力的倾向,代表着投资仲裁庭对司法主权的入侵达到令人震惊的程度。不过,不同仲裁庭的做法不尽一致,少数仲裁庭对此等权力的行使予以克制。

第六章　国内法院对投资者—国家仲裁的支持与监督

投资者—国家仲裁机制并非一个完全自给自足的系统,而是需要在国内法体系内运行,即投资者—国家仲裁需要获得国内法院的支持,同时受到国内法院的监督与审查。根据所适用仲裁规则的不同,国内法和国内法院对投资者—国家仲裁支持与监督的范围会有所不同。①

第一节　国内法院与投资者—国家仲裁中的临时措施

临时措施并没有统一的定义,它是在案件最终处置之前作出的,目的在于引导当事人的行为使其有助于仲裁程序取得一个成功的结局,如保护证据、保存当事人的权利、避免自救、保护裁决的最终执行,以及在一般意义上保持和平。② 传统上,临时措施分为以下几种类别的措施:(1)旨在促进仲裁程序进行的措施,如保全证据或者检查财产、文件的命令;(2)旨在维护现状的措

---

① 本章内容虽然包括国际商事仲裁,但重点探讨与投资者—国家仲裁机制密切相关的互动关系,因而未能涉及或详细论述国内法院对国际商事仲裁支持与监督的方方面面。

② Christoph H. Schreuer, *The ICSID Convention*:*A Commentary*, Cambridge:Cambridge University Press,2009,Article 47,para. 2.

施,如保护资产的命令或者根据仲裁程序的结果继续履行合同的命令;(3)避免仲裁程序受到其他诉讼已有或将来的不良影响的措施;(4)促进将来仲裁裁决执行的措施,如冻结令;(5)旨在提供费用保全的措施。①

为在仲裁过程中保存相应的权利,作为岔路口条款或者弃权条款的例外情形,国际投资条约中普遍规定了投资者提起国际投资仲裁并不影响其同时向国内法院申请禁令和临时措施等。2012 年美国双边投资条约范本第 26.3 条规定:

> 尽管有第 2(b)款的规定,申请人[根据第 24(1)(a)条提起仲裁],以及申请人或企业[根据第 24(1)(b)条提起仲裁]可以在被诉国法院或行政法庭提起或继续寻求不涉及金钱赔偿的临时禁令救济的诉求,如果该诉求的目的仅在于在仲裁进行期间保存申请人或者企业的权利或利益。

一、临时措施:国内法院与投资仲裁庭的权力格局

(一)ICSID 仲裁程序中国内法院的作用

《华盛顿公约》第 47 条规定仲裁庭可以"建议"(recommend)临时措施:

> 除非当事方另有约定,在其认为相关情形如此要求时,仲裁庭可以建议临时措施以保护当事方的相应权利。

历史上,围绕着 ICSID 仲裁庭的相应"权力"是否是排他性的,国内法院是否有权力在 ICSID 仲裁中裁定临时措施曾一度存在争议,国内法院和 ICSID 仲裁庭的裁决存在不一致甚至相互矛盾之处。② 1984 年之后修订后的 ICSID 仲

---

① See Anthony C. Sinclair and Odysseas G. Repousis, "An Overview of Provisional Measures inICSID Proceedings",32(2)*ICSID Review*(2017),431 - 446,pp. 431 - 432.

② See Holiday Inns v. Morocco, Decision on Provisional Measures, 2 July 1972, unpublished; Guinea v. MINE, Autorité de surveillance des offices de poursuite pour dette et de faillite, Geneva, 7 October 1986; MINE v. Guinea, Award, 6 January 1988; Guinea v. Atlantic Triton, France, Cour d'appel, Rennes, Judgment, 26 October 1984; Guinea v. Atlantic Triton, France, Cour de cassation, Judgment, 18 November 1986; Atlantic Triton v. Guinea, Award, 21 April 1986; Cable TV v. St. Kitts and Nevis, Award, 13 January 1997.

裁规则澄清了这一问题，使争议不再继续。① 根据修订后的 ICSID 仲裁规则第 39(6)条规定，只有当事人在仲裁文件中明确表示同意的情况下，国内法院才有资格裁定临时措施。② ICSID 仲裁规则第 39 条全文如下：

(1)在程序组成后的任何时间，一方可以要求仲裁庭建议临时措施以保全其权利。此要求需要明确被保全的权利，被要求建议的措施，以及据以产生此等措施要求的情形。

(2)仲裁庭应当优先考虑根据第(1)段提出的要求。

(3)仲裁庭也可以依自身动议建议临时措施或者建议当事方要求之外的措施。仲裁庭可以在任何时间修改或撤销其建议。

(4)仲裁庭只有在给予各方当事人陈述其意见的机会后才可以建议、修改或撤销临时措施。

(5)如果一方当事人在仲裁庭组成之前根据第(1)段提出要求，秘书长应当应任何一方当事人申请，确定双方当事人就此要求陈述意见的时限，以便该请求和意见在仲裁庭组成之后立即予以考虑。

(6)在双方当事人在其同意仲裁的协议中如此规定的情况下，本规则不禁止双方当事人为保全其相应的权利，在仲裁程序开始之前或者之后要求任何司法机关或者其他权力部门裁定临时措施。

理论上，临时措施并不能够自我执行，在当事方不自觉履行的情况下，ICSID 仲裁庭并无执行临时措施的权力，而且通常临时措施是以程序令而非具有约束力的裁决形式做出。历史上，对于国内法院在执行 ICSID 仲裁庭做出的临时措施中的作用，也曾有过争议。布罗什(Broches)先生认为，私人投资者无法获得针对国家一方的临时措施的执行。但由于最后版本的公约规定仲裁庭做出临时措施的“权力”仅限于“建议”，这一问题也就不复存在了。不过，国内法院是否会执行 ICSID 仲裁庭以“建议”形式做出的临时措施决定仍然不确定。

---

① ICSID 仲裁规则 1968 年 1 月 1 日起生效，之后经过了三次修订，生效后分别为 1984 年仲裁规则，2003 年仲裁规则，2006 年仲裁规则。

② ICSID 仲裁规则第 39(6)条，原文如下：Nothing in this Rule shall prevent the parties, provided that they have so stipulated in the agreement recording their consent, from requesting any judicial or other authority to order provisional measures, prior to or after the institution of the proceeding, for the preservation of their respective rights and interests。

对此,克里斯托弗·朔伊尔指出,在临时措施产生法律义务的范围内,国家一方当事人的义务及于其国内法院,因为根据国际法,国家须为其司法机关的行为承担责任,不能以国内法上的不能为由拒绝执行其国际义务。①

事实上,在大多数案件中,相关当事方都自觉遵守了临时措施,主要是因为当事方都尽量避免在仲裁程序中引起仲裁庭的反感,招致对自己不利的程序和裁决——仲裁庭可能会在作出最终裁决时,将一方当事人不遵守临时措施的行为考虑在内。② 在《华盛顿公约》谈判过程中,起草者曾考虑纳入具有此等效果的条款,但最终该提案被拒绝。尽管如此,实践中 ICSID 仲裁庭将一方当事人不遵守临时措施的情况在最终裁决纳入考虑并非罕见。③

除了《华盛顿公约》第 47 条,第 43 条还特别授权仲裁庭可以在程序的任何阶段"要求当事人提供文件或其他证据";该公约第 44 条还一般性地规定仲裁庭可以决定公约或者仲裁规则涵盖范围之外的"任何程序性问题"。这似乎意味着实践中在执行 ICSID 仲裁庭所"建议"的临时措施上,国内法院并非不可或缺。

(二)国际商事仲裁程序中国内法院的作用

1. 国际商事仲裁规则

在国际商事仲裁中,由国内法院裁定临时措施是一种常态。同时,国际商事仲裁规则还普遍确立了仲裁机构裁定临时措施的权力。是否诉诸国内法院,一般取决于当事人的选择。例如,ICSID 附加便利仲裁规则第 46 条规定:

(1)除非仲裁协议另有约定,一方当事人可在仲裁过程中的任何时间请求仲裁庭裁定临时措施以保全其权利,仲裁庭应当优先考虑此等请求。

(2)仲裁庭也可以以自身动议建议临时措施或者在请求列明的措施之外建议临时措施。它可以在任何时间修改或撤销其建议。

(3)只有在给予各方当事人陈述其意见的机会后,仲裁庭才可以裁定、建议

① See Christoph H. Schreuer, *The ICSID Convention: A Commentary*, Cambridge: Cambridge University Press, 2009, Article 47, para. 25.

② See Loretta Malintoppi, "Provisional Measures in Recent ICSID Proceedings: What Parties Request and What Tribunals Order", in Christina Binder et al. (eds.), *International Investment Law for the 21st Century: Essays in Honour of Christoph Schreuer*, Oxford: Oxford University Press, 2009, p. 180.

③ See e. g. Victor Pey Casado and President Allende Foundation v. Republic of Chile, ICSID Case No. ARB/98/2, DECISION sur les Mesures Conservatoires sollicitées par les Parties, 25 September, 2001, paras. 21 – 24.

或者撤销、修改其临时措施。

(4)双方当事人可向任何有权司法机关申请临时措施或者保全措施。当事人此举不应被视为违背仲裁协议或者影响仲裁庭的权力。

2010年《联合国国际贸易法委员会仲裁规则》第26条临时措施规定：

1. 仲裁庭可以应当事人要求,准予临时措施。

2. 临时措施是在最终决定争端解决的裁决做出之前,由仲裁庭裁定一方当事人的临时性措施,包括但不限于：

(a)维持现状等待决定争端；

(b)采取措施阻止或者禁止采取可能会引起:(i)当下或者将来损害,或者(ii)不利于仲裁程序的措施；

(c)保全资产以便后续的裁决可以得到执行；

(d)保全与争端解决有关并且重要的证据。

3. 当事人要求第2(a)条至第2(c)条的临时措施,仲裁庭应当确认其满足以下条件：

(a)如果不予裁定此类措施将会导致损害赔偿裁决不能完全修复的损害,并且此损害大大超过如裁定此措施将可能给该措施所针对当事人造成的损害;并且

(b)要求采取措施的一方当事人在案件实体问题上具有胜诉的合理可能性。此可能性的确定不影响仲裁庭做出后续决定的自由裁量权。

4. 对于根据2(d)条所规定的临时措施的请求,第3(a)(b)条的要求在仲裁庭认为恰当的范围内予以适用。

5. 根据一方当事人申请或者在个别情况下依仲裁庭自身动议并事先通知双方当事人,仲裁庭可以修改、中止或者终止其所准予的临时措施。

6. 仲裁庭可以要求请求临时措施的一方当事人提供与该措施有关的恰当的担保。

7. 仲裁庭可以要求任何一方当事人立即披露被要求或准予临时措施据以存在的情形的任何重要变化。

8. 若仲裁庭事后决定根据当时存在的情形,临时措施不应当被准予,则请求临时措施的该方当事人应当为该措施给他方造成的损失和费用承担责任。

9. 任何一方当事人向司法机关请求临时措施不应被视为与仲裁协议相冲

突,或者被视为放弃仲裁协议。

伊朗—美国求偿仲裁庭仲裁程序规则[①]第26条规定:

(1)根据任何一方申请,仲裁庭可以采取其认为必要的与争议标的相关的任何临时措施,包括采取措施保全构成争议标的的货物,如将之保存在第三方或者责令销售易腐烂的货物。

(2)上述临时措施可以以临时裁决的形式作出。仲裁庭有权要求当事人为此措施提供费用担保。

(3)任何一方当事人向司法机关请求临时措施不应被视为与仲裁协议相冲突,或者被视为放弃仲裁协议。

根据以上仲裁规则,在国际商事仲裁程序中,一般是法院权力和仲裁权力并存的模式,并且,即使在仲裁庭组成之前,仲裁机构也可能作出临时措施。近年来,诸多国际商事仲裁机构已经设立了紧急仲裁员制度,以满足当事人在仲裁庭组成之前对于临时措施的需求。[②] 这也使国内法院的作用进一步降低。

2. 仲裁地国内强行法规则

除了仲裁机构仲裁规则的规定,在临时措施的作出上,法院和仲裁庭的权力格局还受到仲裁所在地国强行法的约束。1976年《联合国国际贸易法委员会仲裁规则》第1(2)条规定:

仲裁适用此等规则,但若任何此等规则与仲裁所应当适用且当事人不能损抑之法律规定相冲突,则应当适用该法律规定。

---

① Iran-United States Claims Tribunal, Tribunal Rules of Procedure, 3 May 1983.

② 紧急仲裁员制度最早出现于《美国仲裁协会国际仲裁规则》(2009)以及斯德哥尔摩商会仲裁院2010年仲裁规则,除此以外,澳大利亚国际商事仲裁中心(ACICA)、国际商会国际仲裁院(ICC)、国际争议解决中心(ICDR)、新加坡国际仲裁中心(SIAC)、香港国际仲裁中心(HKIAC)等均规定了紧急仲裁员制度。在国内,《中国(上海)自由贸易试验区仲裁规则》在2014年的版本中率先引进紧急仲裁员机制,其后,中国国际经济贸易仲裁委员会2015年仲裁规则、北京仲裁委员会2015年仲裁规则也规定了紧急仲裁员程序。参见"涨姿势|一文轻松了解紧急仲裁员程序",http://www.huanzhonglaw.com/templates/consulting_009_1/second_147_414.html,最后访问日期:2017年12月9日。

历史上,大多数国家的国内法规定国内法院具有作出临时措施的排他性权力,禁止仲裁庭授予临时措施。一方面,是对仲裁的普遍不信任和尽可能保护法院管辖权的需要;另一方面,是担心仲裁员不能执行禁令裁决因而不能作出有效的临时措施。① 随着时间的推移和仲裁的国际化发展,对于仲裁的敌视态度大多已经改变。在大多数国家,仲裁员拥有广泛的权力作出临时措施,已经被广为接受,形成了国内法院和仲裁庭均具备作出临时措施的权力格局。当然,根据国内法院与仲裁庭权力优先性的不同,具体还可以分为三种模式:当事人自由选择模式,严格的法院辅助型模式和灵活的法院辅助型模式。② 尽管如此,在某些国家,如意大利、希腊以及中国等,仍然规定只有国内法院才有权力作出临时措施。③ 即便是在认可仲裁员具有裁定临时措施权力的国家,相对于国内法院的权力,仲裁庭的权力也存在某些限制。例如,根据《澳大利亚国际仲裁法》第18b部分,仲裁员不得根据单方面申请授予临时措施,而国内法院则不受此限制;瑞士的仲裁庭不得针对位于瑞士境内的资产作出保护金钱诉求的临时措施;法国和比利时规定作出扣押裁定的权力专属于法院。④

二、国家主权与投资仲裁庭裁定临时措施的潜在冲突

投资者—国家仲裁不同于国际商事仲裁的根本特征在于其涉及主权国家。由投资仲裁庭作出的临时措施,特别是针对国家一方的具有约束力的临时措施,是否有违国家主权原则值得深入探讨。同时,尽管仲裁实践中ICSID仲裁庭和国际商事仲裁庭均具备做出"具有约束力的"临时措施的权力,形成了投资仲裁庭与国内法院分庭抗礼的二元权力格局,但是仲裁庭强制性权力的有限性仍不可忽视。

---

① Rachael Kent and Amanda Hollis, "Concurrent Jurisdiction of Arbitral Tribunals and National Courts to Issue Interim Measures in International Arbitration", in Diora Ziyaeva (ed.), *Interim and Emergency Relief in International Arbitration*, Juris, 2015, p. 88.

② Ibid., pp. 90 – 102.

③ 例如,《中华人民共和国仲裁法》第28条第1款规定:"一方当事人因另一方当事人的行为或者其他原因,可能使裁决不能执行或者难以执行的,可以申请财产保全。当事人申请财产保全的,仲裁委员会应当将当事人的申请依照民事诉讼法的有关规定提交人民法院";《意大利民事诉讼法典》第818条规定:"仲裁员不能做出扣押或者其他临时措施,除非法律另有规定。"

④ See Rachael Kent and Amanda Hollis, "Concurrent Jurisdiction of Arbitral Tribunals and National Courts to Issue Interim Measures in International Arbitration", in Diora Ziyaeva (ed.), *Interim and Emergency Relief in International Arbitration*, New York: Juris Legal Information, 2015, pp. 89 – 90.

(一)国家主权与投资仲裁庭裁定临时措施的约束力

根据《华盛顿公约》第47条规定,ICSID仲裁庭仅有“建议”临时措施的“权力”。关于《华盛顿公约》第47条的形成过程,克里斯托弗·朔伊尔记录如下:

历史上,在公约第47条的起草过程中,仲裁庭决定临时措施的权力性质曾经是争议的焦点。工作报告、最初的草案和第一稿均采用更加有力的措施“规定”(prescribe),意味着这些措施具有约束力,同时还规定了仲裁庭有权对不遵守临时措施的行为进行惩罚。不过这些草案遇到了相当的阻力……“规定”而非仅仅是“建议”临时措施的权力遭到了代表的反对,特别是来自中国的代表的反对,其认为具有约束力的临时措施特别是针对国家一方的临时措施可能会因国家政策的必要性而不能得到遵守。赋予仲裁庭就临时措施做出“临时裁决”的方案并未获得支持。另外,全部删除此条的建议在投票中未获得通过……最终,大多数代表同意用“建议”取代“规定”。最终版本是需要强有力的临时措施和认为临时措施没有必要的两个派别之间妥协的结果。①

《华盛顿公约》第47条的起草历史清晰地表明,缔约国的意图很明确,即不赋予仲裁庭裁定具有约束力的临时措施的权力。② 评论者提出,“人们普遍认为,在措辞上选择‘建议’而非‘规定’源于公约的起草者们对国家主权的关切,不赋予私人仲裁庭纯粹的临时性的命令国家做或不做某事的权力”。③ 然而,在仲裁实践中,ICSID仲裁庭一致性地在仲裁案件中裁定此类措施具有约束力。④ 马菲齐尼诉西班牙案仲裁庭首次提出《华盛顿公约》和ICSID仲裁规则第39条所使用的措辞“建议”等同于“裁定”(order),以及仲裁庭裁定的临时措施的约束力不亚于最终裁决。⑤ 此后,该解释受到其他ICSID仲裁庭一致性的

---

① Christoph H. Schreuer, *The ICSID Convention: A Commentary*, Cambridge: Cambridge University Press, 2009, Article 47, para. 15.

② Ibid., para. 16.

③ Zannis Mavrogordato, Gabriel Sidere, "The Nature and Enforceability of ICSID Provisional Measures", 75 *Arbitration* (2009), pp. 38, 40.

④ See Anthony C. Sinclair and Odysseas G. Repousis, "An Overview of Provisional Measures in ICSID Proceedings", 32(2) *ICSID Review* (2017), pp. 431 – 433.

⑤ Emilio Agustı'n Maffezini v. Kingdom of Spain, ICSID Case No ARB/97/7, Procedural Order No 2, 28 October 1999, para. 9.

效仿和追随。[①] 尽管如此,对于 ICSID 仲裁庭的做法,不乏质疑。有批评者认为,这些 ICSID 仲裁庭的法律推理通常并不详尽,难以令人完全信服,有非正式地篡改《华盛顿公约》之嫌。[②]

一般认为,《华盛顿公约》第 47 条的灵感来自并模仿《国际法院规约》第 41 条。[③]《国际法院规约》第 41 条规定,国际法院(International Court of Justice, ICJ)"拥有在其认为相关情形如此要求的情况下指示(indicate)临时措施的权力以保全任何一方当事人相应的权利"。除了"建议"和"指示"的措施不同外,两个条款的其他部分都是相同的。值得注意的是,如同其他问题一样,历史上 ICSID 仲裁庭在临时措施问题上曾追随国际法院的裁决,可能是因为二者都是建立在国际条约的基础之上并且都与国际公法的问题相关,尽管二者在细节上存在某些差异。[④] 历史上对于国际法院"指示"的临时措施是否具有约束力也曾有过激烈的讨论。对此,科林斯(Collins)观察到,"毫无疑问,主流观点认为,指示的临时措施并不具有约束力"。[⑤] 并且,科林斯注意到:

考虑到诸多尊重、遵守国际法院指示的临时措施的记录,此等争议或许有

---

① See Tokios Tokele's v. Ukraine, ICSID Case No ARB/02/18, Procedural Order No. 1, 1 July 2003, paras. 2, 4; Helnan International Hotels A/S v Arab Republic of Egypt, ICSID Case No. ARB/05/19, Claimant's Request for Provisional Measures, 17 May 2006, para. 32; Perenco Ecuador Limited v. Republic of Ecuador and Empresa Estatal Petro' leos del Ecuador, ICSID Case No. ARB/08/6, Decision on Provisional Measures, 8 May 2009, paras. 66 – 77; Tethyan Copper Company Pty Limited v. Islamic Republic of Pakistan, ICSID Case No. ARB/12/1, Decision on Claimant's Request for Provisional Measures, 13 December 2012, para. 120; City Oriente Limited v. Republic of Ecuador and Empresa Estatal Petro' leos del Ecuador (Petroecuador), ICSID Case No ARB/06/21, Decision on Provisional Measures, 9 November 2007, para. 92. See also Antonio R Parra, The History of ICSID, Oxford: Oxford University Press, 2012, pp. 298 – 301.

② See Tarcisio Gazzini, "Provisional Measures in ICSID Arbitration from 'Wonderland's Jurisprudence' to Informal Modification of Treaties", 16 *The Law and Practice of International Courts and Tribunals*, 2017, pp. 159 – 184.

③ See Christoph H. Schreuer, *The ICSID Convention: A Commentary*, Cambridge: Cambridge University Press, 2009, Article 47, para. 1.

④ See A. F. M. Maniruzzaman, "Protection in International Investment Arbitration: Challenges to State Sovereignty?" in Diora Ziyaeva (ed.), *Interim and Emergency Relief in International Arbitration*, New York: Juris Legal Information, 2015, p. 189.

⑤ Lawrence Collins, *Essays in International Litigation and the Conflict of Laws*, Clarendon Press, Oxford, 1994, p. 173.

些深奥。在第二次世界大战之后要求临时措施的大多数案件中,被诉国并未出庭。在大多数准予了临时措施的案件中,被诉国置之不理。[①]

直至拉格兰德(LaGrand)案国际法院才将该问题予以解决。1999年国际法院在拉格兰德案作出的临时措施令中表示其指示的临时措施具有约束力。[②] 2001年,国际法院在其最终裁决中重申其指示的临时措施应当具有约束力。[③] 不过,该观点并未被美国最高法院所接受。[④]

无论如何,ICSID仲裁庭所建议的临时措施并不能作为有约束力的裁决而依据《华盛顿公约》第54条的规定得以执行,亦不能为执行之目的而转换为具有约束力的仲裁裁决。与ICSID仲裁规则不同,国际商事仲裁规则通常适用于私人主体之间的商事纠纷,因而大多无国家主权方面的考虑——国际商事仲裁庭做出的临时措施通常具有约束力,这从上文国际商事仲裁规则的措辞(order, ordered, grant)亦可以看出;并且有关仲裁规则还规定仲裁庭可以具有约束力的临时裁决的形式裁定临时措施。在根据1976年《联合国国际贸易法委员会仲裁规则》进行的雪佛龙诉厄瓜多尔(2)一案中,[⑤]仲裁庭于2010年5月14日作出临时措施令,命令当事方尽可能维持现状,不得加剧程序性和实体性争议,不得直接或间接对厄瓜多尔法院施以任何非法的压力或影响。[⑥] 2011年2月9日厄瓜多尔法院作出判决之前,仲裁庭再次作出临时措施令,责令厄瓜多尔采取一切措施在厄瓜多尔中止承认与执行针对雪佛龙的任何判决。[⑦] 2012年1月25日,仲裁庭根据1976年《联合国国际贸易法委员会仲裁规则》第26条和第32条作出临时裁决再次确认并重新作出上述命令,该临时裁定对厄瓜多尔立即

---

① Lawrence Collins, *Essays in International Litigation and the Conflict of Laws*, Clarendon Press, Oxford, 1994, p. 173.

② See LaGrand (Germany v. United States of America), Provisional Measures, Order of 3 March 1999, ICJ Reports 1999, para. 102.

③ LaGrand (Germany v. United States of America), Judgement, ICJ Reports 2001, para. 102.

④ See 526 US 111, 119S Ct. 1016 (1999).

⑤ Chevron Corporation and Texaco Petroleum Corporation v. the Republic of Ecuador, UNCITRAL, PCA Case No. 2009 – 23.

⑥ Chevron Corporation and Texaco Petroleum Corporation v. the Republic of Ecuador, UNCITRAL, PCA Case No. 2009 – 23, Order on Interim Measures, 14 May 2010.

⑦ Chevron Corporation and Texaco Petroleum Corporation v. the Republic of Ecuador, UNCITRAL, PCA Case No. 2009 – 23, Order on Interim Measures, 9 February 2011.

生效。[①] 之后仲裁庭又分别于 2012 年 2 月 16 日和 2013 年 2 月 7 日作出临时措施的临时裁定。[②] 伊朗—美国求偿仲裁庭还确认了其发布临时裁定的内在权力。在电子系统诉伊朗(E-Systems v. Iran)案中，仲裁庭提出其拥有做出临时裁定的内在权力，而并未提及第 26 条。[③] 在一个保全货物的临时裁定中，仲裁庭同时引用了第 26 条和电子系统诉伊朗案所宣称的内在权力，来强化并明确保全货物的权力以及保护当事方利益的内在权力。[④]

尽管如此，考虑到晚近缔结的投资条约普遍将仲裁裁决的范围与种类限定在金钱赔偿和返还财产，作为投资仲裁程序中的临时性措施，特别是针对国家一方的强制性措施，其是否有违国家主权原则值得深思。《北美自由贸易协定》第 1135(1)条规定：

当仲裁庭针对一争端缔约方做出最终裁决时，仲裁庭仅可分别或一并作出如下裁决：

(a)金钱赔偿和任何适当的利息；

(b)返还财产，在此情形下，裁决应当写明允许争端缔约方以金钱赔偿加任何适当利息代替返还财产。

虽然此类条款的目的是方便投资者执行其裁决，以及避免仲裁庭通过特定履行之类的裁决侵犯到国家主权与一国的规制权，或者二者兼而有之，尚存在争议，有待进一步深入研究，[⑤]但是客观上却排除了仲裁庭要求国家为一定行为或者不为一定行为的权力。以此类推，既然终局裁决中都未赋予仲裁庭此等权

---

① Chevron Corporation and Texaco Petroleum Corporation v. the Republic of Ecuador, UNCITRAL, PCA Case No. 2009 – 23, First Interim Award on Interim Measures, 25 January 2012.

② Chevron Corporation and Texaco Petroleum Corporation v. the Republic of Ecuador, UNCITRAL, PCA Case No. 2009 – 23, Second Interim Award on Interim Measures, 16 February 2012; Chevron Corporation and Texaco Petroleum Corporation v. the Republic of Ecuador, UNCITRAL, PCA Case No. 2009 – 23, Fourth Interim Award on Interim Measures, 17 February 2013.

③ Interim Award No. 13 – 388 – FT(4 February 1983), E – System, Inc v. the Government of the Islamic Republic of Iran, Bank Meli.

④ Bebring International et al v. Islamic Republic Iranian Air Force et al, Award No. ITM/ITL 52 – 382 – 3, 21 June 1985, 275.

⑤ See Michelle Bradfield and J. C. Thomas, "Non-Pecuniary Remedies: A Missed Opportunity?", 30(3) *ICSID Review*(2015), pp. 635 – 664.

力,在仲裁程序过程中,仲裁庭裁定具有约束力的临时措施,特别是关于特定履行的临时措施,可能会给国家主权造成挑战。

(二)国家主权与投资仲裁庭裁定临时措施的权限范围

尽管实践中ICSID仲裁庭和国际商事投资仲裁庭均具备了作出"具有约束力"的临时措施的权力,此等权力的范围与限度仍然备受争议,特别是针对主权国家一方的临时措施。观察者认为,"仲裁中国家一方的主权特性会对仲裁庭处理临时措施申请的方式产生实际上的影响"。①"尽管仲裁员经常援引主权豁免的潜在应用性作为拒绝特定履行的理由,其似乎更注重其强制性权力的有限性,一方拒不履行的情形构成裁定特定履行的实际障碍。"②实践中某些投资仲裁庭在考虑针对国家一方的临时措施时持谨慎态度,特别是要求仲裁程序中的国家一方为特定履行或者恢复原状的临时措施。

在西方诉厄瓜多尔(Occidental v. Ecuador)案中,1999年5月投资者通过参与合同及相关运营协议获得了厄瓜多尔亚马逊地区15号地块的独家开采、开发活动的权利。2006年5月厄瓜多尔能源与矿产部颁布了失效法令,终止其与投资者的参与合同。投资者遂诉诸投资仲裁,其中一项仲裁请求为要求仲裁庭宣布厄瓜多尔的失效法令无效,并要求厄瓜多尔完全恢复其合同权利。在仲裁过程中,投资者申请临时措施,要求厄瓜多尔为特定履行,即"第三方转让通知"以及满足"OCP管线"要求。对此,厄瓜多尔提出抗议:

> 42. 当自然资源特许协议已经被一个主权国家所终止或者取消时,则不存在要求特定履行的权利;当一国的行为错误或者非法时,合法的救济是支付金钱赔偿。
>
> ……
>
> 45. 从未有过任何一个仲裁庭命令一个主权国家解除征收或者具体履行某个投资协议。不存在此类裁定的理由很简单:
>
> [A]不能够违背主权国家的意志命令其恢复已经终止或者征收的私人投

---

① L. Yves Fortier, Interim Measures: An Arbitrator's Provisional Views, Contemporary Issues in International Arbitration and Mediation: The Fordham Papers(2008), pp. 47 – 58.

② Troye E. Elder, "The Case Against Arbitral Awards of Specific Performance in Transnational Commercial Arbitration", 13(1) *Arbitration International*(1997), p. 13.

资者的投资或者特许。在此情形下,只能要求国家支付金钱赔偿。①

并且,厄瓜多尔似乎暗示,投资者若要恢复其在征收之前的权利只能通过厄瓜多尔国内司法程序,“本案中,结束参与合同的终止法令由能源和矿产部于2006年5月15日发布,并在当天进行公证,所以提起诉讼要求法院宣布其违法并救济被违反的权利的期限已过。当前唯一可能的救济就是投资者另行向行政上诉机构提起无效之诉,要求其审理与参与合同有关的诉讼……为了确立此等权利,投资者必须成功地提起并完成两个诉讼程序,并且正如马夫奇尼诉西班牙案仲裁庭所述,对于实体问题成功或失败的假想纯粹是推测,其并不能作为支持一个实际的、既存权利的充分基础”。②

仲裁庭首先澄清其“建议”临时措施的权力等同于“裁定”临时措施,并且原则上承认为使受损害的申请方整体上得到救济,仲裁庭可以准许特定履行,除非不可能或者与赔偿相比不成比例。③ 然而本案中,仲裁庭认为:

79. 当一国在行使主权权力的过程中已经终止了一项合同或者许可,或者任何其他的外国投资者的权利,特定履行在法律上是不可能的,这一点已经成为共识。

……

84. 要求一个主权国家在国有化或者在终止由国家授予的特许证书或合同之后恢复外国投资者的特许权,与金钱赔偿相比,此种赔偿与其对国家主权造成的干涉不成比例。④

仲裁庭还提到另外两个案件利比亚美国石油公司诉利比亚(LIAMCO v. Libya)案以及英国石油诉利比亚(BP v. Libya)案仲裁庭均认定在国有化情况下特定履行是不可能的。利比亚美国石油公司诉利比亚案仲裁庭认为,强迫一个国家恢复原状是不可能的,这将在事实上给国家主权造成不能容忍之干涉;⑤

---

① Occidental Petroleum Corporation & Occidental Exploration and Production Company v. The Republic of Ecuador, ICSID Case No. ARB/06/11, Decision on Provisional Measures, 17 August 2007, paras. 42, 45.

② Ibid., para. 46.

③ Ibid., paras. 58, 75.

④ Ibid., paras. 79, 84.

⑤ Libya American Oil Company (LIAMCO) v. Libyan Arab Republic 20 I. L. M. 1 (1981), p. 63.

与之类似,英国石油诉利比亚案仲裁庭如此总结:

> 当一国在行使主权权力的过程中通过对企业及其资产以具有终局性的方式进行了国有化,构成了根本性违反特许协议时,该特许权不得再要求政府为特定履行而恢复合同权利,唯一的救济是损害赔偿之诉。①

此外,针对主权国家的禁令救济通常也是不合适的,因为它对于国家来说非常尴尬。"在国家豁免法案的讨论中,英联邦政府表示,禁令并非针对国家的恰当的救济方式。违背禁令的惩罚措施不能用于一个外国国家。"②

正因如此,某些投资条约特别对投资仲裁庭决定临时措施的权限范围进行了明确限制。《北美自由贸易协定》第1134条临时保全措施规定:

> 仲裁庭可以采取临时保全措施以维护争端方的权利或者确保仲裁庭的管辖权能充分有效行使,包括决定保全争端一方占有或控制的证据或决定保护仲裁庭的管辖权。仲裁庭不得做出扣押决定或禁止被指称违反第1116条或第1117条规定的措施。基于本款目的,一项决定包括一项建议。

类似的限制性规定还存在于2006年《美国与秘鲁贸易促进协议》第10.20(8)条、2004年美国示范双边投资条约第28条、《中美洲自由贸易协定》第10.20.8条等。

从另一个角度,投资仲裁庭在临时措施中的有限性反映了国内法院的优势与"权力"所在。由东道国国内法院向其政府裁定临时措施并不违背国家主权原则,相反,这恰恰是一国法治程度的体现,也是对东道国国家主权的最大尊重。另外,东道国国内法院在仲裁程序中裁定临时措施并不与投资仲裁庭对案件的排他性管辖权相冲突。正因如此,投资条约普遍规定投资者提起投资仲裁并不影响其向东道国国内法院寻求临时措施等不涉及金钱赔偿的救济的权利。不过,实践中,对于国内法院在投资仲裁临时措施中的作用需要辩证地看待。国内法院既能以其固有的强制性权力作为后盾迅速作出并执行临时措施,从而

---

① BP Exploration Company(Libya) v. Libyan Arab Republic 52 I. L. R. 297(1974), p. 354.

② Lawrence Collins, *Essays in International Litigation and the Conflict of Laws*, Clarendon Press, Oxford, 1994, p. 138.

对投资仲裁程序的顺利与有效进行予以有力支持,亦有可能对仲裁程序形成某种干预。国内法院介入投资仲裁中的临时措施有可能会在不同的法院形成多个平行程序,并存在不一致裁定的风险,程序的效率也可能会因此受到影响。[①]它可能会导致当事人在寻求临时措施救济上挑选法院,甚至从其母国法院中挑选。[②] 自由选择模式下法院可能会考虑争端的实体问题,因为裁定临时措施通常会要求至少在表面上存在争端实体上胜诉的可能性。在更为广泛的意义上,在仲裁程序中允许法院裁定临时措施为司法干预仲裁提供了可能性。[③] 特别是在投资仲裁中,东道国国内法院作为东道国的一个司法机关,其地位具有敏感性。另外,在仲裁庭拥有决定仲裁裁决的巨大权力背景下,其对于仲裁当事人具有重要的影响力,所以现实中即便是国家一方当事人亦可能选择向投资仲裁庭而非其国内法院申请临时措施。例如,在金盖特诉墨西哥(Metalclad v. Mexico)一案中,墨西哥便向投资仲裁庭申请临时措施要求申请人对仲裁信息予以保密。[④]

三、特殊临时措施——反诉讼禁令与反仲裁禁令

在投资仲裁实践中,应用最多的临时措施是涉及当事方在国际仲裁机构和国内法院提起的平行程序。

(一)反诉讼禁令

现实中更多的情形是,国内法院的作用并非在于执行 ICSID 仲裁庭所做出的临时措施——而是 ICSID 仲裁庭所做出的临时措施直接剑指国内法院的司法行为。[⑤] 在 ICSID 仲裁中,反诉讼禁令是申请方向 ICSID 仲裁庭申请的临时

---

① See Gary B. Born, *International Commercial Arbitration*, Wolters Kluwer, 2014, p. 2456.

② Ibid., p. 2543.

③ Ibid., p. 2456.

④ Metalclad v. United Mexican States, ICSID Case No. ARB/(AF)/97/1, Decision on a Request by the Respondent for an Order Prohibiting the Claimant from Revealing Information Regarding ICSID Case ARB/(AF)/97/1, 27 October 1997.

⑤ See Christoph H. Schreuer, *The ICSID Convention: A Commentary*, Cambridge: Cambridge University Press, 2009, Article 47, para. 26.

措施请求中最多的一类。①

ICSID 仲裁庭的建议有时候会对国内法院扣押财产的决定产生影响。在国际海事提名机构诉几内亚(MINE v. Guinea)一案中,ICSID 仲裁庭在其 1985 年 12 月 4 日作出的临时措施建议中明确提出终止所有国内法院程序。② 日内瓦一审法院详细引用了仲裁庭的建议并将其作为支持其取消财产扣押决定的理由之一。③ MINE 向债务检查机构和破产委员会申请复核但并未成功。委员会同样引用了仲裁庭的临时措施建议并指出:

> 我们知道仲裁庭并未授权诉诸此类措施,相反,仲裁庭在其 1985 年 12 月 4 日作出的临时措施中建议 MINE 撤销并永久性终止所有未决的国内法院诉讼程序以及所有其他的临时措施。④

尽管如此,并非所有的被诉方国内法院都会遵守此类措施。例如,在捷克斯洛伐克贸易银行斯洛伐克一案中,仲裁庭在 1999 年 1 月 11 日发布的程序令中建议在可能涉及 ICSID 仲裁庭决定事项的范围内中止国内破产程序。⑤ 但是斯洛伐克最高法院在其 1999 年 9 月 23 日的裁定中支持了布拉迪斯拉发地区法院拒绝中止破产程序要求的决定。斯洛伐克最高法院认为,两个程序并不冲突,ICSID 仲裁庭决定的有效性和约束力并不受破产程序结果的影响。可见,在此种特殊的临时措施下,已经不仅仅是国内法院支持 ICSID 仲裁程序的顺利有效进行,而是 ICSID 仲裁庭对国内法院司法程序的干预,但此种干预并非基于

---

① See Christoph H. Schreuer, *The ICSID Convention: A Commentary*, Cambridge: Cambridge University Press, 2009, p. 784, para. 99; Loretta Malintoppi, "Provisional Measures in Recent ICSID Proceedings: What Parties Request and What Tribunals Order", in Christina Binder et al. (eds.), *International Investment Law for the 21st Century: Essays in Honour of Christoph Schreuer*, Oxford: Oxford University Press, 2009, p. 175.

② Maritime International Nominees Establishment v. Republic of Guinea, ICSID Case No. ARB/84/4, Award, 6 January 1988, 4 ICSID Reports 69.

③ Maritime International Nominees Establishment v. Republic of Guinea, Switzerland, Tribunal de Première Instance, Geneva, 13 March 1986, 4 ICSID Reports 41, 43.

④ Maritime International Nominees Establishment v. Republic of Guinea, Switzerland, Autorité de surveillance des offices de poursuite pour dette et de faillite, Geneva, 7 October 1986, 4 ICSID Reports 51.

⑤ Ceskoslovenska Obchodni Banka, A. S. v. the Slovak Republic, ICSID Case No. ARB/97/4, Procedural Order No. 4, 11 January 1999.

对称管辖权冲突。[①]

与 ICSID 仲裁相似，国内法院也经常作为国际商事仲裁庭所作出的临时措施的客体。伊朗—美国仲裁庭作出的大部分临时裁决涉及在最终裁决作出前中止在其他法院/法庭的法律程序，以确保其充分有效地行使管辖权。[②] 例如，在电子系统诉伊朗一案中，仲裁庭作出临时裁定，要求伊朗停止在其国内法院的有关诉讼，尽管仲裁庭并非对所有相关请求和反请求都具有排他性管辖权。[③]

在日产诉印度（Nissan v. India）一案中，投资仲裁庭不仅直接禁止印度法院的诉讼程序，还禁止其作出反仲裁禁令。2017 年，日产依据 2011 年《日本与印度全面经济伙伴协定》（Comprehensive Economic Partnership Agreement between Japan and the Republic of India）提起投资仲裁，要求印度泰米尔纳德邦政府支付其承诺但未兑现的投资激励款项 7.7 亿美元。[④] 在投资仲裁庭尚未作出管辖权异议裁定时，2017 年 12 月 4 日，泰米尔纳德邦政府向印度金奈高等法院申请反仲裁禁令。于是日产立即向投资仲裁庭申请紧急临时措施，要求禁止印度及其部门包括泰米尔纳德邦禁止国际仲裁，投资仲裁庭于 12 月 6 日授予该临时措施。根据印度媒体报道，投资仲裁庭认为，印度金奈高等法院作出反仲裁禁令会“威胁到仲裁程序的完整性”，“造成金钱裁决不能充分修复的损失”，所以仲裁庭命令印度及其组成部门包括泰米尔纳德邦政府“采取一切必要措施临时中止金奈高等法院的程序包括撤销 2017 年 12 月 7 日的审理”，直至仲裁庭就其自身的管辖权作出裁定。

（二）国内法院对投资者—国家仲裁程序的监督——反仲裁禁令

虽然仲裁地国内法院可以对国际商事仲裁程序予以一定的监督和干预，在支持国际商事仲裁的大背景下，仲裁地国内法院做出的反仲裁禁令（anti-

---

① 参见第三章第四节。

② See Gabrielle Kaufmann-Kohler and Aurelia Antonietti, “Interim Relief in International Investment Agreements” in Katia Yannaca-Small (ed.), *Arbitration under International Investment Agreements: A Guide to the Key Issues*, Oxford: Oxford University Press, 2010, p. 525.

③ Interim Award No. 13 – 388 – FT (4 February 1983), E-System, Inc v. the Government of the Islamic Republic of Iran, Bank Meli.

④ 目前，作者尚未能从公开的信息中获得该案件的具体信息，本部分主要参考 Indian state government seeks domestic court order to restrain Nissan’s BIT arbitration, as claimant seeks interim measures to restrain India, available at: https://www.iareporter.com/articles/indian-state-government-seeks-domestic-court-order-to-restrain-nissans-bit-arbitration-as-claimant-seeks-interim-measures-to-restrain-india/ (visited 21 January 2018)。

arbitration injunction)非常罕见。[①] 此种情形同样适用于国际商事仲裁。例如,在厄瓜多尔诉雪佛龙(2)一案中,美国纽约南区地区法院拒绝了厄瓜多尔等提出的反仲裁禁令请求,[②]上诉法院维持了地区法院的判决,认为厄瓜多尔所主张的弃权和禁止反言应当由仲裁庭来决定,上诉法院并未回答根据联邦仲裁法联邦法院是否有权力中止仲裁。[③]

不过,在投资者—国家争端解决中,作为被申请方的东道国政府有可能向其本国法院申请禁止国际仲裁的禁令。关键问题是,国内法院是否有权力干预投资者—国家仲裁程序。《华盛顿公约》以及 ICSID 仲裁规则明确排除了国内法院介入仲裁程序的可能性。1987 年,新西兰惠灵顿高等法院拒绝了新西兰政府针对美孚石油诉新西兰(Mobil Oil v. New Zealand)一案[④]请求禁止美孚石油诉诸 ICSID 仲裁的申请。[⑤]

而国际商事仲裁由仲裁地法院行使监督权,东道国法院并不具有法定权限。所以,东道国国内法院在授予此等禁令时非常慎重。2012 年印度最高法院判决取消了全部 2G 频谱和 122 个电信许可证的分配,在科海坦控股公司援引 1998 年《毛里求斯与印度促进与保护投资协定》提起投资仲裁后,[⑥]印度政府向德里高等法院申请反仲裁禁令,主张科海坦控股公司不具有毛里求斯投资者身份。2019 年 1 月 29 日,德里高院驳回印度政府关于反仲裁禁令的申请,认为外国投资者是否属于适格投资者属于投资仲裁庭审理的范围,法院不宜干预。[⑦]

在极少数案例中,国内法院曾作出反仲裁禁令,在这些案件中都存在投资者提起多重程序的现象。而且,在屈指可数的反仲裁禁令中,其客体均指向滥

---

① Stephen M. Schwebel 认为,在存在有效仲裁合意时,国内法院裁定反仲裁禁令违反《纽约公约》、相关条约、合同法律的一般原则、国际仲裁的一般原则、侵犯合同权利,还构成拒绝司法。See "Anti-Suit Injunction in International Arbitration: An Overview", in Emmanuel Gaillard(ed.), *Anti-Suit Injunctions in International Arbitration*, Paris: International Arbitration Institute, 2005.

② Republic of Ecuador v. Chevron Corp., Nos. 09 Civ. 9958, 10 Civ. 316, 2010 WL 1028349 (S.D.N.Y. Mar. 16, 2010).

③ Republic of Ecuador v. Chevron Corp., Nos. 10 – 1020 – cv(L) 10 – 1020(Con) (2dCir. Mar. 17, 2011).

④ Mobil Oil Corporation and others v. New Zealand, ICSID Case No. ARB/87/2.

⑤ Attorney General v. Mobil Oil NZ Ltd., [1987] 2 NZLR 649, reprinted in 4 ICSID Report 117 (1997).

⑥ Khaitan Holdings (Mauritius) Limited v. Republic of India, PCA Case No. 2018 – 50.

⑦ Union of India v. Khaitan Holdings (Mauritius) Limited and others, CS (OS) 46/2019, I. As. 1235/2019&1238/2019 (29 January 2019).

用程序或者提起、参与多重程序的投资者,而非投资仲裁庭。

1. 伯利兹:加勒比银行诉伯利兹案(BCB v. Belize)和邓凯尔德诉伯利兹案(Dunkeld v. Belize)

在两个以伯利兹为被申请人的投资仲裁案件中,伯利兹初审法院都曾作出反仲裁禁令,但后均被上诉法院撤销。第一个案件为英国加勒比银行诉伯利兹。[①] 伯利兹初审法院曾作出反仲裁禁令,但在上诉程序中被加勒比海法院撤销。[②] 加勒比海法院认为,进行国内法院和国际仲裁两种程序并不必然是滥用程序,两种程序的客体和诉由并不相同,并且伯利兹已经在投资条约中同意了仲裁,法院或者仲裁庭给予加勒比银行双重救济或者给予伯利兹双重惩罚的可能性很低。[③]

此案之后,邓凯尔德(Dunkeld)以伯利兹为被申请人先后提起两个投资仲裁程序,即邓凯尔德Ⅰ[④]和邓凯尔德Ⅱ。[⑤] 对此,伯利兹初审法院曾作出反仲裁禁令,[⑥]但被伯利兹上诉法院撤销。上诉法院认为,"无可争议的是授予反仲裁禁令的管辖权应当是极其例外的。(法院)必须非常谨慎地行使,只有当仲裁程序是无理取闹或者压迫性的或者滥用仲裁程序时才可以授予此等禁令",[⑦]而本案中邓凯尔德提起的仲裁程序并不是无理取闹或者压迫性的或者滥用仲裁程序。[⑧] 尽管如此,上诉法院并未准许邓凯尔德中止国内法院程序的申请。

2. 印度:沃达丰诉印度案(Vodafone v. India)

2007 年 5 月,哈钦森电信将其在印度公司的股份卖给沃达丰国际控股,因

---

① British Caribbean Bank Limited & Belize Bank Limited v. Government of Belize, LCIA, Case No. 81116.

② See S. I. Strong, "Anti-Arbitration Injunctions in Cases Involving Investor-State Arbitration: British Caribbean Bank Ltd. v. The Government of Belize", 15 - 1 - 2 *The Journal of World Investment & Trade*(2014), pp. 324 - 332.

③ Caribbean Court of Justice, Judgment, 25 June 2013, [2013] CCJ 4(AJ), paras. 40, 46, 47.

④ Dunkeld International Investment Ltd. v. the Government of Belize(Number 1), PCA Case No. 2010 - 13, UNCITRAL.

⑤ Dunkeld International Investment Ltd. v. the Government of Belize(Number 2), PCA Case No. 2010 - 21, UNCITRAL.

⑥ Attorney General v. Dunkeld International Investment Ltd. et al., In The Supreme Court of Belize, A. D. 2009, Claim No. 1042 of 2009.

⑦ Dunkeld International Investment Ltd. v. the Attorney General, In The Court of Belize AD 2013 Civil Appeal No. 24 of 2011, 25 October 2012 and 1 November 2013, para. 135.

⑧ Ibid., para. 140.

并购中产生的税收问题,印度于2012年溯及既往地修改了其1961年所得税法的相应部分,加重了沃达丰国际控股的税收责任,因此,2014年沃达丰国际控股依据1995年《印度与荷兰促进与保护投资协定》(已终止)提起投资仲裁。仲裁进行过程中,沃达丰国际控股的母公司又就相同争端依据1994年《英国与印度促进与保护投资协定》分别于2015年6月和2017年1月向印度发出仲裁通知。于是印度向其国内法院新德里高等法院申请禁止后一个投资仲裁程序的禁令。

2017年8月,新德里高等法院发出临时令,禁止沃达丰国际控股的母公司,其雇员、代理人、律师等进一步推进2015年6月和2017年1月提起的仲裁,禁止依据《英国与印度促进与保护投资协定》提起国际仲裁程序或者继续2017年1月仲裁通知中所提及的争端。[①] 法院认为,从表面看,沃达丰国际控股的两个母公司根据《英国与印度促进与保护投资协定》寻求的救济和沃达丰国际控股根据《印度与荷兰促进与保护投资协定》寻求的救济实质上是相同的。[②] "法院的初步意见为,由于两个仲裁程序中的申请人均属于同一个公司集团,由相同的股东控制和管理,他们不能提起两个独立的仲裁程序,因为这构成滥用法律程序。"[③]"进而,法院初步认为,本案中存在平行程序和由两个独立的仲裁庭做出不一致裁决的风险。""法院初步认为,允许被告提起外国仲裁将是不平等的、不公平的和不公正的。"[④]不过,在被告提出申请应当由仲裁庭裁定其管辖权,并且提议在后一个仲裁案件中双方选任相同的仲裁员,以及考虑到后一个仲裁程序中双方已经各选任了一名仲裁员的事实,法院同意双方参与指定首席仲裁员的程序。[⑤]

在2018年5月进行的法院程序中,法院认为,由于被告沃达丰国际控股在印度有投资和经济活动,属于印度法院管辖范围,且沃达丰国际控股的母公司与沃达丰国际控股实质上属于同一个经济实体,所以法院对本案两被告均具有属人管辖权。[⑥] 对于以条约为基础的国际商事仲裁,法院认为并不存在明确的

---

① See Judgment, In The High Court Of Delhi At New Delhi, CS(OS)383/2017, 22 August 2017.

② Ibid., p.6.

③ Ibid., p.9.

④ Ibid., p.9.

⑤ Order, In The High Court Of Delhi At New Delhi, CS(OS)383/2017, 26 October 2017.

⑥ Judgment, In The High Court Of Delhi At New Delhi, CS(OS)383/2017 & I. A. No. 9460/2017, 7 May 2018, pp. 46 – 52.

法律限制国内法院的管辖权。更何况,“由条约推导出来的私人投资者和国家之间的仲裁协议本身并不是条约,而是独立的种类。在当前的投资仲裁中,涉及的是合同权利和合同义务,所以法院对本案争端客体行使管辖权并不存在障碍”。[①] 进而,法院认为,“印度国家法院拥有并保留限制具有压迫性、无理取闹的、不平等的或者构成滥用法律程序的国际条约仲裁的管辖权”。[②] 不过,法院强调“授予反仲裁禁令的管辖权必须非常谨慎地行使,只有在仲裁程序是无理取闹的、压迫性的、不平等的或者滥用程序的情况下才能授予。毕竟,不能忽视立法或者国内法之下完全合法的行为也可能引发双边投资条约之下成功的投资诉求的事实”。[③] 本案中,考虑到被告同意合并两个仲裁程序,且仲裁庭认为印度可以向根据《英国与印度促进与保护投资协定》成立的仲裁庭提出被告存在滥用程序的行为,所以在最终判决中,新德里高等法院没有给予禁令。[④]

3. 坦桑尼亚:渣打香港诉坦桑尼亚电力供应公司(SCB HK v. TANESCO)

1995 年坦桑尼亚全资国有企业坦桑尼亚电力供应公司与独立能源签署电站购买协议,独立能源同意在坦桑尼亚设计、建设、拥有、运营和维护发电设施。之后双方为付款事宜发生争议。1998 年坦桑尼亚电力供应公司与独立能源之间的争议在坦桑尼亚电力供应公司诉独立能源案件中解决。[⑤] 2001 年 7 月仲裁庭作出裁决,根据该裁决坦桑尼亚电力供应公司支付了一部分款项,但未全部支付。自 2006 年 10 月起,独立能源不能偿还其为该项目初步融资所借贷的款项,其最初的马来西亚贷款人将债权转让给担保人渣打香港。2010 年 5 月,渣打香港的母公司渣打银行以坦桑尼亚为被申请人依据 1994 年《英国与坦桑尼亚促进与保护投资协定》提起仲裁,2012 年 11 月仲裁庭以不具有管辖权为由驳回。[⑥] 2013 年渣打银行提起撤销程序,目前该程序因双方同意而被中止。

在仲裁程序之前,独立能源的股东(VIP 和万马)曾在坦桑尼亚法院提起诉

---

① Judgment, In the High Court Of Delhi At New Delhi, CS(OS)383/2017 & I. A. No. 9460/2017, 07 May 2018, p. 56, para. 83.

② Ibid., p. 66, para. 104.

③ Ibid., p. 70, para. 114.

④ Ibid., p. 81.

⑤ Tanzania Electric Supply Company Limited v. Independent Power Tanzania Limited, ICSID Case No. ARB/98/8.

⑥ Standard Chartered Bank v. The United Republic of Tanzania, ICSID Case No. ARB/10/12, Award, 2 November 2012.

讼。2002 年 2 月 VIP 向坦桑尼亚高等法院申请破产清算,法院指定了临时清算人解决破产清算问题。同时万马将其与 VIP 之间的争端依据发起者/股东协议向伦敦国际仲裁院(London court of International Arbitration,LCIA)提起仲裁,2003 年 8 月,伦敦国际仲裁院做出裁决要求 VIP 中止其在坦桑尼亚法院提起的破产清算程序,万马试图在坦桑尼亚执行该裁决但未成功。2008 年渣打香港向坦桑尼亚高等法院申请中止破产清算程序但未获批准。2010 年 9 月渣打香港行使其受让的合同权利提起投资仲裁。[①] 在此背景下,被申请方坦桑尼亚电力供应公司反对仲裁庭的管辖权,认为渣打香港诉称的担保转让对独立能源的清算人和债权人是无效的,其在提起仲裁之前应当首先获得坦桑尼亚高等法院的许可。2012 年,清算人和 VIP 通知 ICSID 仲裁庭渣打香港并非独立能源的债权人。尽管如此,2014 年 2 月,投资仲裁庭作出管辖权裁定,认为其对本案具有管辖权但仅限于就坦桑尼亚电力供应公司在电站购买协议之下所欠的款项数额做出决定。[②] 2014 年 4 月,坦桑尼亚高等法院命令双方当事人渣打香港和坦桑尼亚电力供应公司禁止执行、遵守和实施该裁定。[③]

(三)SGS 诉巴基斯坦:反仲裁禁令与反诉讼禁令共存

在 SGS 诉巴基斯坦一案中,1994 年 9 月巴基斯坦与 SGS 签署装船前检验合同,该合同第 11 条包含争端解决条款,约定与合同或者合同的违反、中止、失效有关的所有争议,若不能友好解决,应当根据巴基斯坦仲裁法在巴基斯坦仲裁。后双方就履约发生争议,巴基斯坦终止合同。1998 年 1 月 SGS 就巴基斯坦终止装船前检验合同的行为在瑞士提起商事诉讼但被驳回。2000 年 9 月,巴基斯坦根据装船前检验合同第 11 条在巴基斯坦提起仲裁程序,并且依据 1940 年巴基斯坦仲裁法向伊斯兰堡高级民事法官法院申请指定仲裁员,仲裁程序中 SGS 提出初步异议并提起反诉。2001 年 10 月,SGS 依据 1995 年《瑞士与巴基斯坦促进与相互保护投资协定》提起 ICSID 仲裁程序,认为巴基斯坦终止装船前检验合同的行为构成违反条约。巴基斯坦提出管辖权异议。

2002 年 1 月 SGS 向伊斯兰堡高级民事法官申请中止国内仲裁程序的禁

---

① Standard Chartered Bank(Hong Kong)Limited v. Tanzania Electric Supply Company Limited, ICSID Case No. ARB/10/20.

② Standard Chartered Bank(Hong Kong)Limited v. Tanzania Electric Supply Company Limited, ICSID Case No. ARB/10/20, Decision on Jurisdiction and Liability, 12 February 2014.

③ See Tanzanian Courts Injunct ICSID Proceedings, available at: http://hsfnotes.com/arbitration/2014/05/06/tanzanian-courts-injunct-icsid-proceedings/ (visited 21 January 2018).

令,主要理由为其有权将争端提交 ICSID 仲裁,当地仲裁程序应当中止直至 ICSID 仲裁庭就巴基斯坦的管辖权异议作出决定。但该申请遭到拒绝,SGS 提起上诉至拉合尔高等法院但再次被拒绝,SGS 于是上诉至巴基斯坦最高法院。2002 年 7 月巴基斯坦最高法院作出决定,禁止 SGS 提起或者参与 ICSID 仲裁程序,要求双方继续国内仲裁程序,在其裁决理由中最高法院特别考虑了 SGS 是否有资格提起 ICSID 仲裁并作出否定性结论。在此之前,2002 年 5 月 SGS 向 ICSID 仲裁庭申请紧急临时措施,要求巴基斯坦中止所有与 ICSID 仲裁有关的国内法院和仲裁程序,不得恶化或者扩大争端。

投资仲裁庭认为,"虽然 2002 年 7 月最高法院的判决结果是终局的,在国际法上,它并不对仲裁庭有约束力。我们注意到《华盛顿公约》第 41 条要求仲裁庭决定其是否具有对提起的诉求具有管辖权,我们不能拒绝"。[①] 并且,投资仲裁庭认为,根据《瑞士与巴基斯坦促进与相互保护投资协定》第 9(2)条规定,SGS 拥有诉诸 ICSID 仲裁的表面上的诉权,它提出了合同违约之诉和条约违反之诉,而巴基斯坦是《华盛顿公约》的缔约国。[②] 进而,仲裁庭认为,其有义务确保此等诉权,为此应当行使《华盛顿公约》第 47 条所赋予的权力(power)。[③] 仲裁庭提出:

> 诉诸国际审判的权利必须得到尊重,其不能被国内法院的命令所限制。一国也不能以援引其国内法为其不符合国际义务的行为进行抗辩。否则,缔约国可以通过其自己法律的运作阻碍投资者诉诸 ICSID 仲裁的权利。[④]

据此,仲裁庭作出程序令,禁止巴基斯坦政府提起蔑视法庭的诉求,并且若巴基斯坦包括其最高法院提起其他诉求,应当通知 ICSID 仲裁庭此等程序的进展。不过,对于 SGS 提出的禁止巴基斯坦提起或参与任何与仲裁有关的国内法院程序的要求,仲裁庭并不同意,"我们不能禁止一个国家在其领土内从事正常的刑事、行政和民事司法程序"。[⑤]

---

① SGS Société Générale de Surveillance S. A. v. Islamic Republic of Pakistan, ICSID Case No. ARB/01/13, Procedural Order No. 2, 16 October 2002, p. 299.

② Ibid., pp. 299 – 300.

③ Ibid., p. 300.

④ Ibid.

⑤ Ibid., p. 301.

对于中止国内仲裁程序，ICSID 仲裁庭认为可能并不妥当，不过出于不浪费司法资源的考虑，以及考虑到巴基斯坦与装船前检验合同有关的诉求并不会因此被有效地剥夺，[①]仲裁庭还建议中止国内仲裁程序直至 ICSID 仲裁庭作出管辖权决定，仲裁庭特别要求将此程序令的复印件转交至国内的仲裁员以便其充分知晓国际程序的状况。[②] 对此，国内仲裁程序仲裁员同意中止国内仲裁程序。

2003 年 8 月投资仲裁庭作出管辖权异议裁定。“作为一个一般原则，根据不同的法律秩序——国内法律秩序和国际法律秩序，相同的事实可以产生不同的诉求。”[③]所以，仲裁庭认为原则上合同之诉和条约之诉存在合理的区别。[④]考虑到《瑞士与巴基斯坦促进与相互保护投资协定》第 9 条仅仅规定了 ICSID 仲裁，而未规定岔路口条款，仲裁庭认为其对条约违反之诉具有管辖权。[⑤] 不过，由于装船前检验合同中规定了有效的法院选择条款，仲裁庭对不构成条约违反的合同之诉并不具有管辖权。[⑥] 于是仲裁庭撤销了其建议的临时措施中的中止国内仲裁部分，但保留了其他部分。[⑦]

由上可见，反诉讼禁令和反仲裁禁令凸显了沟通国内法律程序和国际仲裁程序，制约滥诉行为的必要性和紧迫性。对于某些滥用程序的投资者，少数东道国法院试图干预，但面临着权限和地位上的尴尬。SGS 诉巴基斯坦一案既有巴基斯坦最高法院作出的反仲裁禁令，也有投资仲裁庭作出的反诉讼禁令和反国内仲裁禁令，代表着国内法院和投资仲裁庭权力的尖锐对立和冲突。

总之，尽管理论上和法律上国际仲裁庭并不具有国内法院所拥有的强制性权力，并且投资条约允许申请人在东道国法院寻求临时措施救济，但实际上在临时措施方面东道国法院对国际投资仲裁所能发挥的支持作用比较有限。造成此种局面的原因主要为三点：其一，ICSID 仲裁庭违背《华盛顿公约》意图，对自身在“建议”临时措施方面的权力进行扩张性解释；其二，由于投资仲裁庭对

---

① SGS Société Générale de Surveillance S. A. v. Islamic Republic of Pakistan, ICSID Case No. ARB/01/13, Procedural Order No. 2, 16 October 2002, pp. 302 – 304.

② Ibid., p. 305.

③ SGS Société Générale de Surveillance S. A. v. Islamic Republic of Pakistan, ICSID Case No. ARB/01/13, Decision of the Tribunal on Objections to Jurisdiction, 6 August 2003, para. 147.

④ Ibid., para. 148.

⑤ Ibid., para. 155.

⑥ Ibid., paras. 161, 162.

⑦ Ibid., para. 190.

最终裁决的影响力,其做出的临时措施通常被当事人自觉遵守,而无须强制执行;其三,东道国法院作为被诉国组成机关的地位较为敏感和尴尬,当临时措施针对的是被诉东道国,特别是仲裁庭作出反诉讼诉禁令时,东道国法院不仅不能发挥支持作用,还要受到投资仲裁庭的干预。不过,对于滥用条约仲裁程序的投资者,某些东道国国内法院试图发挥其监督作用。

第二节　国内法院对投资仲裁裁决的司法审查

国际商事仲裁的运行离不开国内法体系,为了与具体的国内法院建立连结点,国际商事仲裁必须在法律意义上确立自己的仲裁地。其背后的理念是"领土理论"——"每一个仲裁都是国家仲裁,即仲裁需要受制于特定的国内法系统。仲裁法只能是仲裁庭所在地国的法律。"①根据国际商事仲裁规则做出的仲裁裁决,仲裁地国内法院有权力对其进行司法审查,并在符合法律规定的情况下撤销仲裁裁决。仲裁地国内法院对国际商事仲裁的司法审查体现了国内法院对国际仲裁的监督功能。

一、仲裁地国内法院司法审查的权限范围

仲裁地国内法院对国际商事仲裁裁决的司法审查是一把"双刃剑":一方面,国内法院为仲裁庭设立了一个监督机制,这使存在法定缺陷的仲裁裁决可以被仲裁地国内法院撤销,从而在一定程度上确保仲裁的公正性,并维护法院地的公共秩序;另一方面,过度的司法审查亦可能构成对仲裁自治性的不恰当干预,削弱仲裁的优势,并进而影响仲裁独立存在的价值。因而当代世界各国的国内法普遍采取了对国际商事仲裁予以尊重的姿态,将司法审查限定在有限的范围内。

并且,由于国际商事仲裁已经成为一种全球性产业,它可能带来国家之间的竞争。诸多国家,特别是传统的国际商事仲裁中心所在国,均采取了仲裁友好的态度,以期增强其在国际仲裁中的吸引力与竞争力,并最终增强其在国际商业中的吸引力。② 为了确立、巩固在国际商事仲裁中的地位,在某些国家和地

---

① Jan Paulsson, *The Idea of Arbitration*, Oxford: Oxford University Press, 2013, p. 33.

② See Maximilian Clasmeier, *Arbitral Awards as Investments: Treaty Interpretation and the Dynamics of Internatioanl Investment Law*, Wolters Kluwer, 2017, p. 114.

区如新加坡、伦敦、美国、瑞士，以及我国香港特别行政区等还表现出特别的“仲裁友好”的姿态，以期在国际商事仲裁地上取得竞争优势。例如，瑞士的国内法规定，当合同双方均为外国人时，其可以约定不得在仲裁地国内法院对仲裁裁决进行挑战。①

《华盛顿公约》确立了不同于国际商事仲裁的审查机制——系统内部的撤销程序，②以及裁决的补充、更正、解释、修改程序，③其完全排除了国内法院对投资仲裁裁决进行司法审查的权力。《华盛顿公约》第 53 条规定，ICSID 程序的当事人不得对 ICSID 裁决在国内法院提起上诉或者其他任何形式的审查程序：

> 裁决对当事方具有约束力，除了本规约的规定不得诉诸任何上诉或者任何其他救济。任何一方应当遵守裁决的规定，除非根据本公约的相关条款执行应当被中止。

这意味着 ICSID 裁决独立于仲裁地国内法院，不受仲裁地国内法院的审查。换言之，ICSID 仲裁是非地方化的，其独立于程序进行地和裁决做出地的司法控制。④

对于国际商事仲裁裁决，仲裁地法院可以进行司法审查并撤销仲裁裁决。当前并不存在约束一国对在其境内做出的国际商事仲裁裁决进行司法审查的国际条约。《纽约公约》并未包含仲裁地国内法院对国际商事仲裁裁决进行司法审查的任何规定。由于各国国内法的差异和相同国家不同法院审查标准的不同，世界范围内仲裁地国内法院对国际商事仲裁裁决的司法审查带有明显的碎片化特征，具有诸多的不确定性。

不过，《联合国国际贸易法委员会国际商事仲裁示范法》(UNCITRAL

---

① See Jan Paulsson, *The Idea of Arbitration*, Oxford: Oxford University Press, 2013, p. 35.

② 事实上，启动 ICSID 撤销程序的事由非常有限，其并非旨在对仲裁裁决的实体性问题进行审查。《华盛顿公约》第 52 条规定，只有在以下 5 种情形中，才可以撤销仲裁裁决：(1)原仲裁庭的组成不恰当；(2)仲裁庭明显超越其权限；(3)仲裁庭成员存在腐败；(4)严重偏离程序的基本规则；(5)裁决没有陈述其所依据的理由。

③ 参见《华盛顿公约》第 49 条、第 50 条、第 51 条。

④ See Christoph H. Schreuer, *The ICSID Convention: A Commentary*, Cambridge: Cambridge Unversity Press, 2009, Article 53, para. 22.

Model Law on International Commercial Arbitration,以下简称示范法)①在统一各国立法方面发挥了重要作用,诸多国家的国内立法都受到示范法的影响,因而具有较大程度的相似性。示范法第34(2)条规定了可以撤销仲裁裁决的几种情形:

(1)一方当事人不具备行为能力或者仲裁协议无效;

(2)未通知一方当事人或者拒绝给予其陈述案件的机会;

(3)超越了管辖权范围;

(4)仲裁庭的组成或仲裁程序违反仲裁协议,除非该协议与当事人不能协商损抑之强行法相冲突;

(5)争议客体具有不可仲裁性;

(6)裁决违反公共政策。

同时,示范法并不具有法律约束力,对仲裁裁决进行司法审查的范围最终取决于仲裁地的国内法,而不同的国内法可能采取不同的审查方式。即便是在同一国家,不同地区的国内法院审查标准与审查结果亦有可能存在明显的差异。

在以条约为基础的投资者—国家仲裁中(国际商事仲裁),由于投资者与东道国之间并不存在具体的仲裁协议,第(1)项并不适用。实践中,败诉方挑战国际商事仲裁裁决最为常见的理由为仲裁员裁定的事项超越了其权限范围,以及仲裁裁决违反公共政策;客体的不可仲裁性和程序性不规范问题亦作为挑战的理由,但尚不常见。② 相应地,仲裁地国内法院对于国际商事仲裁裁决进行司法审查的事由通常包括以下几种情形:

第一,超越权限。当事人同意是仲裁的基石。在国际商事仲裁中,仲裁员审理纠纷的权力通常来自仲裁协议中当事方的授权。授权的范围构成仲裁员

① UNCITRAL Model Law on International Commercial Arbitration, United Nations documents A/40/17, annex I and A/61/17, annex I. As adopted by the United Nations Commission on International Trade Law on 21 June 1985, and as amended by the United Nations Commission on International Trade Law on 7 July 2006.

② Noah Rubins, Chapter 15, Judicial Review of Investment Arbitration Awards, in Todd Weiler (ed.), NAFTA Investment Law and Arbitration: Past Issues, Current Practice, Future Prospects, Transnational Publishers: New York, 2004, p. 363.

的权限范围,相应地,几乎所有国家的仲裁法都认可仲裁庭只在当事人提交仲裁的事项范围以及仲裁协议的授权范围内具有管辖权。当仲裁员超越了其权限范围时,仲裁裁决可能被仲裁地国内法院以"越权"为由予以撤销。而在以条约为基础的国际商事仲裁中,投资者与东道国之间不存在明确的、具体的仲裁协议——条约本身并不构成仲裁协议。[①] "对于主权国家来说同意其被私人一方起诉并非轻率的决定……通过同意仲裁,国家允许私人审判者审查其公共政策,并可有效地宣布其立法、行政和司法行为无效。"[②]因此,投资条约通常为享受条约实体条款保护的投资和投资者设定了一定的范围和条件。[③] 有观点认为,此等条件服务于重要的主权功能,限制了国家愿意提交投资仲裁庭审判的条款的应用;在此等条件得不到遵守时,并不存在仲裁的合意,进而仲裁庭并不具有管辖权。[④] 因此,以超越权限为由的挑战通常以投资仲裁庭接受管辖的事项是否超越了国家同意仲裁的范围为形式。在投资者—国家仲裁中,管辖权争议是最为常见的争议。在进入国内法院司法审查的案件中,也大多涉及投资仲裁庭的管辖权。

第二,公共政策。在大多数国家,违反公共政策的裁决可以被撤销。然而,据一项调查,除了阿拉伯联合酋长国和澳大利亚,其他国家的立法均未对公共政策予以定义。[⑤] 所以,对这一概念进行界定属于国内法院的职责范围。在某些国家,无论是撤销仲裁裁决还是承认与执行仲裁裁决,对公共政策的定义都是一致的,而在另外的国家则存在细微差别,如在葡萄牙,在撤销仲裁裁决中公共政策的门槛更低。在大部分国家,国内法院倾向于将违反公共政策限制在狭窄的范围,违反的程度必须达到一定水平,并且避免以公共政策为由对裁决的实体问题进行审查。[⑥] 在少数国家如印度尼西亚、印度、肯尼亚、尼日利亚、巴基

---

① Roberts, C. J., dissenting, BG Group Plc. v. the Republic of Argentina, 572 U. S. _(2014), p. 2.

② Ibid., pp. 9 – 10.

③ 参见第二章第五节。

④ Brief for the United States as Amicus Curiae in Support of Vacatur and Remand, in the Supreme Court of the United States, BG Group Plc. v. the Republic of Argentina, No. 12 – 138, September 2013, p. 9.

⑤ IBA Subcommittee on Recognition and Enforcement of Arbitral Awards, Report on Public Policy Exception in the New York Convention, October 2015, pp. 2 – 3. available at: http://www.ibanet.org/LPD/Dispute_Resolution_Section/Arbitration/Default.aspx.

⑥ Ibid., pp. 11 – 12.

斯坦等,国内法院倾向于赋予公共政策更为广泛的内容。① 另外,公共政策分为程序性公共政策和实体性公共政策,实践中,应用程序性公共政策占绝大多数,而实体性公共政策并不常见,一般限于对非法合同的禁止。② 投资者—国家仲裁背景下,各国国内法院在对仲裁裁决的司法审查中对公共政策的把握与国际商事仲裁的情况基本相同。另外,由于仲裁地国通常与仲裁裁决并无实质利益,仲裁裁决违反仲裁地国公共利益的抗辩通常并不成立。在个别情形下,如投资者存在行贿等违反国际公共政策的情形,则不排除在少数采纳"国际公共政策"的国家如黎巴嫩,仲裁裁决违反法院地国公共政策的可能性。

第三,不可仲裁性。在大多数国家,某些特定的领域因与公共福利和公共利益密切相关,不允许提交仲裁。如今,大多数发达国家的法院在存疑时倾向于裁定具有仲裁性。但在某些领域如知识产权等,仍然属于国内法院的专属管辖权。在许多国家,涉及国家合同的争端,当地法律仍然要求行政法庭行使排他性管辖权。以中国为例,仲裁法规定平等主体之间的合同纠纷和其他财产权益纠纷可以仲裁,行政争议则不能提交仲裁。③ 而投资者与东道国之间存在经济管理关系,投资者—国家争端往往是由于东道国政府的管理措施影响投资者权益所致,因而可能并不在可仲裁的范围之内。此外,在拉丁美洲国家和欧洲的法国,对于与政府相关的争端的可仲裁性仍然具有明显的限制。不过当前,投资仲裁裁决尚未有以不具有可仲裁性为由在国内法院进行司法审查的案例。④

第四,程序不规范。几乎所有国家的仲裁法规都规定程序性不规范是撤销仲裁裁决的理由,而且如果仲裁以明显任意或者不公平的方式进行,大多数国家的法院都会撤销仲裁裁决。此原则与程序性公共政策密切相关。不过,该原则亦存在一定的门槛。在诸多国家,仅仅程序上存在根本缺陷是不够的,提起动议一方还必须证明,如果不存在程序不规范,仲裁员的决定将会有所不同。

---

① IBA Subcommittee on Recognition and Enforcement of Arbitral Awards, Report on Public Policy Exception in the New York Convention, October 2015, p. 9, available at: http://www.ibanet.org/LPD/Dispute_Resolution_Section/Arbitration/Default.aspx.

② Ibid., p. 18.

③ 参见 1994 年颁布、2017 年修订的《中华人民共和国仲裁法》第 2 条、第 3 条。

④ Noah Rubins, "Chapter 15, Judicial Review of Investment Arbitration Awards", in Todd Weiler (ed.), *NAFTA Investment Law and Arbitration: Past Issues, Current Practice, Future Prospects*, Brill/Nijhoff, 2004, p. 366.

不过,在投资者—国家仲裁中,仲裁庭在程序上留下把柄的情况并不多见。

第五,“明显无视法律”以及其他实体性理由。在美国,《联邦仲裁法》(Federal Arbitration Act)的国际条款规定的拒绝承认仲裁裁决的理由与《纽约公约》第5条相同。不过,当仲裁地位于美国时,《联邦仲裁法》的国内部分和国际部分都将适用,包括以“超越法律规定”的理由来撤销仲裁裁决,如“明显无视法律”。不过,美国法院极少以“明显无视法律”来撤销仲裁裁决,而且国际仲裁背景下更为罕见。在大多数国家,仲裁裁决的推理和决定的实体问题都免于受到法院的司法审查,除非是落入了程序性缺陷的范畴,诸如超越权限或者违反公共政策。在个别国家如英国,对于在其境内进行的仲裁程序,当地法院具有作为仲裁程序的上诉法院的权力。《1996年英国仲裁法》(English Arbitration Act 1996)允许败诉方在满足前提性条款的情况下就法律问题,但不包括事实问题提起上诉,不过与此同时,英国法院也具有广泛的自由裁量权驳回对仲裁裁决的挑战,并且在当事人挑战裁决实体问题的情况下经常如此。《阿根廷民法典》(Argentina Civil Code)允许对仲裁裁决的法律问题和事实问题向法院提起上诉。

总之,由于大部分国家都借鉴了示范法,国内法规定对国际商事仲裁裁决进行实体审查的情况已经大大减少,而仅仅保留有限的司法审查权限。有观点认为,似乎传统的撤销仲裁裁决的理由并不能适应21世纪对于仲裁裁决正确性的不断变化的需求,此种差距在投资者—国家争端解决中更为明显,因为投资者—国家仲裁面临着更大的“公正”裁决的压力。①

二、仲裁地法院司法审查的“商事化”特征

实践中,进入仲裁地国内法院司法审查程序的投资仲裁裁决非常有限,一是因为大部分投资者—国家仲裁案件是根据《华盛顿公约》进行;二是因为有限的国际商事仲裁案件只涉及特定的若干个国际商事仲裁机构所在地国内法院。② 在国际商事仲裁中,仲裁地法院通常将其对私人之间国际商事仲裁裁决的审查标准与法律解释方法应用于对投资仲裁裁决的司法审查。在支持仲裁的大背景下,投资仲裁裁决的终局性与权威性仍然是仲裁地法院关注的重点,

---

① See Vladimír Balaš, “Chapter 27 Review of Awards”, in Peter Muchlinski et al. (eds.), *The Oxford Handbook of International Investment Law*, Oxford: Oxford University Press, 2008.

② Ibid.

这使仲裁地法院对投资仲裁裁决的司法审查带有明显的“商事化”特征。①

(一)加拿大

1. 金盖特诉墨西哥案

1993 年美国企业金盖特通过其在墨西哥的全资子公司在墨西哥圣路易斯波托西州获得了一块地用以经营危险废物的填埋场,墨西哥联邦政府已经在几个场合反复批准了该项目,并向金盖特保证其不再需要获得进一步的许可。于是,金盖特开始建设该项目,总计已经投入了几十万美元。然而,出于环境关切和民众压力,直辖市政府一直对联邦政府的决议持有异议,始终没有给予金盖特建设许可(是否需要取得直辖市政府的许可存在争议),金盖特在开业时受到了阻挠。1996 年当地直辖市获得了法院禁令禁止建设此设施(该禁令后于 1999 年被撤销)。自 1996 年 5 月至 12 月,金盖特与圣路易斯波托西政府试图解决填埋场的经营问题但以失败告终。1997 年 1 月,金盖特遂以墨西哥为被申请人根据《北美自由贸易协定》第 11 章以及 ICSID 附件便利规则提起仲裁,称墨西哥违反了《北美自由贸易协定》第 1105 条最低待遇条款(含公平公正待遇以及充分保护与安全)以第 1110 条征收条款,要求补偿投资损失。1997 年 9 月圣路易斯波托西州长颁布了生态法令,将该填埋场所在地作为保护濒危仙人掌的自然保护区。于是金盖特将该法令作为征收诉求的附加因素。墨西哥提出了一系列异议,包括生态法令的可考虑性、冷静期异议。

2000 年 8 月仲裁庭作出裁决,认定墨西哥违反《北美自由贸易协定》所赋予的投资者的实体权利条款,裁定其向金盖特支付赔偿金 1668.5 万美元。特别是,仲裁庭认定,墨西哥未能对金盖特的商业计划和投资确保一个透明的和可预期的框架[《北美自由贸易协定》第 102(1)条],构成违反《北美自由贸易协定》之下的公平公正待遇条款;②进而,(i)墨西哥允许、纵容当地政府的行为,以及(ii)当地政府超越权限、不恰当地拒绝给予建设许可的行为共同构成间接征收,此外生态法令自身亦构成间接征收,而墨西哥并未给予补偿,因而违反了《北美自由贸易协定》第 1110 条。③

---

① 参见肖芳:《国际投资仲裁裁决司法审查的“商事化”及反思——以美国联邦最高法院“BG 公司诉阿根廷”案裁决为例》,载《法学评论》2018 年第 3 期。

② Metalclad Corporation v. United Mexican States, ICSID Case No. ARB(AF)/97/1, Award, 30 August 2000, paras. 99 – 101.

③ Ibid., paras. 102 – 112.

裁决作出后，墨西哥向仲裁地大不列颠哥伦比亚最高法院提起上诉请求撤销仲裁裁决，2001 年 5 月 2 日法官作出司法审查决定。① 《北美自由贸易协定》第 1136(3)(b)条赋予了国内法院对仲裁裁决进行司法审查的权力，但其并未明确审查范围，所以，对仲裁裁决的审查应当根据国内法来进行。② 当地存在两部法律可以用于审查仲裁裁决，一部是《国际商事仲裁法》(International Council for Commercial Arbitration，ICAA)，适用于国际商事仲裁，主要基于 UNCITRAL 仲裁示范法，确立了相对狭窄的司法审查范围；另一部是《商事仲裁法》(Council for Commercial Arbitration，CAA)，适用于其他仲裁，其允许仲裁庭重新审查案件的实体问题。法官认为金盖特与墨西哥的主要关系为投资关系，而投资者与当地政府的规制关系仅为附属关系，根据《国际商事仲裁法》，投资关系属于商事性质的关系，因而应当适用《国际商事仲裁法》。③

尽管如此，法官在后面的裁决部分却深入了投资争端的实体问题。墨西哥提出仲裁庭超越了权限，特别是仲裁庭在《北美自由贸易协定》第 1105 条之下创设了新的责任基础，即透明度义务，该义务存在于条约的其他部分而非第 11 章。对此，法官认为，仲裁庭将第 1105 条解释为包含透明度义务是错误的，而且，仲裁庭提出透明度作为《北美自由贸易协定》的目标之一也是错误的。④

在仲裁庭的推理中，在引用该协定第 1105 条并参考第 102 条之后，仲裁庭讨论了透明度的概念。它列出了对于透明度的理解并审查了相关事实。在讨论事实并作出直辖市拒绝给予建设许可并不恰当的认定之后，仲裁庭基于该协定第 1105 条得出结论，即墨西哥对金盖特的商业计划和投资未能确保一个透明的和可预期的框架。所以，仲裁庭作出决定的基础为透明度。而这超越了提交仲裁的范围，因为第 11 章没有包含透明度义务。⑤

---

① United Mexican States v. Metalclad Corporation，2001 BCSC 664.

② 《北美自由贸易协定》第 1136(3)(b)条规定：争端当事方不得寻求执行终局的仲裁裁决直至在根据 ICSID 附加便利规则或者 UNCITRAL 仲裁规则做出终局裁决的情况下，(i)自裁决做出已满三个月并且争端当事方没有启动修改或者撤销裁决的程序，或者(ii)法院已经驳回或者准许修改或者撤销裁决的申请并且没有进一步的上诉。

③ United Mexican States v. Metalclad Corporation，2001 BCSC 664，paras. 41 – 46.

④ Ibid.，paras. 68 – 71.

⑤ Ibid.，para. 72.

进而,法官认为,由于仲裁庭作出间接征收的认定也是直接基于前述墨西哥违反透明度义务,因而仲裁庭认定墨西哥违反第1110条亦超越了提交仲裁的范围。① 但仲裁庭考虑生态法令的仲裁程序不存在错误,并未超越提交仲裁的范围,不存在被撤销的理由。② 最后,法官部分撤销了裁决。判决作出后当事人提起上诉程序但以和解而告终。

在金盖特诉墨西哥案中,法官多处评判仲裁裁决的法律适用的正确性,乃至事实认定,这引发了激烈的争议和猛烈的批评。诸多评论认为,法官的裁决侵入了案件的实体问题,未能对仲裁裁决予以充分尊重,同时表明了国内法院的姿态具有干预性、对投资争端的高效解决具有反作用。③

> 与其最初的主张不同,最高法院不仅审查了根据现有的证据仲裁庭的认定是否合理,还进一步分析了仲裁程序中记录的所有证据以便对墨西哥提出的金盖特的不当行为进行决定,这俨然像是欧洲大陆的上诉法院。不幸的是,最高法院并没有明确其用于拒绝墨西哥主张的证明标准。④

2. 后续案件的立场转折

金盖特诉墨西哥案是加拿大国内法院根据《北美自由贸易协定》第11章对投资仲裁裁决进行司法审查的第一案。然而,值得注意的是,此案并不能代表加拿大法院对于投资仲裁裁决的审查态度。此案之后,加拿大国内法院出于维护本国在国际商事仲裁领域中的竞争力的考虑,改变了司法审查的立场,法院对

---

① United Mexican States v. Metalclad Corporation,2001 BCSC 664,paras. 77 – 79.

② Ibid. ,paras. 91,95,105.

③ See:Todd Weiler(ed.),NAFTA Investment Law and Arbitration:Past Issues,Current Practice,Future Prospects, Transnational Publishers: New York, 2004, p. 379; Todd Weiler, International Investment Law and Arbitration: Leading Cases from the ICSID, NAFTA, Bilateral Treaties and Customary International Law,London:Cameron May,2005,pp. 717 – 719; Hector Olasolo,Have Public Interests Been Forgotten in NAFTA Chapter 11 Foreign Investor/Host State Arbitration? Some Conclusions from the Judgment of the Supreme Court of British Columbia on the Case of Mexico v. Metalclad,8(1/2)NAFTA:Law and Business Review of the Americas(2002),pp. 189 – 210; David Williams,Q. C.,Challenging Investment Treaty Arbitration Awards-Issues Concerning the Forum Arising from the Metalclad Case,2003(2)Business Law International(2003),pp. 156 – 177.

④ Hector Olasolo,"Have Public Interests Been Forgotten in NAFTA Chapter 11 Foreign Investor/HostState Arbitration? Some Conclusions from the Judgment of the Supreme Court of British Colombia on the Case of Mexico v. Metalclad",8(1/2)*NAFTA:Law and Business Review of the Americas*(2002),p. 205.

于仲裁裁决审查的标准均一致地倾向于严格遵守示范法，严格限制管辖权缺陷的认定，尽量避免公共政策的适用，体现了加拿大法院对仲裁裁决的尊重姿态。①

特别是加拿大诉梅叶斯案（Canada v. Myers），②该案是投资仲裁裁决的国家败诉方首次在其本国国内法院提起上诉，因而对于分析仲裁地国内法院对于仲裁裁决进行司法审查的立场具有重要意义。本案中，加拿大采取了金盖特诉墨西哥案中墨西哥的策略，其上诉主要基于管辖权异议和公共政策例外。法院认为，加拿大未在仲裁程序中提出缺乏管辖权的主张，因而失去了在上诉程序中提出此问题的权利。③ 根据示范法第21（3）条规定，与仲裁庭管辖权有关的具体请求必须在不晚于提交答辩状之时提出，而加拿大只提出了一般性的抗辩，而非具体的管辖权抗辩。对于加拿大提出的公共政策例外，法院适用了严格的标准：

> 虽然该协定第34条规定法院可以在仲裁裁决与加拿大的公共政策相冲突的情况下撤销仲裁裁决，公共政策并非指的是政治立场，而是正义的根本概念和原则。在本案中，仲裁庭的裁定并未违反正义的根本概念和原则，所以仲裁裁决并不与加拿大的公共政策相冲突。④
>
> 法院对国际仲裁庭行使司法审查保持克制，以便对争端解决可预期性的需求保持敏感，并维护当事人选择的仲裁的自治性。⑤

可见，在维护本国条约利益与维护本国在国际商事仲裁产业的利益之间，加拿大法院选择了后者，采取了对自身的司法审查权克制行使的态度。

在墨西哥诉嘉吉案（Mexico v. Cargill）中，⑥法院提出，仲裁庭对管辖权问题的裁定须具备正确性，但这并不等同于法院可以对裁决的实体问题进行审查。

---

① Nolan Downer, Shifting Grounds: Judicial Review under NAFTA Chapter 11 and the Ratification of ICSID, (2014). Electronic Thesis and Dissertation Repository. 2012. p. 59, available at: http://ir. lib. uwo. ca/etd/2012.

② Canada (Attorney General) v. S. D. Myers Inc., [2004] F. C. J. No. 29 (Fed. Ct.).

③ Ibid., para. 45.

④ Ibid., para. 76.

⑤ Ibid., para. 39.

⑥ United Mexican States v. Cargill, Inc., [2011] O. J. No. 4320 (Ont. CA).

审查法院面临的挑战之一是协调这两方面的紧张关系：一方面，不鼓励法院干预仲裁；另一方面，立法又赋予了法院审查仲裁庭超越管辖权的法定职责，以确保仲裁庭正确地确定其权限范围。

审查法院的作用是确认并狭窄地界定任何真正的管辖权问题……当法院足以认定确实存在管辖权问题时，仲裁庭在其具备管辖权问题上的认定必须是正确的，并且是否确实如此应当由法院予以认定。在分析仲裁庭是否超越管辖条款的范围时，法院应避免对实体问题进行审查。①

（二）美国

1. BG集团诉阿根廷案（BG Group v. Argentina）

20世纪90年代，英国公司BG在阿根廷一家拥有某地区独家销售许可的公司都市煤气进行了股权投资。随着1998年金融危机的爆发，阿根廷经济陷入动荡，于是政府采取了一系列应急措施，包括限制资金转移，将阿根廷比索与美元脱钩等，导致都市煤气的收益严重下滑，并且，都市煤气的独家许可也受到影响。于是，2003年4月BG根据1990年《英国与阿根廷促进与保护投资协定》提起投资者—国家仲裁，称阿根廷存在征收、违反公平公正待遇和充分保护与安全条款。仲裁根据《联合国国际贸易法委员会仲裁规则》进行，仲裁地位于美国华盛顿特区。仲裁期间，阿根廷提出了一系列异议，包括投资者未能满足《英国与阿根廷促进与保护投资协定》第8条规定的提起投资仲裁的先决条件，即18个月内先行国内法院救济，因而不具有可受理性。② 2007年12月仲裁庭作出最终裁决，裁定其具有管辖权，并裁定阿根廷违反公平公正义务，应当向BG赔偿约1.85亿美元损失以及其他费用。③

2008年3月阿根廷向美国哥伦比亚特区联邦初审法院提起撤销之诉，同时BG提起确认之诉，2010年7月初审法院驳回阿根廷的请求，并确认该仲裁裁决。其理由是“联邦法院不能仅仅因为仲裁庭在适用法律上存在错误而撤销或修改仲裁裁决。而阿根廷对于裁决无效的挑战仅仅基于其所主张的仲裁庭存在几处错误…… 然而对仲裁裁决的审查中法院的地位并不类似于上诉法院审

---

① United Mexican States v. Cargill, Inc., [2011] O. J. No. 4320 (Ont. CA), paras. 47, 48.

② 详见第一章。

③ See BG Group Plc. v. The Republic of Argentina, Final Award, 24 December 2007.

查下级法院的裁决,所以法院不得不驳回阿根廷的请求”。[①] 2011 年 11 月阿根廷向哥伦比亚特区联邦巡回上诉法院提起上诉,2012 年 1 月上诉法院作出裁决:“虽然对于仲裁裁决的实体问题进行司法审查的范围极其狭窄,然而确定无疑的是仲裁员不能忽视缔约方的意图。而在本案中,仲裁裁决的结果忽视了条约第 8(2)条的规定,并且转移了阿根廷法院可能不能在 18 个月内解决纠纷的风险,仲裁庭的决定完全建立在条约所确立的法律渊源之外,忽视了缔约方为仲裁所确立的前提条件。相应地,我们推翻拒绝撤销裁决的裁定并确认撤销最终裁决。”[②]

2012 年 7 月 BG 公司向美国联邦最高法院申请调卷令,联邦最高法院同意调卷并对案件进行了审理。2014 年 3 月美国联邦最高法院作出判决。联邦最高法院的多数意见认为,当地诉讼要求属于仲裁的程序性先决问题,而对程序性先决问题的解释属于仲裁员的权限范围,并据此确认了仲裁裁决的效力。

美国法院,在审查根据条约作出的仲裁裁决时,应当适用普通合同条款的解释框架来解释和适用仲裁的“门槛”条款。在此框架下,当地诉讼要求主要应当由仲裁员来解释和适用。法院应当尊重仲裁庭的解释。

(a)假设条约是普通合同,则应当以仲裁员解释和适用当地诉讼条款为主。在普通合同中,由当事人来决定某一特定事项主要是由仲裁员还是由法院来解决。如果合同未明确仲裁的“门槛”问题,法院使用“推定”(presumption)来确定当事人的意图。即推定当事人选择法院解决“可仲裁性”争议,选择仲裁员决定有关仲裁的程序性先决条件的意思和适用的争议,包括“弃权、延误或者与可仲裁性类似的抗辩”之诉,“时限、通知、懈怠、禁止反言”的满足。而争议的条款属于程序性事项。其文本和结构清晰地表明,它决定的是仲裁的合同义务何时产生,而非是否存在仲裁的合同义务。第 8 条各条款均未赋予当地法院的争端解决决定以实质性地位。所以诉讼条款是仲裁请求的程序规则……

(b)本案中依据的文件是条约的事实并不对上述分析产生关键性差别。条约是国家之间的合同,一般来讲其解释就是确定当事人的意图……在条约中列

---

① The Republic of Argentina v. BG Group Plc., Civil Action No. 08 – 485(RBW), Memorandum Opinion, June 7, 2010, p. 23.

② The Republic of Argentina v. BG Group Plc., USCA Case No. 11 – 7021, 17 January 2012, p. 2.

出“同意”仲裁的条件并不意味着放弃或增加在普通意图确定框架下的复杂性。条约并未规定当地诉讼要求是同意的条件，法院不需要解决此等措辞的效果。法院不需要在条约没有明确规定的情况下，认定缔约方具有不同的授权意图，而应当适用普通的解释框架。

(c)关于谁应当决定仲裁的门槛问题，条约没有包含缔约方具有与普通假设相反意图的证据。第8条的文本和结构清晰地证明诉讼要求是仲裁的先决性程序条件。因为适用普通假设，应当主要由仲裁员来解释和适用该条款，法院在司法审查中必须对其决定予以充分尊重。①

哥伦比亚特区联邦上诉法院与美国联邦最高法院的判决都曾引起激烈的争议，事实上，在美国联邦最高法院内部，该裁决亦存在反对意见。② 并且，该判决并不能代表美国政府的观点，美国政府在法庭之友意见中提出：

在根据《纽约公约》撤销投资仲裁裁决时，法院对仲裁庭作出的管辖权异议裁定的审查标准取决于该异议是否与投资者未能遵守国家同意仲裁的条件有关，以至于在国家和投资者之间不存在仲裁协议。如果异议基于这样的条件，则从头审查仲裁裁决是恰当的，这也与某些其他仲裁地国家的做法相一致。而对于不涉及投资仲裁协议是否存在的其他“门槛”性异议，包括国际仲裁中所指的管辖权异议等，法院在司法审查中应当尊重仲裁庭的决定，除非条约对仲裁庭的此等权限进行了限制。在决定条约的某项要求是否构成国家同意仲裁的条件时，审查法院不应当适用国内合同法中的推定，而应当适用条约解释的原则来检验条约的文本以及其他相关材料以确定缔约方的意图。③

此案是美国联邦最高法院首次对投资仲裁裁决进行司法审查的案例。该案中，美国联邦最高法院最大限度地克制了法院司法审查的权力，体现了对于投资仲裁裁决的极大尊重，甚至放任。这与美国商界所呼吁的在司法审查方面

---

① BG Group Plc. v. The Republic of Argentina, 572 U. S. _(2014), 5 March 2014, pp. 2 - 3.

② See Roberts, C. J., dissenting, BG Group Plc. v. the Republic of Argentina, 572 U. S. _(2014).

③ Brief for the United States as Amicus Curiae in Support of Vacatur and Remand, in the Supreme Court of the United States, BG Group Plc. v. the Republic of Argentina, No. 12 - 138, September 2013, p. 7.

应当保持美国作为一个有竞争力的仲裁大国的态度是一致的。美国仲裁协会在法庭之友意见中提出："美国应当保持对仲裁的包容并站在仲裁全球发展的最前沿。美国仲裁协会以及美国每年的仲裁案件量是世界上最多的。然而，此案件量非常容易受到美国司法界对待仲裁的态度的影响……当这些司法决定偏离了支持仲裁的国际规则时，美国作为一个拥有支持仲裁法律体系的仲裁地的声誉将会受到严重影响。"①美国国际商事理事会表达了基本相同的观点，认为哥伦比亚特区巡回上诉法院的判决将置美国于主流的仲裁管辖地之外，威胁到美国作为一个受欢迎的国际商事仲裁地的声誉，该判决在投资仲裁和商事仲裁领域都将成为一个危险的先例，金盖特诉墨西哥案对加拿大在国际仲裁地位的负面影响应当作为前车之鉴。②

2. 其他案件

实际上，本案与之前美国其他国内法院对于投资仲裁裁决司法审查的态度基本一致，即对投资仲裁裁决的司法审查和对普通商事仲裁裁决的审查不做任何区分，对仲裁裁决极度遵从，对司法审查的权力和范围极为克制，尽量避免司法对仲裁的干预。2007 年在雷鸟诉墨西哥案的判决中哥伦比亚地区法院和上诉法院均采取了上述姿态。③ 特别值得一提的是美国法院在洛文诉美国案司法审查中的立场。在 2003 年 6 月洛文诉美国案作出仲裁裁决之后，被申请方美国和投资者洛文要求仲裁庭出具补充裁决，仲裁庭于 2004 年 8 月出具意见予以拒绝。2004 年 12 月投资者洛文向美国法院上诉要求撤销裁决，美国法院以洛文已经错过了联邦仲裁法所规定的从裁决做出之日起算的 3 个月上诉期为由未予以受理。法院认为，不这样裁决就会导致允许任何一方通过要求补充裁决中很微小的一个方面而将裁决置于不完整的状态。④ 评论者认为，洛文诉美

---

① Brief of Amicus Curiae The American Arbitration Association in Support of Petitioner, in the Supreme Court of the United States, BG Group Plc. v. the Republic of Argentina, No. 12 – 138, 3 September 2013, p. 3.

② Brief for the United States Council for International Business as *Amicus Curiae* in Support of Petitioner, in the Supreme Court of the United States, BG Group Plc. v. the Republic of Argentina, No. 12 – 138, 30 August 2013, pp. 24 – 25.

③ International Thunderbird Gaming Corporation v. United Mexican States, 473 F. Supp. 2d 80; 2007 U. S. Dist. Lexis 10070 (D. C. Dist. Ct.); International Thunderbird Gaming Corporation v. United Mexican States, 255 Fed. Appx. 531; 2007 U. S. App. Lexis 26720 (U. S. Court of Appeals for the DC Circuit).

④ Loewen v. United States of America, 2005 U. S. Dist. Lexis 44999 (DC Dist. Ct.), para. 10.

国案的司法决定意味着美国法院在根据《北美自由贸易协定》第 11 章进行司法审查时对联邦仲裁法以及相关程序性仲裁规则采取了极其限制性的解释方法，即便它导致对涉诉当事人可能不公平的结果时依然如此。①

(三)新加坡:世能诉老挝案(Sanum v. Laos)

1993 年 1 月中国与老挝签署《中国与老挝关于鼓励与相互保护投资协定》,该条约并未提及条款是否适用于澳门。1999 年 12 月澳门回归中国,中国政府恢复对其行使主权并根据“一国两制”原则将澳门确立为特别行政区。在此前一周,中国政府向联合国秘书长提交了通知,说明了澳门在中国保留在联合国秘书长之国际条约中的地位。世能公司是于 2005 年 7 月根据澳门特别行政区法律注册的企业。2007 年世能公司赴老挝投资博彩业,并与老挝政府签订了两个项目的开发协议,协议约定了新加坡仲裁。此外,世能公司还签署了其他协议。之后发生争议,2013 年 8 月世能公司依据 1993 年《中国与老挝关于鼓励与相互保护投资协定》提起仲裁,称老挝通过施加不公平的和歧视性的税收征收了其投资权益。仲裁庭将新加坡作为仲裁地,仲裁程序规则为 2010 年《联合国国际贸易法委员会仲裁规则》。仲裁中老挝提出管辖权异议,争议的核心焦点为 1993 年《中国与老挝关于鼓励与相互保护投资协定》是否适用于中国澳门特别行政区,这直接关系投资者是否属于条约的合格投资者。此外,比较重要的争议焦点还包括征收诉求是否超越了老挝同意仲裁的范围。2013 年 12 月仲裁庭作出管辖权裁定,认为《中国与老挝关于鼓励与相互保护投资协定》适用于澳门特别行政区,仲裁庭对征收请求具有管辖权。②

管辖权裁定作出当天,世能公司在荷兰的母公司依据 2003 年《老挝与荷兰鼓励与相互保护投资协定》就同一事项提起了另外一个单独的仲裁。2014 年 1 月老挝依据新加坡《国际仲裁法》第 10 部分就仲裁庭作出的管辖权裁定向新加坡高等法院起诉。2014 年 2 月老挝向法院提交了两封外交信函。第一封信函是 2014 年 1 月 7 日老挝外交部向中国驻万象大使馆发出的信函,表达了老挝认为中老双边投资条约不适用于澳门特别行政区的观点并寻求中国政府的观点。

---

① Nolan Downer, Shifting Grounds: Judicial Review under NAFTA Chapter 11 and the Ratification of ICSID, (2014). Electronic Thesis and Dissertation Repository. 2012. p. 68, available at: http://ir.lib.uwo.ca/etd/2012.

② Sanum Investments Limited v. Laos People's Democratic Republic, UNCITRAL, PCA Case No. 2013 - 13, Award on Jurisdiction.

第二封信函是2014年1月9日中国驻万象大使馆的回函,其内容表明《中国与老挝关于鼓励与相互保护投资协定》不适用于澳门特别行政区,除非中国与老挝共同在将来另行做出安排。世能公司对两封信函的证据可采性提出异议,并且认为,新加坡并非《中国与老挝关于鼓励与相互保护投资协定》的缔约方,国际条约的解释问题与新加坡国内法并无关系,因而不应当适用新加坡国内法,即便是争议的问题是可裁判的,审查的标准应当是尊重仲裁庭的决定,仅进行有限的审查。① 对此,高等法院予以否决。高等法院认为,根据《国际仲裁法》第10部分和示范法第16(3)条规定,审查标准应当是重新审查(de novo),即对诉讼问题和仲裁庭做出的管辖权决定进行全面审查。② 另外,高等法院提出,对商事争议进行司法审查的标准同样适用于对涉及投资仲裁庭管辖权的审查,二者并不存在差别。③ 最后高等法院采纳了两封信函,认定《中国与老挝关于鼓励与相互保护投资协定》不适用于澳门特别行政区,同时认定仲裁庭对征收诉求没有管辖权,从而支持了老挝的请求。④

裁决作出后,2015年7月世能公司向新加坡最高法院提起上诉。开庭审理前,老挝政府取得了两封进一步的信函,一封是2015年11月老挝外交部发给中国驻万象大使馆的信函要求中国外交部确认2014年中国普通照会的真实性;另一封是中国外交部确认2014年中国照会在发出时获得了中国外交部授权的回函。对此新证据,新加坡最高法院认可其具有可采性。之后,新加坡最高法院提出,关于仲裁庭是否具有管辖权,首先必须回答两个前提性问题,即新加坡法院是否可以对《中国与老挝关于鼓励与相互保护投资协定》进行解释,若是,就仲裁庭对该问题作出的裁决,应当采取怎样的审查标准。⑤ 新加坡最高法院认为,第一个问题的答案是肯定的,因为当事人指定新加坡作为仲裁地。⑥ 关于审查标准,最高法院认为,“法院应当重新审查。当然这样做的过程中会考虑仲裁庭说了什么,因为这样可能会有说服力。但是在这之外,法院并不受仲裁

① Government of the Laos People's Democratic Republic v. Sanum Investments Ltd., [2015] SGHC 15, para. 18.

② Ibid., para. 32.

③ Ibid., para. 33.

④ Ibid., paras. 78, 128.

⑤ Sanum Investments Ltd. v. Government of the Laos People's Democratic Republic, [2016] SGCA 57, para. 36.

⑥ Ibid., para. 38.

庭结论的约束，对其予以接受或考虑”。[①] 新加坡最高法院引用了其他判决中的观点：

……对管辖权的审查应当重新开始……仲裁庭自身对管辖权的观点对决定这一问题的法院并无法律或证据价值……法院独立判断管辖权问题并不受仲裁庭做出的结论或推理的任何限制。[②]

不过，新加坡最高法院认为，这并不意味着法院需要全面审查所有的证据，而是法院可以自由决定是否需要考虑某些材料，是否需要进行事实认定。[③] 然后，新加坡最高法院转向两个实体问题，即《中国与老挝关于鼓励与相互保护投资协定》是否适用于澳门特别行政区，以及仲裁庭是否对世能公司的征收诉求具有管辖权。经过分析，新加坡最高法院均作出肯定性结论，并据此推翻了高等法院的判决。

在本案中，新加坡最高法院的判决确立了新加坡国内法院对仲裁庭的管辖权问题进行实质性审查的标准，并且对投资者—国家仲裁的审查标准与国际商事仲裁裁决的审查标准是相同的。然而，同样是对管辖权问题进行重新审查，高等法院和最高法院的结论截然不同，其直接原因在于二者对《中国与老挝关于鼓励与相互保护投资协定》的缔约方——两个主权国家共同作出的条约声明给予了不同的法律效力。新加坡最高法院的判决结果受到中国学者和中国政府的批评，被认为是“错误的”。[④] 对中老两个主权国家通过外交信函对中老双边投资条约适用范围所做的说明，新加坡最高法院并没有给予尊重，而只将其视为一个一般证据，否定了投资条约的本质是主权国家之间达成的合意这一基本事实。因此，可以说新加坡最高法院实际上采取的是一种私法争端的审查方法。这显然并不适用于投资争端的解决，因为投资条约的解释“不是仲裁庭的

---

① Sanum Investments Ltd. v. Government of the Laos People's Democratic Republic, [2016] SGCA 57, para. 41.

② Ibid., para. 42.

③ Ibid., para. 43.

④ See Foreign Ministry Spokesperson Hua Chunying's Regular Press Conference on 21 October 2016, available at: http://www.fmprc.gov.cn/mfa_eng/xwfw_665399/s2510_665401/t1500122.shtml (visited 26 November 2017).

独白,而应是仲裁庭和缔约国之间建设性的对话”。① 虽然根据《联合国国家及其财产管辖豁免公约》第 17 条规定,仲裁协议具有阻止国家对国际商事仲裁程序行使监督权的国内法院援引管辖豁免的效果,然而正如世能公司所称,作为一个中老双边投资条约的案外人,新加坡最高法院不顾中老联合声明,擅自对中老双边投资条约的适用范围作出裁决的正当性与合理性是值得质疑的。

(四)司法审查“商事化”的弊端

在上述案例中,仲裁地国内法院对投资仲裁裁决的司法审查与对国际商事仲裁裁决的司法审查适用相同的法律,采取相同的审查标准,司法审查结果以维持投资仲裁裁决为主流。实际上,这一做法具有普遍性。例如,在 CME 诉捷克案仲裁裁决作出后,②捷克向斯德哥尔摩斯韦阿兰上诉法院提起撤销之诉。根据瑞典仲裁法,提起上诉要提供裁决金额的全额担保。并且,瑞典仲裁法在裁决的撤销这一部分基本遵循了示范法的模式,但做了某些重要的修改。最为重要的是,瑞典法律特别禁止撤销程序的动议方基于若干个理由对裁决提起挑战,如果其在仲裁程序中没有提出反对,则被视为放弃了此种权利。最终,瑞典法院驳回了捷克撤销仲裁裁决的动议。③

然而,投资者—国家仲裁与解决私人之间争端的国际商事仲裁存在诸多不同,其中最为重要的是它带有明显的公法特征。国际商事仲裁的基础是私人当事方之间的仲裁协议,仲裁庭的权力来自私人自治。而投资者—国家仲裁源于国家使用审判方式解决个人和国家之间规制争端的权力。因此,将投资者—国家仲裁视为国际商事仲裁混淆了公私权力。④

“在国际商事仲裁中,当事人自治原则具有至高无上性。自治原则要求国家,特别是国内法院尊重当事人的仲裁协议……类似地,国内法院应当避免对仲裁程序的过度监督,限于同意的范围和基本的程序正义。当仲裁属于仲裁协议的范围之内时,败诉方申请中止仲裁或者撤销仲裁裁决应当原则上被驳回。类似地,只要程序并非严重的不公正,只要仲裁未超出当事人协议的范围,仲裁

---

① 参见漆彤、窦云蔚:《条约解释的困境与出路——以尤科斯案为视角》,载《中国高校社会科学》2018 年第 1 期。

② CME Czech Rep. B. V. v. Czech Republic, Final Award, 13 March 2003.

③ Czech Republic v. CME Czech Republic B. V., Svea Court of Appeal, Case No. T 8735 – 01, decision of 15 May 2003 (Stockholm Court Decision).

④ See Gus Van Harten, *Investment Treaty Arbitration and Public Law*, Oxford: Oxford University Press, 2007, p. 59.

应当被法院执行。”①

对当事人自治予以充分尊重的基础在于,在以合同为基础的国际商事仲裁中,当事人对仲裁的同意是具体的,限于当事方之间特定的争端或者当事方之间特定的关系。“同意仲裁的具体程度影响着仲裁庭管辖权的宽度以及争端当事方放弃在法院审判的权利的程度。”②因此,在东道国与投资者存在具体的投资合同的情况下,投资争端的性质类似于国际商事争端。

而在以条约为基础的投资仲裁中,缔约国一般性地同意将其与投资者(作为一个种类而非个体)之间的争端提交投资者—国家仲裁,投资仲裁的选择向任何符合条件的自然人或者法人开放。然而值得注意的是,投资条约并不能简单地类比为国家对不特定投资者发出的仲裁要约。为确定投资仲裁庭的管辖权,需要解决的关键问题是:投资条约中的仲裁条款是否能够在特定争端中产生东道国和特定投资者之间的仲裁协议?③ 换言之,在投资者—国家争端中,东道国与特定的投资者之间并不存在真实、具体的仲裁协议,因此法院的任务是确定是否形成了类似于私人之间商事合同背景下的具体合意。④ 这意味着,以条约为基础的投资者—国家争端解决与存在具体仲裁协议或者仲裁条款为基础的国际商事仲裁的逻辑起点存在差异,它要求仲裁地法院在对投资仲裁裁决进行司法审查时,特别是对管辖权问题的审查,应当采取不同于国际商事仲裁裁决的审查标准。

退一步讲,即便是在特定投资争端中可以确定投资者与东道国之间的“准协议”关系,投资者—国家仲裁在性质上也与国际商事仲裁存在根本不同。“只有国家可以一般性地同意仲裁,因为只有国家有权力在其领土内规制个人并授权将国家与受其规制的个人之间的争端提交强制性审判,在此方面,一般性同意将国际仲裁从相互同意审判转变为规制安排。”⑤因此,“是时候承认当前的

---

① Gus Van Harten, *Investment Treaty Arbitration and Public Law*, Oxford: Oxford University Press, 2007, p. 60.

② Ibid., p. 62.

③ See BG Group Plc. v. the Republic of Argentina, 572 U. S. _(2014), Roberts, C. J., dissenting, pp. 13 – 14.

④ BG Group Plc. v. the Republic of Argentina, 572 U. S. _(2014), Roberts, C. J., dissenting, p. 14.

⑤ Gus Van Harten, *Investment Treaty Arbitration and Public Law*, Oxford: Oxford University Press, 2007, p. 64.

投资者—国家仲裁并非仅仅是另一种形式的商事仲裁，即一方变成了国家，更恰当的理解应当是类似于国内司法程序，在公法背景下运行的一种争端解决机制"。[①] 准确地说，投资条约仲裁，类似于行政司法审查或者宪法司法审查。[②] 这意味着法院在对投资仲裁裁决进行司法审查时，应当采用适用于公法的法律解释方法，充分尊重投资者—国家仲裁的主权特征。

而且，投资者—国家仲裁的价值取向不同于国际商事仲裁。"一般性同意是一种独特的主权行为，特别是因为同意仲裁的争端性质。通过一般性的同意投资条约仲裁，国家将其自身的规制行为置于特定的控制机制。典型的，投资条约仲裁庭适用限制国家的立法、行政和司法行为的标准。"[③]相应地，"仲裁裁决更可能直接地影响到东道国的国民，因为为了遵守国际义务，东道国必须调整其行为以避免责任，如允许对基础设施收取更多的费用，即便是这将使部分国民无法使用该设施；通过取消规制政策，允许有害物质的使用，等等"。[④] 这意味着在对投资仲裁裁决进行司法审查时，裁决的正确性需要得到法院的更多关注。相应地，审查标准应当更倾向于实质性审查。

所以，仲裁地国内法院对以条约为基础的投资者—国家仲裁应当采纳不同于国际商事仲裁的审查标准，对投资仲裁庭的管辖权应当予以特别关注，在条约解释方法上应当与合同解释相区分，对仲裁裁决的正确性应当予以适当的关注。而当前的司法审查机制并不能充分满足投资者—国家仲裁的上述要求，对投资仲裁裁决很难起到应有的监督作用，故现有的司法审查机制对投资者—国家仲裁的"合法性"危机所起到的缓解作用不能被过分夸大。与此同时，"仲裁

---

① William Burke-White and Andreas von Staden, "The Need for Public Law Standards of Review in Investor-State Arbitration", in Stephan W. Swill (ed.), *International Investment Law and Comparative Public Law*, Oxford: Oxford University Press, 2011, p. 690.

② See Stephan W. Swill, "International Investment Law and Comparative Public Law-An Introduction", in Stephan W. Swill (ed.), *International Investment Law and Comparative Public Law*, Oxford: Oxford University Press, 2011, p. 17.

③ Gus Van Harten, *Investment Treaty Arbitration and Public Law*, Oxford: Oxford University Press, 2007, p. 65.

④ Stephan W. Swill, "International Investment Law and Comparative Public Law-An Introduction", in Stephan W. Swill (ed.), *International Investment Law and Comparative Public Law*, Oxford: Oxford University Press, 2011, p. 15.

的国籍与仲裁地国家的真实联系日益减弱，虚拟联系逐渐增强”，[①]主权国家面临着在一个与投资争端双方完全不相关的外国国家法院受审的尴尬。适用于国际商事仲裁的司法审查模式似乎并适合具有公法特征的投资者—国家仲裁。

当然，不同国家的国内法和国内法院对投资仲裁裁决的审查标准有所不同，甚至同一国家的不同法院也存在差异，碎片化特征非常明显。而且，即便是采取与国际商事仲裁相同的审查标准，亦存在投资仲裁裁决被撤销的情形。前述世能诉老挝案新加坡法院一审程序，BG 集团诉阿根廷案美国法院二审程序，金盖特诉墨西哥案在加拿大的司法审查程序，以及著名的尤科斯案裁决被荷兰海牙地区法院撤销。[②]

国际商事仲裁裁决除了受到仲裁地国内法院的司法审查外，在承认与执行阶段还将受到承认与执行所在地国内法院的司法审查。对比示范法与《纽约公约》可以发现，两个阶段的司法审查标准存在着诸多共性。并且，两个阶段的司法审查还存在某些连结——《纽约公约》赋予了承认与执行地国内法院不予承认与执行被仲裁地国内法院撤销的仲裁裁决的权利。[③] 尽管如此，在某些国家，承认与执行中的司法审查与作为仲裁地法院的司法审查存在某些差异。另外，承认与执行地国内法院并不必然认可仲裁地国内法院的判决，被仲裁地法院撤销的仲裁裁决并不必然得不到其他国家法院的承认与执行。

第三节　国内法院与投资仲裁裁决的承认与执行

国际仲裁庭并无强制执行其所做出的仲裁裁决的权力，无论是 ICSID 仲裁还是国际商事仲裁，在裁决的承认与执行阶段都必须回归国内法体系。对仲裁裁决的承认与执行，既体现了国内法院对国际仲裁的支持，也伴随国内法院对国际仲裁的监督。不过，现实中，自愿遵守投资仲裁裁决成为常态，通过国内法

---

① 张利民：《论国内法院对国际投资仲裁的司法审查制度》，载《海关与经贸研究》2017 年第 4 期。

② The Hague District Court case C/09/477160, C/09/477162, C/09/481619, available at https://uitspraken.rechtspraak.nl/inziendocument? id = ECLI:NL:RBDHA:2016:4230.

③ 《纽约公约》第 V(1)(e)条规定，如果裁决已经被裁决做出地有资格的机构撤销或中止，裁决的承认与执行可以被拒绝。

院执行投资仲裁裁决仅为个例。①

一、国内法院在承认与执行投资仲裁裁决中的权限

虽然仲裁系统在审理跨国争端上通常是有效率的，但其并不具备任何强制性权力。毕竟仲裁，甚至投资仲裁，仅仅是某种形式合同的产物，而合同当事方并不能授予仲裁庭当事人自身也不具备的权限。所以，仲裁员做出的扣押财产惩罚在大多数国家都只是自愿的司法，因为政府会精心守护其所保留的普遍的强制性权力。虽然某些国家的仲裁立法给予适当委任的仲裁员有限的直接执行的能力，在大多数败诉方拒不履行的案件中，司法执行是获得强制支付的必经途径。②

若仲裁裁决不能得到承认与执行，仲裁也将失去其存在的价值。裁决的承认与强制执行对于任何争端解决机制，包括仲裁，都具有至关重要的作用。在由主权国家构成的国际社会中并不存在超国家的警察权，强制执行仲裁裁决只能通过缔约国国内法院，在此意义上，国际投资仲裁在国内法体系内运行。

（一）国际商事仲裁

自20世纪以来，随着支持国际商事仲裁的世界性趋势的形成，国家纷纷限制国内法院对于仲裁的审查与干预，国内法院通常仅具有有限的司法审查权力。《纽约公约》第5条规定了国内法院在国际商事仲裁裁决的承认与执行中所具有的司法审查权限：

1. 裁决仅在受裁决援用的一方当事人向申请承认及执行地的主管机关提出证据证明有下列情形之一时，才可以根据该当事人的请求拒绝承认和执行：

（1）第2条所提到的协议的当事人根据对其适用的法律处于某种无行为能力情形，或根据当事人约定的准据法协议无效，或未约定准据法时，依裁决地所

① See August Reinisch, "The Future of Investment Arbitration", in Christina Binder et al. (eds.), *International Investment Law for the 21st Century: Essays in Honour of Christoph Schreuer*, Oxford: Oxford University Press, 2009, p. 898.

② Christopher F. Dugan et al., *Investor-State Arbitration*, Oxford: Oxford University Press, 2008, pp. 676–677.

在国法律协议无效;或

(2)作为裁决执行对象的当事人没有接获关于指派仲裁员或仲裁程序的适当通知,或由于其他情况而不能申辩案件;或

(3)裁决涉及仲裁协议所没有提到的,或者不包括仲裁协议规定之内的争议,或者裁决含有对仲裁协议范围以外事项的裁定,但如果仲裁协议范围以内的事项可以和仲裁协议范围以外的事项分开,则裁决中关于提交仲裁事项的部分决定可以承认及执行;或

(4)仲裁庭的组成或仲裁程序与当事人间协议不符,或当事人间没有协议时同仲裁地所在国法律不符者;或

(5)裁决对当事人尚无拘束力,或裁决已经由做出裁决的国家或据其法律做出裁决的国家的有权机关撤销或者停止执行。

2. 被请求承认和执行地所在国的主管机关如果查明有下列情形之一,也可以拒不承认和执行仲裁裁决:

(1)依据该国法律,争议事项不能以仲裁解决;

(2)承认或执行裁决违反该国公共政策。

根据上述规定,缔约国国内法院在承认与执行仲裁裁决时不得对裁决的实体问题如法律适用是否正确等进行审查,而仅保留有限的司法审查权力。与ICSID撤销程序相比,《纽约公约》之下国内法院对仲裁裁决的尊重水平更高,如裁决是否陈述理由并不成为不予承认与执行仲裁裁决的理由。不过,《纽约公约》规定的法院的审查范围广泛,包括不可仲裁性和法院地公共政策。但现实中,不可仲裁性和法院地公共政策并未成为国内法院拒绝承认与执行投资仲裁裁决的有效障碍。① 由于国内法院在承认与执行中对国际商事仲裁裁决的司法审查与仲裁地法院在撤销程序中对国际商事仲裁裁决的司法审查非常相似,在此不再赘述。

此外,1958年《纽约公约》缔结之时旨在解决国际商事仲裁裁决的承认与执行问题。因此,公约并未考虑适用于主权国家,因而也未提及主权豁免作为国内法院不予执行仲裁裁决的理由。不过,随着投资条约普遍将投资者—国家

---

① See August Reinisch, "The Future of Investment Arbitration", in Christina Binder et al. (eds.), *International Investment Law for the 21st Century: Essays in Honour of Christoph Schreuer*, Oxford: Oxford University Press, 2009, p. 897.

争端解决纳入《纽约公约》的框架,一般认为,执行地国内法院在审查根据《纽约公约》做出的投资仲裁裁决时,具有适用主权豁免的默示权力。①

(二)ICSID 仲裁

1. 缔约国法院

与国际商事仲裁相比,对于根据《华盛顿公约》作出的投资仲裁裁决,承认与执行地国内法院的权限存在明显差异。《华盛顿公约》第 53 条确立了 ICSID 裁决对当事方的终局性约束力和自给自足的审查体系(self-contained system of review of awards):

(1)裁决对双方具有约束力。不得进行任何上诉或采取除本公约规定外的任何其他补救办法。除依照本公约有关规定予以停止执行的情况外,每一方应遵守和履行裁决的规定。

(2)在本节中,"裁决"应包括依照第 50 条、第 51 条或第 52 条对裁决作出解释、修改或撤销的任何决定。

该公约第 54 条规定了所有缔约国授权的国内法院或者授权机构承认裁决的约束力并在其领土内按照法院地国的程序规则执行裁决中的金钱义务的责任:

(1)每一缔约国应当承认根据本公约做出的裁决,并将其视为本国法院的终审判决在其领土内执行该裁决所施以的金钱义务……

(2)在一缔约国领土内寻求承认或执行的一方应当向该国指定的有管辖权的法院或其他机关提交由秘书长证明的裁决的复印件。为此目的,任何缔约国应当通知秘书长其指定的有管辖权的法院或者其他机关,以及后续的任何变化。

(3)执行裁决应当根据裁决执行地国现行有效的有关执行判决的法律进行。

① See August Reinisch,"The Future of Investment Arbitration", in Christina Binder et al. (eds.), *International Investment Law for the 21st Century: Essays in Honour of Christoph Schreuer*, Oxford: Oxford University Press, 2009, p. 898.

可见,《华盛顿公约》不仅排除了仲裁地国内法院审查投资仲裁裁决的可能性,而且排除了承认与执行地国内法院对投资仲裁裁决进行司法审查的可能性。在投资仲裁裁决的承认上,国内法院的作用仅在于在验证裁决真实性的基础上无条件地承认仲裁裁决,而不得进行任何审查。[①] 在执行程序中缔约国国内法院的作用在于将 ICSID 裁决视为本国国内法院的终审判决,根据法院地国的程序规则执行仲裁裁决。即如果本国国内法下的此类判决可以执行,则执行 ICSID 裁决,反之,如果本国法之下的此类判决不能够执行,则不执行 ICSID 裁决。[②] 与裁决的承认相比,执行地国内法院具有一定的权力空间,但通常限于程序性质,现实中依据此条拒绝执行的情形非常少见。[③]

拒绝执行 ICSID 裁决主要依据的是法院地国的国家主权豁免法律法规。[④]《华盛顿公约》第 55 条规定承认执行地国内法院可以以其国家豁免法作为不予执行仲裁裁决的理由:

> 该公约第 54 条的规定不得被解释为减损任何缔约国现行有效的与该国或任何外国国家免于执行有关的法律。

《华盛顿公约》第 55 条使 ICSID 裁决在执行阶段重回国内法院体系,被称为是公约的"致命要害"(Achilles' heel)。[⑤]《华盛顿公约》旨在排除国内法院的干预,建立自给自足的程序体系,然而,这一体系并不延伸至执行阶段。如前所述,投资仲裁庭并不具有命令执行其自己作出的裁决的权力。根据第 55 条规定,执行地国内法院根据其本国的国家豁免法律拒绝执行 ICSID 裁决并不违背《华盛顿公约》。由于针对国家一方的投资仲裁裁决的执行都不可避免地会遇到主权豁免问题,因此国内法院对相关资产是否属于豁免范围的审查对于 ICSID 裁决的执行具有至关重要的作用。克里斯托弗·朔伊尔指出,由于执行豁免的普遍存在,针对外国国家执行的成功概率比在国内法院就实体问题提起

---

① See Christoph H. Schreuer, *The ICSID Convention: A Commentary*, Cambridge: Cambridge University Press, 2009, Article 54, para. 42.

② Ibid., para. 88.

③ 参见本节第二部分 Micula & Ors v. Romania & Anor 案。

④ See Christoph H. Schreuer, *The ICSID Convention: A Commentary*, Cambridge: Cambridge University Press, 2009, Article 54, para. 91.

⑤ Ibid., Article 55, para. 8.

诉讼的成功概率低得多。[①] 这似乎意味着,在国家不自愿履行仲裁裁决的情况下,投资者—国家仲裁并不比在国内法院诉讼更有优势。

2. 东道国法院

《华盛顿公约》并未特别提及东道国国内法院的作用。在公约缔结之时,普遍认为缔约国不履行仲裁裁决,违背条约义务是非常不可能的,因为此义务关系到一国作为投资地的声誉,并且可能导致投资者母国外交保护的恢复。[②] 此外,《华盛顿公约》第 64 条规定就公约的解释与应用发生的争议缔约国可以诉诸国际法院解决,克里斯托弗·朔伊尔认为本条适用于东道国不遵守仲裁裁决的情形。[③]

在司法实践中,东道国国内法院在承认与执行中的地位与作用曾是争议的焦点。在安然诉阿根廷案(Enron v. Argentina)的撤销程序中,阿根廷提出其遵守 ICSID 仲裁裁决的前提是投资者需要通过阿根廷的国内法院提起执行程序。阿根廷认为,该公约第 53 条和第 54 条相互补充,需要整体看待,第 53 条确立了 ICSID 裁决的约束力,第 54 条确立了 ICSID 裁决遵守的方式,第 54 条要求缔约国将 ICSID 裁决作为本国法院的最终裁决加以对待,因而裁决的胜诉方应当同样遵守当地法院执行终局裁决的程序模式,而在阿根廷执行裁决需要国会分配资金,此等程序属于行政程序而非司法程序,即便是阿根廷最高法院最终判决的胜诉方亦需要遵守分配资金的程序。[④] 而临时仲裁庭认为,《华盛顿公约》第 53 条和第 54 条规定的义务指向不同的主体,第 53 条是指裁决的当事方遵守裁决的义务,第 54 条是指所有缔约方,无论其是否是裁决的当事方,执行裁决中金钱裁决的义务;并且,第 54 条并未说明裁决的当事方必须使用本条确立的执行机制作为遵守裁决的条件,或者仲裁的败诉方有权拒绝遵守裁决直至裁决的胜诉方启动国内法上的执行机制。[⑤] 另外,仲裁庭提出,第 27(1)条规定的外交保护的前提条件提及的不"遵守"仲裁裁决的用词与第 53(1)条的用词相同而

---

① See Christoph H. Schreuer, *The ICSID Convention: A Commentary*, Cambridge: Cambridge University Press, 2009, Article 55, para. 18.

② Ibid., Article 54, para. 7.

③ Ibid., Article 64, paras. 14 – 15.

④ Enron Corporation Ponderosa Assets, L. P. v. Argentina Republic, ICSID Case No. ARB/01/3, Annulment Proceeding, Decision on the Argentina Republic's Request for a Continued Stay of Enforcement of the Award (Rule 54 of the ICSID Arbitration Rules), paras. 56 – 58.

⑤ Ibid., para. 62.

未采用第54条的用词，所以要求遵守第54条规定的承认与执行程序作为遵守仲裁裁决的前提条件不合理。① 仲裁庭进一步提出，由于第54条只要求缔约国执行裁决的金钱义务，阿根廷的观点将会导致永远没有遵守裁决的非金钱义务的责任，阿根廷的解释也与《华盛顿公约》旨在建立不受国内法体系影响的国际争端解决机制的宗旨不符。② 所以，仲裁庭认为，裁决当事方履行第53条的义务并不需要申请方提起第54条规定的执行程序。③ 安然诉阿根廷案的撤销程序仲裁庭的观点得到了其他仲裁庭的认可。④

此外，学者的观点也基本一致，即当事方遵守仲裁裁决的义务独立于任何执行措施。⑤ "诉诸执行已经意味着仲裁裁决的败诉方违反了《华盛顿公约》第53条。如果国家作为败诉方的仲裁裁决的承认与执行通过其国内法院或授权机构但仍然失败，则违反《华盛顿公约》的后果是双倍的，既违反第53条遵守仲裁裁决的义务，又违反第54条缔约国国内法院承认与执行仲裁裁决的义务。"⑥ 克里斯托弗·朔伊尔进一步提出，"在东道国国内法院寻求强制执行仲裁裁决是否有希望是值得怀疑的。对于拒绝履行条约第53条之下的义务不遵守仲裁裁决的国家，其国内法院不可能强迫其履行。投资仲裁的核心功能之一便是缓解投资者对于东道国司法系统的客观性和有效性的顾虑。对于不遵守裁决的东道国，投资者不可能信任东道国国内法院的强制执行措施"。⑦

尽管如此，上述结论与观点仍然值得质疑。从文本上看，《华盛顿公约》第53条并未排除东道国国内法院程序，而该公约第54条则明确指向所有缔约国，

---

① Enron Corporation Ponderosa Assets, L. P. v. Argentina Republic, ICSID Case No. ARB/01/3, Annulment Proceeding, Decision on the Argentina Republic's Request for a Continued Stay of Enforcement of the Award (Rule 54 of the ICSID Arbitration Rules), para. 65.

② Ibid., paras. 66, 68.

③ Ibid., para. 69.

④ Compañiá de Aguas del Aconquija S. A. and Vivendi Universal v. the Argentine Republic, ICSID Case No. ARB/97/3, Decision on the Request for Continued Stay of Enforcement, 4 November 2008; Sempra Energy International v. The Argentine Republic, ICSID Case No. ARB/02/16, Decision on the Request for a Continued Stay of Enforcement, 5 March 2009.

⑤ See S. A. Alexandrov, "Enforcement of ICSID Awards: Articles 53 and 54 of the ICSID Convention", in C. Binder et al. (eds.), *International Investment Law for the 21st Century*, Oxford: Oxford University Press, 2009, pp. 322 – 337.

⑥ Christoph H. Schreuer, *The ICSID Convention: A Commentary*, Cambridge: Cambridge University Press, 2009, Article 54, para. 29.

⑦ Ibid., Article 55, para. 113.

《华盛顿公约》自给自足的性质并不延伸至执行阶段。从逻辑上看,由于执行程序中国内法院的权力仅为程序性,其并非必然威胁到东道国遵守仲裁裁决的义务,若东道国愿意或者已经通过其国内法院履行了仲裁裁决,投资者母国仍然启动外交保护的可能性很低。另外,值得注意的是,大部分投资条约都规定投资仲裁庭在仲裁裁决中可以作出的裁决种类仅为金钱赔偿和返还财产,而不包括非财产义务。[①] 这意味着在《华盛顿公约》第54条适用于东道国法院的情况下,东道国通常亦可以充分履行投资仲裁裁决,而不存在非金钱义务得不到遵守的情况。所以,仲裁实践和学术界对东道国法院的地位和作用的解释偏离了《华盛顿公约》和投资条约的文本,彻底否定了东道国司法机关的独立性。

二、缔约国国内法院承认与执行投资仲裁裁决的权力运用

除了有形的约束,投资仲裁裁决存在事实上的无形的执行机制,其中比较重要的就是不予执行投资仲裁裁决将会对国家声誉产生直接的负面影响,进而该国可能丧失其在国际投资竞争中的吸引力。此外,不可忽视的一个因素是,投资争端解决中心作为世界银行的一个机构而存在,而世界银行对于ICSID裁决的自愿执行起着重要的潜在影响力。正因如此,大部分投资仲裁裁决的败诉方都自动执行了裁决,这使投资仲裁裁决很少进入法院程序,只有极个别的案件未得到有效执行。[②] 桑蒂·罗马诺(Santi Romano)主张,其他法律秩序可能发挥作用,而完全不与国家秩序发生交叉。[③] 这或许意味着,在某种程度上,投资者—国家仲裁是一个自治性的体系。"当公共机构不能发挥作用时,此等秩序可以填补空白。它们可能是一个流动的法律世界的标志,具有自治的重要因素,因为仲裁自身,代替了国家的立法和执法机构,创造了规则,并确保其约束力。"[④]

(一)德国与瑞典法院:塞德迈耶诉俄罗斯(Sedelmayer v. Russia)

德国人塞德迈耶拥有一家美国公司SGC。1991年8月SGC和俄罗斯列宁格勒警察部签署合同设立合资公司,主要从事警用设备服务和运输及人身保护服务。列宁格勒警察部的出资包括别墅建筑以及毗连建筑和土地,SGC的出资

---

① 参见本章第二节。

② 例如,Saba Fakes v. Republic of Turkey, ICSID Case No. ARB/07/20, Award, 14 July 2010。

③ See Jan Paulsson, *The Idea of Arbitration*, Oxford: Oxford University Press, 2013, p. 48.

④ Jan Paulsson, *The Idea of Arbitration*, Oxford: Oxford University Press, 2013, p. 48.

包括修缮建筑的资金以及其他设备等。之后合资公司完成注册登记。1992年联邦财产基金设立,旨在取代其他政府部门控制国家向合资企业出资的所有资产。1992年列宁格勒警察部被要求将其在合资公司的股份转让给财产基金(之后变更为转让给KUGI),但列宁格勒警察部均未服从。1992年2月圣彼得堡商事法院宣布由于出资缺陷合资公司的注册无效,1996年圣彼得堡城市法院民事审判委员会责令合资公司清算。1994年总统令指示将房产转交给采购部,1995年法院裁定查封建筑。1996年1月塞德迈耶依据1989年《德国与苏联关于促进与相互保护投资协定》在斯德哥尔摩商会仲裁院提起仲裁,称苏联政府的行为构成征收。1998年7月仲裁庭裁定俄罗斯联邦政府对财产实施了征收,责令其向塞德迈耶支付235万美元的赔偿金加利息。①

裁决作出后,塞德迈耶根据《纽约公约》在德国柏林高等法院申请宣布裁决的可执行性并获得支持。② 在具体执行措施中,塞德迈耶试图扣留汉莎航空支付给俄罗斯在其领空飞行的款项,为此,塞德迈耶在科隆市法院提起执行之诉,于2003年10月获得51.1万欧元的裁定。③ 不过俄罗斯联邦和第三方债务人针对该裁决提起上诉,并且市法院基于公共目的撤销了裁定。该上诉案由德国联邦最高法院审理,联邦法院认为,德国法院没有执行俄罗斯领空飞行权相关财产的国际管辖权,因为领空飞行权,包括进入和通过的费用,属于公共性质,而非私人合同性质的诉求,不得被执行。联邦法院认为,根据德国法,这些费用产生于外国国家的领土主权,是俄罗斯联邦履行公共职能所获得的利益,因而在性质上是公共的;另外,这些资产位于俄罗斯而非德国境内。最后德国联邦法院得出结论,俄罗斯联邦不受德国管辖,适用主权豁免。④

除了在德国法院提起执行之诉,塞德迈耶还在瑞典法院提起执行程序。1998年仲裁裁决作出后,俄罗斯联邦在斯德哥尔摩地区法院挑战仲裁裁决的有效性但未获得支持。塞德迈耶要求执行机构执行地区法院的判决。2003年9月执行机构裁定斯德哥尔摩地区法院的判决可以执行。在执行调查中,执行机构发现俄罗斯联邦是一处不动产的注册所有人,大概有60个个人和两家公司登记在该地址。于是就俄罗斯联邦在该房产所收取的租金是否应当被扣押和

---

① Mr. Franz Sedelmayer v. the Russian Federation, SCC, Arbitration Award, 7 July 1998.

② Decision of Kammergericht Berlin (Az. 28 Sch 23/99), 16 February 2001.

③ Oberlandesgericht Köln, 16W 35/02, 6. Oktober 2003.

④ See Bundesgerichtshof Beschluss des Ⅶ Zivilsenats vom 4. Oktober 2005 – Ⅶ ZB 9/05.

执行产生了争议。2005 年 5 月执行机构决定该项被要求的执行措施不应当被授予。2009 年 2 月纳卡地区法院维持了执行机构的决定。2009 年 3 月斯韦阿兰上诉法院认为扣押财产和注册在该财产的租户缴纳的租金不被禁止。于是俄罗斯联邦上诉至瑞典最高法院,称其在瑞典法院的执行措施中享有外交豁免,在该房产上执行斯德哥尔摩地区法院的判决应当被禁止。瑞典最高法院认为,限制性国家豁免的实践只将豁免适用于主权行为,即国家作为国家的行为,而国家的商事或其他私法下的行为,根据豁免的进一步限制性理论,排除在另一国法院主张豁免的权利之外。① 瑞典最高法院指出,根据瑞典最高法院的判决以及《联合国国家及其财产管辖豁免公约》的相关规定,在很大程度上用于国家的官方用途的不动产,应当被免于执行措施,但只在一定程度上用于官方目的或者与官方目的相关但主要用于其他目的,如商业的或者其他非官方性质以维持国家运转,应当适用什么并不清晰,而应当把这些不同的目的作为一个整体进行分析以确定其是否可以免于执行措施。② 最后瑞典最高法院认为,本案中的房产既非用于商业性质,也非官方性质,而房产的租金属于典型的商业性质,而租金用于维持建筑的物管费用并不具有相关性,所以扣押房产以及租金不应被禁止。③

可见,对于国家豁免的适用,德国法院与瑞典法院采取了不同的态度。对于执行外国国家的财产,德国法院的态度倾向于绝对豁免。根据 2016 年德国最高法院做出的三个判决,对于执行和扣押外国国家的财产,首先推定其享有执行判决和仲裁裁决的国家豁免,除非这些资产用于非政府目的,对此,扣押申请人承担举证责任,国家一方没有义务披露关于其资产的任何信息,也不需要出庭提出国家豁免的抗辩,对于豁免的放弃必须明示而不能从国家缔结的双边或多边仲裁协议中推定。④

---

① Decision of the Swedish Supreme Court, Case No. ö 170 – 10, 1 July 2011, The Russian Federation v. Franz J. Sedelmayer, para. 8.

② Ibid., paras. 15, 16.

③ Ibid., paras. 22, 24, 25.

④ See Sebastiaan Barten, Marc Krestin, "State Immunity from Enforcement in The Netherlands: Will Creditors be Left Empty-Handed?", Kluwer Arbitration Blog, 25 April 2017, available at: http://arbitrationblog.kluwerarbitration.com/2017/04/25/state-immunity-from-enforcement-in-the-neth erlands-will-creditors-be-left-empty-handed/ (visited 10 Jaunary 2018).

（二）英国法院：美国国际集团诉哈萨克斯坦案（AIG v. Kazakhstan）与米库拉诉罗马尼亚案（Micula v. Romania）

1. 美国国际集团诉哈萨克斯坦案

1999～2000年，投资者美国国际集团在哈萨克斯坦与当地公司合作设立了合资公司在阿拉木图市投资开发住宅集合体房地产项目。为建设该项目，已经获得了所有必要的建筑许可，并且购买了相关资产，签署了施工合同并且已经开工。然而，完工前政府宣布该项目应当取消因为该土地系国家园林用地。2000年3月阿拉木图州下发决议责令合资公司所有的项目资产转移至阿拉木图市名下，而未给予合资公司任何补偿。随后，阿拉木图州宣布之前所授予该项目的建筑许可无效。2001年2月阿拉木图市实际扣押了项目资产。期间哈萨克斯坦曾提议给予合资公司另外的地块但未被接受。2001年3月美国国际集团与合资公司根据1992年《美国与哈萨克斯坦关于鼓励与相互保护投资条约》提起ICSID仲裁，称哈萨克斯坦违反投资条约的公平公正待遇和征收条款。2003年10月，仲裁庭裁定哈萨克斯坦政府的相关行为构成征收，向美国国际集团支付约99万美元赔偿金加利息。①

裁决作出后，哈萨克斯坦并未履行。于是美国国际集团试图根据1966年《仲裁法》（国际投资争端）在英国高等法院登记裁决并于2004年7月获得许可。执行中涉及的资产包括，第三方根据2001年12月与哈萨克斯坦国家银行签署的全球托管协议而持有的某些债券和现金。申请人已经获得了这些资产的临时支付令和第三方债务令，并希望获得最终的第三方债务及支付令。哈萨克斯坦国家银行提出异议，认为这些财产属于哈萨克斯坦国家银行而非哈萨克斯坦，因而不应当被纳入执行范围，并且哈萨克斯坦国家银行属于一国中央银行，根据英国1978年《国家豁免法》第14(4)条其资产享有执行豁免。第14(4)条规定，中央银行的资产不得被视为用作或拟用作商业目的。即便是这些资产不属于中央银行，这些资产作为国家基金的一部分，具有行使国家主权的功能而绝非商业目的，因而应当豁免。②

英国高等法院认为，对于第三方债务令，现金账户是由第三方以哈萨克斯坦国家银行的名义持有，账户的所有人是哈萨克斯坦国家银行而非哈萨克斯

① AIG Capital Partners, Inc. and CJSC Tema Real Estate Company v. Republic of Kazakhstan, ICSID Case No. ARB/01/6, Award, 7 October 2003.

② [2005] EWHC 2239 (Common), Case No. 2004/536, Judgement, 20 October 2005, para. 28.

坦,所以第三方与判决书的债务人并不存在民事程序规则所要求的到期债务关系,因而对于这些现金账户法院无权做出第三方债务令;并且,《国家豁免法》第14(4)条的意思非常清晰,特别是,“一国中央银行或者其他金融机构的资产”指的是中央银行以其自身名义持有的具有某种财产利益的所有资产,而不论中央银行持有资产的能力或者持有资产的目的,因而本案中由第三方代表哈萨克斯坦国家银行持有的“伦敦资产”属于第14(4)条所指的“中央银行的资产”,因而所有的“伦敦资产”免于英国法院的执行管辖。① 英国高等法院指出,第14(4)条确实会影响申请方执行已经根据1966年《仲裁法》第一部分合法登记为判决的ICSID仲裁裁决的能力,影响申请方根据《欧洲人权公约》第6(1)条诉诸法院的民事权利,然而此项权利并非绝对,第14(4)条所规定的对于中央银行的豁免是合法的、成比例的,符合国家的期待,所以并未违反申请方根据第6(1)条所享有的权利,亦未剥夺申请方对ICSID裁决或已登记判决的拥有,因为《华盛顿公约》第55条所规定的执行限制是非常清晰的。② 此外,高等法院还提出,即便是这些财产不属于第14(4)条所指的哈萨克斯坦国家银行的资产,其还应当构成《国家豁免法》第13(2)(b)条和第13(4)条所指的国家财产,“伦敦资产”任何时候都未用于或拟用于第13(4)条所指的“商业目的”,所以根据《国家豁免法》第13(2)(b)条这些资产应当免于英国法院的执行管辖。③ 最后,法院判决解除两项临时令,现金账户和债券账户均免于执行程序。

尽管本案中英国高等法院适用了国家豁免,值得注意的是,1978年英国《国家豁免法》采取的是限制豁免的态度,并且包含国家豁免的仲裁例外条款。④

2. 米库拉诉罗马尼亚案

根据1995年生效的欧盟委员会和罗马尼亚协议,税收优惠被视为政府补贴因而是不合法的,于是罗马尼亚2004年通过一项政府命令,取消第24/1998号政府紧急法令规定的大部分税收优惠。这一措施影响了本案的投资者。2005年7月投资者提起ICSID仲裁,称其之所以在罗马尼亚某不发达地区投资就是基于对这些经济激励措施可以持续10年的信赖,罗马尼亚的行为违背

---

① [2005]EWHC 2239(Common),Case No. 2004/536,Judgement,20 October 2005,para. 95.

② Ibid.

③ Ibid.

④ State Immunity Act 1978,1978 Chapter 33,available at: http://www.legislation.gov.uk/ukpga/1978/33(visited 10 January 2018).

2003年生效的《瑞典和罗马尼亚促进和相互保护投资协定》。其间,欧盟委员会曾作为法庭之友提交欧盟法律,并主张"根据欧盟法,裁决所做出的任何补偿将会构成非法的国家补贴,这样的裁决在欧盟无法执行"。2007年1月1日,罗马尼亚成为欧盟成员国。2013年12月11日,根据《瑞典和罗马尼亚促进和相互保护投资协定》,ICSID仲裁庭以多数意见做出对投资者有利的裁决,认为罗马尼亚违背投资者的合法期待,其行为缺乏透明度,该裁决并未考虑可执行性。[①] 2014年5月,欧盟委员会发出中止令禁止罗马尼亚执行该裁决直至其作出国家补贴相符性的最终决定。2014年10月,申请人在英国高等法院登记裁决。2015年3月30日,欧盟委员会作出最终决定禁止罗马尼亚对裁决进行任何支付。此后,罗马尼亚向英国高等法院请求撤销登记,欧盟委员会也进行干预。2015年11月,申请人向欧洲法院提起撤销欧盟委员会最终决定之诉。

2017年1月20日,英国高等法院做出决定,拒绝罗马尼亚和欧盟委员会要求撤销登记ICSID裁决的申请,但中止执行该ICSID裁决,等待申请人向欧洲法院提起的撤销欧盟委员会2015年3月30日作出的最终决定的诉讼结果。[②] 英国高等法院解释到,作出中止执行裁决的原因在于欧盟委员会的最终决定禁止罗马尼亚支付该裁决,并且《欧盟条约》第4(3)条"真诚合作原则"禁止国内法院做出与欧盟委员会决定相冲突的裁决。[③] 英国高等法院认为,此决定并不与英国在《华盛顿公约》下的义务相冲突,根据实施公约的1996年《仲裁法》(国际投资争端),为执行目的,ICSID裁决等同于国内法院的终局判决,而一个纯粹的国内判决同样需要遵守真诚合作原则;同时,鉴于申请人已经向欧洲法院提起撤销欧盟委员会作出的最终决定的诉讼,为避免作出不一致的裁决的风险,中止执行是恰当的。[④]

英国高等法院并不承认此举实际上是对ICSID裁决进行实质性审查——"并不存在基于公共政策或者其他理由的审查。这是一个非常有限和特殊的问题,它涉及执行中的合法性";并且,尽管欧盟委员会和当事方在仲裁程序中提交了相关材料,该ICSID裁决却回避了可执行性这一问题。尽管如此,英国高

---

① Ioan Micula, Viorel Micula, S. C. European Food S. A., S. C. Multipack S. R. L v. Romania, ICSID Case No. ARB/05/20, Award, 11 December 2013.

② Micula & Ors v. Romania & Anor [2017] EWHC 31 (Comm), 20 January 2017, available at: https://www.italaw.com/sites/default/files/case-documents/italaw8133_6.pdf.

③ Ibid.

④ Ibid.

等法院对该 ICSID 裁决的结果根据欧盟法律进行了实体上的合法性评价,而合法性评价与实质性审查的界限并不清晰。

(三)美国法院:蓝岭诉阿根廷案(Blue Ridge v. Argentina)

1989 年阿根廷实施经济改革,对一些重要的工业领域和公共设施实施私有化并引入外国投资。在此背景下,CMS 购买了 TGN——一个拥有至少 35 年油气运输许可的国有企业总计 29.42% 的股份,根据当时的法律法规,税收以美元计价,并且根据美国 PPI 指数每 6 个月调整一次。随着 20 世纪 90 年代末阿根廷经济危机的爆发,阿根廷政府推迟税收调整。2001 年 7 月 CMS 就阿根廷中止征税调整公式的措施依据 1991 年《美国与阿根廷关于相互鼓励与保护投资条约》提起 ICSID 仲裁程序。2002 年 1 月阿根廷通过紧急法案将比索与美元脱钩,并对公用企业的许可重新谈判。2002 年 2 月针对上述措施,CMS 又提起附加请求。2005 年 5 月仲裁庭裁定阿根廷违反投资条约,赔偿 CMS 1332 万美元。① 裁决作出后,阿根廷提起 ICSID 撤销程序,2007 年 9 月仲裁庭撤销了部分裁决,但维持了赔偿部分。②

之后,阿根廷未履行裁决,CMS 将裁决权益转让给蓝岭,蓝岭于 2009 年 3 月在美国南部地区法院申请确认仲裁裁决但随后因"原则上达成和解"被驳回。2010 年 1 月蓝岭根据《华盛顿公约》第 54 条再次申请确认裁决。阿根廷则以美国法院不具备对人管辖权为由请求驳回申请。其理由包括根据 1976 年《外国主权豁免法》(Foreign Sovereign Immunities Act,FSIA)③美国法院对主权国家没有管辖权。美国南部地区法院认为,外国主权豁免法存在两项例外:一项是默示放弃豁免的例外;另一项是仲裁裁决例外,而在本案中这两项例外均适用于阿根廷:首先,阿根廷作为《华盛顿公约》缔约国,而《华盛顿公约》第 54 条规定所有缔约国都有义务承认与执行裁决的金钱义务,这意味着就根据《华盛顿公约》作出的仲裁裁决的承认与执行,阿根廷已经放弃了主权豁免;其次,作为根据美国加入的国际条约——《华盛顿公约》做出的裁决,阿根廷同意将其与

---

① CMS Gas Transmission Company v. the Republic of Argentina, ICSID Case No. ARB/01/8, Award, 12 May 2005.

② See CMS Gas Transmission Company v. Argentina Republic, ICSID Case No. ARB/01/8 (Annulment Proceeding), Decision of The Ad Hoc Committee on the Application for Annulment of the Argentina Republic, 25 September 2007.

③ The Foreign Sovereign Immunities Act of 1976, Pub L No. 94 – 583, 90 Stat. 2891 – 98 (codified at 28 USC § §1330, 1332(a), 1391(f), 1441(d) and 1602 – 1611).

CMS 的争议提交 ICSID 仲裁构成第 1605(a)(6)(B)条有关承认与执行裁决的放弃豁免。[①] 最后,法院驳回了阿根廷的所有异议。阿根廷遂上诉至美国第二巡回上诉法院。美国第二巡回上诉法院认为,地区法院根据《外国主权豁免法》所规定的两项单独的例外认定阿根廷放弃外国主权豁免的结论是正确的,即阿根廷作为《华盛顿公约》的成员意味着其在裁决的承认与执行中放弃主权豁免,阿根廷同意将争端提交 ICSID 仲裁符合第 1605(a)(6)(B)条规定的仲裁裁决例外因而构成放弃豁免。[②]

从本案中可见,美国的外国主权豁免法以及美国法院的解释将主权豁免适用于极其狭窄的范围:根据其默示放弃豁免的例外和仲裁例外,在执行投资仲裁裁决的过程中国家一方几乎无法依赖主权豁免。不过,美国法院对外国主权豁免法的例外事项的解释立场并非完全一致,在诊断人类诉捷克卫生部案(Diag Human SE v. Czech Republic-Ministry of Health)中,哥伦比亚地区法院认为,申请人与捷克之间的法律关系并非商业性质,因而不适用《纽约公约》,并且捷克并未放弃《外国主权豁免法》规定的国家豁免,所以法院不具有对标的物的管辖权,驳回了申请人执行外国仲裁裁决的申请。[③] 不过,该裁决于 2016 年 5 月被上诉法院推翻,上诉法院根据《外国主权豁免法》的仲裁例外推定捷克放弃了豁免。[④] 有评论者认为,美国法院用仲裁例外来否定国家豁免的做法值得质疑。[⑤]

---

① Blue Ridge Investments, LLC v. the Republic of Argentina, United States District Court Southern District of New York, Memorandum Opinion & Order, 10 Civ. 153(PGG), 30 September 2012, pp. 6 – 10.

② See Blue Ridge Investments, LLC v. the Republic of Argentina, United States Court of Appeals for the Second Circuit, Docket No. 12 – 4139 – cv, 19 August 2013.

③ Diag Human SE v. Czech Republic-Ministry of Health, 64 F Supp 3d 22(DDC 2014), rev'd, 824 F3d 131(DC Cir 2016).

④ 824 F3d 131(DC Cir 31 May 2016)(Opinion).

⑤ See John Fellas and Pavlos Petrovas, "Case Comment: Diag Human SE v. Czech Republic-Ministry of Health", 32(2) *ICSID Review*(2017), pp. 259 – 266.

（四）阿根廷法院：秘鲁诉基础设施建设公司（Peru v. CCI）①

2001年两个基础设施投资者与秘鲁当地政府签署了一个设计、建设和经营高速公路的特许合同。由于合同履行中的一些纠纷，秘鲁于2008年终止了该特许合同。2010年两个投资者以秘鲁为被申请人向ICSID提起仲裁。2013年5月ICSID仲裁庭作出最终裁决，确认其对争议具有管辖权，但认为秘鲁未违反其与阿根廷签署的双边投资条约，并且仲裁庭裁定申请人须承担部分仲裁费用。②

几次催收未果，基于该ICSID裁决，2015年4月秘鲁以债权人的身份以其中一个投资者为被告向阿根廷布宜诺斯初审商事法院提起破产程序。一审法庭认为，作为一个一般原则，外国仲裁裁决或者司法判决不能立即等同于阿根廷的国内判决；根据《华盛顿公约》第54（1）条规定，只有阿根廷法官有权力将ICSID裁决视为当地法庭的最终判决予以承认和执行，所以法院认为，秘鲁应当提起司法程序将外国裁决纳入阿根廷法律体系以作为执行的前提条件。

对于一审判决，秘鲁提起上诉，认为ICSID裁决具有约束力，应当可以在阿根廷直接获得承认与执行，而无须遵守《民商事程序法典》第517条规定的特殊程序，该上诉请求得到了上诉法院的一致支持。上诉法院强调，本案并不涉及执行以阿根廷为被申请人的ICSID裁决，该案的执行请求涉及的是一个对《华盛顿公约》缔约国有利而对另一缔约国投资者不利的仲裁裁决。之后，上诉法院根据《华盛顿公约》第53条和第54（1）条认为秘鲁只需要向阿根廷有资格的法院提交经证实的裁决复印件即满足承认与执行的条件，而特殊程序并非执行ICSID裁决的前提条件，通过加入《华盛顿公约》，阿根廷放弃了将ICSID裁决纳入阿根廷法律体系的司法程序。最后，上诉法院对法官在阿根廷执行ICSID裁决中的权力进行了评论。上诉法院认为，在不损害ICSID裁决可执行性的前

---

① 本部分ICSID裁决以及秘鲁在阿根廷法院提起的执行程序等资料参考Leandro Javier Caputo and Ignacio J. Minorini Lima，"First Argentine Court Judgment on the Recognition of an ICSID Award"，Kluwer Arbitration Blog，15 March 2016，available at：http：//arbitrationblog. kluwerarbitration. com/2016/03/15/first-argentine-court-judgment-on-the-recognition-of-an-icsid-award/；Julian Bordacahar，Argentina：First Court Ruling Regarding the Enforcement of ICSID Awards，available at：https：//globalarbitrationnews. com/20150818-argentina-first-court-ruling-regarding-the-enforcement-of-icsid-awards/（visited 16 July 2018）。

② Convial Callao S. A. and CCI-Compañía de Concesiones de Infraestructura S. A. v. Republic of Peru，ICSID Case No. ARB/10/2，Final Award，21 May 2013.

提下，阿根廷法官有权力在这些案件中审慎地推进，确认任何潜在的违背公共政策的行为，特别是在涉及正当程序原则的时候，因为正当程序构成阿根廷国际公共政策的一部分。

可见，阿根廷上诉法院认为，在承认与执行 ICSID 裁决时，阿根廷法官有权力基于公共政策的理由对 ICSID 裁决进行审查。尽管本案中阿根廷法官并未行使此种权力，并且遵循了《华盛顿公约》第 54 条的规定，但由于本案的执行对象为私人投资者，并不涉及阿根廷，因此本案并不能代表以缔约国特别是阿根廷自身为执行对象时阿根廷法院的做法。

（五）国内法以及国内法院的潜在重要性

国际投资仲裁庭在投资争端解决中的作用与权力，止于裁决的作出。而国际投资仲裁裁决的承认与执行，由于涉及国家的强制性权力，离不开国内法律体系。虽然《华盛顿公约》第 53 条、第 54 条、第 55 条对裁决的承认与执行有所涉及，但具体的承认与执行，仍然依赖相关国内法规定以及国内法院在具体执行案件中对国内法的解释，包括但不限于有关国家主权豁免的法律。由上述案例可见，由于国家主权豁免在具体案件中应用的复杂性，国内法院对于主权豁免是否适用的判断对于投资仲裁裁决最终能否获得执行具有至关重要的作用。除了不同国内法的规定不同，对于主权豁免的具体适用，相同国家的不同法院亦可能得出不同的结论。

在米库拉诉罗马尼亚案等个别案件中，对于明显违背本国（地区）法律的投资仲裁裁决，相关国内法院认为此等判决并不具有可执行性，其理由是本国法院不应当违背相关法律规定做出判决。这意味着，在投资仲裁裁决的承认与执行上，即便存在条约的约束，实践中各国内法院在本国（地区）法律环境的背景下可能存在不同的理解和解释，仍有可能对其进行某种程度或范围的实质性审查。

除了上述案件，目前已知的进入国内法院执行程序的 ICSID 案件还包括班邦公司诉刚果（Benvenuti & Bonfant v. Congo）、西非工业混凝土协会诉塞内加尔（SOABI v. Senegal）、利比里亚东部木材诉利比里亚（LETCO v. Liberia）、西亚格诉埃及（Siag v. Egypt）、桑普拉诉阿根廷（Sempra v. Argentina）、安然诉阿根廷（Enron v. Argentina）、阿瑞斯与金属地理诉格鲁吉亚。[①] 尽管进入国内法

---

① See Inna Uchkunova and Oleg Temnikov, "Enforcement of Awards Under the ICSID Convention—What Solutions to the Problem of State Immunity?", 29(1) *ICSID Review* (2014), 187 - 211, p. 200.

院执行程序的投资者—国家仲裁案件仍然有限,随着投资者—国家仲裁案件数量的继续增长,不排除今后进入国内法院执行程序的投资仲裁裁决相应增加的可能性。特别是在投资仲裁庭明显超越投资条约授权范围侵犯国家主权的情况下,东道国不自愿遵守履行投资仲裁裁决的情况可能会增多。瓦特尔指出:

> 当主权国家发生争议并且仍然渴望维持或恢复和平时,他们通常信任由仲裁员对争端做出的裁决;他们已经承诺如此,就应当信守承诺。然而,如果仲裁员做出的仲裁裁决明显不公平、不合理,背叛了国家承诺的范围,其仲裁裁决并不值得尊重。让我们假设仲裁员为了救济受侵害的一方,宣布一个主权国家成为被侵犯国家的统治对象,一个正常的人会说该国需要尊重仲裁裁决吗?如果不公平只是个小错误,为了和平需要承受,如果不是很明显,应当将其作为需要接纳的错误。①

此外,有学者认为,国家同意仲裁并不意味着国家有责任接受明显超越解释界限,违反国家主权的裁决;相反,存在巨大缺陷的裁决是无效的,国家无须遵守此类裁决所创设的义务。② 更为重要的是,由于在投资者—国家仲裁中,管辖权争议已经成为普遍问题,如若在具体案件中投资仲裁庭不应当具有管辖权,执行相应投资仲裁裁决的正当性就值得质疑。此时,无论是《纽约公约》还是《华盛顿公约》并不能够确保东道国自愿遵守不正当的、严重超越投资条约授权的投资仲裁裁决。在此情形下,投资仲裁裁决进入缔约国国内法院程序将不可避免。在此意义上,投资者—国家仲裁并不能脱离国内法以及国内法院体系而独立存在。在国际投资仲裁裁决的承认与执行阶段,缔约国国内法律体系以及国内法院具有至关重要的潜在作用。

本章小结

投资仲裁庭并不具备国家特别是国内法院所拥有的某些强制性权力如保

---

① Vladimír Balaš, "Chapter 27 Review of Awards", *The Oxford Handbook of International Investment Law*(Oxford,2008).

② See Maximilian Clasmeier, *Arbitral Awards as Investments: Treaty Interpretation and the Dynamics of International Investment Law*, Wolters Kluwer, 2017, pp. 148 – 149.

全财产、强制执行裁决等，因而，投资者—国家仲裁的运行与发展离不开国内法院的支持。投资者—国家仲裁在获得国内法院支持的同时还要受到国内法的约束和国内法院在某些领域对其进行的审查与监督。这意味着投资者—国家仲裁并非一个完全自给自足的系统，在某种意义上其仍需在国内法体系内运行。当然，ICSID 仲裁和国际商事仲裁在受到国内法的约束范围和程度上存在明显差异。

然而实践中，由于投资者—国家仲裁涉及主权国家，东道国法院由于其作为被诉国组成机关的敏感地位在投资者—国家仲裁中所发挥的支持与监督作用非常有限。主要表现在：第一，在投资仲裁程序中，国内法院在临时措施上的支持作用有限。ICSID 仲裁庭通过扩张性地解释《华盛顿公约》，赋予自身做出具有约束力的临时措施的"权力"；国际商事仲裁庭则具有作出有约束力的临时裁决的权力。东道国国内法院不仅在作出临时措施上没有明显竞争优势，而且在临时措施的执行上也可有可无。东道国法院在投资者—国家仲裁中的角色更多的是作为仲裁庭临时措施剑指的对象。第二，在投资仲裁裁决的承认与执行上，东道国法院难以发挥作用。一方面，在《华盛顿公约》下，缔约国自觉履行裁决成为常态；另一方面，东道国国内法院最多只能发挥程序性作用。

在国际商事仲裁中，仲裁地国内法院负责监督仲裁程序，并拥有根据国内法撤销仲裁裁决的权力。然而，在支持国际商事仲裁的大背景下，世界范围内各国国内法通常赋予仲裁地法院极为有限的监督权力。而且，国际商事仲裁机构集中地国法院以维护本国在国际商事仲裁（包括投资仲裁）市场中的竞争力为出发点，以维护仲裁裁决权威和终局性为原则，在条约解释中忽视投资者—国家仲裁的公法特征，难以发挥对投资者—国家仲裁的监督作用。少数东道国国内法院试图对滥用程序的投资者予以干预，凸显了构建投资者—国家仲裁的制约机制的必要性。

在仲裁裁决的承认与执行阶段，无论是国际商事仲裁，还是 ICSID 裁决都将回归缔约国国内法体系。与国际商事仲裁相比，ICSID 仲裁受到缔约国国内法院的制约更少，《华盛顿公约》排除了缔约国国内法院对 ICSID 裁决进行审查的权力。但《华盛顿公约》并未触及缔约国国内法院在具体执行中适用国家豁免法规拒绝执行投资仲裁裁决的权力，实践证明缔约国国内法院对于国家豁免的应用具有很大的自由裁量空间，进而对 ICSID 裁决的实际执行拥有最终决定权。不过，目前绝大部分投资仲裁裁决都得到了自愿履行，进入缔约国国内法院执行程序的案件屈指可数。法律（强制力）之外其他机制的潜在作用亦不可忽视。

第七章　结论与建议

通过第一编对投资者—国家仲裁与国内法院在国际投资争端解决机制中的历史演进、条约格局和仲裁实践中的管辖权关系进行梳理,以及第二编对投资者—国家仲裁和国内法院在投资争端解决交互环节的复杂关系进行研究,发现投资仲裁庭与国内法院存在多维度的互动关系。

一、投资者—国家仲裁与国内法院同属一个体系

仲裁实践中,投资仲裁庭普遍认为,国际仲裁庭与国内法院分别属于国际法体系和国内法体系,因而二者不存在管辖权冲突的可能性,国内法院的判决对国际仲裁庭没有既判力;而且,由于国际法在地位上高于国内法,投资仲裁庭的管辖权优先于国内法院,投资仲裁庭还可以依据禁止拒绝司法的习惯国际法原则和投资条约对国内法院的司法行为和判决进行审查以确定国家的国际责任。然而,在国际投资体制下,国际公法中国际法庭与国内法院的关系并不完全适用。在国际投资争端解决语境下,国际仲裁与国内法院同属一个体系。

(一)投资仲裁庭与国内法院同属于国内法体系

投资仲裁庭与国内法院同属于国内法体系,这主要体现在以下三个方面:

第一,投资条约所保护的权利客体源自国内法。诚然,投资条约为投资者创设了诸多权利,如获得公平公

正待遇的权利，财产不被非法征收的权利等。然而，投资者的权利客体，如财产权利和合同权利，来自国内法规定。投资者必须以符合东道国国内法的方式进行投资方可获得投资条约的保护。投资条约并不创设此等权利客体。

第二，投资仲裁庭与国内法院均须适用国内法解决国际投资争端。在投资仲裁中，国内法是解决国际投资争端的重要法律渊源。东道国政府和投资者均须遵守东道国国内法和国内法院判决。只有在国内法和国内法院判决自身违背投资条约时，方可追究国家的国际责任。

第三，投资者—国家仲裁在国内法体系内运行。完整的投资争端解决过程不仅包括仲裁裁决的做出，还包括裁决的承认与执行等。缔约国只将特定范围的投资争端在裁判阶段的权力授予国际仲裁庭，对投资者—国家仲裁具有关键意义的仲裁裁决的承认与执行等仍回归（各国）国内法体系。在此意义上，投资者—国家仲裁系国内法体系的一部分。

（二）投资仲裁庭与国内法院同在国际法框架下

国际投资仲裁与国内法院同在国际法框架下，这主要体现在以下三个方面：

第一，投资条约赋予东道国国内法院与国际仲裁庭同样的解决国际投资争端的角色和任务。根据投资条约授权，东道国国内法院同样具有解决投资条约所规定的投资争端的职能。国内法院与国际仲裁庭的不同仅仅在于其作为不同司法机构的差异。

第二，投资仲裁庭与国内法院均可执行投资条约。取决于不同的宪政结构，有的国家如墨西哥等国内法院可直接适用投资条约解决投资者与国家之间的争端，有的国家的国内法院只能适用根据投资条约转化的国内法。因此，不能一概而论，认为国内法院只能适用国内法因而属于国内法体系。

第三，国内法和国内法院在国际法框架内运行。在同意接受双边投资条约的约束后，东道国不能仅仅依据其国内法对外国投资进行管理，而须确保其国内法以及国内法的适用不违背其在投资条约中承诺的义务，乃至习惯国际法规则。在此意义上，国内法院同样置身于国际法框架中。

上述结论看似矛盾，实则统一，国内法和国际法的沟通和连结点即在于国家和投资者身份的双重属性。对于国家而言，一方面，国家是投资条约的缔结者并受其约束；另一方面，国家是国内法的主导者并确保其国内法与条约义务一致。对于投资者而言，一方面，投资者享受投资条约赋予的权利；另一方面，投资者须遵守东道国的国内法包括法院判决。因此，在国际投资体制下，国内法和国际法相互交织,互相依赖和制约,并不存在不可逾越的鸿沟。相应地,国内诉讼程序和国际仲裁程序,国内法院和投资仲裁庭既存在沟通的基础,也存在协调的必要性和紧迫性。投资仲裁庭不应只以维护自身管辖权和仲裁行业利益为出发点拒绝进行此种沟通与协调。

二、投资者—国家仲裁与国内法院为平等、替代的国际投资争端解决机制

投资仲裁庭和东道国国内法院的主要关系为特定投资争端解决范围内平等、替代关系。换言之,作为国际投资争端解决机制而言,投资仲裁庭并不具有优越于国内法院的地位。

(一)特定范围内的替代关系

大部分投资条约在投资争端解决部分规定了自助式选择条款,根据投资者的选择,由国内法院或者国际仲裁庭对特定投资争端行使管辖权。需要强调的是,投资条约,特别是晚近以来缔结的投资条约,对投资仲裁庭的管辖范围施加了若干限制,所以只有在投资条约规定的争端范围内,以及在符合投资条约规定的条件时,投资者才可以选择国际仲裁机制解决争端以替代国内法院。

另外,根据投资条约,在寻求非金钱救济(临时措施)的国内救济程序和寻求金钱赔偿的国际仲裁程序可以并存。在争端裁决阶段,国际投资仲裁庭对国内法院的替代仅限于民事赔偿方面的裁判权,国际投资仲裁庭并不拥有强制性权力。

(二)争端解决机制上的平等关系

国际投资仲裁机制与国内法院均为主权国家所创设的争端解决机制。在不与国际义务相冲突的范围内,国内法院与国际仲裁庭的地位是平等的,投资仲裁庭并不拥有优越于国内法院的特权。

对于投资争端解决,习惯国际法规则是用尽当地救济。换言之,国内法院当然享有对其领土内发生的投资争端的管辖权。国内法院对投资争端行使管辖权是国家主权在司法领域的体现。投资条约所创设的国际投资仲裁机制是基于缔约国对其司法主权的让渡。国际投资仲裁机制的创设和未来走向均取决于主权国家的意愿。在此意义上,投资仲裁庭的管辖权并不优越于同作为投资争端解决机制的国内法院。

所以,当投资者滥用程序,同时或先后提起国内国际两种法律程序,规避投资条约规定的岔路口条款,或者未能满足条约规定的先行当地救济条件便提起

国际仲裁时，投资仲裁庭不能仅仅主张国际仲裁程序的排他性和优先性，而应当积极协调两种程序，避免投资者寻求实质上的双重救济。对于投资条约规制范围之外的国内法律程序，如刑事程序，投资仲裁庭应当予以尊重，避免将其对特定范围内投资争端的管辖权之效力无限扩张。

三、国内法院的司法行为作为投资者—国家仲裁争端之客体

作为东道国组成机关之一，东道国国内法院在国际投资仲裁中的地位具有双重属性。一方面，国内法院作为投资条约规定的投资争端解决机构之一，与国际仲裁庭在特定范围内系平等替代关系；另一方面，根据《国家对国际不法行为的责任条款草案》规定，一国国内法院的行为可归则于国家，故国内法院的不当司法行为可能引发东道国的国际责任。

外交保护背景下形成了禁止拒绝司法的习惯国际法规则。某些投资条约明确将禁止拒绝司法的义务纳入投资条约中，还有些投资条约以其他方式例如"有效方式"条款规定了缔约国提供有效司法体系的义务。然而，习惯国际法规则和投资条约文本均非常模糊，如其给缔约国所施加义务的范围和程度是什么，禁止拒绝司法和投资待遇条款如公平公正待遇条款、"有效方式"条款等之间的关系是怎样的，等等，均不清晰。

通过否定国内法院的独立性，投资仲裁庭一致性地确立了其根据习惯国际法和（或）投资条约对东道国法院司法行为进行程序性和实体性审查并据此决定东道国国际责任的权力。表面上投资仲裁庭均宣称其并非国内法院的上诉机构，然而在根据"国际最低待遇标准"或者投资待遇条款对东道国国内法院的司法程序和判决结果进行审查时，不同投资仲裁庭介入的程度有所不同。以雪佛龙诉厄瓜多尔案以及白色工业诉印度案为典型代表的仲裁庭均对原始争议进行重新审查，并将其根据国内法对原始争议的判断直接转换为投资仲裁裁决，在事实上扮演了国内法院准上诉机构的角色。

某些投资仲裁庭的实践可能突破了条约隐含的界限。从范围上，作为投资者在国际仲裁庭挑战的对象，国内法院的司法行为应是与投资争端直接相关的司法行为。纯粹解决私人之间争端的国内审判程序和执行程序，如国内法院（不予）执行国际商事仲裁裁决的决定，不应纳入投资者—国家仲裁的管辖范围。从程度上，根据投资者的不同诉由和国内法院司法行为的不同性质应有所不同。对于拒绝司法诉求，投资仲裁庭一般不宜进行实体性、实质性审查；对于

根据投资待遇条款提起的诉求,当国内法院的司法决定类似于行政机构的决定,如适用于不特定投资者或者构成行政征收的一部分时,投资仲裁庭可以进行全面审查。否则,投资仲裁庭同样应当尊重东道国国内法院作为司法机关的特殊性。投资仲裁庭对国内法院行为的审查不应使其扮演事实上的上诉机构的角色,且不宜对国内法院作为平等的投资争端解决机制的地位构成根本性冲击。当然,这最终取决于缔约国的意图和更加明晰的条约文本。

四、投资者—国家仲裁机制改革应注重与国内法院建立良性互动关系

当前,国际社会对于投资仲裁机制的改革可分为三派:一派是以美国为代表的改良派,主张在维持传统的投资仲裁体制的前提下进行局部性改良,如增加程序的透明度等;另一派是以欧盟为代表的改革派,主张建立以司法化为主要特征的投资法院制度;还有少数国家主张放弃国际机制,回归当地救济。然而,当前第三种路径尚不具有普适性。对于国际投资仲裁机制,无论是改良还是改革,均须注重与国内法院建立良性互动关系。

(一)投资仲裁庭应最大限度地尊重国内法院

投资者—国家仲裁对东道国司法主权的入侵是"合法性"危机的重要原因,应当予以充分重视。作为国内法院的替代机制,投资者—国家仲裁机制旨在促进东道国国内法治,而司法是国内法治的重要组成部分。而且,作为投资条约规定的与国际仲裁并列的争端解决机制,国内法院理应受到投资仲裁庭的尊重。投资仲裁庭应当注意以下几个方面:

第一,尊重国内法院对投资争端的管辖权,对自身的管辖权予以适当克制。在投资者滥用诉权的情况下,大多数投资仲裁庭倾向于扩张性地解释自身的管辖权,导致侵入东道国国内法院的管辖范围,使缔约国通过投资条约所同意的司法主权让渡范围遭遇篡改。通过自裁管辖权以及通过确立投资者—国家仲裁的至高无上性,投资仲裁庭在很大程度上破坏了投资条约所规定的多元共治格局。投资仲裁庭应当严格遵守投资条约中的当地救济要求;尊重岔路口条款的应用等,对相同投资争端采取实质性标准,避免投资者寻求双重救济;应当本着特殊优于一般的原则,尊重投资合同对争端解决机制的选择和约定;尊重投资条约为投资者—国家仲裁设置的界限。

第二,注意反诉讼禁令的对象与方式,礼让协调。某些投资仲裁庭通过反诉讼禁令要求东道国甚至直接要求东道国国内法院中止(或终止)与投资仲裁

庭受理的争端不相同但相关的国内诉讼程序，乃至刑事程序，将投资仲裁庭管辖权的效力范围无限扩张，表现了对东道国司法主权的极端不尊重。不过，这并不意味着投资仲裁庭不应当使用禁令或者拒绝协调两种程序，恰恰相反，为争端有效解决之目的，投资仲裁庭应当积极协调国内、国际两种程序，但应当注意反诉讼禁令的对象、方式与效果。特别是对于非对称管辖权冲突，投资仲裁庭应尽量尊重国内法院的管辖权。

第三，尊重国内法判决。尽管国内法上的判决不具有严格意义上的既判力，但由于国内法院在解释国内法上的权威性，以及国内法院判决自身即构成东道国法律体系的重要组成部分，原则上投资仲裁庭应当受国内法判决的约束。特别是国内法院根据国内法对投资合法性与否的判决，还体现了东道国对外国投资的规制权。当然，投资仲裁庭对国内法判决的遵从建立在国内法上的判决事项与国际投资仲裁中的相应法律问题具有实质一致性的基础上，并且相应的国内法律程序不存在明显的拒绝司法等特殊情形。

第四，当国内法律程序和(或)法院判决成为投资者挑战的对象时，投资仲裁庭应当首先尊重国内法院。在投资仲裁庭对东道国国内法院的司法行为进行审查的案件中，大多数投资仲裁庭首先否定国内法院的独立性，仅将其视为一国机关。投资仲裁庭应当首先尊重东道国国内法院，只有存在明显的证据时，才可对国内法院判决进行形式审查，避免扮演国内法院准上诉机构的角色。对于明显不属于投资条约规制范畴的司法行为，如(不予)执行国际商事仲裁裁决的司法决定，应当拒绝行使管辖权。

(二)投资者—国家仲裁与国内法院应相互补充、相互协调

第一，投资者—国家仲裁机制仍将与当地救济共存。一般来讲，东道国国内法院有利于维护东道国合法的国家利益；投资者—国家仲裁则可能更有利于投资保护。根据不同的国家利益取向，不同投资条约的安排有所不同。其中，用尽当地救济或者先行当地救济的条约安排则试图在上述两种效果中取得平衡。此外，更多的投资条约选择在规制的核心领域和敏感事项上限制投资者—国家仲裁的适用。同时，所有的投资条约均允许非金钱赔偿类当地救济程序与投资者—国家仲裁并行。可见，作为两种相对独立的争端解决机制，投资者—国家仲裁与当地救济相互补充。

第二，在投资者—国家仲裁程序中，国际仲裁庭亦应当与国内法院相互补充、相互协调。这突出表现在国内法解释问题上。欧盟在其投资法院提案中提出，国内法院及其他机构对于国内法的解释对投资仲裁庭具有约束力；而投资仲裁庭对国内法的解释则对东道国没有约束力,凸显了强化国内法院在国内法解释方面的国家需求。投资者—国家仲裁机制改革应积极探索与国内法院在国内法解释问题上沟通与协调的有效方式。

第三,国际商事仲裁中,仲裁地、裁决承认与执行地法院应对投资者—国家仲裁机制有效制约。ICSID 仲裁虽然排除了国内法院对其判决进行审查的可能性,但其建立了内部的撤销程序,从而能够在有限范围内确保裁决的质量。而对于采用国际商事仲裁规则作出的仲裁裁决,则不存在有效的监督和制约机制。另外,对于投资者滥用程序的行为,仲裁地法院也难以发挥作用。在少数案件中,某些东道国法院试图禁止投资者不正当地利用投资者—国家仲裁程序,但可能面临着权限和地位的尴尬。这些都不利于国际商事仲裁的长期发展,因为投资者—国家仲裁对公正性有更高的期待。然而,仲裁地国内法院对涉及主权国家的投资仲裁裁决进行司法审查面临着平等者之间行使管辖权的尴尬。与建立在当事方合意基础上的国际投资仲裁相比,仲裁地国内法院的权力更缺乏合法性。似乎,国际商事仲裁的模式并不适合解决投资者与国家之间的争端。

第四,投资仲裁庭与国内法院的互动应以不应危及投资者—国家仲裁机制的独立性为前提,且应避免矫枉过正。首先,东道国国内法院的地位具有敏感性,过分加强东道国国内法院在投资者—国家仲裁中的“权力”,将会破坏投资者—国家仲裁机制存在的价值和必要性。因此,对东道国国内法院过于“弱势”状态的纠正仅应限于防御角度——防止投资仲裁庭对东道国司法主权的入侵。其次,投资者—国家仲裁机制改革的重点仍是完善体系内纠错机制,树立仲裁裁决的权威性,外部制约并非长久之计。事实证明,投资者—国家仲裁机制的运行与发展更多地依赖缔约国对仲裁裁决的尊重和自愿遵守。当越来越多的缔约国不再自愿履行仲裁裁决而使其进入仲裁地法院的撤销程序或者缔约国法院的执行程序时,缔约国必然选择放弃投资者—国家仲裁机制。

因此,对于投资争端解决机制的改革,应当秉持系统化视角,关注投资者—国家仲裁对东道国司法主权的不良影响,结构性地加强国内法院的作用,建立投资者—国家仲裁与国内法院之间的良性互动关系。改革的路径包括但不限于,建立投资者—国家仲裁体系内自我约束机制,恰当引入外部性制约机制,如加强国家在投资争端解决中的作用等。当然,这需要在其他的研究中进一步深入。

参考文献

(一)中文著作

1. 王贵国:《国际投资法》,法律出版社 2008 年版。

2. 余劲松主编:《国际投资法》,法律出版社 2014 年版。

3. 肖军:《规制冲突裁决的国际投资仲裁改革研究——以管辖权问题为核心》,中国社会科学出版社 2017 年版。

(二)中文译著

1. [德]鲁道夫·多尔查、[奥]克里斯托弗·朔伊尔:《国际投资法原则》(原书第 2 版),祁欢、施进译,中国政法大学出版社 2014 年版。

2. [尼泊尔]苏贝迪:《国际投资法:政策与原则的协调》(第 2 版),张磊译,法律出版社 2012 年版。

3. [英]伊恩·布朗利:《国际公法原理》(第 2 版),曾令良、余敏友等译,法律出版社 2007 年版。

(三)期刊论文

1. 漆彤:《走向多边投资协议之路——中国视角》,载中国国际法学会主办:《中国国际法年刊》(2016),法律出版社 2017 年版,第 348 ~ 372 页。

2. 韩秀丽:《再论卡尔沃主义的复活——投资者—国家争端解决视角》,载《现代法学》2014 年第 1 期。

3. 王彦志:《投资者与国家间投资争端解决仲裁机制的废除:国际实践与中国立场》,载中国国际法学会主办:《中国国际法年刊》(2012),法律出版社 2013 年版,第 454 ~ 489 页。

4. 李沣桦:《东道国当地救济在 ICSID 仲裁领域的运用研究》,载《法律科学》2015 年第 3 期。

5. 朱明新:《"已决原则"和"未决原则"与国际投资平行诉讼预防》,载《东方法学》2013 年第 1 期。

6. 朱明新:《国际投资仲裁平行程序的根源、风险以及预防——以国际投资协定相关条款为中心》,载《当代法学》2012 年第 2 期。

7. 郭玉军、陈文璨:《国际民商事争议解决中的禁止执行令制度研究》,载《国际法研究》2017 年第 6 期。

8. 郭玉军:《论投资条约仲裁的正当性缺失及其矫正》,载《法学家》2011 年第 3 期。

9. 肖芳:《投资仲裁裁决在中国的承认与执行》,载《法学家》2011 年第 6 期。

10. 肖芳:《国际投资仲裁裁决司法审查的"商事化"及反思——以美国联邦最高法院"BG 公司诉阿根廷"案裁决为例》,载《法学评论》2018 年第 3 期。

11. 沈伟:《论中国双边投资协定中限制性投资争端解决条款的解释和适用》,载《中外法学》2012 年第 5 期。

12. 张庆麟:《欧盟投资者—国家争端解决机制改革实践评析》,载《法商研究》2016 年第 3 期。

13. 漆彤、窦云蔚:《条约解释的困境与出路——以尤科斯案为视角 》,载《中国高校社会科学》2018 年第 1 期。

(四)学位论文

1. Lauge N. Skovgaard Poulsen, Sacrificing Sovereignty by Chance: Investment Treaties, Developing Countries, and Bounded Rationality, doctoral dissertation.

2. Nolan Downer, Shifting Grounds: Judicial Review under NAFTA Chapter 11 and the Ratification of ICSID, master thesis.

3. Juan Camilo Fandino-Bravo, The Role of Constitutional Courts in International Investment Law and Investment Treaty Arbitration: A Latin American Perspective, LL. M. thesis.

(五)英文著作

1. Christoph H. Schreuer et al., *The ICSID Convention: A Commentary*, Cambridge University Press, 2009.

2. Peter Muchlinski et al. (eds), *Oxford Handbook of International Investment Law*, Oxford University Press, 2008.

3. Gary B. Born, *International Commercial Arbitration*, Wolters Kluwer, 2014.

4. C. Binder et al. (eds.), *International Investment Law for the 21st Century*, Oxford University Press, 2009.

5. Christopher F. Dugan et al., *Investor-State Arbitration*, Oxford University Press, 2008.

6. A. Newcompe and L. Paradell, *Law and Practice of Investment Treaties*, Kluwer Law International, 2009.

7. Michael Waibel et al. (eds.), *The Backlash Against Investment Arbitration: Perceptions and Reality*, Kluwer Law International, 2010.

8. Jan Paulsson, *The Idea of Arbitration*, Oxford University Press, 2013.

9. Maximilian Clasmeier, *Arbitral Awards as Investments: Treaty Interpretation and the Dynamics of Internatioanl Investment Law*, Wolters Kluwer, 2017.

10. Diora Ziyaeva (ed.), *Interim and Emergency Relief in International Arbitration* Juris, 2015.

11. Todd Weiler (ed.), *NAFTA Investment Law and Arbitration: Past Issues, Current Practice, Future Prospects*, Transnational Publishers, 2004.

12. Stephan W. Swill (ed.), *International Investment Law and Comparative Public Law*, Oxford University Press, 2011.

13. Gus Van Harten, *Investment Treaty Arbitration and Public Law*, Oxford University Press, 2007.

14. Jan Paulsson, *Denial of Justice in International Law*, Cambridge University Press, 2005.

15. Yuval Shany, *Regulating Juridictional Relationship between National and International Courts*, Oxford University Press, 2007.

16. Chittharanjan Felix Amerasinghe, *Local Remides in International Law*, Cambridge University Press, 2004.

17. Stephan W. Schill, *The Multilateralization of International Investment Law*, Cambridge University Press, 2009.

18. Rudolf Dolzer and Christoph Schreuer, *Principles of International Investment Law*, Oxford University Press, 2008.

19. Karl P. Sauvant and Lisa E. Sachs(eds.), *The Effect of Treaties on Foreign Direct Investment: Bilateral Investment Treaties, Double Taxation Treaties, and Investment Flows*, Oxford University Press, 2009.

20. Campbell McLachlan, Laurence Shore & Matthew Weiniger, *International Investment Arbitration: Substantive Principles*, Oxford University Press, 2nd Edition, 2017.

21. Geswald W. Salacuse, *The three Laws of International Investment: National, Contractural, and International Frameworks for Foreign Capital*, Oxford University Pres, 2013.

22. Stephen M. Schwebel, *Justice in International Law*, Cambridge University Press, 2011.

23. Jean E. Kalicki and Anna Joubin-Bret(eds.), *Reshaping the Investor-State Dispute Settlement System: Journeys for the 21st Century*, Brill/Nijhoff, 2015.

24. Association for International Arbitration(ed.), *The UNCITRAL Model Law on International Commercial Arbitration: 25 Years*, MAKLU, 2010.

25. Sandra Synkova, *Courts' Inquiry into Arbitral Jurisdiction at the Pre-Award Stage: A Comparative Analysis of the English, German and Swiss Legal Order*, Springer, 2013.

26. Shimon Shetreet(ed.), *The Culture of Judicial Independence-Rule of Law and World Peace*, Brill/Nijhoff, 2014.

(六)英文论文

1. August Reinisch, "The Scope of Investor-State Dispute Settlement in International Investment Agreements", 21 (1) *Asia Pacific Law Review* (2013), pp. 3 – 26.

2. Susan D. Frank, "The Legitimacy Crisis in Investment Treaty Arbitration: Privatizing Public International Law through Inconsistent Decisions", 73 *Fordham Law Review*(2005), pp. 1521 – 1626.

3. Marco Bronckers, "Is Investor-State Dispute Settlement (ISDS) Superior to Litigation Before Domestic Courts? An EU View on Bilateral Trade Agreements", 18 *Journal of International Economic Law*(2015), pp. 655 – 677.

4. Christoph Schreuer, "Interaction of International Tribunals and Domestic Courts in Investment Law", *Contemporary Issues in International Arbitration and Mediation*

(2011),pp.71 –94.

5. Michael D. Goldhaber,"The Rise of Arbitral Power over Domestic Courts", 1 *Stanford Journal of Complex Litigation*(2013),pp.373 –416.

6. Gus Van Harten, "Judicial Restraint in Investment Treaty Arbitration: Restraint Based on Relative Suitability", 5 *Journal of International Dispute Settlement*(2014),pp.5 –39.

7. Campbell McLachlan, "Are National Courts and International Arbitral Tribunals in Two Worlds or One?", 7 *Journal of International Dispute Settlement* (2016),pp.577 –595.

8. Daniel Kalderimis,"The Authority of Investment Treaty Tribunals to Issue Orders Restraining Domestic Court Proceedings",31 (3) *ICSID Review* (2016), pp.549 –575.

9. Christopher Hajzler,"Expropriation of Foreign Direct Investment: Sectoral Patterns from 1993 to 2006",148(1) *Review of World Economics*(2012),pp.119 – 149.

10. Simon LESTER,"Rethinking the International Investment Law System", 49(2) *Journal of World Trade*(2015),pp.211 –222.

11. Hong-lin Yu,"A Theoretical Overview of the Foundations of Internatioanl Commercial Arbitration", 1 *Contemporary Asia Arbitration Journal* (2008), pp.255 –283.

12. Thiago Braz Jardim Oliveira, "The Authority of Domestic Courts in Adjudicating International Investment Disputes: Beyond the Distinction Between Treaty and Contract Claims",4 (1) *Journal of International Dispute Settlement* (2013),pp.175 –195.

13. Zannis Mavrogordato, Gabriel Sidere, "The Nature and Enforceability of ICSID Provisional Measures",75 *Arbitration*(2009),pp.38 –46.

14. Anthony C. Sinclair and Odysseas G. Repousis, "An Overview of Provisional Measures in ICSID Proceedings", 32 (2) *ICSID Review* (2017), pp.431 –446.

15. Michelle Bradfield and J. C. Thomas,"Non-Pecuniary Remedies: A Missed Opportunity?" 30(3) *ICSID Review*(2015),pp.635 –664.

16. L. Yves Fortier,"Interim Measures: An Arbitrator's Provisional Views",

Contemporary Issues in International Arbitration and Mediation: The Fordham Papers(2008),pp.47 –58.

17. Troye E. Elder, "The Case Against Arbitral Awards of Specific Performance in Transnational Commercial Arbitration", 13 (1) *Arbitration International*(1997),pp.1 –32.

18. Jessica Wirth, "'Effective Means' Means? The Legacy of Chevron v. Ecuador",52 *Columbia Journal of Transnational Law*(2013),pp.325 –367.

19. Christoph Schreue, "Full Protection and Security", *Journal of International Dispute Settlement*(2010),pp.1 –17.

20. Maurizio Brunetti, "The Iran-United States Claims Tribunal, NAFTA Chapter 11, and the Doctrine of Indirect Expropriation",2 –1 *Chicago Journal of International Law*(2001),pp.203 –212.

21. Kenneth J. Vandevelde, "The Bilateral Investment Program of the United States",21(2)*Cornell International Law Journal*(1988),pp.201 –276.

22. Joost Pauwelyn & Rebecca J. Hamilton, "Exit from International Tribunals",9 *Journal of International Dispute Settlement*(2018),pp.679 –690.

23. Grant Hanessian and Kabir Duggal, "The 2015 Indian Model BIT: Is This Change the World Wishes to See?"30(3)*ICSID Review*(2015),pp.729 –740.

24. Eyal Benvenisti & George W. Downs, "National Courts, Domestic Democracy, and the Evolution of International Law",20(1)*The European Journal of International Law*(2009),pp.59 –72.

25. E. Neumayer and L. Spess, "Do Bilateral Investment Treaties Increase Foreign Direct Investment to Developing Countries?",33(10)*World Development*(2005),pp.1567 –1585.

26. A. Guzman, "Why LDCs Sign Treaties that Hurt Them: Explaining the Popularity of Bilateral Investment Treaties",38 *Virginia Journal of International Law*(1998),pp.639 –688.

27. Leon E. Trakman, "Investor-State Arbitration or Local Courts: Will Australia Set a New Trend?",46(1)*Journal of World Trade*(2012),pp.83 –120.

28. Stephan W. Schill, "Illegal Investments in Investment Treaty Arbitration", 11 *The Law and Practice of International Courts and Tribunals*(2012),pp.281 –323.

29. Christoph Schreuer, " Travelling the BIT Route of Waiting Periods, Umbrella Clauses and Forks in the Road", 2 *The Journal of World Investment & Trade*(2004), pp. 231 - 256.

30. William S. Dodge, " National Courts and International Arbitration: Exhaustion of Remedies and Res Judicata Under Chapter Eleven of NAFTA", 23 *Hastings International and Company Law Review*(2000), pp. 357 - 383.

31. Sergio Puig, " nvestor-State Tribunals and Constitutional Courts: The Mexican Sweeteners SAGA", 5(2) *Mexican Law Review*(2013), pp. 199 - 243.

32. Christoph Schreuer, "Calvo's Grandchilren: The Return of Local Remedies in Investment Arbitration", 4 *Law and Practice of International Courts and Tribunals*(2004), pp. 1 - 17.

33. T Wälde and A Kolo, " Environmental Regulation, Investment Protection and ' Regulatory Taking ' in International Law", 50 International & Comparative Law Quarterly(2001), pp. 811 - 848.

34. Zachary Douglas, " The Hybrid Foundations of Investment Treaty Arbitration", 1 *British Year Book of International Law*(2004), pp. 151 - 289.

35. Henry G. Burnett & Jessica Beess Und Chrostin, " Interim Measures in Response to the Criminal Prosecution of Corporations and their Employees by Host States in Parallel with Investment Arbitration Proceedings", 30 *Maryland Journal of International Law*(2015), pp. 31 - 54.

36. Nelson Goh, "The Power of Tribunals to Enjoin Criminal Proceedings: A Widening Power or Converging High Bar?", 33(1) *ICSID Review*(2008), pp. 88 - 102.

37. Cecily Rose, "Questioning the Role of International Arbitration in the Fight against Corruption", 31(2) *Journal of International Arbitration*(2014), pp. 183 - 246.

38. Annelise P. Karreman and Kanaga Dharmananda S. C., "Time to Reassess Remedies for Delays Breaching ' Effective Means' ", 30(1) *ICSID Review*(2015), pp. 118 - 141.

39. Hong-lin Yu, " A Theoretical Overview of the Foudations of International Commercial Arbitration", 1 *Contemporary Asia Arbitration Journal* (2008), pp. 255 - 283.

40. Ricard Ampudia, "Investment-Treaty Protection of Commercial Arbitration Awards: Lessons from the Jurisprudence", 26 *The American Review of International Arbitration* (2015), pp. 553 – 590.

41. Inna Uchkunova and Oleg Temnikov, "Enforcement of Awards Under the ICSID Convention—What Solutions to the Problem of State Immunity?", 29 (1) *ICSID Review* (2014), pp. 187 – 211.

42. Francesco Francion, "Acess to Justice, Denial of Justice and International Investment Law", 20 (3) *The European Journal of International Law* (2009), pp. 729 – 747.

43. Jurgen Kurtz, "Australia's Rejection of Investor-State Arbitration: Causation, Omission and Implication", 27 (1) *ICSID Review* (2012), pp. 65 – 86.

44. Tai-Heng Cheng, "Power, Authority and International Investment Law", 20 (3) *American University International Law Review* (2005), pp. 465 – 520.

45. Richard Garnett, "National Court Intervention in Arbitration as An Investment Treaty Claim", 60 *International & Comparative Law Quarterly* (2011), pp. 485 – 498.

(七)研究报告

1. Bahakal Yimer, Nicolas Cisneros, Laura Bisian & Rahul Donde, "Application of International Investment Agreements by Domestic Courts", *Trade Law Clinic* (E780) (Geneva, 2011).

2. IBA Subcommittee on Recognition and Enforcement of Arbitral Awards, "Report on Public Policy Exception in the New York Convention", October 2015.

3. IISD, "Exhaustion of Local Remedies in International Investment Law", January 2017.

4. IISD, "The Full Protection and Security Standard Comes of Age: Yet another challenge for states in investment treaty arbitration", November 2011.

5. Mark L. Movsesian, "International Commercial Arbitration and International Courts, ST. John's University School of Law", *Legal Studies Research Paper Series Paper* #08 – 0146, September 2008.

6. OECD (2004), "Fair and Equitable Treatment Standard in International Investment Law", *OECD Working Papers on International Investment*, 2004/03, OECD Publishing, September 2004.

7. UNCTAD,"World Investment Report 1992: Towards a New Generation of Investment Policies", *Geneva: United Nations*, 1992.

8. UNCTAD,"Trends in International Investment Agreements: An Overview", *Geneva: United Nations*, 1999.

9. UNCTAD,"Key Terms and Concepts in IIAs: A Glossary, UNCTAD Series on Issues in International Investment Agreements", *New York and Geneva: United Nations*, 2004.

10. UNCTAD, "Scope and Definition: UNCTAD Series on Issues in International Investment Agreements Ⅱ", *New York and Geneva: United Nations*, 2011.

11. UNCTAD, "Investor-State Dispute Settlement: UNCTAD Series on International Investment Agreements Ⅱ", *New York and Geneva: United Nations*, 2014.

12. UNCTAD, "World Investment Report 2014: Investing in the SDGs: An Action Plan", *New York and Geneva: United Nations*, 2014.

13. UNCTAD,"Investment Policy Framework for Sustainable Development", *Geneva: United Nations*, 2015.

14. UNCTAD, "World Investment Report 2015: Reforming International Investment Governance", *Geneva: United Nations*, 2015.

15. UNCTAD, "World Investment Report 2016: Investor Nationality: Policy Challenges", *Geneva: United Nations*, 2016.

16. UNCTAD,"Special Update on Investor-State Dispute Settlement: Facts and Figures", IIA *Issue Note*, No. 3, 2017.

17. UNCTAD, "World Investment Report 2017: Investment and the Digital Economy", *Geneva: United Nations*, 2017.

18. UNCTAD, "World Investment Report 2018: Investment and the Digital Economy", *Geneva: United Nations*, 2018.

图书在版编目(CIP)数据

投资者-国家仲裁与国内法院相互关系研究 / 宁红玲著. -- 北京 : 法律出版社, 2020
ISBN 978-7-5197-4334-5

Ⅰ. ①投… Ⅱ. ①宁… Ⅲ. ①投资-金融法-研究-中国 Ⅳ. ①D922.280.4

中国版本图书馆 CIP 数据核字(2020)第 047207 号

投资者—国家仲裁与国内法院相互关系研究
TOUZIZHE-GUOJIA ZHONGCAI YU GUONEI FAYUAN XIANGHU GUANXI YANJIU

宁红玲 著

策划编辑 沈小英
责任编辑 刘晓萌
装帧设计 李 瞻

出版 法律出版社
总发行 中国法律图书有限公司
经销 新华书店
印刷 固安华明印业有限公司
责任校对 王沁陶
责任印制 吕亚莉

编辑统筹 法治与经济出版分社
开本 710 毫米×1000 毫米 1/16
印张 19.75
字数 346 千
版本 2020 年 5 月第 1 版
印次 2020 年 5 月第 1 次印刷

法律出版社/北京市丰台区莲花池西里 7 号(100073)
网址/www.lawpress.com.cn
投稿邮箱/info@lawpress.com.cn
举报维权邮箱/jbwq@lawpress.com.cn
销售热线/400-660-8393
咨询电话/010-63939796

中国法律图书有限公司/北京市丰台区莲花池西里 7 号(100073)
全国各地中法图分、子公司销售电话:
统一销售客服/400-660-8393/6393
第一法律书店/010-83938432/8433
西安分公司/029-85330678
重庆分公司/023-67453036
上海分公司/021-62071639/1636
深圳分公司/0755-83072995

书号:ISBN 978-7-5197-4334-5
定价:98.00 元